김병희·김현정·이유나·정현주·최홍림 공저

디지털 시대의 PR 용어 300

발간사

PR 용어의 진화를 위하여

오래전부터 PR 학자와 실무 전문가 사이에서 PR 용어 사전에 대한 검토, 개편, 집필에 관한 어젠다가 공공연하게 논의된 것은 디지털 시대에 접어들어 더욱더 힘을 얻었습니다. 트렌드와 변혁의 틈바구니 속에서 전공 학문의 주요 용어를 정의한다는 것은 매우 소중하면서도 어려운 결정의 시작이었습니다. 하지만 지난 2023년 12월 즈음에 서원대학교 김병희 교수님(제13대 한국광고PR실학회 학술연구위원장)과의 통화와 2024년 2월경 서울에서의 만남을 통해 아이디어가 구체화되었습니다. 그 후 PR 용어 사전에 대한 집필의 필요성과 방향성을 논의하면서 본격적으로 집필진을 구성하였고 미션을 추진하게 되었습니다.

이 저서의 집필에는 김병희 학술연구위원장님(서원대학교)을 비롯하여 최홍림 교수님(선문대학교), 이유나 교수님(한국외국어대학교), 김현정 교수님(서원대학교), 정현주 교수님(가톨릭관동대학교) 등 다섯 분이 참여하였습니다. 필자들을 중심으로 PR 용어의 범위, 광고 용어와의 차별성, 용어 설명의 길이에 대해 많은 논의와 공감대가 이루어졌습니다. 다양한 현장 경험과 학문적 배경은 물론 업무 지식을 갖춘 필자들의 다양성이 용어집 저술의 원동력이 되었습니다. 그동안 투자한 시간과 노력에 비해 처음에 선정한 900여 개의 용어를 지면에서 모두 설명하지 못한 점은 아쉬운 대목입니다. 시작은 미약했지만 끝은 창대할 것이라는 기대와 학문적 사명감에서 시작했더라도, PR 분야의 학문적 폭과 깊이를 체계화하고 이를 다시 풀어내는 작업은 별개의 일처럼 보였을 것입니다. 이미 발간된 기존의 용어집에서 제시된 정의와 내용을 섭렵하고 현재의 트렌드에 맞게 재해석하는 일도 어려운 작업이었을 것입니다.

이 용어집의 집필에 참여하신 다섯 분의 교수님은 한 학기 이상의 주말과 휴일을 반납하고 용어 집필과 수차례의 상호협의를 거쳐 최종 검토에 이르기까지 수개월의 시간을 함께하셨습니다. 각자의 노고와 헌신이 학문 발전에 기여한다는 동기 부여를 통해 작업을 진행한 부분을 특히 감사하게 생각합니다.

새롭게 선보이는 『디지털 시대의 PR 용어 300』을 앞으로도 보완하고 수정하는 작업이 지속적으로 필요할 것이라고 생각합니다. 시대와 환경이 변화하고 급변하는 트렌드를 반영해야 하는 전공의 특성에 따라, 앞으로도 여러 전문가의 참여와 보완 및 수정이 더해진다면 이 책이 '과거와 현재와 미래'를 가늠하는 PR 용어집으로 진화해 나갈 것으로 기대합니다. 완성도 높은 책을 만들기 위해 밤낮없이 자료를 검색하고 정리하고 검토하며 헌신하신 집필위원들의 노고와 학지사비즈 관계자들의 적극적인 도움에 진심으로 감사드립니다.

2024년 12월

한국광고PR실학회 제13대 회장 이제영

디지털 시대의 PR 용어 300

머리말

생생한 PR 통찰력의 발견

디지털 시대에 접어들어 PR 산업에도 혁명적인 변화가 일어나고 있습니다. 스마트폰에 연결하면 때와 장소를 가리지 않고 세계 곳곳의 정보를 실시간으로 확인할 수 있습니다. 미디어 환경이 급변함에 따라 PR의 개념과 범위 그리고 PR 산업의 패러다임도 바뀌고 있습니다. 디지털이란 용어가 처음 나왔을 때는 디지털이 기술 혁신의 개념이었지만, 이제 디지털은 단순한 기술 개념이 아닙니다. 디지털은 소비자의 생활을 바꾸고 PR의 개념과 범위 그리고 PR 산업의 구조를 바꾸는 결정적 요인으로 작용합니다.

그동안 여러 PR 용어집이 나왔습니다. 기존에 출간된 PR 용어집은 나름의 목적에 따라 기획된 것이기에, 용어집마다 나름대로의 가치가 있었고 광고홍보학을 전공하는 학생들에게 많은 도움이 되었던 것도 사실입니다. 그러나 디지털 시대의 PR 현상을 충분히 반영하지 못하거나 기존의 4대 매체 환경에서의 PR 지식에 관련된 용어만을 소개하는 책도 있어서 아쉬움이 많았습니다. 가르치는 교수 입장에서도 배우는 학생들 입장에서도 안타까운 현실이었습니다. 디지털 시대에 접어들어 PR 생태계가 훨씬 더 복잡해진 상황에서 기존의 PR 용어만으로는 디지털 시대의 PR 현상을 깊이 있게 설명하기 어렵습니다.

또한 생성형 인공지능이나 검색 엔진에게 물어보면 표제어에 대한 설명이 바로 나오는데 굳이 용어집을 새로 출간할 필요가 있느냐는 반론도 있을 수 있습니다. 시의적절하고 타당한 지적입니다. 따라서 검색 도구가 알려 주는 결괏값의 수준이나 품질에 만족하신다면 굳이 이 용어집을 보지 않으셔도 됩니다. 그렇지만 검색 결과가 너무 평이해 뭔가 허전하다고 느끼셨던 분이라면 이 책에서 설명하는 깊이 있는 내용이 큰 도움이 될 것이라는 기대감도 있습니다. 검색 결과를 넘어서는 책을 쓰자는 문제의식을 바탕으로 감히 『디지털 시대의 PR 용어 300』이라는 제목의 책을 세상에 내보냅니다. 제목에 디지털 시대라는 이름을 붙인 이유는 기존의 PR 용어집을 넘어서 디지털 시대에 보편적으로 쓰이는 PR 용어를 선정했다는 취지였고, 300이라는 숫자를 넣은 것은 꼭 필요한 300개의 용어를 엄선했다는 의지의 표현이었습니다.

필자들은 처음에 종합된 900여 개의 용어에서 정리 정돈을 시도하며 하나씩 제거해 가는 과정을 거쳤습니다. 근대 철학의 아버지인 데카르트는 『방법서설』(1637)에서 나열의 중요성을 강조하며, 하나도 빠트리지 않는 완전한 나열(열거)은 전체를 검토했다는 근거라고 설명하며, 나열만 잘 해도 사물에 대한 구체적인 인식에 도달할 수 있다고 했습니다. 나열에서 더 나아가 정리 정돈을 잘 하면 중요한 것과 덜 중요한 것이 구별됩니다. 정리(整理)란 문제가 되거나 불필요한 것을 줄이거나 없애는 과정이고, 정돈(整頓)이란 어지럽게 흩어진 것을 바로잡고 다시 배열하는 일입니다. 왜 굳이 정리 정돈의 개념을 다시 소환하느냐 하면, 디지털 시대에 쏟아지는 수많은 새로운 용어를 모두 나열한 다음에 정리 정돈만 잘 해도 디지털 시대에 필요한 중요한 PR 용어를 선정할 수 있었기 때문입니다. 물론 이 용어집에는 아날로그 시대부터 쓰이던 PR 용어도 상당수 포함했습니다. 아무리 디지털 시대라고 해도 필수 용어를 모른다면 기초 체력을 다지지도 않고 경기에 나서는 운동선수와 별반 다를 바 없기 때문입니다. 수차례에 걸쳐 정리 정돈과 토론을 통해 최종적으로 확정한 PR 용어는 300개였습니다.

주제별로 한 분이 맡아 집필하려고 노력했지만 반드시 한 사람이 한 주제를 맡지 않고 각자가 자신 있는 표제어를 선택한 다음 주제별로 통합시키고, 해당 주제에서 가나다순으로 표제어를 다시 배열했습니다. 이유나 교수의 집필(001, 003~011, 013~022, 024~033, 035~040, 042~044, 046, 048~055, 058~059, 063, 072, 087~090, 092~093, 095, 134, 144, 193), 최홍림 교수의 집필(012, 023, 034, 047, 056~057, 060, 062, 065~071, 073~086, 094, 096~113, 116~118, 122~126, 128, 246~247), 정현주 교수의 집필(061, 129~133, 137~143, 145~146, 148~150, 152~156, 158~159, 161~162, 164, 166~169, 171~173, 175~176, 179~181, 185~190, 192, 198, 215, 217, 223, 261~263, 265~267, 276, 282~283, 289, 295), 김현정 교수의 집필(045, 064, 091, 114~115, 119~120, 127, 135, 165, 177~178, 194~197, 200~205, 208~214, 216, 218~222, 224~227, 229~232, 234~235, 238, 240~245, 249~258, 264, 268~269, 271~272, 274~275, 281, 284, 287, 298), 김병희 교수의 집필(002, 041, 121, 136, 147, 151, 157, 160, 163, 170, 174, 182~184, 191, 199, 206~207, 228, 233, 236~237, 239, 248, 259~260, 270, 273, 277~280, 285~286, 288, 290~294, 296~297, 299~300) 내용입니다. 각 표제어를 선정하고 서로 윤독하는 과정을 거친 다음에 각 표제어를 가장 잘 쓸 수 있는 한 사람이 맡아 정확히 서술하려고 노력했지만, 혹시라도 표제어 설명에서 오류가 발견된다면 필자들 모두의 공동 책임입니다.

출판 여건이 어려운데도 기꺼이 출판해 주신 학지사비즈의 김진환

사장님과 최임배 부사장님, 그리고 원고를 검토해 더 좋은 책으로 만들어 주신 편집부의 김순호 이사님과 송새롬 대리님께도 고맙다는 인사를 전합니다. 바쁜 와중에도 이 책의 집필에 참여해 주신 필자들과도 출판의 기쁨을 함께 나누고 싶습니다. 기획에서부터 원고 마감에 이르기까지 결코 충분하지 않은 시간이었지만, 필자들께서는 꼭 필요한 알짜 지식만을 엄선해 공들여 원고를 써 주셨습니다. 감사하다는 인사만으로는 원고 집필에 쏟은 시간과 열정을 보상해 드릴 수 없겠습니다.

미디어 기술이 발달함에 따라 PR 산업계에서는 데이터 기반의 공중관계 활동을 전개하고 있습니다. 세계 최대의 PR 전문가 조직인 미국 PR협회(PRSA)에서는 "조직과 공중 사이의 상호호혜적 관계를 구축하는 전략적 커뮤니케이션 과정"이 PR이라고 정의했습니다. 이 정의에서 나아가 환경 변화에 따라 PR의 개념과 범위도 달라지고 있고, 광고와 중첩되는 영역도 갈수록 확장되고 있습니다. 따라서 이 책의 자매편인 『디지털 시대의 광고 용어 300』을 곁에 두고 참고하시면 디지털 시대의 전략 커뮤니케이션 현상을 보다 깊이 이해할 수 있습니다. 이 책은 아날로그 시대와 디지털 시대의 PR 용어를 포괄했으니, 모름지기 권위와 객관성에 빛나는 '디지로그' PR 용어의 정수라고 할 수 있겠습니다. 독자 여러분, 낚싯바늘에 걸린 물고기처럼 파닥거리는 생생한 PR 통찰력을 지식의 차원이 다른 이 책에서 건져 올리시길 바랍니다.

2024년 12월

필자들을 대신하여 김병희

디지털 시대의 PR 용어 300

차례

제2장 | 공중별 PR 분야 · 133

제3장 | 목적별 PR 분야 · 145

제5장 | 연구 방법의 다양성 · 403

디지털 시대의
PR 용어 300

제 1 장

PR의 기본 개념

001 개방성 Openness

PR학의 조직-공중 관계성 이론에서 관계 관리 전략의 하나로 제시된 개방성은, 상대의 의견을 경청하고 서로 다른 입장에 대한 존중을 기반으로 소통하는 것을 지칭한다. 공개성이라고도 불리는 개방성은 대인 커뮤니케이션에서 도입된 개념이다. PR에서 개방성은 조직과 공중이 서로에게 개방적이고 정직하며 기꺼이 자신의 의견을 공유하는 것을 의미한다. 즉, 조직과 공중이 서로 사안에 대해 어떤 생각이나 의견을 가졌는지, 상호관계에 대해 얼마나 만족하거나 불만족하는지에 대한 의견을 공유하는 것을 말한다(Ledingham & Bruning, 1998). 학자들은 개방성이 조직-공중 간 상호 신뢰의 형성을 위해 가장 중요한 요소임을 강조해 왔다. PR에서 조직의 개방성은 이해관계자 공중, 언론, 정부, 시민단체 등의 불만, 문의, 제안 사항 빈도와 이에 대한 조직의 반응 평가를 통해 측정할 수 있다. 조직이 개방성을 기반으로 소통할 때, 조직-공중 관계의 질이 향상될 수 있음을 다수의 연구에서 보고한 바 있다. 조직과 공중이 서로 호의적인 관계를 형성하기 위해 사용할 수 있는 긍정적인 커뮤니케이션 전략에는 개방성 외에 접근성(access), 긍정성(positivity), 업무 공유(sharing of tasks), 연대(networking), 안심시키기(assurances) 등이 있다(Grunig & Huang, 2000).

참고문헌

Ledingham, J. A., & Bruning, S. D. (1998). Relationship Management in Public Relations: Dimensions of an Organization-Public Relationship. *Public Relations Review, 24*(1), 55-65.

Grunig, J. E., & Huang, Y. H. (2000). From Organizational Effectiveness to Relationship Indicators: Antecedents of Relationships, Public Relations

Strategies, and Relationship Outcomes. In J. A. Ledingham & S. D. Bruning (Eds.), *Public Relations as Relationship Management: A Relational Approach to The Study and Practice of Public Relations* (pp. 23-53). Mahwah, NJ: Lawrence Erlbaum Associates.

002 개방체계 Open System

개방체계는 조직을 하나의 체계로 파악하되 조직 내 요소들 간의 상호관계에 국한된 폐쇄체계(closed system)로 보지 않고, 거시적 입장에서 조직이 외부환경과 어떻게 대응하는가 하는 열린 체계로 파악해야 한다는 개념이다. 개방체계에서는 조직을 체계의 관점에서 분석하되 내부 문제만이 아니라 외부환경과 관련지어 내부와 외부 사이의 상호관계를 동시에 분석하려고 한다(강정석 외, 2010). 1960년대 이후의 조직에 대한 연구는 조직을 체계 이론의 관점에서 분석하되, 조직의 내부 문제에만 한정시키지 않고 조직을 둘러싸고 있는 외부환경까지 모두 고려해 조직 내부의 상호관계는 물론 조직 외부의 환경 간의 상호관계를 규명했다.

개방체계 이론은 기존의 폐쇄체계 이론과 달리 4가지 특성이 있다. 개방체계 이론에서는 조직을 생물학적 유기체에 비유해 조직 내부의 요소는 물론 그것을 둘러싸고 있는 환경과 관련해 조직과 환경의 상호관계를 중요시하며, 조직에 투입과 전환 및 산출의 과정이 있고 그 과정이 계속 되풀이되도록 하는 환류(feed-back)의 기능을 강조한다. 또한 개방체계 이론에서는 어떤 조직이든 환경에 적응하며 균형을 유지하고 안정 상태를 바라는 항상성(homeostasis)의 특성이 있다고 가정하며, 출발 조건이나 발전 경로가 다를지라도 최종 결과가 같다면 그 결과를 똑같이 인정할 정도로 융통성을 갖는다.

참고문헌

강정석, 이재호, 최호진, 백진숙, 신명희, 안철현, 김용훈(2010). **정부신뢰와 소통 제고를 위한 Public Relations 시스템 구축**. 서울: 한국행정연구원.

003 경계확장자 Boundary Spanner

경계확장자는 PR의 역할을 설명하는 데 사용되는 개념이다. 그루닉과 헌트가 PR을 정의하는 데 조직이론을 적용하면서 제시된 용어로, PR이 조직과 조직을 둘러싼 외부환경 사이의 경계에 존재하면서, 조직과 이해관계자 공중들 사이에서 일어나는 소통을 기획하고 관리하는 역할을 한다는 것이다. 즉, 조직의 최전방에서 설득 메시지를 공중들에게 전달하거나, 공중들의 의견을 조직에 전달해 의사결정 과정에 반영하도록 하는 PR 실무자의 모습을 표현하는 용어다(Grunig & Hunt, 1984). 또한 PR 실무자들은 조직 내부에서 각 부서를 지원하거나 부서 간 소통을 돕기도 하는 등 내부에서도 경계 확장자 역할을 한다.

예를 들어, 기업이 제품 하자로 인한 위기에 처했을 때 PR 실무자는 피해자 공중 혹은 소비자 공중을 대상으로 하는 조직의 위기 커뮤니케이션 메시지를 전하는 역할을 하는 동시에 해당 공중들의 요구사항이나 반응을 적시에 기업 의사결정진에게 전달하는 역할을 하게 된다. 기업 내부에서는 인사팀과 같은 부서와 함께 사내 커뮤니케이션 프로그램을 기획해 수행하는 등 조직 내부 공중들과의 소통에도 관여하게 된다. 다시 말해, PR은 조직 하부 체계로써 이해될 수 있으며, 조직 내외부 공중들과의 소통을 돕는 경영 기능 역할임을 설명하는 용어가 경계 확장자다.

참고문헌

Grunig, J., & Hunt, T. (1984). *Managing Public Relations*. Harcourt Brace Jovanovich.

004 경영기능 Management Function

경영기능이란 조직의 목표와 전략을 효율적으로 수행하고 관리하기 위해 필요한 요소를 일컫는다. 조직 내에서 필수적인 경영기능은 대체로 네 가지로 구분할 수 있다(Robbins, Bergman, Stagg, & Coulter, 2014). 계획(Planning)기능은 조직의 미래 목표를 설정하고, 이를 달성하기 위한 전략을 수립해 방향성을 설정한다. 조직화(Organizing)기능에서는 조직 내의 자원을 효과적으로 할당하고, 작업을 분배해 조직의 구조를 효율적으로 만드는 역할을 한다. 조직화 부처는 업무 실행을 위한 체계적인 조정과정도 담당한다. 지휘(Leading)기능은 조직구성원의 동기부여와 영감을 담당하며, 구성원들이 조직의 목표를 향해 나아갈 수 있도록 하는 데 중요한 역할을 하는 부처를 뜻한다. 통제(Controlling)기능은 조직의 활동과 성과를 모니터링하고, 설정된 목표에 따라 진행되고 있는지 평가하는 역할을 담당한다.

이런 경영기능은 서로 연계돼 있으며, 조직의 효과적인 관리와 성공적인 운영에 기여한다. PR학자인 그루닉 등은 과거 PR이 경영 기능에서 결정된 사안들에 대한 수동적 홍보만을 담당하던 것에서 벗어나 계획, 조직화, 지휘, 통제 영역에 참여하면서 전략적 의사결정 과정에 기여해야 한다고 주장했다(Grunig & Hunt, 1984). 즉, PR이 조직의 운영에 기여하는 경영 기능으로서 이해돼야 한다고 설명한 것이다. 그들에 따르면, PR은 조직을 둘러싼 이해관계자의 의견을 수렴해 이를 조직의 전략적 의사결정에 반영하고, 이해관계자를 대상으로는 조직의 의사결정이나 계획에 대한 이해와 설득을 진행하는 역할을 수행해 조직 효과성에 기여한다.

참고문헌

Grunig, J. E., & Hunt, T. (1984). *Managing Public Relations*. Harcourt Brace.
Robbins, S. P., Bergman, R., Stagg, I., & Coulter, M. (2014). *Management*. Pearson Australia.

005 공공 담론 Public Discourse

담론(discourse)은 일상 대화에서부터 미디어, 학문적 글쓰기에 이르기까지 다양한 의사소통의 형태를 포괄하는 용어다. 담론은 특정한 주제나 문제에 대한 사람들의 대화와 토론을 의미하기도 하며, 이런 토론을 통해 사회적 실천과 지식이 형성되고, 문화적 가치와 사회적 규범이 전달된다는 것이 기호학자들의 설명이다. 미셸 푸코와 같은 학자들은 담론이 사회 내에서 지식과 권력이 어떻게 작동하는지 이해하는 데 있어 매우 중요한 개념임을 주장했다. 즉, 언어가 단순히 의사소통의 도구를 넘어 사회적 현실을 형성하고 조직하는 데 중요한 역할을 한다는 것이다. 김영욱(2012)은 PR 커뮤니케이션이 공중들로 하여금 경쟁하는 여러 의미와 해석 속에서 자신에게 맞는 담론을 선택하도록 돕는 담론 기술자 역할을 해야 함을 주창했다. PR 커뮤니케이션은 힘을 가진 조직을 보호하는 담론을 펼칠 수도 있지만, 사회의 권력 구도를 변화시키기 위한 담론을 이끌어 낼 수도 있다는 것이다.

참고문헌

김영욱(2012). 담론 경쟁으로서 PR 커뮤니케이션: 새로운 패러다임과 이론의 방향성 설정. 커뮤니케이션 이론, 8(1), 352-386.

006 공공 정책 Public Policy

사전적 의미에서의 정책이란 특정 상황 해결을 위해 무엇을 어떻게 해야 하는가에 대한 일련의 아이디어 또는 계획으로, 여러 사람, 기업, 정부 또는 정당이 공식적으로 합의한 것으로 규정된다. 민간 영역이 아닌 정부 영역에서 다뤄지는 것을 공공 정책이라고 지칭한다. 공공 정책은 여러 공공 문제 중에서 정부가 개입할 문제를 선택하는 것으로 시작해 이 의제를 해결하기 위한 대안을 탐색, 결정, 실행, 평가하는 과정을 통해 구현된다(신호창, 이두원, 조성은, 2011). 공공 정책이란 결국, "정부가 하기로 선택하거나 하지 않기로 선택한 모든 것"(Dye, 1984)을 말한다. 공공 정책은 가치 배분적이며 강제성을 띤다는 특징이 있다. 즉, 어떤 정책이든 수혜자와 비수혜자 개인이나 집단이 생길 수밖에 없다. 예를 들어, 부동산 시장 과열을 막기 위한 종합부동산세는 다주택자들에게는 불합리한 정책으로 받아들여질 수 있으나 일주택자나 잠재 수요자들에게는 합리적인 정책이다. 공공 정책 PR은 정부가 정책을 구상, 결정, 집행, 평가하는 모든 단계에서 국민들의 이해와 동의를 획득하고 정책 수용도를 높이기 위해 진행되는 커뮤니케이션 활동으로 이해할 수 있다.

참고문헌
신호창, 이두원, 조성은(2011). **정책 PR**. 서울: 커뮤니케이션북스.
Dye, T. (1984). *Understanding Public Policy*. Englewood Cliffs, NJ: Prentice Hall.

007 공보 Public Announcement

공보(公報)는 '공개된 보고서' 또는 '공적 보고서'를 의미하며, 주로 정부 기관 혹은 공공 기관이 공식적으로 발표하는 문서나 정보를 지칭한다(표준국어대사전, 2024). 즉, 정부기관 및 공기업에서 국민을 대상으로 다양한 정책이나 제도에 대한 정보를 공개하는 것이다. 새 법률의 공포, 공청회 일정, 규제 변경 등에 대해 정부 기관들은 법률에 따라 공개해야 할 의무가 있다. 공보는 정부나 기관의 활동이 투명하게 진행되고 있음을 보여 주고 대국민 신뢰를 구축하기 위한 활동이다(김규식, 오대영, 2021). 또한 정책 결정 과정에 국민의 의견을 반영하고 참여를 유도하기 위한 목적이 있다. 공보는 정부나 기관의 공식 웹사이트 또는 소셜미디어 계정을 통해 일반 대중에게 정보가 직접 전달되도록 하는 경우가 많고 신문, 텔레비전, 라디오 등 매스미디어를 통해 공식 성명서나 보도자료, 광고의 형태로 진행될 수 있다. 이외에 공개회의 및 공청회를 통해 국민에게 직접 정보를 전달하기도 한다.

참고문헌
김규식, 오대영(2021). 지방정부 정책홍보에서 언론과 SNS의 효과 차이: 경기도 31개 시 · 군 공보담당자들의 인식 조사. **한국지역개발학회지, 33**(2), 117-141.
표준국어대사전(2024). 공보. https://ko.dict.naver.com/#/entry/koko/

979279e308964256b346bd61f2c5ce8a(2024년 5월 21일 접속함)

008 공중 Public

공중(公衆)은 PR 커뮤니케이션학의 정체성을 구성하는 주요 개념이다. 광고, 마케팅은 제품이나 서비스를 이용하는 소비자라는 특정 그룹에 대해 집중적으로 관심을 두지만, PR은 보다 다양한 집단인 공중에 대해 집중하는 활동이다. 예를 들어, 혐오시설의 설치에 반대하는 지역사회와의 갈등 관리 PR에서 지역주민은 일반 소비자와는 다르다. 공중은 재화와 서비스의 교환에 국한되지 않고 공통의 문제나 이슈를 중심으로 형성되며 그들에게 영향을 미칠 수 있는 문제를 인지하면 당면한 문제를 해결하기 위해 조직화하기도 하는 집단을 지칭한다(Grunig & Hunt, 1984). 김영욱(2003)은 공중이 대중, 군중과 다른 개념임을 역설했다. 그는 대중은 불특정 다수로서 공유하는 관심사를 중심으로 이루어진 익명적 개인의 결합이며, 군중은 정치적 집단 심리 혹은 감정의 회오리에 휩쓸려 생성되는 비이성적 결합이라고 설명했다. 반면에 공중은 "이슈를 둘러싼 논의와 반박 등 이성적 담론을 통한 결합"이라고 규정했다. 공중은 그 특징에 따라 비공중, 잠재공중, 자각공중, 활동공중으로 분류된다(공중 상황이론, 문제해결 상황이론 참조).

참고문헌

김영욱(2003). PR 커뮤니케이션. 이화여자대학교 출판부.

Grunig, J. E., & Hunt, T. (1984). *Managing Public Relations*. Harcourt Brace Jovanovich.

009 공중 상황이론 Situational Theory of Publics

커뮤니케이션 대상을 세분화하기 위한 이론이다. 그루닉과 헌트는 듀이와 블루머의 이론을 도입해 공중의 유형을 비공중, 잠재공중, 자각공중, 활동공중으로 나누었다(Grunig & Hunt, 1984). 비공중(non-public)은 유사한 문제와 쟁점에 직면하지 않고, 문제가 있다는 것을 인지하지 못하며 이의 해결을 위해 조직화된 노력을 하지 않는 집단을 의미한다. 잠재공중(latent public)은 문제에 직면하나 자각하지 못하는 집단을 말하며, 그들이 문제를 인지할 때면 자각공중(aware public)이 된다. 자각공중이 문제 해결을 위해 조직화하고 행동할 때, 이들은 활동공중(active public)으로 구분된다. 그루닉과 헌트는 각기 다른 공중의 커뮤니케이션 행동을 예측하기 위해 상황 이론을 개발했다. 상황 이론은 문제 인식, 제약 인식, 관여도의 3개 독립변인과 2개의 종속변인인 정보추구와 정보처리로 구성된다(Grunig, 1994).

문제 인식(problem recognition)은 '어떤 상황에서 무엇인가 빠졌거나 결정이 안 된 상태로 지각해 하던 일을 멈추고 그 상황에 관해 생각하는 정도'로 정의되며 '어떤 상황이 문제가 돼 뭔가 조치를 취해야 한다고 지각하는 정도'로 설명되기도 한다. 제약 인식(constraint recognition)은 '어떤 상황에 대해 조치를 취할 수 있는 능력을 제한하는 장애가 있다고 느끼는 정도'로 해석된다. 한편, 관여도(level of involvement)는 '개인이 상황과 얼마나 연계되었는지 지각하는 정도'로 간주된다(Grunig, 1978). 문제 인식, 제약 인식, 관여도의 고저에 따라 공중 유형은 8가지로 나뉜다. 종속변인인 커뮤니케이션 특성은 주어진 사안에 대한 정보를 의도적으로 찾는 정보추구(information seeking)와 우연히 접한 정보에 대해서 주의를 기울이는 정보처리(information processing)로 구분된다(Grunig, 1989). 커뮤니케이션 특성에서 정보처리는 신문, 라디오, TV 등의 매체를 수동적으로 이용하는 정도를, 정보 추구는 관련 단체의 자료(소책자, 팸플릿), 대인 커뮤니케이션 활성화 등 개인이 추가적인 정보를 찾아보기 위해 하는 적극적인 노력으로 정의된다. 예를 들어, 문제 인식이 높고, 제약 인식이 낮으며 관여도가 높은 경우가 활동적인 공중이며, 이 유형은 정보 추구 행동을 할 가능성이 높다.(비공중, 잠재공중, 자각공중, 활동공중 참조)

참고문헌

Grunig, J. E. (1978). Defining Publics in Public Relations: The Case of Suburban Hospital. *Journalism Quarterly, 55*, 109-118.

Grunig, J. E. (1989). Publics, Audiences and Market Segments: Models of Receivers of Campaign Messages. In C. T. Salmon (Ed.), *Information Campaigns: Managing the Process of Social Change* (pp. 197-226). Newbury Park, CA: Sage.

Grunig, J. E. (1994). A Situational Theory of Publics: Conceptual History, Recent Challenges, and New Research. Paper Presented to The International Public Relations Research Symposium, Bled, Slovenia.

Grunig, J. & Hunt, T. (1984). *Managing Public Relations*. Harcourt Brace Jovanovich.

010 공중 세분화 Public Segmentation

제한된 PR예산으로 최대의 효과를 누리기 위해 가장 먼저 해야 할 일은 목표 공중의 우선순위를 정하는 것이다. 공중 세분화는 커뮤니케이션의 목표에 따라 설득해야 할 대상을 분류하는 것을 의미한다. 공중 세분화는 대상의 성별, 나이, 직업, 소비성향, 매체 소비, 정치적 가치관 등과 같은 인구통계학적 특성과 라이프스타일을 기준으로 설정해 진행하는 것이 일반적이다. 이는 광고 PR 마케팅에서 주로 사용하는 방법이다. 다만 PR 전문가들은 제품이나 서비스에 대한 커뮤니케이션이 아닌 공공 정책이나 문제 등을 다루는 데 있어 인구통계학적 특성이나 성별, 나이 등의 기준만으로는 효율적인 공중 세분화가 불가능함을 주장한다. 즉, 나이와 성별이 같은 공중에 속하더라도 특정 정책이나 쟁점에 대한 인식이나 태도가 확연히 달라진다는 것이다. 따라서 광고나 마케팅과 달리 공중의 쟁점이나 정책에 대한 관여도, 문제 인식, 제약 인식의 정도에 따라 소통 대상을 구분해 전략적으로 접근할 필요가 있다는 것이다(Grunig & Hunt, 1984). 공중상황 이론과 문제해결 상황이론은 이런 논의를 바탕으로 개발된 이론이다(공중상황 이론, 문제해결 상황이론 참조).

참고문헌

Grunig, J. E., & Hunt, T. (1984). *Managing Public Relations*. Harcourt Brace Jovanovich.

011 관여도(PR) Involvement (PR)

관여도는 그루닉이 발표한 공중 상황이론을 구성하는 주요 변수다(Grunig, 1997). 공중 상황이론은 공중들이 언제 정보를 찾거나 주의를 기울이며 의사소통 행위를 하게 되는가를 이해하기 위해 개발되었다. 관여도는 개인이 특정 이슈나 상황에 얼마나 자신이 연관되어 있다고 생각하는지 나타낸다. 상황이론에서는 사람들이 어떤 상황에 대해 개인적 관련이 있다고 인식하게 되면 그에 대한 정보를 적극적으로 찾지만, 그렇지 않다고 인식하면 정보를 수동적으로 처리할 것이라고 설명한다. 즉, 높은 관여도를 보이는 공중은 정보를 적극적으로 찾고, 이해하려고 노력하며, 그 문제에 대해 다른 사람들과도 의사소통하는 데 더 많은 시간과 노력을 기울일 가능성이 높다는 것이다. 그루닉은 이런 사람들이 활동공중으로 진화하게 된다고 봤으며, 관여도가 낮으면 비활성공중으로 분류할 수 있다고 주장했다. 그는 관여도가 공중의 커뮤니케이션 행동을 이해하고 예측하는 데 중요한 요소로 작용하며, PR 전략이나 커뮤니케이션 전략을 설계할 때 이를 반드시 고려해야 한다고 강조했다. 광고나 마케팅에서 주로 관여도가 제품이나 서비스에 대한 인식을 지칭하는 의미에서 적용됐다면, PR에서는 어떤 쟁점 혹은 문제 상황에 대한 인식을 지칭한다는 점에서 차이가 있다.

참고문헌

Grunig, J. E. (1997). A Situational Theory of Publics: Conceptual History, Recent Challenges and New Research. In D. Moss, T. MacManus, & D. Vercic (Eds.), *Public Relations Research: An International Perspective* (pp. 3-48). International Thomson Business Press.

012 교화된 자기 이익 Enlightened Self Interest

교화된 자기 이익은 기업의 사회책임 활동을 이끄는 핵심적 요소라고 할 수 있다. 이는 기업이 사회 발전에 이바지하면, 사회 속에서 존재하는 기업 또한 경제적 이윤과 함께 지속 성장할 수 있다는 것을 의미한다(최홍림, 2018). 이것은 결국 공공의 이익이 기업의 이익으로 이어진다는 공리주의적 관점에서 이해할 수 있다. 하지만 기업이 지나치게 교화된 자기 이익을 내세우는 것은 윤리적인 문제로 이어질 수 있다. 팔켄버그(Falkenberg, 2002)는 기업들이 자신들의 비즈니스 목적을 CSR에 결부시키는 것을 교화된 자기 이익으로 합리화한다고 비판한다. 기업의 사회 참여는 자기 이해(self-interest)관계보다 사회적 요구와 이해관계에서 출발해야 한다(L'Tang, 1994). 일부 기업의 사회책임 활동이 공적 사회적 이해관계보다 경영 경제적 관점의 이해관계를 우선하며 교화된 자기 이해관계를 지나치게 내세우는 것은 문제가 있다(L'Tang, 1994).

마틴슨은 기업이 사회책임 활동을 경영 전략적 관점에서 지나치게 수단화하는 문제를 지적했다(Martinson, 1994). 드미트리우스와 허기스는 기업이 사회적 요구보다 비즈니스 이해관계를 우선시하는 것은 CSR이 아니라 '윤리적인 기만(Spin with ethics)이고, 기업의 위장술(corporate camouflage)'이라며 비판했다(Demitrious & Hughes, 2004). 사회 문제보다 비즈니스를 우선하는 일부 공익연계 마케팅(cause-related marketing) 같은 변형된 CSR 활동은 이 같은 윤리적인 문제에 부딪힐 수 있다. 교화된 자기 이익은 장기적인 관점에서 기업과 사회가 상생하며 함께 성장한다는 개념이 전제되어야 한다. 따라서 짧은 기간에 비즈니스 이익을 달성하고자 하는 수단화된 CSR은 교화된 자기 이익과 부합할 수 없다. 기업의 잘못 교화된 자기 이익 추구는 장기적인 관점에서 해당 기업의 지속가능성(sustainability)도 어렵게 할 수 있다.

참고문헌

최홍림(2018). PR 전문가 윤리: 윤리적 커뮤니케이션의 이론적 출발. 김영욱, 김장렬, 유선욱, 이유나, 조삼섭, 정원준, 최지현, 최홍림, 홍문기. **디지털 사회와 PR 윤리**(pp. 200-240). 서울: 커뮤니케이션북스.

Demitrious, K., & Hughes (2004). 'Publics' or 'Stakeholders'? Performing Social Responsibility through Stakeholder Software. *Asia Pacific Public Relations Journal, 5*(2), 1-12.

Falkenberg, A. W. (2002). When in Rome…Moral Maturity and Ethics for International Economic Organizations. *Journal of Business Ethics, 54*, 17-32.

L'Etang, J. (1994). Public Relations and Corporate Social Responsibility: Some Issues Arising. *Journal of Business Ethics, 13*(2), 111-123.

Martinson, D. L. (1994). Enlightened Self-Interest Fails as an Ethical Baseline in Public Relations. *Journal of Mass Media Ethics, 9*(2), 100-108.

013 권력형 로비 Power Lobby

권력형 로비는 PR의 대관업무, 즉 대정부 관계에서 이루어지는 로비 활동 유형의 하나다. 직접 로비에 속하는 것으로, 대기업, 산업 협회, 비정부 조직 및 연합들이 저명한 전직 관료, 정치인, 변호사, PR 기업 등을 기용해 의회 지도자 및 정책 결정자에게 영향력을 행사하는 것을 말한다(김동성, 2021). 목표를 달성하기 위해 입법자와 정부 관계자에게 직접 접근하거나, 캠페인 자금을 지원하거나, 대중 여론을 동원하는 방식으로 운영된다. 예를 들어, 제약 회사들은 약값 규제, 신약의 승인 과정, 특허 정책 등에 영향을 미치기 위해 로비 활동을 한다. 또 석유 및 가스 기업들은 자신들의 이익을 보호하고 규제 완화를 추구하기 위해 종종 환경 정책에 영향을 미치려고 시도한다. 이런 로비는 공공 정책과 정치 결과에 현저한 영향을 끼칠 수 있는 특성이 있어 경계와 비판의 대상이 되는 활동이기도 하다.

참고문헌

김동성(2021). 공공PR의 주체는 누구이고 무엇을 하는가?. 김현정, 정원준, 이유나, 이철한, 정현주, 김수연, 오현정, 백혜진, 최홍림, 조삼섭, 조재형, 김동성, 이형민, 김활빈. 디지털 시대의 PR학 신론(pp.325-349). 서울: 학지사.

014 귀인 Attribution

귀인(歸仁)은 사람들이 어떤 사건이나 행동의 원인을 추론하는 과정을 의미한다. 사람들은 어떤 사건이 발생하면 왜 그러한 일이 일어났는지 또 원인은 어디에 있었는가를 알고 싶어 한다(Coombs & Holladay, 2004). 예를 들어, 지하철 시설 관리를 하던 한 청년이 혼자 작업을 하는 과정에서 안전문에 끼어 사망하는 사건이 발생했을 때, 사람들은 왜 청년이 혼자 작업을 할 수밖에 없었는지, 안전 대책에 문제는 없었던 것인지, 이런 사고가 발생한 근본 원인과 그 책임을 누가 져야 하는지 등에 대해 질문을 하게 된다. PR학에서는 쿰즈가 이런 귀인이론을 바탕으로 해 위기관리 커뮤니케이션 모형을 개발한 바 있다(귀인이론, 상황적 위기 커뮤니케이션 이론 참조).

참고문헌

Coombs, W. T., & Holladay, S. J. (2004). Reasoned Action in Crisis Communication: An Attribution Theory Based Approach to Crisis Management. In Millar, D. P., & Heath, R. L.(Eds.), *Responding to Crisis: A Rhetorical Approach to Crisis Communication* (pp. 95-115). Mahwah, NJ: Lawrence Erlbaum.

015 귀인이론 Attribution Theory

귀인이론은 사람들이 자신의 행동이나 타인의 행동에 대해 원인을 추론하는 과정을 설명하는 심리학 이론이다. 이 이론은 사람들이 사건이나 행동의 원인을 어떻게 이해하고 설명하는지 다루고 있으며, 주로 내적 귀인과 외적 귀인이라는 두 가지 범주로 나눌 수 있다. 내적 귀인(Internal Attribution)은 행동이나 사건의 원인을 개인의 성격, 능력, 태도, 노력 등 개인 내부의 요인으로 돌리는 것이다. 예를 들어, 학생이 시험에서 높은 점수를 받은 경우 이를 그 학생의 지능이나 성실함 덕분으로 설명하는 것이다. 외적 귀인(External Attribution)은 행동이나 사건의 원인을 환경, 상황, 운, 타인의 행동 등 개인 외부의 요인으로 돌리는 것이다. 예를 들어, 학생이 시험에서 높은 점수를 받은 것은 지능과 성실함이 아닌 시험이 쉬웠기 때문이라고 설명하는 것이다. 이런 논리를 PR학에서는 조직의 위기에 대한 공중의 인식을 설명하는 데 적용해 왔다. 즉, 공중은 귀인 지각에 따라 위기의 책임을 조직에 돌리거나 외부상황 탓으로 돌릴 수 있다는 것이다(Coombs & Holladay, 2004). 예를 들어, 공중이 위기에 대한 책임이 조직 내부에 있다고 인식할수록 공중은 그 조직에 대한 부정적인 이미지와 태도를 형성하게 된다. 이에 따라 적합한 커뮤니케이션 전략을 선별적으로 실행해야 할 필요가 발생한다(상황적 위기 커뮤니케이션 이론 참조).

참고문헌

Coombs, W. T., & Holladay, S. J. (2004). Reasoned Action in Crisis Communication: An Aattribution Theory Based Approach to Crisis Management. In Millar, D. P., & Heath, R. L. (Eds.), *Responding to Crisis: A Rhetorical Approach to Crisis Communication*(pp. 95-115).

Mahwah, NJ: Lawrence Erlbaum.

016 귀인편향 Attribution Bias

사람들이 다른 사람이나 자신의 행동에 대해 원인을 추론할 때 발생하는 체계적인 오류를 의미한다(Heider, 1958). 이런 편향은 사람들이 사건이나 행동의 원인을 이해하는 방식을 왜곡해, 객관적이지 않은 결론에 도달하게 만들 수 있다는 것이 학자들의 설명이다. 학자들은 다양한 귀인편향 유형을 제안한 바 있다. 예를 들어, 근본적 귀인 오류(fundamental attribution error)는 타인의 행동을 설명할 때 상황적 요인을 과소평가하고, 개인적 특성이나 성격 같은 내적 요인을 과대평가하는 경향을 말한다(Kelley, 1967; Ross, 1977). 예를 들어, 다른 사람이 교통 체증 때문에 늦었음에도 그 사람의 게으름이나 무책임함 탓이라고 판단하는 경우다. 행위자-관찰자 편향(actor-observer bias)은 자신의 행동을 설명할 때는 상황적 요인을 강조하고, 타인의 행동을 설명할 때는 개인적 요인을 강조하는 경향을 의미한다. 예를 들어, 자신이 시험에서 낮은 점수를 받은 이유를 시험이 어려웠기 때문이라고 설명하지만, 다른 사람이 낮은 점수를 받은 것은 그 사람이 공부를 충분히 하지 않았기 때문이라고 설명하는 것이다. 자기방어적 귀인(Self-Serving Bias)은 자신에게 유리한 방식으로 귀인을 하는 경향을 의미한다(Miller & Ross, 1975). 성공은 자신의 내적 요인 덕분이라고 여기고, 실패는 외적 요인 때문이라고 여기는 것이다.

참고문헌

Heider, F. (1958). *The Psychology of Interpersonal Relations*. Wiley.

Kelley, H. H. (1967). Attribution Theory in Social Psychology. In D. Levine (Ed.), *Nebraska Symposium on Motivation* (Vol. 15, 192-238). University of Nebraska Press.

Ross, L. (1977). The Intuitive Psychologist and His Shortcomings: Distortions in The Attribution Process. In L. Berkowitz (Ed.), *Advances in Experimental Social Psychology* (Vol. 10, 173-220). Academic Press.

Miller, D. T., & Ross, M. (1975). Self-Serving Biases in The Attribution of Causality: Fact or Fiction? *Psychological Bulletin, 82*(2), 213-225.

017 기능 연계형 로비 Functional Networking Lobby

기능 연계형 로비는 PR의 대관업무, 즉 대정부 관계에서 이루어지는 로비 활동의 유형 중 하나다. 다수의 이익단체가 공통의 문제에 당면했을 때 연합해 문제 해결을 하고자 할 때를 지칭한다. 연합 로비(Coalition Lobbying)로 불리기도 한다(김동성, 2021). 예를 들어, 담배 규제 강화를 위해 보건 단체(예: 한국건강증진개발원), 의료 전문가, 공공건강 연구소, 정부 기관(예: 식품의약품안전처), 청소년 단체들이 연대해 담배의 유해성을 알리고, 담배 광고 규제, 공공장소 흡연 금지, 담배 세금 인상 등 다양한 법적 규제 도입을 촉구하는 공동 로비를 진행하는 것이다. 이런 유형의 로비는 쟁점에 대한 목소리를 강화하고, 다양한 자원을 공유하며, 더 폭넓은 지지 기반을 구축하는 데 유리한 것으로 여겨진다.

참고문헌

김동성(2021). 공공PR의 주체는 누구이고 무엇을 하는가?. 김현정, 정원준, 이유나, 이철한, 정현주, 김수연, 오현정, 백혜진, 최홍림, 조삼섭, 조재형, 김동성, 이형민, 김활빈. 디지털 시대의 PR학 신론(pp.325-349). 서울: 학지사.

018 기본적 귀인 오류 Fundamental Attribution Error

기본적 귀인 오류는 사회심리학에서 널리 연구된 개념으로, 사람들이 다른 사람의 행동을 해석할 때 그 행동의 원인을 개인의 성격이나 의도와 같은 내재적 요인으로 과하게 돌리는 경향을 말한다(Ross, 1977). 예를 들어, 누군가가 약속 시간에 늦게 도착했다면 그 사람이 원래 게으르거나 무책임하다고 판단할 수 있다. 하지만 사실은 성실한 사람이며 교통 체증이나 긴급한 상황으로 인해 늦었을 가능성을 간과한 결과일 수도 있다는 것이다. 개인의 내면적 특성이나 의도는 관찰할 수 있고 명확하게 드러나지만, 상황적 요인은 종종 덜 명확하거나 관찰하기 어려우므로 이런 오류가 발생한다. 기본적 귀인 오류는 개인 간의 오해와 갈등을 초래할 수 있으며, 잘못된 판단이나 선입견을 강화할 수 있다. 기본적 귀인 오류 개념의 이해는 사회적 상호작용을 더 잘 이해하고 개선하는 데 도움이 될 수 있다. PR학에서는 기본적 귀인 오류 개념을 적용해 조직과 공중 간에 일어날 수 있는 오해와 갈등의 원인을 분석하고 소통을 통해 이를 해결할 수 있음을 주장한다.

참고문헌

Ross, L. (1977). The Intuitive Psychologist and His Shortcomings: Distortions in The Attribution Process. In L. Berkowitz (Ed.), *Advances in Experimental Social Psychology, 10*, 173-220. Academic Press.

019 기술형 로비 Technocratic Lobby

PR의 대관업무는 대정부 관계에서 이루어지는 로비 활동 유형의 하나다. 전문 변호사 등을 기용, 기존 법이나 정책의 법리적 문제나 허점을 파악해 규제 조치를 합법적으로 피해 갈 방안을 찾는 로비 유형을 지칭한다(김동성, 2021). 주로 복잡하고 전문적인 지식이 요구되는 분야에서 정치적, 사회적 결정에 영향을 미치려는 행위를 말한다. 복잡한 과학적, 기술적 문제에 대한 해결책을 제시하면서 특정 정책이나 법안을 제안하거나, 정책 입안자에게 필요한 정확하고 상세한 정보를 제공함으로써, 보다 근거에 기반한 결정을 하도록 유도하는 활동이다. 기술 발전이 빠르게 이루어지는 현대 사회에서 이런 유형의 로비는 중요한 역할을 할 수 있으며, 보다 효율적이고 혁신적인 정책을 만드는 데 기여할 수 있다. 이런 로비 유형의 경우 공익을 대변할 수도 있지만, 특정 산업이나 기업의 이익을 대변하는 경우가 발생하기 때문에 사회적 비판을 받기도 한다.

참고문헌

김동성(2021). 공공PR의 주체는 누구이고 무엇을 하는가?. 김현정, 정원준, 이유나, 이철한, 정현주, 김수연, 오현정, 백혜진, 최홍림, 조삼섭, 조재형, 김동성, 이형민, 김활빈. 디지털 시대의 PR학 신론(pp.325-349). 서울: 학지사.

020 기업 개성 Corporate Personality

사람들은 기업의 행동에 대한 생각과 의견을 표현할 때, 자연스럽게 기업을 의인화하는 경향이 있다. 학자들은 이에 기반해 한 기업이 지닌 인간적인 특성 또는 성향을 기업 개성 개념으로 정의하고 연구해 왔다. 기업 개성은 고객, 주주 또는 직원이 기업에 대해 느끼고 있는 지속적인 특성들로, 기업의 미래 행동을 설명하고 예측하는 데 중요한 역할을 한다. 이 개념은 기업이 가지고 있는 가치, 목표, 조직문화 등을 내포하는 것으로 간주되며, 학자들은 기업 개성을 구성하는 다양한 요소를 제안한 바 있다. 특히 아커는 기업 개성을 다양한 차원에서 제안한다(Aaker, 1997). 그는 성실함, 열정, 역량, 정교함, 견고함의 다섯 차원을 기업 개성으로 제안했다. 오토 등은 정직성, 명성, 혁신성, 강인함을 기업 개성 요소로 제시했다(Otto, Chater, & Stott, 2011). 기업 개성은 기업이 어떤 가치를 중시하고, 직원 및 고객과 어떻게 상호작용하는지를 반영하며 투자자, 공급업체, 커뮤니티 등 다양한 이해관계자와 어떤 방식으로 관계를 맺고 있는지를 설명한다. PR은 기업의 개성을 공중들이 명확하게 인지할 수 있도록 전략적인 커뮤니케이션을 기획하고 수행하는 업무를 담당한다.

참고문헌

Aaker, J. L. (1997) Dimensions of Brand Personality. *Journal of Marketing Research, 34*(3), 347-356.

Otto, P. E., Chater, N., & Stott, H. (2011). The Psychological Representation of Corporate Personality. *Applied Cognitive Psychology, 25*(4), 605-614.

021 기업 시민 Corporate Citizen

기업 시민의 개념은 기업이 지역사회의 일원으로서 경제적, 사회적 문제에 대해 적극적으로 참여하고 긍정적으로 기여해야 함을 내포하고 있다. 주로 기업의 사회적 책임 활동을 설명하는 데 사용되는 용어로, 기업이 공동체에 소속된 시민으로서, 환경 보호, 공정무역, 직원 복지 향상 등의 활동을 통해 사회적 의무를 다해야 한다는 것이다(Carroll, 1998). 즉, 기업이 단순히 이윤 창출에만 몰두하지 않고, 사회적 책임과 윤리적 기준을 지키며 활동해야 함을 강조하는 개념이다. 예를 들어, 교육, 보건, 사회 복지 등의 분야에서 자원봉사 프로그램 운영 또는 지역 사회 개발 프로젝트 지원 등의 활동을 할 때, 기업 시민 역할을 하는 것으로 볼 수 있다. 기업 시민이 되는 것은 단순한 윤리적 의무를 넘어서 기업의 지속가능성과 장기적 성공에도 기여한다는 것이 학자들의 주장이다. 사회적 책임을 다하는 기업은 소비자와 투자자로부터 높은 신뢰와 지지를 받으며, 브랜드의 긍정적 이미지와 시장에서의 경쟁력을 강화할 수 있기에, 기업 시민 개념은 중요한 경영 전략으로 자리 잡고 있다.

참고문헌

Carroll, A. B. (1998). The Four Faces of Corporate Citizenship. *Business & Society Review*(00453609). Sept, Issue 100/101, 1-7. DOI: 10.1111/0045-3609.00008.

022 기업 평판 Corporate Reputation

기업 평판이란 기업을 둘러싼 기업 구성원, 고객, 투자자, 언론인 등 다양한 이해관계자에게 표출되는 한 기업의 총체적인 매력이다(Fombrun, 1996). 한국에서 레퓨테이션(reputation)은 명성으로 번역되어 통용되는 경우도 많다. 평판은 조직학, 경영학, 사회학 등 다양한 분야에서 연구되었으며, PR 영역에서는 커뮤니케이션에 초점을 맞춘 통합 평판 관리 모형이 제시된 바 있다. PR 관점에서 평판은 회사의 과거 및 현재 행위와 커뮤니케이션 활동에 근거해 오랜 시간에 걸쳐 형성되고 축적된 공중의 조직에 대한 인식의 총합이다. 기업의 평판 관리란 조직이 단기적으로는 미디어 등을 활용해 공중과의 상징적 관계를 형성하기 위한 전략적 커뮤니케이션 활동을 벌이는 것이며, 중장기적으로는 조직과 공중 간의 직접적이고 행동적인 관계 형성과 유지를 목표로 하는 PR 활동을 의미한다(차희원, 2015).

참고문헌

차희원(2015). 기업 명성과 PR 커뮤니케이션. 이화여자대학교출판부.

Fombrun, C. J. (1996). *Reputation*. Harvard Business School Press. Boston, MA.

023 기업의 사회적 정당성 Corporate Social Legitimacy

시민 의식이 높아지고 기업의 사회적 역할의 중요성이 강조되면서, 기업이 사회에 기여하고 인정받는 차원의 CSR이 중요해지고 있다(Middlemiss, 2003). 따라서 여기서 말하는 기업의 사회적 정당성은 기업이 사회의 일원이고 가치 있는 존재로 인정받는 것을 의미한다. 결국 공중들의 지지를 통해 기업이 사회적 존재 가치를 인정받는 것이 기업의 사회적 정당성이다. 따라서 기업의 사회책임 캠페인 메시지들은 저마다 '좋은 기업 시민(good corporate citizen)'을 내세우고 있다. 윌못(Willmott, 2003)은 좋은 기업 시민으로 인정받는 것은 직간접적으로 기업 활동에 영향을 주고, 결국 기업의 생존을 좌우한다고 주장한다. 이는 사회적 물의를 빚으며 공중의 신뢰를 잃고 파산 및 법적 문제에 직면한 국내 기업들의 사례에서도 알 수 있다. 이에 최홍림과 이종혁(2008)

은 기업 브랜딩 커뮤니케이션에 있어서도 기업의 사회적 정당성을 얻기 위한 전략적 차원의 노력이 필요함을 강조하며, 시민 브랜딩(citizen branding)을 제안했다.

참고문헌

최홍림, 이종혁(2008). 시민브랜드(citizen brand)로서 기업 CSR(corporate social responsibility) 활동의 확장에 관한 연구 '닥터유 프로젝트'를 중심으로. **홍보학연구**, 12(2), 82-107.

Middlemiss, N. (2003). Authentic Not Cosmetic: CSR as Brand Enhancement. *Brand Management, 10*(4/5), 353-361.

Willmott, M. (2003). Citizen Brand: Corporate Citizenship, Trust and Branding. *Brand Management, 10*(4/5), 362-369.

024 다양성 형평성 포용성 Diversity Equity Inclusion (DEI)

다양성, 형평성, 포용성(DEI) 개념은 현대 조직 관리와 기업의 사회적 책임활동 영역에서 부상한 것이다. DEI는 특정 시점에 갑자기 출현한 용어라기보다 학계와 조직 경영 실무에서 각각 진화해 온 3대 가치들을 통칭하는 용어로 자리를 잡은 것이다. 다양성(Diversity)은 인종, 성별, 성적 지향, 연령, 종교, 장애, 사회경제적 배경 등 개인의 차이와 고유성을 인정하고 존중하는 것을 의미한다. 조직과 사회 내 다양성의 존중은 다양한 배경과 경험을 가진 사람들이 모여 더 창의적이고 혁신적인 아이디어를 도출하는 데 기여할 수 있다는 게 학자들의 주장이다. 형평성(Equity)은 모든 사람이 공정한 기회와 자원을 제공받아 개인의 잠재력을 최대한 발휘할 수 있도록 하는 것을 의미한다. 포용성(Inclusion)은 모든 구성원이 조직 내에서 존중받고 소속감을 느끼며 적극적으로 참여할 수 있는 환경을 조성하는 것을 의미한다. 포용성은 모든 구성원이 자신의 목소리를 낼 수 있고, 조직의 의사 결정 과정에 기여할 수 있는 조직문화의 형성을 쉽게 한다(Ferraro, Hemsley, & Sands, 2023).

다양성과 형평성 및 포용성의 원칙은 '누구도 소외되지 않는(leave no one behind)' 차별 없는 세상을 만들고자 하는 UN지속가능개발그룹(UN Sustainable Development Group)의 핵심 가치와도 일치한다(사회적가치연구원, 2023). 기업의 지속가능성을 위한 ESG(Environmental, Social, and Governance) 경영과도 맥을 같이하며, 특히 기업의 사회적 책임 요소와 맞닿아 있는 가치들이다(ESG 내용 참조). 2020년대에 일련의 인종 차별 사망 사건이 발생했던 미국에서 특히 DEI에 대한 담론이 활성화되었으며, PR 영역에서도 미국 학자들을 중심으로 DEI 가치에 대한 관심과 연구가 진행되어 왔다(Mundy & Bardhan, 2023). 최근 들어 점점 증가하는 이주 노동자의 유입과 정치 성향의 양극화, 세대 간의 갈등을 겪고 있는 대한민국에서도 DEI의 개념은 매우 유효한 틀이 될 수 있는 것으로 전망된다(박한나, 진범섭, 2024).

참고문헌

박한나, 진범섭(2024). 글로벌 10대 기업의 DEI(다양성, 형평성, 포용성) 전략 및 커뮤니케이션에 관한 탐색적 고찰. **광고PR실학연구**, 17(1), 32-63.

사회적가치연구원(2023). S in ESG: ESG 경영 실무를 위한 Social. https://www.cses.re.kr/files/liveFile/research-file/2022/02/202202102002072t4C.pdf

Ferraro, C., Hemsley, A., & Sands, S. (2023). Embracing Diversity, Equity, and Inclusion (DEI): Considerations and Opportunities for Brand Managers. *Business Horizons, 66*(4), 463-479.

Mundy, D., & Bardhan, N. (2023). Charting Theoretical Directions for DEI in Public Relations. *Journal of Public Relations Research, 35*(5-6), 281-286. https://doi.org/10.1080/1062726X.2023.2251786

025 대중 Mass

대중(大衆)은 불특정 다수로서 공통된 관심사를 중심으로 이루어진 익명적 개인의 결합이다. 대중은 종종 지역적 및 개인적 차이를 초월해 광범위한 지역에 걸쳐 있는 인구를 포함한다. 전통적으로 대중은 대량 생산된 미디어와 문화를 수동적으로 소비하는 존재로 설명된다. 전통적으로 PR에서는 공통된 문제나 쟁점을 중심으로 구성되며 이성적 논박을 통해 문제 해결을 시도하고자 하는 공중과 차별화되는 개념으로서 대중 개념을 사용해 왔다(김영욱, 2003). 그러나 인터넷과 소셜미디어의 등장으로 대중은 더 이상 수동적이지 않고 적극적 콘텐츠 창작자로 부상하고 있다. 그들은 대중 매체 및 문화 제품을 적극적으로 소비하며, 그 확산에 참여하는 활동적인 집단으로 진화하고 있다.

참고문헌

김영욱(2003). PR 커뮤니케이션. 이화여자대학교 출판부.

026 레이스 모형 RACE Model

조사(Research), 계획(Action), 집행(Communication), 평가(Evaluation)의 약어로, PR 커뮤니케이션 프로그램 계획과 실행 과정을 설명하는 모형이다(Grunig & Hunt, 1984). 프로그램 기획을 위해 조직에 대한 공중의 인식이나 태도에 대한 조사(R)를 진행하고, 데이터 분석을 토대로 커뮤니케이션의 목적과 목표를 수립하는 것이 PR의 첫 단계다. 구체적 목적과 목표를 설정한 뒤 이에 맞는 채널과 메시지 전략 및 전술을 설계하는 것이 계획(A) 단계이며, 프로그램을 실행하는 것이 집행(C) 단계다. 평가(E)는 소통 캠페인의 성공 여부를 평가하고, 목표 달성 정도를 측정하는 단계로 미디어 노출, 공중의 반응, 매출 변화 등 다양한 지표를 분석한다. 평가 결과는 향후 PR 활동의 개선에 중요한 피드백을 제공한다. 이 모든 요소를 일목요연하게 담은 문서가 곧 PR 기획서 혹은 제안서다. RACE 이외에도 다양한 모형이 존재하지만 PR 기획 과정은 대체로 이상의 네 가지 요소로 구성된다.

참고문헌

Grunig, J. E., & Hunt, T. (1984). *Managing Public Relations*. New York: Harcourt Brace Publishers.

027 문제 인식 Problem Recognition

문제 인식이란 어떤 상황이 문제가 돼 뭔가 조처를 해야 한다고 지각하는 정도를 나타낸다(Grunig & Hunt, 1984). 이 개념은 PR의 공중세분화 이론인 공중상황 이론을 구성하는 요소로서, 공중이 특정 쟁점에 대한 문제 인식이 높을수록 적극적으로 정보를 찾아보고 행동을 취하는 활동적 공중으로 변모할 가능성이 커진다는 것이다. 예를 들어, 우리나라의 저출산으로 인한 인구감소 위기를 심각하게 여기는 국민이라면 성별이나 나이를 불문하고 정부의 출산장려 정책 문제에 대해 주의를 더욱 기울일 수밖에 없으며, 관련 정책에 대한 정보를 적극적으로 탐색하고 분석할 가능성이 크다. 공중상황 이론은 이처럼 단순한 인구통계학적 특성을 기반으로 하는 소통대상의 세분화보다 문제 인식의 정도와 같은 쟁점에 대한 공중의 인지나 태도를 파악해 구분할 필요가 있다고 주장했다는 점에서 의의가 있다(공중 상황이론 참조).

참고문헌

Grunig, J. E., & Hunt, T. (1984). *Managing Public Relations.* Harcourt Brace.

028 문제해결 상황이론 Situational Theory of Problem Solving

김과 그루닉이 제안한 문제해결 상황이론(Situational Theory of Problem Solving: STOPS)은 사람들이 정보를 어떻게 다루는지에 대한 이해를 넓히고, 소통행동 유형을 구체화한 이론이다(Kim & Grunig, 2011). 공중분류를 위한 공중상황 이론에서 확장·발전된 이 이론은 공중들이 정보를 단순히 받아들이는 것에서 벗어나 정보를 선택하고 제공하는 행위를 하고 있다는 점에 주목했다. 문제해결 상황이론(STOPS)은 공중의 소통 행위가 정보를 선택하는 차원, 정보를 습득하는 차원, 그리고 정보를 전달하는 차원의 세 가지 주요 부분으로 구성되어 있다고 설명한다. 첫째, 정보 선택 차원은 문제 상황과 관련된 정보를 어떤 기준에 따라 고르려는 의도로 정의된다. 여기서는 정보를 피하는 '정보회피'와 정보를 받아들이는 '정보수용'으로 나눌 수 있다. 정보회피는 문제 상황에서 특정 정보를 그 가치와 관련성을 고려해 회피하는 적극적인 선택이며, 정보수용은 문제 해결에 도움이 될 수 있는 모든 정보를 받아들이는 수동적인 선택이다. 둘째, 정보 습득 차원은 문제를 해결하기 위해 정보를 수집하는 노력의 정도로 정의된다. 이는 적극적 정보추구와 수동적 정보처리로 나뉜다. 정보추구는 필요한 정보를 직접 찾아내려는 노력이고, 정보처리는 주어진 정보를 수용하고 이해하고자 하는 행위를 지칭한다. 셋째, 정보 전달 차원은 다른 사람들이 문제 상황을 극복할 수 있도록 정보를 제공하거나 설명하려는 노력의 정도다. 정보전파는 누가 요구하지 않아도 자발적으로 문제와 관련된 정보를 제공하는 것이며, 정보공유는 누군가의 요구가 있을 때만 반응적으로 정보를 제공하는 것을 의미한다.

참고문헌

Kim, J. N., & Grunig, J. E. (2011). Problem Solving and Communicative Action: A Situational Theory of Problem Solving. *Journal of Communication, 61*(1), 120-149.

029 비공중 Non-Public

공중상황 이론에서 제시된 개념으로, 비공중(non-public)은 유사한 문제나 쟁점에 직면하지 않고, 문제가 있다는 것을 인지하지 못하며 이의 해결을 위해 조직화된 노력을 하지 않는 집단을 의미한다(김영욱, 2003). 그루닉 등은 PR 프로그램을 기획하는 데 있어 비공중은 우선순위에서 제외하고 다른 활동공중이나 잠재공중을 대상으로 예산을 투입하는 것이 보다 효율적이라고 주장했다(Grunig & Hunt, 1984). 이에 반해, 할라한과 같은 학자는 오히려 현대 사회에서는 활동 공중보다 무관심한 비공중을 대상으로 설득해야 하는 경우가 많기 때문에 공중상황 이론의 기존 분류기준에 대한 재논의가 필요하다는 주장을 펼쳤다. 할라한은 공중 유형을 지식과 관여도 정도로 구분하면서, 비공중이 이슈에 따라서는 잠재공중이나 활동공중으로 전환될 수 있다는 점을 강조했다(Hallahan, 2000). 예를 들어, 환경 문제가 지역사회에 직접적인 영향을 미치기 시작하면, 이전에는 관심이 없었던 사람들이 공중으로 변해 활동을 시작할 수 있기 때문에 이들에 대한 소통 전략을 선제적으로 수립할 필요가 있다.

참고문헌

김영욱(2003). PR 커뮤니케이션. 이화여자대학교출판부.

Grunig, J. E., & Hunt, T. (1984). *Managing Public Relations*. Harcourt Brace Publishers.

Hallahan, K. (2000). Inactive Publics: The Forgotten Publics in Public Relations. *Public Relations Review, 26*(4), 499-515.

030 비판이론 Critical Theory

비판이론은 문화연구 전통에서 발달한 학문적 조류다. 마르크스주의 사상에서 출발한 비판이론은 사회학, 문학, 철학, 미디어 연구 등 다양한 관점을 받아들여 발전했다. 20세기 초반 프랑크푸르트학파에서 시작되었으며, 테오도르 아도르노, 막스 호르크하이머, 허버트 마르쿠제 같은 학자들이 문화와 미디어가 어떻게 사회적 지배와 불평등을 유지하는 데 기여하는가에 대해 집중적으로 연구한 결과물을 원류로 보고 있다. 그들은 대중오락과 선전을 생산하는 문화 산업을 비판하며, 이런 산업이 공공 의식을 조작하고 자본주의 이데올로기를 강화한다고 주장했다. PR학에 있어서도 비판이론 관점을 받아들인 학자들이 존재한다. 이런 학자들은 PR 영역 내 권력의 불균형, 기존 PR 체제의 해체와 재구성 등에 관심을 둔다. 이 관점의 대표 학자인 히스(Robert Heath)는 PR이 조직과 그 환경 사이에서 언어와 이미지 등 겉으로 드러나는 상징적 요소와 그로부터 도출되는 의미를 관리하는 역할을 한다고 규정한다.

히스 외에 스파이서(Christopher Spicer), 토스(Elizabeth Toth) 등이 이 조류에 속한다. 알두리(Linda Aldoory)와 혼(Linda Hon), 그루닉(Lasrissa Grunig) 등은 여성 실무자와 남성 실무자 간의 조직 내 권력 차이와 역할의 차이 등에 대해 여성학 관점에서 다양한 연구를 진행하기도 했다(이유나, 2015). 영국 학자인 레탕(Jackie L'Etang)과 피에즈카(Magda Pieczka) 등은 기존의 PR 연구가 조직 중심적 사고에 기반을 둔 것을 격렬히 비판하며, 보다 공중 중심적인 연구를 수행해야 한다고 주장했다. 그들은 특히 메릴랜드학파에서 생산된 이론을 해체하는 작업에 주력했다. 남아공 출신의 홀츠하우젠(Derina Holtzhauzen)은 PR을 이해하는 데 포스트모더니즘을 도입하기도 했다. 그는 커뮤니케이션을 통해 PR 실무자가 할 수 있는 것은 합의를 도출하는 것이 아니라, 공중과 조직이 서로의 차이를 인정하고 불일치를 수용하도록 돕는 것이라고 주장했다. 더 나아가 실무자가 조직의 지배적 권력이나 부조리에 저항하는 행동주의자(activist) 역할을 해야 한다고 강조했다.

참고문헌

이유나(2015). 전략 커뮤니케이션: PR(공중관계). 이준웅, 백혜진, 박종민. 커뮤니케이션과학의 지평(pp. 405-445). 경기: 나남.

031 사내 위기 커뮤니케이션 Internal Crisis Communication

사내 위기 커뮤니케이션(ICC)은 조직이나 사회에서 위기가 발생하기 전 · 중 · 후에 이루어지는 조직 내 관리자와 직원 간의 사적 또는 공적 의사소통으로 정의된다(Johansen, Aggerholm, & Frandsen, 2012). 전통적으로 PR 위기 커뮤니케이션은 외부 공중을 주요 소통 대상으로 여겨 왔다. 그러나 1인 매체가 발달하고 평생직장 개념이 소실되면서, 구성원들이 조직 위기의 발원지가 되는 상황이 빈번하게 일어나자 외부 공중들만을 위기 커뮤니케이션의 대상으로 삼는 것은 타당하지 않다는 지적이 커졌다. 사내 위기 커뮤니케이션에서는 조직 내부의 직원들을 가장 중요한 이해관계자로 간주하며, 이들은 단순한 메시지 수신자가 아니라 위기 상황에서 긍정적이거나 부정적인 메시지를 전달하는 발신자 역할도 한다고 강조했다.

사내 위기 커뮤니케이션(ICC) 연구는 크게 ICC 전략, ICC 선행요인, ICC 성과에 대한 연구로 구분할 수 있다. 예를 들어, 마체이와 라바차니(Mazzei & Ravazzani, 2015)는 목표 유형(안전, 소속감, 행동 활성화)과 내용 유형(정보 제공, 동일시, 사실적 내용)을 기반으로 한 다차원적인 ICC 전략으로 투명성, 결속, 행동 활성화, 회피, 그리고 저활용을 제안한 바 있다. 조직의 ICC 전략에 영향을 끼치는 선행요인으로서는 리더십과 조직문화와 같은 요소들에 대한 연구가 주로 이루어져 왔다(Lee, Tao, Li, & Sun, 2020). ICC 전략에 따라 구성원들의 인지, 감정, 행동이 어떻게 영향을 받고 달라지는가에 대한 연구도 한 축을 이룬다(Dhanesh & Pichert-Duthler, 2021). 특히 최근의 ICC 연구에서는 1인 매체의 발달과 함께 익명 소통 커뮤니티가 확장되면서 구성원들이 조직에 대한 불만이나 내부 이슈에 대해 전통 매체에 의존하지 않고 스스로 목소리를 내는 경향에 대해 관심을 쏟고 있다(Rhee & Moon, 2024).

참고문헌

Dhanesh, G. S., & Pichert-Duthler, G. (2021). Remote Internal Crisis Communication (RICC): Role of Internal Communication in Predicting Employee Engagement During Remote Work in a Crisis. *Journal of Public Relations Research, 33*(5), 292-313.

Johansen, W., Aggerholm, H. K., & Frandsen, F. (2012). Entering

New Territory: A Study of Internal Crisis Management and Crisis Communication in Organisations. *Public Relations Review, 38*(2), 270-279.

Lee, Y., Tao, W., Li, J. Y. Q., & Sun, R. (2020). Enhancing Employees' Knowledge Sharing through Diversity-Oriented Leadership and Strategic Internal Communication during The COVID-19 Outbreak. *Journal of Knowledge Management, 25*(6), 1526-1549.

Mazzei, A., & Ravazzani, S. (2015). Internal Crisis Communication Strategies to Protect Trust Relationships: a Study of Italian Companies. *International Journal of Business Communication, 52*(3), 319-337.

Rhee, Y., & Moon, B. (2024). When Employee Communication Behavior Triggers Organizational Crisis: Strategic Thinking about Internal Crisis Communication (ICC) in Public Relations. In Kim, S., Buzzanell, P., Kim, J., & Mazzei, A. *The Routledge Handbook of Employee Communication and Organizational Process.* Routledge. (To be published in 2024).

032 사내 커뮤니케이션 Internal Communication

사내 커뮤니케이션은 PR의 특화된 실무영역이다. 전통적으로 사내 PR 커뮤니케이션은 구성원을 수동적 수용자로 간주하고, 주로 사보와 같은 커뮤니케이션 제작물 혹은 사내 인터넷 메시지 생산하는 등 기술적인 활동에 치중해 왔다(이유나, 2014). 그러나 현재는 평생직장의 개념이 사라지고 이직이 수월해지는 상황에서 유능한 인재를 확보하고 구성원들의 협력과 지지를 얻어 내는 것은 조직이나 기업의 생존과 직결된 가장 중요한 문제가 되고 있다. 또한 소셜미디어의 발달 등 매체

환경의 변화로 인해 구성원들은 다양한 채널을 통해, 익명으로 자신들의 조직에 대한 솔직한 의견을 피력하거나 조직의 부당한 행위나 비윤리적인 문제에 대한 제보자로 활동하면서 종종 조직 위기의 발원지가 되고 있다. 즉, 현재 PR에서는 구성원을 능동적인 커뮤니케이션 주체로 간주하며 조직의 가장 중요한 공중의 하나로 여긴다(사내 위기 커뮤니케이션 참조).

참고문헌

이유나(2014). 사내 PR 전략과 전술. 한정호 외. PR학 원론(pp. 359-374). 서울: 커뮤니케이션북스.

033 사원-조직 관계성 Employee-Organization Relationship

조직-공중 관계성 개념이 조직과 외부 공중 간의 관계를 의미하는 것에 반해, 사원-조직 관계성은 조직과 내부 공중, 즉 조직-직원 간의 관계를 의미한다. 직원들은 종종 조직과 고용계약으로 맺어져 있어, 외부 공중들이 조직과의 관계 품질을 평가하는 것과는 기준이나 우선순위가 다르다고 볼 수 있다. 예를 들어, 경영학 및 조직 심리학 연구에서 조직 몰입이나 헌신은 직원들과 긍정적인 관계를 구축하는 데 가장 중요한 요소로 간주된다(Allen & Meyer, 2000; Mowday, Steers, & Porter, 1979). PR학에서는 조직-공중 관계성 품질을 평가하는 차원을 도입해 사원-조직 관계성을 연구하는 경향을 보여 왔다. 즉, 신뢰, 헌신, 상호통제, 만족과 같은 4개의 차원이 사원-공중 관계성을 평가하는 데 사용된다. PR학에서는 매체환경 및 고용환경의 변화로 인해, 외부 공중에 집중하던 것에서 벗어나 내부 공중인 구성원들에 대한 관심이 지속적으로 증가해 왔으며, 특히 조직의 위기를 촉발하는 주체가 되는 사례가 많아지면서 위기 커뮤니케이션 차원에서 주요한 연구 대상으로 간주되고 있다(조직-공중 관계성, ICC 참조).

참고문헌

Allen, N. J., & Meyer, J. P. (2000). Construct Validation in Organizational Behavior Research: The Case of Organizational Commitment. In *Problems and Solutions in Human Assessment: Honoring Douglas N. Jackson at Seventy* (pp. 285-314). Boston, MA: Springer US.

Mowday, R. T., Steers, R. M., & Porter, L. W. (1979). The Measurement of Organizational Commitment. *Journal of Vocational Behavior, 14*(2), 224-247.

034 상호지향성 모형 Co-orientation Model

상호지향성 모형은 맥리오드와 채피가 제안한 것으로 커뮤니케이션 과정에서 그룹 간의 관계를 식별하기 위한 지침을 제공한다. 이는 효과적인 커뮤니케이션을 위해서는 커뮤니케이션 주체들 간의 상호적 인식이 중요하며, 이를 통해 적절한 지향(Oriented)이 이루어져야 한다고 강조했다(McLeod & Chaffee, 1973). 여기에서 지향이란 상호 이해와 합의다. 상호지향성 모형은 송신자-수신자 관계의 상호 커뮤니케이션에 바탕을 둔다. 이런 과정에서 커뮤니케이션 주체들은 함께 문제를 발견하고 이에 대해 이해하게 된다. 도지어와 얼링은 공중관계에서 발생할 수 있는 4가지 상호지향성 상태(co-orientation states)를 제안했다(Dozier & Ehling, 1992).

첫째는 진정한 합의(true consensus) 상태로, 커뮤니케이션 당사자들

간의 문제에 대한 관점이나 평가에 대한 동의를 인식하는 상태를 말한다. 둘째는 불일치(dissensus) 상태로, 커뮤니케이션 과정의 참여자들이 서로 의견에 차이가 있는 것을 인식하는 상태를 말한다. 셋째는 거짓 합의(false consensus) 상태로, 조직이나 이해관계자가 서로 믿지 못하고 특정 정책이나 문제에 대해 다른 생각을 하고 있음을 인지하면서도 합의하는 상태나 동의하지 않는 문제에 대해서 동의한다고 잘못 믿는 상태를 말한다. 넷째는 거짓 갈등(false conflict) 상태로 조직과 이해관계자가 실제로는 서로 동의하지만, 동의하지 않는다고 믿는 상태를 말한다. PR 실무자들은 커뮤니케이션 과정에서 발생하는 공중관계에서 존재하는 상호지향성 단계에 대한 이해를 바탕으로 적절한 커뮤니케이션 전략을 수행할 수 있다.

참고문헌

Dozier, D., & Ehling, P. W. (1992). Evaluation of Public Relations Programs: What the Literature Tells us about Their Effects. In J. E. Grunig (Ed.), *Excellence in Public Relations and Communication Management*. Hillsdale NJ: Lawrence Erlbaum Associates.

McLeod, J. M., & Chaffee, S. H. (1973). Interpersonal Approaches to Communication Research. *American Behavioral Scientist, 16*(4), 469-499.

035 상호호혜적 관계 Mutually Beneficial Relationship

조직의 의사결정이나 정책에 의해 영향을 받는 공중들과 조직 사이에 상호 실질적인 이익을 취할 수 있는 연대가 형성되었을 때를 말한다(Ledingham & Bruning, 1998). 즉, 관계 당사자들이 원하는 바를 얻는

승-승(win-win) 상황이다. 조직의 관점에서 PR 실무자는 공중들과 협력하고, 그들의 기대에 부응하고, 그들의 이해관계를 조직의 의사결정 과정에서 반영할 수 있도록 노력할 때 상호호혜적 관계의 형성이 가능하다. PR 실무자는 공중들의 이익을 반영하기 위해 노력하는 동시에, 공중들이 조직에 대해서 갖고 있는 편견이나 비현실적인 요구를 조정하고 중재하는 역할을 담당해야 한다. PR 학자들은 쌍방향 균형 커뮤니케이션을 상호호혜적 관계 형성을 위한 가장 윤리적이고 효과적인 소통 방법으로 제안해 왔다. 즉, 일방적인 독백이 아닌 대화적 소통이 이루어질 때 조직-공중 간의 상호호혜적 관계가 형성되고 유지된다는 것이다.

참고문헌

Ledingham, J. A., & Bruning, S. D. (1998). Relationship Management in Public Relations: Dimensions of an Organization-Public Relationship. *Public Relations Review, 24*(1), 55-65.

036 상황적 위기 커뮤니케이션 이론
Situational Crisis Communication Theory

쿰즈 등에 의해 개발된 대표적인 위기 커뮤니케이션 이론이다. 위기 발생 책임성과 위기에 대한 통제 가능성 등의 기준에 따라 다양한 위기 유형을 나누고, 그에 따라 적합한 커뮤니케이션 전략을 제시하고 있다 (Coombs, 2007). 쿰즈는 위기 커뮤니케이션의 목적이 조직의 평판을 보호하는 데 있다고 보았으며, 귀인이론을 바탕으로 SCCT 개념을 구성했다. 귀인이론에 따르면 사람들은 특히 부정적이고 예상치 못한 사건의 원인을 찾으려는 본능이 있다. 기업의 위기가 발생한 경우에도 공중들은 누가 책임이 있는지 판단하고 이에 따라 반응한다는 것이 이론의 기본 전제다. 쿰즈는 위기 책임성에 따라 위기를 크게 세 가지로 구분한다. 피해자 클러스터(Victim Cluster)는 자연재해, 제품 조작 등 조직이 피해자이자 책임성이 낮은 경우를 말한다. 사고 클러스터(Accidental Cluster)는 제품 결함이나 사고 등 조직이 어느 정도 책임이 있으나 고의성이 없었을 경우를 말한다. 예방 가능 클러스터(Preventable Cluster)는 규제 위반, 비윤리적 행위 등 조직에게 책임이 있는 경우를 지칭한다. 이론에 따르면 위기가 발생했을 때, 조직 책임성이 높을 때는 수용적 전략을 도입하고 책임성이 낮을 때는 방어적 전략을 도입해야 공중의 메시지 수용도가 높아진다. 방어적 전략으로는 부인(Denial), 변명(Excuse), 정당화(Justification)가 있으며 수용적 전략에는 재건(Rebuilding), 사과(Apology), 보상(Compensation)이 있다. 각 전략은 위기 유형에 맞게 선별해서 사용되었을 때 조직의 평판을 보호하는 데 기여하고 공중과의 신뢰를 유지하는 데 도움을 줄 수 있다는 설명이다. 위기 유형 외, 위기 이력과 조직 기존 평판수준 등도 공중의 위기 커뮤니케이션 수용도에 영향을 미칠 수 있는 주요 요인으로 제시된 바 있다.

참고문헌

Coombs, W. T. (2007). Protecting Organization Reputations during a Crisis: The development and Application of Situational Crisis Communication Theory. *Corporate Reputation Review, 10*(3), 163-176.

037 선전 Propaganda

선전(宣傳)이란 정치적 어원을 갖는 용어로, 특정 이익 집단 혹은 기득권의 의도를 일방적으로 관철하려는 의도로 진행되는 커뮤니케이션을 말한다. 선전은 권력 집단의 이익을 대변하면서 다양한 의견이 나눠지고 여론을 형성하는 공론의 장을 마비시킬 수 있다(김영욱, 2003). 서커스단을 이끌던 바넘(P. T. Barnum)은 종종 선전의 아버지로 언급되는 인물로, 서커스의 흥행을 위해서라면 거짓과 과장을 해도 좋다는 철학을 갖고 PR 활동을 벌인 것으로 유명하다. 160세의 할머니를 미국 초대 대통령 조지 워싱턴의 하녀로 대대적으로 홍보해 관람객을 모으거나, 가짜 샴 쌍둥이를 구경거리로 홍보하는 등의 행위를 서슴지 않았다. 게르만 순혈주의와 우월주의를 주창하며 유대인을 학살했던 히틀러 정권도 극단적인 형태의 선전을 활용한 경우라고 볼 수 있다.

참고문헌

김영욱(2003). PR 커뮤니케이션. 이화여자대학교출판부.

038 선택된 이웃 Neighbor of Choice

사회학자 버크(Burke, 1999)는 개인이 사회적 상호작용을 통해 특정한 이웃을 선택하고 그들과 더 깊은 관계를 형성한다는 '선택된 이웃' 개념을 제시했다. 버크는 사람들이 단순히 지리적 가까움에 의해서만이 아니라 공통의 관심사, 가치, 필요와 같은 요소에 기반해 이웃을 '선택'한다고 설명했다. 이 개념은 인간관계의 복잡성과 선택적 근접성이 어떻게 사회적 지원 네트워크와 사회적 자본 형성에 이바지하는가를 탐구하는 데 사용되었다. 교육, 도시 계획, 공공 정책 및 커뮤니티 개발과 같은 여러 분야에서 응용되었으며 PR에서는 기업의 사회적 책임을 설명하거나 지역사회 관계 활동을 설명할 때 응용된다(김현정, 2021). 예를 들어, 한 기업이 위치한 지역의 공동체들과 상호호혜적인 관계를 맺기 위해서는 지역공동체로부터 선택을 받아야 한다는 것이다. 즉, 기업이 지역사회 경제, 문화의 발전에 기여하고 사회공헌활동을 통해 지역사회 구성원들로부터 신뢰를 얻어 '선택된 이웃'이 되는 것이 지역사회 관계 PR의 목표다.

참고문헌

김현정(2021). 지역사회, 어떻게 조직의 선택된 이웃이 되는가?. 김현정, 정원준, 이유나, 이철한, 정현주, 김수연, 오현정, 백혜진, 최홍림, 조삼섭, 조재형, 김동성, 이형민, 김활빈. **디지털 시대의 PR학 신론**(pp.291-324). 서울: 학지사.

Burke, E. M. (1999). *Corporate Community Relations: The Principles of The Neighbor of Choice*. Westport, CT: Greenwood Publishing Group, Inc.

039 수사이론 Rhetorical Theory

수사이론은 소통 현상 자체를 강조하면서, 커뮤니케이션 주체들 사이에서 일어나는 의미 공유를 강조한다. 수사 이론적 관점에서 PR은 어떤 정해진 규칙이나 규범을 통해 조직의 목적을 달성하는 활동이라기보다 커뮤니케이션 주체 간의 자유로운 경쟁을 통한 논쟁의 자유 시장(wrangle in the marketplace) 형성과 시민사회(civil society) 실현을 위한 활동으로 간주된다(신호창, 문빛, 조삼섭, 이유나, 김영욱, 차희원, 2017). 논쟁의 자유 시장은 쟁점과 의견들이 자유롭게 부딪치면서 커뮤니케이션을 통해 해결 방법에 대한 합의를 끌어내는 공간을 의미한다. 수사학적 관점을 주창하는 PR학자들은 이런 논쟁의 자유 시장에서 공중은 단순한 소통 대상이 아니며, 의미의 공동 창조자로서 더욱 평등한 커뮤니케이션 주체로 존중되어야 함을 강조한다. 수사학 전통을 따르는 연구의 초점은 주로 커뮤니케이션 주체들이 생산하고 공유하는 텍스트나 메시지를 분석하는 데 맞춰져 있다.

참고문헌

신호창, 문빛, 조삼섭, 이유나, 김영욱, 차희원(2017). **공중관계핸드북: Public Relations 바로 보기**. 서울: 커뮤니케이션북스.

040 수용자 Audience

일반적으로 수용자는 미디어 콘텐츠를 소비하고 해석하는 개인이나 집단을 말한다. 과거 전통 매체가 지배적이던 시기에는 수용자를 미디어 메시지를 수용하는 수동적 존재로 간주한 바 있다. 그러나 현대 미디어 기술의 발달을 기반으로 수용자는 미디어 메시지를 적극적으로 해석하고 의미를 생성하는 주체로 보는 방향으로 변화했다. 일반 커뮤니케이션학과 달리, PR학에서는 수용자라는 용어보다 공중을 주요 개념으로 사용한다. 공중은 단순히 미디어 메시지를 받아들이거나 활용하는 존재로 간주되지 않고, 직면한 공통의 쟁점이나 문제를 주제로 토론하고 해결 방안을 찾아 나가는 이성적인 존재로 규정된다(김영욱, 2003; 신호창, 문빛, 조삼섭, 이유나, 김영욱, 차희원, 2017). PR에서 수용자는 공중 개념을 설명할 때 주로 사용되는 단어다(공중 참조).

참고문헌

김영욱(2003). **PR 커뮤니케이션**. 이화여자대학교 출판부.

신호창, 문빛, 조삼섭, 이유나, 김영욱, 차희원(2017). **공중관계핸드북: Public Relations 바로 보기**. 서울: 커뮤니케이션북스.

041 신뢰 Trust

사람과 사람, 조직과 공중, 조직과 조직, 국가와 국가 간의 관계를 이어 주는 데 있어서 중요한 역할을 하는 PR에서 상대방에 대한 기대와 믿음을 의미하는 신뢰는 절대적이다. PR 활동은 미디어 관계를 비롯해 지역사회 관계, 조직구성원과의 관계, 비즈니스 관계, 공공 외교 관계, 사회공헌 활동에서도 신뢰가 바탕이 되어야 PR의 성과가 높아진다. 그리고 바람직한 관계를 형성하고 그 관계를 오래오래 유지하고 발전시키는 데도 신뢰가 바탕이 되어야 한다(한국PR기업협회, 2020). 기업에서 중시하는 쟁점(issue) 소유권 개념도 어떤 사회적, 경제적, 환경적 문제에 대한 전문성을 제공해서 공중으로부터 신뢰를 얻는다는 것이다. 기업이나 공공에서 어떠한 상황적 위기에 봉착했을 때는 방어적 전략(부인, 변명, 정당화)이나 수용적 전략(재건, 사과, 보상)을 위기의 유형에 알맞게 적용했을 때 공중과의 신뢰를 유지하는 데 도움이 된다(Coombs, 2007). 나아가 지역사회 관계 PR에서의 핵심 목표인 '선택된 이웃'도 신뢰가 형성되었을 때 비로소 가능해진다(김현정, 2021). 기업이나 공공의 위기 상황에서 어떠한 위기가 진행되고 무엇이 문제이며 어떻게 해결되고 있는지 알 수 없는 정보 공백(information blank) 상황도 신뢰할 만한 정보가 부족한 상태를 의미한다.

참고문헌

김현정(2021). 지역사회, 어떻게 조직의 선택된 이웃이 되는가?. 김현정, 정원준, 이유나, 이철한, 정현주, 김수연, 오현정, 백혜진, 최홍림, 조삼섭, 조재형, 김동성, 이형민, 김활빈. **디지털 시대의 PR학 신론**(pp. 291-324). 서울: 학지사.

한국PR기업협회(2020). 신뢰(p. 96). **PR용어사전**. 경기: 한울엠플러스.

Coombs, W. T. (2007). Protecting Organization Reputations during a Crisis: The Development and Application of Situational Crisis Communication Theory. *Corporate Reputation Review, 10*(3), 163-176.

042 쌍방향 균형 Two-Way Symmetry

PR 4모형의 하나인 쌍방향 균형 모형을 설명할 때 사용된 개념이다. 쌍방향 균형 모형은 주로 조직이 원하는 방향으로 설득을 전개하는 것을 목적으로 하던 PR과 달리, 공중과 조직 간의 상호이해 도모를 그 목적으로 하는 PR을 지칭한다. 그루닉과 헌트(Grunig & Hunt, 1984)는 이 모형이 PR 학자 커틀립(Scott Cutlip)에 의해 처음으로 개념화되었다고 설명했다. 커틀립은 PR 활동이 조직의 이익만을 대변하는 활동이 되어서는 안 되며, 공중의 의견이나 태도를 조직에 전달함으로써 이들의 이익도 조화 있게 고려하는 활동이어야 한다고 주장했다.

쌍방향 균형모형은 체계이론적 관점의 핵심철학을 담고 있다고 볼 수 있다(김영욱, 2003). 그루닉은 조직 중심적인 체계이론 관점을 채택하더라도, 궁극적인 커뮤니케이션 목적을 조직과 공중 간의 상호이익 달성에 둔다면 이상적이고 윤리적인 PR이 성립할 수 있다고 주장했다(Grunig, 2001). 이런 그의 생각은 학자들에 의해 쌍방향 균형적 세계관으로 지칭되기도 했다. 그루닉은 그가 활동할 당시에 아직 정형화되지 않았던 PR 영역이 사회적으로 의미 있고 가치 있는 영역으로 진일보하기 위해서는, 일방적 선전이나 언론 대행 같은 기존의 PR 활동을 설명하고 반복하는 데만 급급할 것이 아니라, 균형적 커뮤니케이션의 추구를 궁극적인 형태로 설정하고 이를 향해 나아가는 것이 중요하다고 했다. 그루닉의 쌍방향 균형 PR모형이나 철학은 여러 학자와 실무자들로부터 현실성이 없다는 비판을 받기도 했으나 이와 같은 비판과 반박 과정에서 PR이론이 비약적으로 발전할 수 있었다(김영욱, 2003).

참고문헌

김영욱(2003). PR 커뮤니케이션. 이화여자대학교출판부.

Grunig, J. (2001). Two Way Symmetrical Public Relations: Past, Present, and Future. In R. Heath (Ed.), *Handbook of Public Relations* (pp.11-20). Thousand Oaks, CA: Sage.

Grunig, J., & Hunt, T. (1984). *Managing Public Relations.* Harcourt Brace Publishers.

043 쌍방향 불균형 Two-Way Asymmetry

PR 4모형의 하나인 쌍방향 불균형 모형을 설명할 때 사용된 개념이다. 미국은 제1차 세계대전과 제2차 세계대전을 치르면서, 공중의 태도나 의견 조사에 바탕을 둔 매스미디어 전략으로 성공적 군인 모집이나 전쟁에 대한 지지를 얻어 내는 경험을 하게 되었다. 전후 이런 설득 방법을 민간 기업 PR에 적용하기 시작했다. 그루닉은 이처럼 사회과학적 조사방법을 이용한 설득을 특징으로 하는 PR 활동을 쌍방향 불균형 모형으로 규정했다. 역사적으로 이 모형을 구현한 대표적인 인물은 에드워드 버네이즈(Edward Bernays)로, 그 역시 제1차 세계대전 당시 크릴 위원회(The Creel Committee)라는 국가 전쟁 선전기구에서 일한 바 있다. 그는 조사연구를 통해 공중의 지각, 태도, 행동을 분석해 그들을 가장 잘 설득할 수 있는 메시지를 도출해 내고 조직이 원하는 방향으로 공중이 행동하도록 하는 것을 PR이라고 보았다(Grunig & Hunt, 1984). 현대에 이루어지는 마케팅 PR 등 경쟁시장에서 우위를 선점해야 하는 조직들은 이런 쌍방향 불균형 모형을 사용하는 것으로 볼 수 있다. 쌍방향 불균형 PR모형의 커뮤니케이션 방향성은 조사를 통한 피드백을 구한다는 측면에서는 쌍방향이지만, 목표 측면에서는 공중의 이익보다 조직의 이익이나 목표 달성에 방점이 있다는 점에서 불균형하다.

참고문헌

Grunig, J., & Hunt, T. (1984). *Managing Public Relations*. Harcourt Brace Publishers.

044 아이비 리의 원칙선언 Ivy Lee's Declaration of Principles

1900년대 미국에서 활동한 아이비 리는 거짓과 과장을 일삼는 PR에 대한 문제의식을 느끼고, PR이 보다 전문적인 커뮤니케이션 영역으로 거듭나야 한다고 주장했다. 그는 "원칙선언"을 통해 사실이 아닌 정보는 유통해서는 안 되며 공중들이 정보를 알 권리가 있음을 주창했다. 당대의 대재벌 가문이었던 록펠러가 운영하던 탄광에서 노동자를 착취해 부를 축적한다는 비난을 받았을 때, 아이비 리는 정보 개방 정책을 쓰도록 건의하고 록펠러에게 탄광을 직접 방문해 작업 여건을 시찰하게 하고 이런 행보가 미디어에 노출되도록 했다. 즉, 부정적인 상황이나 정보를 무조건 회피하고 왜곡하거나 은폐하기보다 사실에 기반한 정보 제공과 개방성 지향을 통해 미디어와 공중의 신뢰를 얻을 수 있도록 기존 PR 활동의 방향을 바꾼 것이다.

아이비 리는 공중을 이성적인 판단이 가능한 집단으로 보았으며, 제대로 된 정보가 제공될 경우 합리적인 결정과 행동을 할 것이라고 믿었다. 그는 마치 변호사가 의뢰인을 위해 일하는 것처럼 PR 전문가가 일해야 한다고 보았다. 변호사가 의뢰인의 입장을 대변해 최선을 다해 옹호하는 것처럼 법적 윤리적 허용 범위 내에서 PR 실무자는 자신의 조직을 위한 설득 커뮤니케이션 활동을 하는 것이 타당하다고 했다. 이런 그의 관점은 PR이 일방적인 선전에서 진일보하는 계기를 마련했다(Grunig & Hunt, 1984).

참고문헌

Grunig, J. E., & Hunt, T. (1984). *Managing Public Relations*. Harcourt Brace Publishers.

045 언론 대행 Press Agentry

언론 대행은 문자 그대로 언론에 보도자료를 작성해서 배포하는 일을 대신해 주는 일이다. 언론 대행업이 최초에 태동한 것은 1920년대 미국에서 자본가들이 자신들의 사업에 대해서 부정적으로 폭로하던 추문폭로자들에게 대항하기 위해 전직 언론기자들을 고용해 언론에 자신들의 사업에 대해서 긍정적인 내용을 퍼블리시 하도록 하면서 시작되었다. 따라서 초기의 언론 대행은, 언론매체의 관심과 공중들의 주목을 끌기 위해서 뉴스 가치가 있는 이야기나 이벤트를 만들어 내는 것으로 정의되었다. 당시의 언론 대행업은 수단과 방법을 가리지 않고 일방적인 선전을 통해 공중들에게 영향을 끼치고자 하는 것을 지칭했다(이유나, 2021). 이 PR 유형은 19세기 초 미국의 PR 활동에서 유래한 것으로 알려져 있다. 생산자 주도형 독점 대기업 시대의 경영진은 공중을 무지한 존재로 간주하고 그들의 의견을 무시했고 진실은 중요하지 않았다.

커뮤니케이션의 방향성은 일방적이고, 커뮤니케이션의 목적도 공중을 배려하지 않고 조직 중심적이며 불균형적이었다. 역사적인 발달과정으로 인해 언론 대행 활동은 PR에 대한 부정적인 편견의 형성에 기여했다(Grunig & Hunt, 1984).

언론 대행을 한 최초의 PR 회사는 '퍼블리시티 뷰로(Publicity Bureau)'였다. '퍼블리시티 뷰로'는 1900년대 미국 보스턴에서 설립되었으며 고객이 원하는 내용을 언론에 보도되도록 하는 일을 주로 다루었다(전형준, 2014). 이후 '파커앤리'라는 미국의 3번째 PR 회사를 운영하던 전직 뉴욕타임스 기자 아이비 리(Ivy Lee)는 뉴저지에서 일어난 열차탈선 사고에 대해서 현대적 의미에서 최초라고 할 수 있는 보도자료(press release)를 작성해서 언론사에 보냈다. 아이비 리의 보도자료는 수단과 방법을 가리지 않고 진실을 오도하기까지 하던 이전의 언론 대행업과는 다른 방식으로 진실한 정보를 공개적으로 제공한다는 '원칙의 선언'에 기반한 것이었다(전형준, 2014). 원칙의 선언은 아이비 리가 의뢰받은 무연탄 채굴 광산 회사의 이미지를 개선하기 위해 자신의 업무에 임하는 자세를 널리 알린 것으로 모든 정보를 시의적절하고 완전하게 대중과 언론에 제공하겠다는 취지였다(Argenti & Forman, 2002/2006). 하지만 21세기에 이르러서도 여전히 언론 대행업은 존재한다. 오늘날의 언론 대행은 기업이나 조직을 대신해 과학적으로 검증 가능하며 공중이 관심을 가질 만한 가치가 있는 일련의 기업 및 조직의 정보나 데이터를 저널리스트들에게 제공하는 PR업무로 PR 회사에서 주로 수행한다. 즉, 언론 대행이 오늘날 사라진 것이 아니라 PR의 유형화 기준을 제공하는 개념 틀로 적용되고 있다(이유나, 2021).

참고문헌

이유나(2021). PR은 어떻게 진화해 왔는가. 김현정, 정원준, 이유나, 이철한,

정현주, 김수연, 오현정, 백혜진, 최홍림, 조삼섭, 조재형, 김동성, 이형민, 김활빈. 디지털 시대의 PR학신론(pp.45-69). 서울: 학지사.

전형준(2014). PR의 기원과 역사. 한정호, 김병희, 김장열, 김찬아, 박노일, 박동진, 박종민, 배지양, 오창우, 유선욱, 이유나, 이제영, 전형준, 정지연, 조삼섭, 최준혁, 탁재택, 황성욱. PR학원론(pp.47-69). 서울: 커뮤니케이션북스.

Argenti, P. A., & Forman, J. (2006). 기업홍보의 힘 (*The Power of Conporate Communication*). (이승봉 역). 서울: 커뮤니케이션북스. (원저는 2002년에 출판).

Grunig, J. E., & Hunt, T. (1984). *Managing Public Relations*. Harcourt Brace Publishers.

046 여론 Public Opinion

20세기 중반까지 여론은 미디어 보도 내용과 등가의 개념인 것처럼 여겨져 왔다. 즉, 미디어 보도 내용을 바꿀 수 있다면 공중들의 생각도 바꿀 수 있다는 것이다. 초기의 PR 활동이 언론 관계에 치중되어 있었던 것도 바로 이런 논리를 기반으로 하고 있다. 프라이스는 1900년대 공중 여론이란 사회적 단위의 산물로써 개별 공중의 의견으로 여겨지지 않았다고 설명했다(Price, 1992). 여론이란 공론장에서의 토론과 논쟁을 거쳐 형성된 집단지성의 산물을 지칭했다. 1930년대부터 사회과학적 설문조사가 유행하면서, 여론이란 설문조사 응답 결과치의 합을 지칭하는 것으로 여겨지기 시작했다. 그러나 이후 전수조사가 아닌 표본에 근거한 설문조사가 전체 대중의 의견을 대표한다고 보는 것은 타당하지 않다는 비판이 일기 시작했다(Harwood, 1994; Grunig, 1997).

그루닉은 공중 여론을 대중의 의견이라고 간주하기보다 다양한 상황이나 쟁점에 대한 문제 인식이나 관여도가 다른 공중을 세분화해 들여다봐야 한다고 주장한 최초의 PR학자였다. 즉, PR 활동이 불특정 다수인 대중을 대상으로 하는 것이 아니라 공중 세분화를 바탕으로 전략적인 접근을 해야 한다는 것이다. 그는 여론은 공론장에서의 토론으로 형성되는 것이 아니라, 커뮤니케이션 메시지에 의해 영향을 받은 개별 공중들이 갖게 되는 인식, 인지, 태도 혹은 행동을 지칭하는 것으로 변화해야 한다고 주장했다. 그는 조직 PR 커뮤니케이션의 목표를 설정할 때 막연히 공중 여론의 변화를 지향한다고 표현하는 것은 타당하지 않으며, PR 커뮤니케이션이 구체적으로 어떤 공중을 대상으로 하는가를 명시하고 어떤 인식, 인지, 태도, 행동적 변화를 목표로 하는가를 적시해야 한다고 주장했다.

참고문헌

Grunig, J. (1997). A Situational Theory of Publics: Conceptual History, Recent Challenges and New Research. In Moss, D. et al., *Public Relations Research: An International Perspective* (pp. 3-48). Thomson Business Press.

Harwood, R. (1994). So what do Polls Signify?. Washington Post, June 25, p. A21.

Price, V. (1992). *Public Opinion*. Newbury Park, CA Sage.

047 영향력 공중 Influential Public, Influencer

영향력 공중은 PR 커뮤니케이션에서 제3자 인증의 역할을 하는 인증자(endorser)를 의미한다. 최홍림(2021)은 PR의 기본적인 커뮤니케이션 전략이 '제3자 인증'이라고 했다. 이에 PR 커뮤니케이션에 있어 가장 먼저 고려해야 할 것은 신뢰 있는 제3의 영향력자(influencer)를 찾아내고 이들과 협력하는 것이라고 했다. 전통적인 미디어 환경에서는 PR의 가장 중요한 영향력 공중의 하나는 언론매체였다. 또한 이런 영향력 공중은 이해관계자의 친지, 전문가, 전문기관, 정부, 유명인 등이 될 수도 있다. 하지만 온라인 환경의 조밀한 네트워크 환경에서는 디지털 공간상의 영향력 공중들이 중요한 3자로 부상하고 있다. 특히 소셜미디어상의 영향력자들은 블로그, 인스타그램, 유튜브 공간에서 공중의 인식과 태도에 상당한 영향을 미치고 있다(Xu & Pratt, 2018).

참고문헌

최홍림(2021). 디지털 시대, 언론 관계는 최선의 PR인가?. 김현정, 정원준, 이유나, 이철한, 정현주, 김수연, 오현정, 백혜진, 최홍림, 조삼섭, 조재형, 김동성, 이형민, 김활빈. **디지털 시대의 PR학 신론**(pp. 215-237). 서울: 학지사.

Xu, X., & Pratt, S. (2018). Social Media Influencers as Endorsers to Promote Travel Destinations: An Application of Self-Congruence Theory to The Chinese Generation Y. *Journal of Travel & Toiurism Marketing, 35*(7), 958-972.

048 오너 리스크 Owner Risk

오너 리스크는 창업자 및 그 가족 후계자에 의해 발생하는 리스크를 말한다(Jun, Kim, & Rowley, 2019). 이 용어는 한국의 독특한 재벌 경제 구조로 인해 파생된 것이다. 가족경영 대기업을 의미하는 재벌은 특정 가문에 의해 지배되는 기업집단으로 과거 한국의 급속한 경제 발전의 동력이 된 바 있다. 재벌 기업은 기업 소유와 경영권이 분리되어 있지 않기 때문에 최고경영자나 최고 경영진이 기업을 사유재산으로 인식하는 성향이 강하다. 이런 맥락에 따라 우리나라 공중들은 재벌 CEO를 기업과 동일시하는 경향이 있다. 2014년에 발생한 대한항공의 '땅콩 회항' 사건은 대표적인 오너 리스크 상황으로, 뉴욕발 비행기에 탑승 중이던 부사장이 일등석 승객에게 견과류를 잘못 제공한 것에 대해 승무원을 모욕적으로 질책하고 비행기에서 내리도록 하며 비행기 이륙이 지연된 사건이다. 외형적으로 볼 때 이 사건은 한 개인의 부적절한 행위지만, 행위자가 재벌 가문의 일원이었기에 대한한공의 행위로 해석되면서 사회적 공분을 일으켰다. 결국 사건을 촉발시킨 오너는 부정적 여론에 밀리고 위기 커뮤니케이션 관리에 실패하면서 구속 수감됐다. 오너 리스크는 기업 전체의 이미지나 명성을 좌지우지할 수 있다는 점에서 위기 PR 커뮤니케이션 관리의 주요 관리 대상이다.

참고문헌

Jun, I., Kim, K., & Rowley, C. (2019) Organizational Culture and The Tolerance of Corruption: The Case of South Korea. *Asia Pacific Business Review, 25*(4), 534-553.

049 옹호 Advocacy

옹호란 특정 이슈에 대해 조직의 입장을 적극적으로 표명하고, 호의적인 여론을 형성하려는 행위를 의미한다(신호창, 문빛, 조삼섭, 이유나, 김영욱, 차희원, 2017). 옹호라는 개념은 PR 커뮤니케이션 활동이 절대적인 순응(pure accommodation)과 절대적인 옹호(pure advocacy)의 두

축을 중심으로 일어난다고 주장한 혼합동기 모형(Mixed Motive Model)에서 주로 논의되었다(이유나, 2014). 혼합동기 모형에서 옹호는 마치 변호사처럼 의뢰인의 이익이나 입장을 지지해 주는 행위로 규정되며, PR 실무자가 조직의 입장을 대변하는 역할을 담당하는 것을 지칭한다. 이에 반해 순응은 조직이나 공중이 상대방의 입장이나 요구를 수용해 자신의 의견이나 태도를 바꾸는 것을 의미한다. 혼합동기 모형은 조직이 상황에 따라 옹호적인 PR 커뮤니케이션과 순응적인 PR 커뮤니케이션 사이에서 탄력적으로 움직이면서 공중과 소통하며 우호적인 관계를 형성해 나가는 것을 목표로 한다(혼합동기 모형 참조).

참고문헌

신호창, 문빛, 조삼섭, 이유나, 김영욱, 차희원(2017). **공중관계핸드북: Public Relations 바로 보기**. 서울: 커뮤니케이션북스.

이유나(2015). 전략커뮤니케이션: PR (공중관계). 이준웅, 백혜진, 박종민. **커뮤니케이션과학의 지평**. 경기: 나남.

050 우수이론 Excellence Theory

우수이론은 기존에 발표된 중범위 PR 이론을 수렴해 일반이론을 구축하기 위한 시도였다. 우수이론은 조직의 효과성에 PR이 왜, 어떻게 기여할 수 있는가에 대한 답을 찾기 위한 연구 프로젝트에서 시작되었다. 즉, 우수이론은 광범위한 관련 문헌 연구를 통해 조직의 효과적인 운영에 기여하는 PR 프로그램의 특성, PR부서의 구조적인 특성, 조직을 둘러싼 환경의 특성들에 대한 이론적 전제를 도출해 내고, 이런 전제들에 대한 실증연구를 진행해 그 결과를 정리한 것이다. 우수이론의 이론적 전제을 검증하기 위해 그루닉 연구진은 미국, 캐나다, 영국의 3백여 개 이상 기업 CEO, PR수장, 구성원을 대상으로 설문조사와 심층면접 연구를 실시했다(Grunig, Grunig, & Dozier, 2002). 이런 과정을 통해 최종적으로 단일 우수성 지표를 구성하는 차원으로 PR의 전략적 관리, 의사결정진의 PR에 대한 지지, 쌍방향 균형 모형의 수행 및 지향, PR 부서 수장의 관리자적 역할수행, PR에 대한 지식의 정도가 도출되었다. 연구자들은 우수성 지표하에 내포된 하위 차원들의 점수를 계산해, 우수성의 정도를 비교할 수 있게 했다. 또한 연구진은 이 우수성 지표를 기준으로 상위 집단과 하위 집단에 속한 조직을 선정해 심층면접을 실시해 어떻게 그 조직이 우수한 점수를 얻을 수 있었는지에 대한 혜안을 얻고 우수조직과 그렇지 않은 조직을 더 깊이 있게 비교해 보았다.

우수한 PR 활동은 우선 PR이 조직의 의사결정진(dominant coalition)으로부터 가치를 인정받아 의사결정 과정에 관여할 수 있어야 가능하다. 프로그램 차원에서는 조사연구를 통해 대상공중을 파악하고 커뮤니케이션 목표와 목적 등을 세우며, 활동의 결과를 체계적으로 평가하는 등 임기응변식 PR과 대별되는 전략적인 PR을 실행할 때 우수한 PR이라는 것이다. 부서 차원에서는 PR이 마케팅과 독립적으로 운영되며 모든 PR 기능이 한 부서로 통합되고, 최고경영진의 직속기관이어야 전략적 PR이 가능하다는 것이다. 또한 쌍방향 균형 모형이나 경영자적인 지식, PR인의 전문성과 적절한 인원 구성도 부서 차원에서 갖추어야 할 요건이다. 조직의 차원에서는 보다 참여적인 조직문화와 유기적인 조직구조, 균형적인 내부 커뮤니케이션이 존재할 때, 그리고 조직이 시민단체의 압력 등 복잡하고 불안정적인 환경적 요인에 민감할 때 우수한 PR 활동이 가능하다는 것이 우수이론의 주장이다. 우수이론은 다양한 국가와 조직들의 PR을 분석하고 이해하는 데 적용된 바 있다. 과거 PR 영역의 연구는 매우 분산적으로 논의되어 이론적 발전이나 진화가 더뎠으나, 통합적인 우수이론의 등장은 PR이론 개발과 확장의 기점을 마련했다. 한편으로 우수이론의 편재성으로 인해 이론적 다양성이 확보되지 못했다는 평가를 받기도 하며, 일부 학자들은 우수이론이 문헌 리뷰를 통한 전이론 수립의 단계에 그쳤을 뿐이라는 평가를 내리기도 한다.

참고문헌

Grunig, L. A., Grunig, J. E., & Dozier, D. M. (2002). *Excellent Public Relations and Effective Organizations: A Study of Communication Management in Three Countries*. Mahwah, NJ: Lawrence Erlbaum Associates.

051 위기선점 Stealing Thunder

위기선점 전략은 조직이 잠재적으로 손해를 끼칠 수 있는 정보가 제3자에 의해 공개되기 전에 먼저 공개하는 것을 지칭한다(Arpan & Pompper, 2003). 위기 커뮤니케이션 전문가들은 조직의 입장에서 위기를 관리하는 데 있어 위기선점 전략을 사용함으로써 기자들이 조직의 이익에 반하는 방식으로 위기 뉴스를 사용할 가능성을 줄일 수 있다고 주장했다(Arpan & Roskos-Ewoldsen, 2005). 조직이 선제적으로 정보를 공개하면, 매체 간 경쟁이 줄어들어 뉴스가치가 희석될 가능성이 커지기 때문이다. 위기를 선제적으로 공개함으로써, 조직은 정보 흐름을 통제할 기회를 잡을 수 있다. 위기선점은 또한 다양한 이해관계자에 대한 위기의 부정적 영향을 최소화하는 효과적인 전략이 될 수 있다. 다수의 연구에서 조직이 잠재적으로 부정적인 정보를 선제적으로 공개할 때 공중들이 긍정적으로 반응하는 경향이 확인되었다(Fennis & Stroebe,

2014). 위기선점 전략은 조직이 위기 상황 중에 기자들뿐만 아니라 공중들과의 신뢰를 쌓는 데 도움이 될 수 있다.

참고문헌

Arpan, L. M., & Pompper, D. (2003). Stormy Weather: Testing Stealing Thunder as a Crisis Communication Strategy to Improve Communication Flow Between Organizations and Journalists. *Public Relations Review, 29*(3), 291.

Arpan, L. M., & Roskos-Ewoldsen, D. R. (2005). Stealing Thunder: Analysis of The Effects of Proactive Disclosure of Crisis Information. *Public Relations Review, 31*(3), 425-433.

Fennis, B., & Stroebe, W. (2014). Softening The Blow: Company Self-Disclosure of Negative Iinformation Lessens Damaging Effects on Consumer Judgment and Decision Making. *Journal of Business Ethics, 120*, 109-120.

052 위험 인식 Risk Perception

위험 인식은 개인이나 집단이 특정 위험이나 위협에 대해 느끼는 인식과 감정을 말한다(김영욱, 2014). 이는 단순히 위험을 인식하는 것뿐만 아니라, 그 위험을 어떻게 해석하고 반응할 것인지에 대한 심리적 과정을 포함한다. 사람들은 자기 경험, 문화적 배경, 교육 수준에 따라 위험을 다르게 인식할 수 있다. 위험 인식에 관한 연구는 특히 공중 보건, 환경 정책, 안전 규정 등의 분야에서 수행되었으며 PR에서는 주로 위기나 건강 커뮤니케이션 연구에서 적용되어 왔다. 예를 들어, 사람들이 기후 변화나 전염병의 위험을 어떻게 인식하느냐에 따라 해당 문제에 대한 공공의 정책 지지나 메시지 수용도가 달라질 수 있다는 것이 PR 학자들의 주장이다. 특히 일반인과 전문가들 사이의 위험 인식의 격차 문제는 중요한 연구 주제가 되어 왔다(김효진, 김영욱, 2013). 예를 들어, 방사능 같은 위험에 대한 전문가들의 위험 인식은 기술 위험 분야를 중심으로 활성화되며 위험과 그 피해 정도를 확률적으로 예상하는 데 집중하지만, 일반인들은 같은 위험의 정도를 실제보다 더 크게 받아들일 수 있다는 것이다. 이런 상황에서 PR 실무자들은 소통 대상의 위험 인식을 정확히 파악해 설득 메시지를 기획하고 실행해야 한다.

참고문헌

김영욱(2014). **위험 커뮤니케이션**. 서울: 커뮤니케이션북스.

김효진, 김영욱(2013). 위험커뮤니케이션의 위험 인식에서 메시지 프레이밍, 수용자의 전문성, 위험 유형의 상호작용 효과: 방사선 위험을 중심으로 한 분석. **PR연구**, 17(1), 143-183.

053 유사 위기 Para-Crisis

유사 위기란 특정 공중들이 조직의 무책임하거나 비윤리적인 행동에 대한 공개적 비난을 할 때 발생하는 위기 위협으로 정의할 수 있다. 유사 위기란 전 조직 차원의 위기로 확대될 수 있는 상황으로, 경고 신호 또는 전조에 해당된다(Coombs & Holladay, 2012). 유사 위기 상황에서는 공중이 조직의 비윤리적이거나 무책임한 행동에 대해 문제제기를 하기 때문에 조직의 명성을 해칠 수 있다. 소셜미디어의 발달로 인해, 과거에 비해 유사 위기 상황은 더 빈번하게 발생한다. 유사 위기는 공론장에서 벌어지기 때문에, 문제 제기를 한 공중 이외의 다양한 이해관계자들도 전개과정을 지켜볼 수 있다는 특징이 있다. 특정 공중들에 의해 제기된 문제에 대해 관심이 있는 이해 관계자들은 조직의 경영진이 어떻게 반응하고 대응하는가를 관찰할 수 있으며, 대응의 질은 이해 관계자들의 조직에 대한 감정적 반응과 행동의도에 영향을 끼칠 수 있다. 기업이 유사 위기에 잘 대처하지 못할 경우에는 전면적인 위기 상황으로 확장될 수 있다.

참고문헌

Coombs, W. T., & Holladay, J. S. (2012). The Paracrisis: The Challenges Created by Publicly Managing Crisis Prevention. *Public Relations Review, 38*(3), 408-415.

054 의사결정진 Dominant Coalition

의사결정진은 PR의 우수성 이론에서 논의된 개념으로, 조직 내에서 의사결정 권한을 가진 핵심 그룹을 가리킨다. 조직의 전략적 방향과 정책을 결정하는 이 그룹은 보통 고위 경영진, 중요 이사회 구성원, 또는 다른 핵심 이해 관계자들로 구성된다. 이들은 조직의 구조와 미션 그리고 향후 경영 방향을 결정하는 데 중요한 역할을 한다. 조직과 이를 둘러싼 환경은 한 개인이 통제하기에는 한계가 있다. 따라서 조직은 다양한 전문성이 어우러진 공동 의사결정 시스템이 필요하며, 이런 의사결정 시스템을 구성하는 그룹을 의사결정진이라고 한다. 의사결정진에 대한 개념은 PR 이론에서도 많이 논의되어 왔다. 특히 조직 의사결정진은 조직 경영에 막대한 영향력을 미치는 권력이며, 이는 PR 업무에도 영향을 미칠 수밖에 없다. 이에 학자들은 PR 전문가가 내부 의사결정진에 포함되어 내·외부 환경과 교감하며 조직의 의사결정 과정에 기여해야 한다고 주장해 왔다. 특히 슈나이더(Schneider, 1985)는 PR 실무자가 조직의 의사 결정에 외부 환경(외부 이해관계자)을 반영하는 데 있어서의 PR의 역할을 강조했다.

PR 활동의 성공은 의사결정진의 PR에 대한 이해와 지원이 있을 때 가능하다는 것이 PR의 우수이론의 핵심 주장이다. 또한 우수이론에서는 조직의 중대한 결정을 내리는 의사결정진과 PR 담당자들이 긴밀히 소통하면서, 조직의 PR 전략과 목표가 조직의 전반적인 비즈니스 전략과 일치하도록 할 때 PR이 조직 성과에 기여할 수 있다고 설명한다. PR 실무자는 조직이 공중들과 상호 소통을 통해 사회와 조직의 이해관계가 조화롭게 균형을 이루는 데 중요한 역할을 할 수 있다(Dozier, Grunig, & Grunig, 1995; Grunig, Toth, & Hon, 2001). 특히 조직과 기업의 사회적 책임이 강조되고 있는 가운데, PR 실무자가 조직경영에 참여할 필요가 있다. PR 실무자는 사회적 요구를 파악하고 이를 조직 경영에 반영할 수 있는 임무를 수행해야 한다. 이를 통해 PR은 조직이 사회적 책임 의무를 관리하는 데 도움이 될 수 있다(Berger, 2005).

참고문헌

Berger, B. (2005). Power over, Power with, and Power to Relations: Critical Refections on Public Relations, the Dominant Coalition, and Activism. *Journal of Public Relations Research, 17*(1). 5-28.

Dozier, D. M., Grunig, L. A., & Grunig, J. E. (1995). *Manager's Guide to Excellence in Public Relations and Communication Management*. Mahwah, NJ: Lawrence Erlbaum Associates, Inc.

Grunig, J. E., Grunig, L. A., & Dozier, D. M. (2002). *Excellent Public Relations and Effective Organizations: A Study of Communication Management in Three Countries*, Routledge.

Grunig, L. A., Toth, E. L., & Hon, L. C. (2001). *Women in Public Relations:*

How Gender Influences Practice. New York: Guilford.
Schneider (a.k.a. Grunig), L. A. (1985). The Role of Public Relations in Four Organizational Types. *Journalism Quarterly, 62*, 567-576, 594.

055 이미지 회복 전략 Image Restoration Strategy

PR 영역에서 이미지 회복 전략은 위기관리 커뮤니케이션에서 주로 적용되어 왔다. 위기관리 커뮤니케이션이 조직과 공중과의 관계성 회복이라고 전제할 때, 이미지 회복 전략은 수사학적 관점의 위기관리 커뮤니케이션 전략으로 볼 수 있다. 수사학자 베노이트는 위기 상황에서 손상된 조직의 이미지 회복을 위한 커뮤니케이션 전략을 정리한 이미지 회복 전략을 제시했다(Benoit, 1997).

베노이트의 이미지 회복 전략은 주로 공적 인물이나 조직이 위기 상황에서 자신들의 이미지나 명성을 회복하려고 할 때 사용하는 커뮤니케이션 전략을 다룬다(Benoit, 1997). 베노이트가 제안하는 명성 회복 전략은 다섯 가지로 나눌 수 있다. 첫째, 부인(Denial)으로, 문제의 존재를 부인하거나 특정 행동과의 관련성을 부정하며 책임을 전가하는 것이다. 둘째, 책임회피(Evasion of responsibility)로, 사건이 발생한 원인을 외부요인이나 통제 불가능한 상황의 탓으로 돌림으로써 책임을 경감시키는 것이다. 셋째, 비난 경감(Reducing offensiveness of event)으로, 긍정적인 요소를 강조해 사건의 부정적인 면을 상쇄하고 문제의 심각성을 축소하는 것이다. 이 전략에는 비난하는 사람을 공격해 그들의 신뢰성을 문제 삼는 방법, 피해를 본 사람들에게 보상을 제공함으로써 신뢰를 회복하려는 노력 등이 포함된다. 넷째, 시정조치(Corrective action)로, 문제를 해결하거나 재발 방지를 위한 방안을 제시하는 것을 말한다. 다섯째, 사과(Mortification)로, 잘못을 인정하고 공개적으로 사과함으로써 동정과 용서를 얻으려는 것이다. 세부 항목의 분류는 〈표 1-1〉과 같다.

부인 전략은 '단순 부인'과 남에게 '책임 전가'하는 방법이 있다. 그리고 책임회피 전략은 남에게 책임을 회피하는 '희생양 만들기', 어쩔 수 없었다는 '내 통제 밖', 의도는 좋았다는 '좋은 의도'라는 수사법으로 나눌 수 있다. 그리고 비난 경감 전략은 과거 선행을 강조하는 '강화', 사건 영향을 축소하는 '최소화', 다른 사건과 차별화 시키는 '차별화', 사건에 대한 관점을 전환시키는 '초점 전환', 오히려 상대를 공격하는 '공격

〈표 1-1〉 베노이트의 이미지 회복 전략(Benoit, 1997)

부인 (Denial)	단순 부인 (Simple Denial)
	책임전가 (Shifting the Blame)
책임회피 (Evasion of Responsibility)	구실 찾기, 희생양 만들기 (Response to Offensive Act)
	내 통제 박 (Defeasibility)
	단순 사고 (Accident)
	좋은 의도 (Good Intention)
비난 경감 (Reducing Offensiveness of Event)	강화 (Bolstering)
	최소화 (Minimization)
	차별화 (Differentiation)
	초월, 초점 전환 (Transcendence)
	공격자 공격 (Attack Accuser)
	보상 (Compensation)
개선행위 (Corrective Action)	
사과 (Mortification, Apology)	

자 공격', 피해자에게 보상을 제시하는 '보상'으로 나누어진다. 이와 더불어 베노이트의 이미지 회복 전략은 사건 재발 방지를 위한 '개선행위'와 '사과'로 나누어진다.

이미지 회복 전략은 위기 상황에서 커뮤니케이션을 전략적으로 관리하고자 하는 조직이나 개인에게 유용한 틀을 제공하며, 명확한 방향성을 제시해 준다. 각 전략은 상황에 따라 달리 적용될 수 있으며, 효과적인 이미지 복원을 위해서는 상황을 정확히 분석하고 적절한 전략을 선택하는 것이 중요하다. 이런 점에 착안해 PR 학자인 티모시 쿰즈는 베노이트의 이미지 회복 전략을 그의 '상황적 위기 커뮤니케이션' 이론에 도입했으며, 두 이론은 현재 위기 커뮤니케이션 영역에서 가장 널리 적용되고 있다.

참고문헌

Benoit, W. L. (1997). Image Repair Discourse and Crisis Communication. *Public Relations Review, 23*(2), 177-186.

056 이해관계자 Stakeholder

이해관계자는 궁극적으로 조직의 소유권을 지닌 주주(shareholder)의 개념이 확장된 것이다(Frankin, Hogan, Langley, Mosdell, & Pill, 2009). 이는 조직과 이해관계를 공유하는 그룹으로 여겨질 수 있다. 이런 이해관계자는 '조직에 영향을 주거나 영향을 받는 중요한 그룹' 을 의미한다. 이는 전략적 관점에서 조직의 주요 '공중(public)'으로 해석될 수 있으며 임직원, 언론, 정부, 투자자 등 상황에 따라 다양한 범위의 그룹을 포함한다. 이해관계자와 공중은 특정 쟁점을 중심으로 영향을 주고받는 그룹이라는 점에서 공통점을 가지고 있다. 하지만 그루닉은 이해관계자는 아직 쟁점에 대한 관심과 요구를 행동으로 옮기지 않은 그룹이라고 설명하며, 공중과 구별해야 한다고 주장했다(Grunig, 1997). 이와 관련하여 그루닉과 헌트는 이해관계자를 '잠재공중'이라고 주장했지만(Grunig & Hunt, 1984), 과거와 달리 공중에 대한 범위가 확대되고 있다.

사회가 점점 네트워크화 되어 가고 있으며 조직과 기업에 대한 공중의 가치평가도 달라지고 있다. 따라서 기업의 이해관계도 단기적인 비즈니스 차원으로만 해석될 수 없기에, 이해관계자와 공중의 범위도 확대되고 있다. 스탁과 크룩케버그는 세계화 시대에서의 기업의 사회적 역할을 강조하며, 이제 기업에게 있어 공중은 사회전체(society-itself)가 되어야 함을 강조했다(Starck & Kruckberg, 2003). 따라서 기업의 입장에서 공중과 이해관계자를 바라보고 이해하는 범위도 확대되어야 한다. 또한 조직과 기업이 다양한 사회구성원과 동반자적 관계를 구축하는 것은 무엇보다 중요한 조직의 경쟁력이라고 할 수 있다.

참고문헌

Franklin, B., Hogan, M, Langley, Q., Mosdell, N., & Pill, E. (2009). *Key Concepts in Public Relations*. Sage.

Grunig, J. E., & Hunt, T. (1984). *Managing Public Relations*. Holt, Rinehart & Winston. New York.

Starck, K., & Kruckeberg, D. (2003). Ethical Obligations of Public Relations in an Era of Globalisation. *Journal of Communication Management, 8*(1), 29-40.

057 인게이지먼트 Engagement

인게이지먼트는 최근 전략 커뮤니케이션 분야에서 가장 주목받는 용어 중 하나다. 『메리엄웹스터 사전(Merriam-Webster Dictionary)』에서는 이를 '감정적 참여나 약속(emotional involvement or commitment)'이라고 정의하고 있다. 에델만은 공중의 인게이지먼트가 미래라고 강조했다(Edelman, 2008). 이렇게 PR 영역에서 인게이지먼트에 대한 관심이 높아졌지만 이에 대한 명확한 정의는 제시되지 못했다(Dhanesh, 2017). 인게이지먼트는 '이해관계자(stakeholder)들과의 상호이해와 대화를 통한 지속적인 관계 강화'이며, 이는 바로 PR의 근본이다(Tench, 2013). 따라서 말 그대로 조직 측면에서는 내외부 공중과 상호 관계를 강화하는 것이며, 이에 따른 공중들의 적극적인 참여를 말한다. 특히 최근에 조직들이 직원 인게이지먼트(employee engagement)를 강화하고 있는 것도 이런 맥락이라고 할 수 있다.

전략 커뮤니케이션 분야에서는 공중과 소비자의 적극적인 참여를 이끌어 낼 수 있는 전략적 인게이지먼트에 대한 고민이 커지고 있다. 디지털 미디어 환경에서는 공중의 참여와 협력을 이끌어 이들과의 관계를 강화하는 것이 조직의 경쟁력이 되었다. 선행연구에서 소셜미디어는 콘텐츠 클릭(clicks), 좋아요(likes), 뷰(views), 코멘트(comments), 트위팅(tweets), 추천(recommendations) 또는 사용자 생성 콘텐츠(user-generated content)로 나타나는 커뮤니케이션 상호작용(communicative interaction)을 인게이지먼트로 정의하고 있다(Jiang, Luo, & Kulemeka, 2016; Men & Tsai, 2013). 칼더, 몰트하우스, 섀델은 인게이지먼트를 사람들이 미디어 플랫폼에서 갖는 경험으로 정의하며(Calder, Malthous, &

Schaedel, 2009), 특히 플랫폼에 대한 '경험의 모음'이라고 했다(p. 322). 디지털 미디어의 환경 변화 속에서, PR 실무자들은 어떻게 하면 인게이지먼트 창출을 통해 공중과의 관계를 강화할 것인지에 대한 고민을 거듭하고 있다.

참고문헌

Calder, B. J., Malthouse, E. C., & Schaedel, U. (2009). An Experimental Study of The Relationship Between Online Engagement and Advertising effectiveness. *Journal of Interactive Marketing, 23*(4), 321-331.

Dhanesh, G. S. (2017). Putting Engagement in its PRoper place: State of The Field, Definition and Model of Engagement in Public Relations. *Public Relations Review, 43*(5), 925-933.

Edelman, R. (2008). Is Public Engagement the Future of Public Relations? Retrieved from http://www.instituteforpr.org/is-public-engagement-the-future-of-public-relations/

Tench, R. (2013). Engagement (Stakeholders) R. L. Heath (Ed.), *Encyclopedia of Public Relations*. Thousand Oaks, Sage.

Jiang, H., Luo, Y., & Kulemeka, O. (2016). Social Media Engagement as an Evaluation Barometer: Insights from Communication Executives. *Public Relations Review, 42*(4), 679-691.

Men, L. R. & Tsai, W. (2013). Beyond Liking or Following: Understanding Public Engagement on Social Networking Sites in China. *Public Relations Review, 39*, 13-22.

058 임파워먼트 Empowerment

권한부여, 권한위임, 권한이양으로 해석되는 이 개념은 심리학적인 관점에서는 개인이나 집단의 자기효능감에 대한 믿음이 증진되는 과정으로 규정된다(Conger & Kanungo, 1988). 이 개념은 PR의 우수이론에서 주로 다루어진 것으로 개인이나 조직원에게 어떤 일에 대해 영향을 미치는 결정과 행동을 할 수 있는 권한, 자원, 기회를 제공하는 것을 의미한다(이유나, 2008; Moye & Henkin, 2006). PR의 우수이론에서는 조직의 의사결정진이나 최고경영진이 PR기능 혹은 부서에 힘을 실어 주고 가치를 인정해 주는 임파워먼트가 있어야만 PR이 조직의 효과적인 운영에 기여할 수 있다고 주장했다(Grunig, Grunig, & Dozier, 2002). 즉, PR 기능 자체, 혹은 PR 실무자 개인 단위에서의 힘 실어 주기가 부재할 때는 우수한 PR 활동을 기대할 수 없다는 것이다. 구체적으로 우수이론에서는 PR부서가 마케팅과 분리되어 독립적으로 운영될 것, PR에 대한 최고경영진의 지지가 있을 것, PR리더가 의사결정진에 속해 있을 것을 제시하고 있으며, 이러한 조건이 충족된 조직들의 PR 성과가 더 우수하다는 것을 실증연구를 통해 밝혀냈다(김병희, 이희복, 김찬석, 이유나, 최세정, 김효규, 2017).

그 밖에도 PR 영역에서 임파워먼트 개념은 사내 커뮤니케이션 실무와 연구에서 주로 적용되어 왔다. 즉, 기존 사내 커뮤니케이션 PR에서 주된 관심사는 어떻게 하면 구성원 소통을 통해 중간관리자나 지도자가 구성원으로 하여금 일에 대해 의미를 느끼고, 자신의 능력에 대한 믿음을 키우고, 업무활동과 과정을 자율적으로 진행할 수 있다고 믿으며, 결과물에 실질적으로 기여할 수 있다고 생각하도록 도움을 줄 수 있는가에 있었다. 임파워먼트는 뉴미디어 시대의 공중행동을 이해하는 데도 유용하다. 뉴미디어 기술 및 모바일 기기의 발달로 인한 소셜미디어의 등장과 확산은 PR 영역에도 영향을 끼쳤다. 기존의 PR 활동은 TV나 신문 같은 대중매체를 활용해 공중에게 기업의 정보를 일방향적으로 전달해 태도나 행동의 변화를 시도하는 데 중점을 두었다. 그러나 소셜미디어의 부상은 공중이 자발적으로 특정 기업에 대한 자신의 의견이나 경험을 표출하고 공유하고 확산하는 적극적인 커뮤니케이션 행동을 하도록 했다(Lariscy, Avery, Sweetser, & Howes, 2009; Solis & Breakenridge, 2009). 즉, 소셜미디어의 발달로 인해 공중들은 전례 없는 임파워먼트를 경험하고 있다는 것이다(PR 우수이론 참조).

참고문헌

김병희, 이희복, 김찬석, 이유나, 최세정, 김효규(2017). **100개의 키워드로 읽는 광고와 PR**. 경기: 한울엠플러스.

이유나(2008). 사원 커뮤니케이션에서의 대인 커뮤니케이션 전략, 임파워먼트, 대인적 신뢰 간의 관계. **커뮤니케이션학연구**, 16(4), 5-27.

Conger, J. A., & Kanungo, R. N. (1988). The Empowerment Process: Integrating Theory and Practice. *Academy of Management Review, 13*(3), 471-482.

Grunig, L. A., Grunig, J. E., & Dozier, D. M. (2002). *Excellent Public Relations and Effective Organizations: A Study of Communication Management in Three Countries*. Mahwah, NJ: Lawrence Erlbaum Associates.

Lariscy, R. W., Avery, E. J., Sweetser, K. D., & Howes, P. (2009). *Monitoring Public Opinion in Cyberspace: How Corporate Public Relations is Facing The Challenge*. Public Relations Journal.

Moye, M. J., & Henkin, A. B. (2006). Exploring Associations Between Employee Empowerment and Interpersonal Trust in Managers. *Journal of Management Development, 25*(2), 101-117.

Solis, B., & Breakenridge, D. K. (2009). *Putting the Public Back in Public Relations: How Social Media is Reinventing the Aging Business of PR*. FT Press.

059 쟁점 Issue

쟁점이란 결정을 내려야 하는 단계에 있는 미해결 사안이나 분쟁거리를 지칭한다(Chase & Jones, 1984). 조직에서의 쟁점은 조직의 입장에서 문제점으로 인식하고 해결이 필요한 상황을 의미한다. 헤인즈워스는 쟁점이 조직과 공중 간의 갈등 상황이라고 정의하며, 문제 인식을 가지고 있는 사람들에게 답을 제시해 해결할 수 있다고 했다(Hainesworth, 1990). 결국 커뮤니케이션 관점에서 보면 쟁점이라는 것은 이해 관계자들 간에 불확실성이 존재하는 상태, 상호이해가 부족하고 합의(consensus)가 이루어지지 않은 상태를 의미한다. 보통 한 명 이상의 사람이 어떤 상황이나 지각된 문제에 대한 의미나 중요성을 부여할 때 쟁점이 발생한다(Crable & Vibbert, 1985). 쟁점은 협회, 노조, 일반대중, 미디어, 이익단체 등 각기 다른 이해관계를 가진 집단들과 미디어에 의해 생성되는 경우가 많다(Regester & Larkin, 2002).

민간 영역에서는 제품이나 서비스의 결함이나 소비자 문제 제기 등으로 쟁점이 형성된다. 소비자 문제 제기 외에도, 기업의 실제 활동과 해당 기업에 대해 공중들이 지닌 기대 간 격차가 생길 때도 쟁점이 생성된다고 볼 수 있다. 예를 들어, 매우 친환경적인 기업 철학이 있다고 인식된 기업이 제품생산 과정에서 환경오염을 초래했을 경우에는 소비자가 문제를 제기해 쟁점화할 수 있다. 김영욱(2002)은 쟁점의 특성을 설명하며, 사람들의 인식 수준에 따라 크기와 유형에 차이가 있다고 했다. 따라서 쟁점을 해결하는 방법도 정답이 없으며, 누구나 똑같이 만족할 수 있는 해결책은 존재하기 힘들다. 이런 특성 때문에 해결되지 않은 쟁점에 대해 PR 실무자들은 PR주의 관점에서 이를 정의하고 해결책을 제시하려고 노력해야 한다.

참고문헌

김영욱(2002). 위기관리의 이해: 공중관계와 위기관리 커뮤니케이션. 서울: 책과길.

Chase, W. H., & Jones, B. L. (1984). *Issue Management: Origins of the Future.* Stamford, CT: Issue Action Publications.

Crable, R. E., & Vibbert, S. L. (1985). Managing Issues and Influences: The Public Affairs Function. *Public Relations Review, 11*(2), 3-15.

Hainesworth, B. E. (1990). The Distribution of Advantages and Disadvatages. *Public Relations Review, 14*(4), 18-30.

Regester, M., & Larkin, J. (2002). *Risk Issues and Crisis Management in Public Relations: A Casebook of Best Practice* (2nd ed.). London: Kogan Page.

060 쟁점 관리 Issue Management

쟁점 관리는 조직에 영향을 미칠 수 있는 쟁점의 흐름을 파악하고 조직의 이해관계에 부응하는 방안을 모색하는 조직적인 활동을 의미한다. 쟁점 관리를 적절하게 수행하지 않으면 조직에 치명적인 영향을 미치는 위기로 발전할 수 있다. 따라서 사전 예방적이고 적극적인 쟁점 파악과 관리 행동이 쟁점 관리의 핵심이다. 쟁점은 이해관계가 있는 당사자 간의 갈등을 수반하며, 공중과의 갈등 상황으로 발전하게 된다. 따라서 갈등이 심화하기 전에 쟁점의 징후와 흐름을 파악하고 쟁점에 적극적으로 대응하는 노력이 필요하다.

조직은 평상시에 환경 분석과 모니터링을 통해 쟁점의 징후를 파악한다. 쟁점의 징후가 감지된다면 다양한 조사 방법을 통해 쟁점을 분석해야 한다. 쟁점의 분석 방법에 여론조사, 여론지도층 대상 조사, 미디어 내용분석, 입법 경향 분석이 있다(Hainesworth & Meng, 1988). 이 밖에 최근에는 온라인 빅데이터 분석 방법도 쟁점 분석을 위한 중요한 대안으로 떠올랐다.

조직에게 갈등 상황은 언제나 존재한다. 이런 갈등 상황은 공중관계에 문제를 가져올 수밖에 없기에 평상시에 쟁점의 징후를 파악하고, 적극적인 개입과 개선하려는 노력을 해야 한다. 쟁점 관리는 위기관리 과정과도 밀접하게 연관되어 있는데, 결국 공중관계의 PR 측면에서는 공중과의 문제와 갈등이 곧 위기다. 따라서 위기관리의 사전(pre-crisis), 진행(crisis), 사후(post-crisis) 전 과정에서 쟁점 관리가 이루어져야 한다.

참고문헌

Hainesworth, B. E., & Meng, M. (1988). How Corporations Define Issue Management. *Public Relations Review, 16*(1), 33-39.

061 쟁점 배치 Issue Placement (IPL)

쟁점 배치(IPL)란 정부부처나 공공기관이 일정한 대가를 지불하고 방송 프로그램 내에 사회적 쟁점이나 공익적 메시지를 의도적으로 배치하는 홍보 전략이다. IPL은 영화나 방송 프로그램 내에 제품 및 서비스를 배치하는 간접광고(PPL)의 확장된 형태로 정책에 대한 간접광고의 형태다. IPL은 일정한 대가를 지불하고 방송 콘텐츠 속에 메시지를 배치시킨다는 점에 있어서 PPL과 동일한 형식을 취하고 있다. 그러나 IPL은 광고주, 목적, 타깃, 배치대상에 있어서 PPL과는 다르다. 즉, PPL의 광고주는 기업을 포함한 영리기관이지만, IPL은 정부부처 및 비영리기관이 주요 광고주다. PPL의 목적은 특정 제품의 판매증진 및 이미지 개선에 있지만, IPL의 목적은 공적 문제에 대한 관심과 인식 제고 및 공공 문제의 해결에 있다. PPL의 타깃은 제품 및 서비스의 소비자인 데 반해, IPL의 타깃은 일반 대중과 쟁점에 관련된 특정 수용자층이다. PPL의 내용은 제품 자체이거나 브랜드명이지만, IPL의 내용은 사회적 이슈, 정책 내용, 공익적 메시지 등이다. 이처럼 IPL은 공공의 목적으로 사회적 쟁점이나 문제를 대중에게 인지시키고 그들의 행동 변화를 유도하기 위한 커뮤니케이션 활동으로, 다양한 정책PR 활동을 위한 수단으로 활용되고 있다. 가령 기초노령연금과 관련된 정책이 마련되었다면 이에 대한 정책 내용을 생활 정보 프로그램을 통해 소개하거나 드라마 콘텐츠에 포함시켜 메시지를 전달한다.

참고문헌

최용석(2012). 대안적 공익광고로서 이슈삽입(Issue Placement)에 관한 고찰. 홍익대학교 일반대학원 석사학위논문.

함효윤, 김효규(2017). TV프로그램에서 IPL(Issue Placement)의 공익성 인지에 따른 효과 연구: 정책 관여도와 사전태도의 조절효과를 중심으로. **예술인문사회 융합 멀티미디어 논문지**, 7(8), 249-263.

062 쟁점 생명 주기 Issue Life Cycle

크래블과 비버트는 위험 쟁점이 발전 단계에 따라 어떻게 확산하는가를 설명하기 위해 쟁점 생명 주기를 제안했다(Crable & Vibbert, 1985). 쟁점 생명 주기에 따르면 쟁점의 발전 단계는 잠재단계(potential status), 임박단계(imminent status), 현재단계(current status), 위험단계(risk status), 동면단계(dorment status)라는 5단계로 이루어진다. 5단계 주기의 단계는 각 단계별 쟁점의 상태에 대한 이해를 바탕으로 전략적인 쟁점관리 커뮤니케이션 방안을 마련할 수 있다는 점에서 의미가 있다. 크래블과 비버트가 제안하는 쟁점 생명 주기별 단계는 다음과 같다.

첫째, 잠재단계는 쟁점에 대해 많은 사람이 심각성을 인식하지 못하는 단계다. 따라서 몇몇 소수가 쟁점의 의미를 규정하고 주도한다. 둘째, 임박단계는 특정 기관이나 개인 같은 특정 이해 관계자들이 쟁점에 대한 구체적인 입장을 발표하며 공식화하는 단계다. 따라서 일반 공중들도 해당 쟁점에 관심을 갖게되고 일부는 자신들의 이해관계에 따라 관점을 정립한다(김영욱, 2002). 셋째, 현재단계는 쟁점이 공적 의제로 발전되는 단계다. 이때는 매스미디어가 관련된 정보를 보도하면서, 일반 공중들도 쟁점에 대해 찬반양론으로 나뉘는 등 갈등이 심화된다. 여기서 해당 쟁점은 사회적 의제로 떠오르며, 관련 논의도 활발해진다. 넷째, 위험단계에서는 지지나 반대 등 선호하는 태도가 분명해지고 쟁점은 정책 과정으로 편입된다. 사회적 의제로 발전한 쟁점에 대해 공중은 정책적 해결을 위한 압력을 가하게 된다. 다섯째, 동면단계는 쟁점 생명 주기의 마지막 단계이면서, 또다시 다시 잠재단계로 순환된다. 동면단계에서는 쟁점에 대한 해결책이 제안되면서 쟁점은 순화되고 소강 상태에 이르게 된다. 하지만 해당 쟁점은 언제 어떻게 전개될지 모르기에 대비할 필요가 있다.

참고문헌

김영욱(2002). 위기관리의 이해: 공중관계와 위기관리 커뮤니케이션. 서울: 책과길.

Crable, R. E., & Vibbert, S. L. (1985). Managing Issues and Influencing Public Policy. *Public Relations Review, 11*(2), 3-15.

063 쟁점 소유권 Issue Ownership

주로 정치학에서 사용되던 용어인 쟁점 소유권은 어떤 정당이 특정 쟁점에 대해 전문성을 인정받고, 해결책을 제시해 얻게 되는 평판이다(Petrocik, 1996). 다시 말해, 특정 쟁점을 소유하고 있는 정당은 해당 쟁점에 대해, 다른 정당보다 전문적이고 나은 해결책을 제시할 수 있다고 인정받는다. 이 개념은 유권자들이 어떤 쟁점을 중요하게 생각하며, 어떤 당이나 후보가 해당 쟁점을 가장 잘 다룰 수 있을지에 대한 인식을 바탕으로 투표 결정을 설명하기 위해 사용되었다(Meijer & Kleinnijenhuis, 2006; Petrocik, 1996). 쟁점 소유권은 기업 등 다른 조직에서도 중요하게 다루어진다. 기업의 쟁점 소유권 개념은 기업이 특정 사회적, 경제적, 환경적 문제에 대한 전문성과 신뢰성을 공중에게 인식시키는 것을 말하며, 기업이 자신들이 잘 다룰 수 있는 특정 쟁점에 대해 관리능력과 리더십을 공중에게 인정받고자 할 때 중요하다.

이런 쟁점 소유권은 기업의 브랜드 정체성과 긴밀히 연결되며, 공공의 신뢰를 구축하고 경쟁 기업과 차별화하는 데 기여한다. 차희원(2006)은 기업이 환경, 복지, 기술 영역에서 상대적 경쟁력을 인정받고 쟁점을 소유한다면 이는 긍정적인 명성으로 이어진다는 사실을 발견했다. 예를 들어, 환경 문제에 적극적으로 대처하는 기업은 지속가능성과 친환경적 비즈니스 모델에 대한 쟁점 소유권을 가질 수 있다. 이런 기업은 자사의 환경 보호 노력을 강조함으로써, 환경에 관심이 많은 소비자들 사이에서 선호도를 높일 수 있으며, 시장에서의 입지를 강화할 수 있다. 또한 김사라와 김수연(2016)은 조직의 쟁점 소유권은 위기 커뮤니케이션에 있어서도 공중의 수용도에 긍정적인 영향을 미친다는 것을 발견했다. 이는 평상시에 소유권을 소유하고 있는 조직은 해당 쟁점 관련 위기 상황에서 커뮤니케이션 전략을 더욱 쉽게 수행할 수 있음을 의미한다. 따라서 쟁점 소유권은 기업의 경쟁력이다. 제품, 서비스뿐만 아니라 기업의 사회적 책임에 대한 기대가 높아지고 있는 가운데, 다양한 사회적 문제에 대한 기업의 쟁점 소유권은 지속가능성을 위한 경쟁력이 될 수 있다.

참고문헌

김사라, 김수연(2016). 기업의 이슈 소유권, 위기 책임성, 위기 커뮤니케이션이 공중의 기업에 대한 태도에 미치는 영향. **한국광고홍보학보**, 18(4), 5-37.

차희원(2006). 미디어 명성과 이슈명성이 기업 명성에 미치는 영향. **한국언론학보**, 50(5), 297-327.

Meijer, M. M., & Kleinnijenhuis, J. (2006). Issue News and Corporate Reputation: Applying the Theories of Agenda Setting and Issue Ownership in the Field of Business Communication. *Journal of Communication, 56*(3), 543-559.

Petrocik, J. R. (1996). Issue Ownership in Presidential Elections, with a 1980 Case Study. *American Journal of Political Science*, 825-850.

064 쟁점 옹호자 Issue Advocates

쟁점 옹호자란 하나의 쟁점 관련 공익적 PR 캠페인에서 그 쟁점을 지지하는 개인이나 단체들이다. 단체의 경우는 NGO 단체나 사회문제 해결을 위한 다양한 협회 등으로도 규정된다. 쟁점은 공익적 PR 캠페인의 주제다(Rice & Atkin, 2013). 공익적 PR 캠페인이 성공하려면 지속적으로 변화하는 쟁점 중에서도 그 쟁점이 공중에게 가장 중요한 의제가 되어야만 한다. 그러기 위해서는 쟁점이 문제가 되기 전에, 즉 쟁점이 었을 때 공중의 의제가 되어야 한다. 예를 들면, 기후 온난화 쟁점이 계속해서 쟁점이 된 것은 지구온난화가 지속적으로 사회적 문제로 이어지면서 그 문제가 더 악화되는 양상을 나타냈기 때문이다. 문제가 해결되지 않고 커지면 그 쟁점에 대해서 많은 공중이 의제 활동에 참여하게 되는데, 그렇게 의제화가 되어 많은 공중이 참여하면 할수록 해당 쟁점 해결의 실행 가능성이 높아진다(Rice & Atkin, 2013). 또한 그 쟁점에 참여하는 쟁점 옹호자들도 늘어나게 되는데 특히 쟁점에 참여해 해결할 권한을 갖는다는 것이야말로 쟁점 옹호자가 되는 것이다(Rice & Atkin, 2013). 네트워크 이론에 따르면 어떤 변화를 이루어 내기 위해서는 옹호자와 반대자를 구분할 수 있어야 하며 옹호도 하지 않고 반대도 하지 않는 관망자를 끌어들이는 것이 중요하다(Battilana & Casciare, 2013). 실제로 어떤 중대한 쟁점이 있을 때 옹호자의 의견은 옹호자 내에서만 영향력을 갖는 경우가 많은데 이때 관망자의 의견은 다른 집단의 의사 변화를 유도할 수 있다는 점에서 특별한 영향력을 가질 수 있다(김영규, 2014).

참고문헌

김영규(2014). 소셜미디어와 아이덴티티. 심용운, 이상우, 권영선, 박주연, 김성철, 최세정, 김영규, 이문행, 신동희, 장병희. **스마트 생태계와 미디어 경영 2.0**(pp.171-200). 서울: 커뮤니케이션북스.

Battilana, J., & Casciare, T. (2013). The Network Secrets of Great Chansge Agents. *Harvard Business Review, 91*(7/8), 62-68.

Rice, R. E., & Atkin, C. K. (2013). *Public Communication Campaigns* (4th ed.). New York: SAGE Publications, Inc.

065 전략 커뮤니케이션 Strategic Communication

전략 커뮤니케이션이란 조직이 목표한 바를 효과적으로 달성하기 위해 수행하는 커뮤니케이션이다. 영어로 전략(strategy)은 그리스어에서 나온 말로 전쟁에서 적을 무찌르려는 방안으로 쓰였다(Franklin, Hogan, Langley, Mosdell, & Pill, 2009). 비즈니스 영역에서 전략이라는 용어는 조직이 외부 환경에 적응하고 비즈니스를 영위하는 방법이다. 전략 커뮤니케이션은 다양한 차원에서 해석될 수 있다. 그런데 PR의 역할을 생각해 볼 때 전략 커뮤니케이션은 바로 효과적인 커뮤니케이터의 역할이다. 특히 조직 영역에서 PR의 전략적 역할은 조직과 이해 관계자들 사이의 경계 확장자(boundary spanner)의 역할이다(Moss, 1991). 이는 PR이 조직과 공중 또는 이해관계자 사이의 커뮤니케이션을 원활하게 하는 중재자의 기능을 한다는 것을 의미하며, 바로 PR의 커뮤니케이션 기능을 강조한 것이다.

조직의 전략에서 항상 염두에 두어야 하는 것은 효과성이다. 따라서 전략 커뮤니케이션은 조직의 목적과 목표 달성에 부응하는 효과적인 커뮤니케이션을 수행하는 방안이라고 할 수 있다. 최홍림(2020)은 PR에서 전략적 커뮤니케이션의 핵심은 지속적인 커뮤니케이션임을 강조하며, 이를 위해서는 논리적인 커뮤니케이션 과정이 순환되어야 함을 강조했다. 전략적인 커뮤니케이션은 상황분석을 통한 '문제 인식', 문제 해결을 위한 '프로그램 기획(전략)' '프로그램 실행(전술)' '평가'의 과정이 지속되어 장기적인 공중관계를 발전시켜야 한다는 것이다.

이에 더해 조직 커뮤니케이션 전략은 3가지 차원에서 생각해 볼 수 있다. 바로 타깃(공중), 메시지, 매체 차원이다. 사람들은 대화와 커뮤니케이션을 시작할 때 누구한테, 어떤 말을, 어떻게 할까를 고민한다. 따라서 조직 차원에서도 타깃 전략, 메시지 전략, 매체 전략에 대한 기획과 실행을 통해 효과적인 전략 커뮤니케이션을 수행할 수 있다.

참고문헌

최홍림(2020). 전략적 관점의 PR 정체성 확립 방안: PRSA 사례를 중심으로. **광고PR실학연구**, 13(2), 137-160.

Franklin, B., Hogan, M, Langley, Q., Mosdell, N., & Pill, E. (2009). *Key Concepts in Public Relations*. SAGE.

Moss, D. (1991). *Public Relations in Practice*. New York: Routledge.

066 점화효과 Priming Effect

점화효과는 수용자들의 경험이나 기억을 자극하는 메시지 설득효과를 말한다. 사람들은 새로운 메시지를 수용할 때 사전에 그들의 뇌리에 자극(점화)된 특정 정보와 지식 체계에 영향을 받는다. 다시 말해서 이전에 노출된 메시지 자극(점화)이 현재 메시지 자극의 수용에 영향을 미친다는 것이며, 이를 점화효과라고 한다. 슈와츠는 미디어 메시지의 설득 효과를 높이려면 새로운 메시지보다 수용자들이 이미 가지고 있는 관련 기억을 활용할 필요가 있음을 강조했다(Schwartz, 1973). 점화효과는 PR, 광고, 마케팅, 정치 등 다양한 분야에서 활용되어 왔다. 예를 들어, 환경오염 문제를 자극하는 사전 메시지에 노출된 소비자는 '친환경 특성'을 중요한 구매 결정 요인으로 고려하게 된다.

참고문헌

Schwartz, T. (1973). *The Responsive Chord. Garden City*. NY: Anchor/Doubleday.

067 정보 공백 Information Blank

정보 공백은 초기 위기가 발생했을 때 불확실성이 만연한 상황에서 신뢰할 만한 정보가 부족한 상태를 말한다. 즉, 위기 상황에서 어떠한 위기 과정이 진행되고 있으며 위기의 문제가 무엇이고 어떻게 해결되어 가고 있는지에 대한 정보가 전달되지 않는 상황이 정보 공백이다. 스터지스는 초기 위기가 발생했을 때 정보전달형(instructing information) 커뮤니케이션을 통해 공중의 신뢰를 얻기 위한 노력을 해야 한다고 주장했다(Sturges, 1994). 정보 공백이 위기 상황의 초기에 발생할 경우에 소문과 추측으로 채워질 수 있기 때문에 정보 공백이 발생하지 않도록 관리해야 한다. 위기 상황에서의 침묵은 조직이 위기를 통제하고 있지 못하거나 통제하려고 노력하고 있지 않음을 의미하기에(Hearit, 1994), 어떠한 정보 공백도 발생하지 않도록 최선의 노력을 다해야 한다. 위기 발생 초기에 대처가 미흡해 정보 공백 상황이 될 수 있다고 판단되면 조직에 대한 기본 정보라도 제공하는 방식으로 정보 공백을 메꿀 필요가 있다(유재웅, 2016). 정보 공백을 메꾼다는 것은 결국 신속한 위기 대응을 통해 객관적 정보를 제공한다는 것을 의미한다. 정보 공백 시점과 관련하여 위기 전문가들은 위기가 발생하면 1시간 이내에 의사표명을 하기를 권유했다(Luaszewski, 1997).

예를 들어, 우리나라의 메르스 사태 때는 위기 초기에 정부가 메르스 환자의 발생 병원과 병원명을 공개하지 않는 '정보 공백'을 초래해 메르스 사태를 키운 원인이 되었다. 위기 시뿐만이 아니라 조직에 대해서 어떠한 정보 공백도 발생하지 않도록 끊임없이 공중을 정보화시키고 정보를 제공하는 것이 PR 커뮤니케이션의 목적이기도 하기에, PR 실행에서 정보 공백을 만들지 않으려는 PR 실무진의 지속적인 노력이 필요하다. 최근에는 다양한 온라인 채널과 영향력자가 주요 정보원이 되고 있다. 조직이 통제된 정보를 적극적으로 공유하지 않는다면 정보 공백이 발생해, 언론, SNS, 블로그, 일상대화에서 불확실한 정보로 채워지게 된다. 이는 곧 가십이나 소문을 확산시킬 수 있고 조직의 커뮤니케이션 통제를 더더욱 어렵게 만든다. 디지털 미디어 환경에서 위기의 확산 속도가 빠르게 진행되기에, 위기 발생 시 조직은 정보전달형 커뮤니케이션을 통하여 '정보 공백기'를 통제된 정보로 채우려고 노력해야 한다. 위기가 발생하면 PR 관계자는 적극적인 언론 대응에 나서고, 위기 상황의 정보를 공유할 수 있는 다크 사이트(Dark site, 위기 홈페이지), 무료전화, SNS 등 공중들과 소통할 수 있는 다양한 채널을 확보하려고 노력해야 한다.

참고문헌

유재웅(2016). **한국 사회의 위기 사례와 커뮤니케이션 방법**. 서울: 커뮤니케이션북스.

Hearit, K. M. (1994). Apologies and Public Relations Crises at Chrysler, Toshiba, and Volvo. *Public Relations Review, 20*(2), 113-125.

Sturges, D. L. (1994). Communicating through Crisis: A Strategy for Organizational Survival. *Management Communication Quarterly, 7*, 297-316.

Lukaszewski, J. E. (1997). Establishing Individual and Corporate Crisis Communication Standards: The Principles and Protocols. *Public Relations Quarterly: Rhinebeck, 42*(3), 7-14.

068 정보원 Source

정보원은 PR에 있어 커뮤니케이션 채널을 통해 정보를 제공하거나 공유하는 사람, 조직, 미디어를 비롯해 다양한 매체와 채널을 통해 공유되는 정보의 공급원을 의미한다. 특히 언론 관계에서 미디어에 뉴스 정보를 제공하는 PR의 역할을 의미하기도 한다. 뉴스 정보원은 언론의 정보를 해석하고 뉴스를 보도하는 데 중요한 영향을 미칠 수 있다. 버코비츠와 비치는 뉴스 보도가 현실을 재구성하는 역할을 하며, 이런 과정에서 정보원이 중요한 영향을 미친다는 것을 발견했다(Berkowitz & Beach, 1993). 조직은 특정 환경에서 적절한 정보원을 선정해 커뮤니케이션 통제력을 강화할 수도 있다. 특히 위기 상황에서 이런 역할은 더욱 중요하다. 위기 커뮤니케이션에 있어서 단일한 목소리(one voice)의 통일된 커뮤니케이션이 필요한데, 이를 위해 외부 커뮤니케이션을 위한 정보원으로 조직 대변인을 선정하게 된다. 이런 대변인은 상황에 따라 특정 쟁점에 해박한 전문가가 선정될 수도 있고, 조직 의사 결정권을 가진 CEO가 더 나은 선택이 될 수도 있다.

참고문헌

Berkowitz, D., & Beach, D. (1993). News Sources and News Context: The Effect of Routine News, Conflict and Proximity. *Journalism & Mass Communication Quarterly, 70*(1), 4-12.

069 정보원 신뢰도 Source Credibility

정보원 신뢰도는 메시지 수용자가 갖는 정보의 출처에 대한 믿음과 신뢰의 정도다. 이는 메시지 설득 효과를 높이기 위한 중요한 요소가 될 수 있다. 동일한 메시지에 대해 그 출처가 어디이며 누구인가에 따라 신뢰하는 정도가 다를 수 있고, 따라서 메시지 효과도 다르게 나타난다. 정보원 신뢰도는 수용자가 주관적으로 인지하는 것이며, 아리스토텔레스는 정보원의 전문성, 특징, 선한 의지에 따라 신뢰도가 다르게 나타날 수 있다고 했다(Infante, Rancer, & Womack, 2003). 호블랜드와 와이스는 정보원 신뢰도에서 중요한 요인으로 전문성과 진실성을 강조했다(Hoveland & Weiss, 1951). PR에서 정보원 신뢰도는 다양한 공중관계에서 중요하다. 예를 들어, 위기관리 상황에서 상황 전달을 하는 발표자의 전문성이나 신뢰도는 공중들의 메시지 이해와 수용에 중요한 역할을 하게 된다. 또한 PR의 기본적인 커뮤니케이션 전략인 제3자 인증 커뮤니케이션에서 영향력자(제3자)가 누구인가에 따라 메시지 효과가 다르게 나타날 수 있다.

참고문헌

Hovland, C. I., & Weiss, W. (1951). The Influence of Source Credibility on Communication Effectiveness. *Public Opinion Quarterly, 15*, 635-650.

Infante, D. A., Rancer, A. S., & Womack, D. F. (2003). Building Communication Theory. *Prospect Heights*, IL: Waveland.

070 정보처리 행동 Information Processing Behavior

상황 이론은 상황인식 수준에 따라 공중의 커뮤니케이션 행동이 달라진다는 것을 설명한다. 상황 이론에서 공중의 인식 수준에 따른 커뮤니케이션 행동은 정보처리 행동(Information processing behavior)과 정보추구 행동(Information seeking behavior)으로 구분된다(송해룡, 김원제, 2014). 정보처리 행동은 어떤 쟁점이나 문제와 관련한 정보를 수신하고, 이해하고, 보유하는 것을 말한다. 이는 공중이 해당 정보를 선택적으로 처리하는 것에 더해, 이에 동의할 것인지에 대한 개연성을 부여하는 인지적 과정을 포함한다(Zaller, 2006). 차이켄, 리버만, 이글리는 정보처리 행동의 동기 요인을 최소 노력의 원칙과 충분성의 원칙이라는 두 가지로 정리했다(Chaiken, Liberman, & Eagly, 1989). 그들은 사람들이 정보처리에 많은 노력을 들이기를 부담스러워하기에, 효과적인 인지적 동기를 부여하는 것이 중요하다고 했다. 또한 사람들은 정보처리 과정에서 자신들이 만족할 수준에 이르렀다는 성취감을 중요하게 여긴다. 따라서 효율적으로 정보 처리를 하려면 적절한 동기부여와 정보 처리 노력의 최소화가 균형적으로 이루어져야 한다(Chaiken, Liberman, & Eagly, 1989).

참고문헌

송해룡, 김원제(2014). 공중의 환경위험이슈에 대한 커뮤니케이션 행동 연구: 지구온난화 쟁점(상황)을 중심으로. **스피치와 커뮤니케이션**, 23, 273-309.

Chaiken, S., Liberman, A., & Eagly, A. H. (1989). Heuristic and Systematic Processing within and Beyond the Persuasion Context. In J. S. Uleman & J. A. Bargh (Eds.), *Unintended thought*, 212-252. New York: Guilford Press.

Zaller, J. (2006). *The Nature and Origins of Mass Opinion*. New York: Cambridge University Press.

071 정보추구 행동 Information-seeking Behavior

정보추구 행동은 간단히 말해서 이용자가 미디어 등을 통해 정보를 획득하는 행동을 말한다. 실제 정보와 원하는 정보가 차이가 생기면서 발생하는 '정보의 불확실성' 때문에 정보추구 행동이 일어난다(Hovick, 2011). 정보처리 행동과 마찬가지로 정보추구 행동은 상황이론에서 설명하는 공중의 상황인식 정도에 따른 커뮤니케이션 행동이다. 정보추구 행동은 공중의 정보에 대한 탐색행동을 설명하는 것이다. 특정 쟁점에 대해 정보가 불충분할 때 공중은 관련 정보를 적극적으로 탐색하고 처리한다. 공중은 현재 보유한 정보 수준이 그들의 정보 욕구 수준에 못 미칠 때 정보가 충분하게 채워질 때까지 정보추구 행동을 하기 때문에, 정보추구 행동은 사회적으로 욕구화된 행동이다(Yang, 2012).

최근에는 정보추구 행동이 디지털 미디어 이용 능력과 밀접하게 연관되고 있다. 특히 건강 정보 추구와 관련된 과정에는 연령, 성별, 소득, 교육수준 같은 사회경제적 요인이 정보추구 행동에 영향을 미쳤다(권예지, 나은영, 이상엽, 2018; Kontos, Blake, Chou, & Prestin, 2014; Renahy, Parizot, & Chauvin, 2008). 하지만 미디어 환경 변화로 인터넷 검색과 소셜미디어를 통한 건강 정보가 확대되면서, 디지털 미디어 활용 능력도 건강 정보추구 행동에 영향을 미치는 주요 변인으로 떠오르고 있다. 퍼체스키와 하지타이는 인터넷 이용 능숙도와 건강 정보추구 행동 간의 밀접한 연관성을 발견했다(Percheski & Hargittai, 2011). 이를 통해 앞으로 상황별 공중 정보추구 행동을 이해하는 데 있어서도 디지털 미터러시 수준에 대한 관심도 높아진다는 사실을 알 수 있다.

참고문헌

권예지, 나은영, 이상엽(2018). 플랫폼에 따른 건강정보추구 행동의 영향요인과 결과: 사회경제적 요인, 디지털 미디어 리터러시, 사회적 지지, 생활만족을 중심으로. **헬스 커뮤니케이션연구**, 17(1), 1-46.

Kontos, E., Blake, K. D., Chou, W. Y. S., & Prestin, A. (2014). Predictors of eHealth Usage: Insights on the Digital Divide from the Health Information National Trends Survey 2012. *Journal of Medical Internet Research, 16*(7). 1-16.

Percheski, C., & Hargittai, E. (2011). Health Information-Seeking in the Digital Age. *Journal of American College Health, 59*(5), 379-386.

Renahy, E., Parizot, I., & Chauvin, P. (2008). Health Information Seeking on the Internet: A double divide? Results from a Representative Survey in the Paris Metropolitan Area, France, 2005-2006. *BMC Public Health, 8*(1), 69-78.

Yang, Z. J. (2012). Too Scared of too Capable?: Why do College Students Stay Away from the H1N1 Vaccine? *Risk Analysis, 32*(10), 1703-1716.

072 정황적 수용이론 Contingency Theory

캐머론(Cameron)과 동료들은 조직 내적인 변인과 외적인 변인으로 분류되는 총 86개의 변인들이 조직의 PR 방향성에 영향을 미칠 수 있다고 주장했다. 정황적 수용이론은 크게 정황 독립변인(contingent variables)과 조직의 공중에 대한 입장(stance)이라는 종속변인으로 구성된다. 86개의 정황요인에 따라 조직의 PR 커뮤니케이션이 조직에 대한 절대적 옹호(pure advocacy) 혹은 공중에 대한 절대적 수용(pure accommodation)의 방향으로 움직일 수 있다는 것이다. 정황적 수용이론은 우수이론의 쌍방향 균형 모형이 가지는 규범성에 반기를 들면서, 공중 관계 활동의 복잡하고 다양한 맥락을 쌍방향 균형 모형의 이상주의만으로는 설명할 수 없다고 주장한다. 정황적 수용이론에서는 규범적으로 따라야 하는 이상적인 모형은 존재하지 않으며, 상황에 따라 PR 담당자들이 행동을 결정하게 된다고 주장한다. 조직의 PR 커뮤니케이션 방향성에 영향을 주는 정황 독립변인은 크게 내부요인과 외부요인으로 나뉘며, 각 요인별로 하부 요소들이 열거된다. 내부요인으로는 조직의 특성, PR부서의 특성, 의사결정진의 특성, 내부위협 요소 등이 있으며 외부요인으로는 정치사회경제 상황, 외부 공중, 업계 현황, 위협 등이 제안된 바 있다(상세한 내용은 황성욱, 2014, pp.371-373 참조). 정황적 수용이론은 많은 변인을 고려해 조직의 PR 커뮤니케이션을 설명할 수 있는 현상적 설명력(explanatory power)을 높이 평가받았지만, 지나치게 많은 변수를 포함하고 있어 이론적 간명성이 떨어진다는 비판을 받았다.

참고문헌

황성욱(2014). 정황적 수용이론: 과거, 현재, 그리고 미래에 대한 전망. **홍보학 연구**, 18(1), 367-402.

073 제3자 인증효과 3rd Party Endorsement

제3자 인증효과는 송신자나 공유자가 아닌 다른 제3자에 의해 메시지의 신뢰 가치를 높여 주는 효과를 의미한다. 제3자 인증 효과는 PR의 기본적인 커뮤니케이션 전략으로도 활용된다. 특히 PR의 언론 관계 영역에서 제3자 효과가 주로 적용되어 왔다. 왜냐하면 통제 불가능한 언론매체는 메시지에 대한 신뢰성을 부여하기 때문이다(Guth & Marsh, 2007). 매스미디어 활용에 있어 비용을 지불(paid)하고, 메시지를 통제하는(controllable) 광고와 달리, PR은 비용을 지불하지 않고(unpaid) 통제할 수 없는(uncontrollable) 언론매체를 통한 뉴스를 활용해 왔다. 이때 언론매체는 메시지 송신자도 수신자도 아닌 통제되지 않은 제3자다. 이렇게 통제되지 않은 언론매체가 전하는 뉴스 메시지에 대해 공중은 더 신뢰감을 가질 수 있다.

이 때문에 PR 실무자들은 광고보다 언론매체를 통한 사설이나 뉴스 보도를 통한 정보에 더욱더 주목해 왔다(Hallahan, 1999). 이 밖에 PR에서는 메시지 인증 효과를 부가할 수 있는 지인, 전문가, 유명인(celebrity) 등 다양한 영향력자를 활용한 '제3자 인증 커뮤니케이션'을 추구한다. 매스미디어 기반의 언론 관계가 PR 영역에서 가장 많은 부분을 차지했던 것과 달리, 최근의 PR은 그 중심이 디지털 영역으로 전환되었다. 이는 매스미디어의 영향력과 신뢰도의 저하와 무관하지 않다. 과거에는 매스미디어, 언론매체가 주류 미디어로서 제3자 혹은 영향력자(influencer)로서의 인증 영향력을 행사할 수 있었다. 하지만 언론매체 이용과 신뢰도가 떨어지고 있는 상황에서, PR 실무자들은 그들의 메시지에 대한 공중 신뢰를 제고할 수 있는 대체 매체나 영향력자를 찾고 있다. 인스타그램, 엑스(x), 유튜브 같은 디지털 매체와 이런 매체에서 활약하는 영향력자들이 메시지의 인증 효과를 부가할 제3자로 특히 주목받고 있다.

참고문헌

Guth, D.W., & Marsh, C.M. (2007). *Public Relations: A Values-Driven Approach*. Boston: Pearson Education, Inc.

Hallahan, K. (1999). Content Class as a Contextual Cue in the Cognitive Processing of Publicity Versus Advertising. *Journal of Public Relations Research, 11*(4), 293-320.

074 제약 인식 Constraint Recognition

제약 인식은 공중이 상황을 어떻게 인식하느냐에 따라 커뮤니케이션 행동이 달라진다는 상황이론의 주요 변수(문제 인식, 관여인식, 제약 인식)의 하나로 간주되어 왔다(Aldoory, Kim, & Tindall, 2010; Grunig & Hunt, 1984). 제약 인식은 어떤 문제에 직면했을 때 개인이 자신의 능력 제약을 인식하는 정도를 의미한다. 공중이 특정 문제 해결에 대한 자신들의 능력이 부족하고 필연적으로 존재하는 제약을 인식할 때 해당 문제를 피하거나 소극적으로 대처하는 것을 말한다. 따라서 문제 인식이 높다 하더라도 제약 인식의 수준은 공중의 커뮤니케이션 행동을 제한할 수 있다. 이런 제약 인식을 비롯한 상황이론의 변수들은 그루닉(Grunig, 1997)의 공중 분류 기준으로 활용되었다. 그루닉은 공중을 활동공중(active public), 인지공중(aware public), 잠재공중(latent public), 비공중(nonpublic)으로 분류했다(정원준, 2015). 여기에서 활동공중은 특정 문제에 대해 문제 인식과 관여도가 높고, 제약 인식이 낮아 문제해결에 적극적인 행동을 보인다. 인지공중은 문제 인식이 높고 관여도가 높고, 제약 인식이 높아 소극적인 행동을 보일 수 있다. 잠재공중은 문제에 대한 관여 가능성은 있으나, 인지가 낮은 공중을 말한다. 그리고 비공중은 문제 인식, 관여도, 제약 인식이 모두 낮은 공중이다. 제약 인식을 비롯한 상황이론 변수에 대한 연구와 이의 적용을 통한 커뮤니케이션 방안에 대한 논의도 활발하게 진행되고 있다.

참고문헌

정원준(2015). 정부-지역주민 간 갈등 상황에서 정책 수용도에 영향을 미치는 요인에 관한 연구: 밀양 송전탑 사례에 대한 문제해결 상황이론의 확장 적용. **광고연구**, 107, 159-188.

Aldoory, L., Kim, J. N., & Tindall, N. (2010). The Influence of Perceived Shared Risk in Crisis Communication: Elaborating the Situational Theory of Publics. *Public Relations Review, 36*, 134-140.

Grunig, J. E. (1997). A Situational Theory of Publics: Conceptual History, Recent Challenges and New Research. In D. Moss, T. MacManus, & D. Verčič (Eds.), *Public Relations Research: An International Perspective* (pp.3-46). London, U.K.: International Thompson Business Press.

Grunig, J. E., & Hunt, T. (1984). *Managing Public Relations*. Holt, Rinehart & Winston. New York.

075 조직-공중 관계성 Organization-Public Relationships

조직-공중 관계성은 조직적 관점의 PR에서 이해 관계자들과의 관계를 의미한다. 조직의 관점에서 PR은 결국 공중과의 상호호혜적인 관계를 구축하고 발전시키는 것이다. 따라서 조직-공중 관계성은 조직 PR의 핵심이다. 조직-공중 관계성 이론은 결국 조직이 공중과의 관계를 위해 어떤 커뮤니케이션을 하는가를 연구의 주제로 삼고 있다. 그루닉의 4모형의 연장선상에서 연구가 이루어져 왔으며(Grunig & Hunt, 1984), 조직과 공중 사이의 합의, 이해 형성 과정과 이를 위한 전략적 커뮤니케이션에 대한 방안 논의가 주를 이루고 있다. 조직-공중 관계성에서 조직과 공중의 이익이 균형을 이룰 때 장기적인 관계가 유지될 수 있다(신호창, 문빛, 조삼섭, 이유나, 김영욱, 차희원, 2017). 따라서 조직은 조직-공중 관계성 강화를 위해 부단한 전략적 커뮤니케이션 노력을 기울여야 한다.

참고문헌

신호창, 문빛, 조삼섭, 이유나, 김영욱, 차희원(2017). **공중관계핸드북: Public Relations 바로 보기**. 서울: 커뮤니케이션북스.

Grunig, J. E., & Hunt, T. (1984). *Managing Public Relations*. Holt, Rinehart & Winston. New York.

076 조직 이미지 Organizational Image

이미지(image)는 메시지, 명성 인식, 인지, 태도, 신뢰, 신념, 커뮤니케이션 혹은 관계와 같은 의미로 사용된다(Grunig, 1993). 김충현과 오미영(2003)은 이미지란 태도, 인식, 신념 같은 인지적 개념들의 복합이라고 설명했다. 이미지의 개념에 대한 합의된 정의를 내리기는 쉽지 않지만 현실에 대한 사람들의 인식이라는 점은 분명하며, 이는 인간의 인식과 행위를 이해하는 개념이다(Vos, 1992). 이에 대해 트레드와 해리슨은 이미지가 개인이 자신이나 어떤 대상, 사람, 상품, 조직 등에 대해 갖는 인식, 태도 또는 그와 연관된 것들이라고 구체화했다(Tread & Harrison, 1994). 따라서 조직의 이미지를 공중관계 측면에서 보면 공중들이 조직에 대해 갖는 인식을 의미한다. 조직의 이미지는 기업에도 투영되고 있으며, 이는 1950년대에 오길비(Ogilvy)에 의해서 일반화되었다(Martineau, 1958). 오길비는 기업 이미지 브랜드 개념에 접목해, 소비자가 상품을 구매하는 것이 아니라 기업의 이미지가 투영된 브랜드를 구매한다고 주장했다. 특히 기업에 '좋은' '자유로운' '친근한' 같은 인격적 특성을 부여해 기업 이미지라는 개념을 정립했다(Dowling, 1993).

참고문헌

김충현, 오미영(2003). 조직-공중관계성과 이미지의 관계: 행위적 관계와 상징적 관계의 상호작용. **한국언론학보**, 47(2), 78-106.

Dowling, G. R. (1993). Developing your Company Image into a Corporate Asset. *Long Range Planning, 26*(2), 101-109.

Grunig, J. E. (1993). Image and Substance: From Symbolic to Behavioral Relationships. *Public Relations Review, 19*(2), 121-139.

Martineau, P. (1958). Sharper Focus for the Corporate Image. *Harvard Business Review, 36*, 49-58.

Tread, D. F., & Harrison, T. M. (1994). Conceptualizing and Assessing Organizational Image: Model Images, Commitment, and Communication. *Communication Monographs, 61*, 63-85.

Vos, M. F. (1992). The Corporate Image Concept: A Strategic Approach. Utrecht: Lemma.

077 조직 정체성 Organization Identity

조직의 이미지가 외부 공중이 조직에 대해 갖는 인식이라면, 조직 정체성은 내부 구성원들이 그 조직의 속성이라고 믿는 것을 의미한다. 조직 정체성은 한 조직을 다른 것과 구분 짓는 특성이며, 핵심적 가치와 이념 같은 특성을 내포한다(Albert & Whetten, 1985). 이에 조직은 지속 성장하기 위해 다른 조직과 차별화된 긍정적인 특성을 개발해야 하며, 이러한 특성은 조직구성원들에 의해 형성되고 발전한다. 체니와 비버트는 특정 조직이 무엇인가 그리고 어떻게 작동하는가에 대해 구성원들이 공유하고, 이해하고 있는 정도라고 정의했다(Cheney & Vibbert, 1987). 조직 정체성은 조직구성원들이 오랫동안 공유하고 인지하고 있는 문화, 철학, 비전의 결합체다. 조직 정체성은 조직구성원들의 행동뿐만 아니라 구성원들의 조직 기반 자존감에 영향을 미친다. 여기에서 조직 기반 자존감은 조직 내 구성원들의 자존감에 대한 욕구 충족을 의미하며, 이는 조직의 성과와 경력 개발에 영향을 미친다(Liu, Hui, Lee, & Chen, 2013). 따라서 구성원들이 함께 공유하는 조직 정체성은 해당 조직의 경쟁력이 될 수 있다.

참고문헌

Albert, S., & Whetten, D. A. (1985). Organizational Identity, In L. L. Cummings & Staw, B. M. (Eds.), *Research in Organizational Behavior,* 7. Greenwich, CT: JAI Press, 263-295.

Cheney, G., & Vibbert, S. L. (1987). Corporate Discourse: Public Relations and Issue Management. In F. M. Jablin, L. L. Putnam, K H. Roberts, & L. W. Porter(Eds.). *Handbook of Organizational Communication* (p. 165-194). Newbury Park, CA: Sage.

Liu, J., Hui, C., Lee, C., & Chen, Z. X. (2013). Why do I Feel Valued and why do I Contribute? A Relational Approach to Employee's Organization-Based Self-Esteem and Job Performance. *Journal of Management Studies, 50*(6), 1018-1040.

078 조직 PR Organizational Public Relations

조직은 하나의 사회적인 집단(social collectivity)이며, 조직구성원들은 개별 또는 집단의 목적을 달성하기 위해 연결되어 있다(Miller,

2005). 이런 조직은 기업뿐만 아니라 정부 부처, 기관, 정치단체, NGO 단체 등을 포함한다. 따라서 조직-공중관계 측면의 조직 PR은 다양한 조직들이 각기 추구하는 목적을 달성하기 위해, 공중과 상호호혜적인 관계를 발전시키기 위한 커뮤니케이션 활동을 의미한다. 조직 PR은 명성관리, 위기관리, 쟁점관리뿐만 아니라 임직원 관계, 언론 관계, 투자자 관계, 정부 관계 등 다양한 공중과의 협력을 이끌어 내기 위한 커뮤니케이션 활동을 포함한다. 조직 PR의 업무나 영역은 명확히 구분되지는 않는다. 예를 들어, 조직은 위기 상황에서 다양한 이해 관계자들과의 관계 관리가 필요하고, 이를 위해 쟁점관리뿐만 아니라 언론, 투자자, 정부, 임직원 등 다양한 이해 관계자들과의 관계 관리 커뮤니케이션을 할 필요가 있다. 사회적 인식이 높아지면서, 조직 PR에 있어서도 윤리적 커뮤니케이션이 중요해지고 있다. 따라서 조직과 협회에서는 다양한 차원에서 윤리적인 조직 PR 지침을 마련하기 위해 노력해야 한다.

참고문헌

Miller, K. (2005). *Organizational Communication, Approach and Processes* (4th ed.). Thomson.

079 주관적 규범 Subjective Norm

주관적 규범은 다른 사람들이 자신에 대해 특정 행동을 한다고 믿는 인식이다. 이는 타인에 대한 신념과 행동에 대한 인식으로, 행동 예측의 중요한 변인으로 다루어져 왔다. 계획된 행동이론(Theory of Planned Behavior: TPB)에서는 태도(attitude), 인지된 행동통제(Perceived behavioral control)와 함께 주관적 규범이 개인의 행동 의도와 행동에 중요한 영향을 미치는 변인이라고 설명했다. 많은 연구에서 주관적 규범이 적극적인 정보추구와 정보처리 행동에 직접적인 영향을 미친다는 사실을 증명했다(Griffin, Yang, Huurne, Boener, Ortiz, & Dunwoody, 2008; Kahlor, 2007). 사회적 관심은 주관적 규범에 의한 정보행동의 동기요인이다(유선욱, 2011). 정보에 대한 주관적 규범은 정보행동에 동기를 부여해 개인이 속한 사회적 그룹에서 커뮤니케이션을 촉진하는 기제로 작용할 수 있다(Genova & Greenberg, 1979).

참고문헌

유선욱(2011). 소셜미디어 헬스 커뮤니케이션 캠페인 효과모형에 관한 연구: 트위터 공중의 건강신념 및 미디어 관련 인식이 커뮤니케이션 행동과 건강행동에 미치는 영향을 중심으로. 서강대학교 대학원 박사논문.

Genova, B. K., & Greenberg, B. S. (1979). Interests in News and the Knowledge Gap. *Public Opinion Quarterly, 43*(1), 79-91.

Griffin, R. J., Yang, Z., Huurne, E., Boener, F., Ortiz, S., & Dunwoody, S. (2008). After the Flood: Anger, Attribution, and the Seeking of information. *Science Communication, 29*(3), 285-315.

Kahlor, L. A. (2007). An Augmented Risk Information Seeking Model: The Case of Global Warming. *Media Psychology, 10*, 414-435.

080 체계이론 System Theory

PR에서 체계이론은 기능주의적 접근을 대표하는 이론 체계로 발전했으며, 효율성을 중시하는 조직이론의 기본으로 존재하고 있다(김영욱, 2003). 제임스 그루닉(James Grunig)이 제안한 4가지 모형(일방향 불균형, 일방향 균형, 쌍방향 불균형, 쌍방향 균형)은 조직 중심적인 체계이론에 기초를 둔 대표적인 이론이다(Grunig & Hunt, 1984). 체계이론에 의하면 폐쇄체계와 개방체계로 나눌 수 있다. 폐쇄체계는 조직이 주변 환경을 고려하지 않고 조직을 관리하는 것을 의미하고, 개방체계는 주변 환경과 상호작용을 통해 조화를 이루는 것을 말한다. 따라서 4가지 모형 중 일방향 모형들은 폐쇄체계를 지향하고, 우수이론으로 지칭되는 쌍방향 균형 모형은 개방체계적 접근을 지향한다(김영욱, 2003). 체계로서의 조직은 환경과의 협력 관계를 통해 문제점을 해결해 나간다. 이와 같은 체계 관리의 과정은 조직이 목표를 설정하고 이를 달성하기 위한 과정으로 이해할 수 있다.

우수이론을 비롯한 체계이론에 기반한 이론은 PR의 주류 담론으로 자리 잡았지만, 체계이론에 기반을 둔 PR은 기능주의적 관점에 치중할 수 있는 문제를 가질 수 있다. 칼버그는 PR이 지나치게 조직 중심적인 기능적, 규범적 측면을 강조한다면, PR이 조직의 정당화 '수단'으로 이해될 수 있다고 경고했다(Karlberg, 1996). 특히 그는 PR 연구자들이 지나치게 조직 중심의 기능주의적인 '수단적 연구(instrumental research)'에 치우치는 것은 문제가 있다고 지적했다. 이런 연구는 커뮤니케이션 분석과 이해에 있어 가장 기본이 돼야 할 힘의 불균형 문제에 대한 논의를 담지 못한다(최홍림, 2009). 따라서 PR 이론은 조직 중심적인 기능주의적 관점을 넘어 사회, 정치, 문화적으로 확대될 필요가 있다. 크루케버그와 스탁은 PR이 조직 옹호적인 모형보다 대화를 통해 '사회와 연계하고 참여'하는 모형을 지향할 필요가 있다고 주장했다(Kruckeberg & Starck, 1988, p.63).

참고문헌

김영욱(2003). PR 커뮤니케이션: 체계, 수사, 비판 이론의 통합. 이화여자대학교 출판부.

최홍림(2009). PR의 사회적 의미에 관한 고찰과 이상적 대안: 대화와 포스트모던 관점을 중심으로. **한국광고홍보학보**, 11(2), 71-99.

Grunig, J. E., & Hunt, T. (1984). *Managing Public Relations*. Holt, Rinehart & Winston. New York.

Karlberg, M. (1996). Remembering The Public in Public Relations Research: from Theoretical to Operational Symmetry. *Journal of Public Relations Research*, *8*(4), 263-278.

Kruckeberg, D., & Starck, K. (1988). *Public Relations and Community: A Reconstructed theory*. Praeger, New York.

081 커뮤니케이션 Communication

커뮤니케이션은 우리말로 소통이라고 해석하며, 사회구성원 간의 관계성을 강화해 사회를 유지하고 발전시키는 상호작용이다. 사전적 의미를 보면(Oxford 사전) 인간이 서로 의사, 감정, 사고를 주고받는 것으로 결국 인간의 상호작용이다. 여기에서 인간의 상호작용에 주목할 필요가 있다. 사회 속에서 구성원은 혼자 존재할 수 없으므로 필연적으로 관계 속에서 살아가게 된다. 이런 관계는 커뮤니케이션을 통해 형성되고 유지되고 발전된다. 따라서 인간 사회에서 커뮤니케이션을 하는 이유는 상호이해를 통한 관계성의 강화다. 커뮤니케이션에 대해 정의하고 이해하는 데 있어서 논란은 있다. 커뮤니케이션의 어원은 라틴어 'communis' 라는 명사에서 유래되었고, 이 말은 '공유'와 '함께 나누는 사람들'이라는 의미를 가진다. 따라서 커뮤니케이션은 메시지 전달과 전송(Transition)과는 구별되어야 한다.

하지만 메시지 전달과 커뮤니케이션을 혼용해 사용하는 연구자도 있다. 커뮤니케이션의 본래 의미가 상호작용성(interactivity)인데도 일방향 커뮤니케이션(One-way communication)이나 쌍방향 커뮤니케이션(Two-way communication)이라는 용어를 쓰고 있다. 더욱이 대중에게 정보를 전달하기 위한 수단으로 발전한 매스 커뮤니케이션(Mass communication)이라는 용어도 커뮤니케이션 범주에 포함하는 문제는 생각해 볼 필요가 있다. 매스 커뮤니케이션에서는 메시지 전달이 이루어지고, 대중은 상호작용하는 커뮤니케이션 참여자가 아니라 메시지 수신자일 뿐이다. 공중관계성의 강화를 위한 PR은 기본적으로 커뮤니케이션에 바탕을 두고 있다. 따라서 학자들은 PR 자체를 커뮤니케이션으로 해석하고 실무자들의 역할을 커뮤니케이터로 인식한다(최홍림, 2009). PR 커뮤니케이션이라는 용어로 PR을 대신하기도 한다(김영욱, 2003). 따라서 실무자들은 자신들이 조직-공중, 공중들 간의 원활한 커뮤니케이터로서 관계 강화에 기여해야 한다는 인식을 명확히 해야 한다. PR은 대중이나 소비자에게 메시지를 전달하는 것이 아니라 공중과 커뮤니케이션하고 관계성을 강화하는 것이다.

참고문헌

김영욱(2003). PR 커뮤니케이션: 체계, 수사, 비판 이론의 통합. 이화여자대학교 출판부.

최홍림(2009). PR의 사회적 의미에 관한 고찰과 이상적 대안: 대화와 포스트모던 관점을 중심으로. 한국광고홍보학보, 11(2), 71-99.

082 커뮤니케이션 중재자 Communication Intermediary

PR은 공중 간의 소통을 원활하게 중재하여 상호관계를 형성, 유지,

발전시키는 커뮤니케이션 중재자의 기능을 한다. 조직–공중 관점에서 해석하는 PR의 역할은 PRSA(2012)가 제안하는 '조직과 공중 간의 상호호혜적 관계를 구축하는 전략적 커뮤니케이션 과정'이라는 PR의 정의에서도 확인할 수 있다. 조직과 공중 사이의 커뮤니케이션 중재자(intermediary)로서의 역할을 강조하는 PR이 조직과 공중 사이의 경계 위치(boundary position)에 있기에, PR은 조직과 공중이 서로 교감할 수 있도록 도와주는 역할을 한다. 호지스(Hodges, 2006)는 PR 실무자가 다양한 사회문화적 배경을 가진 공중과의 소통을 중재해 사회에 이바지하는 문화 중재자(cultural intermediary)의 역할을 강조했다. 이는 PR이 특정 공중과 사회문화 환경을 이해하고 서로 교감할 수 있는 소통 중재자의 역할을 해야 함을 강조하는 관점이다. 다시 말해서, PR에서 커뮤니케이션 중재자란 PR 실무자의 커뮤니케이터로서의 역할을 의미한다.

참고문헌

Hodges, C. (2006). 'PRP Culture' A Frame Work for Exploring Public Relations Practitioners as Cultural Intermediaries. *Journal of Communication Management, 10*(1), 80–93.

083 퍼블리시스트 Publicist

퍼블리시스트는 언론 관계(언론홍보) 전문가를 의미한다(최홍림, 2021). 언론 관계 활동이 PR 영역의 가장 중요한 부분을 차지하던 상황에서는 퍼블리시스트가 바로 PR 실무자를 의미하기도 했다. 하지만 PR의 다양한 공중관계와 영역을 고려할 때, 퍼블리시스트는 언론 관계 전문가라는 한정적인 의미가 있다. 할리우드 영화 〈핸콕(Hancock)〉에서는 주인공 친구로 등장하는 레이 엠브레이, 그리고 〈섹스 앤더 시티(Sex and the City)〉에서는 주인공 사만다 존스가 극중에서 자신을 PR 전문가라고 소개하면서 퍼블리시스트라고 적힌 명함을 건네는 장면이 있다. 사실 1900년대 초반에 PR의 선구자라고 불리는 아이비 리(Ivy Lee)처럼 미국 대도시를 중심으로 활동했던 실무자들은 언론사 출신들이 많았으며, 이들은 언론에 대한 이해를 바탕으로 퍼블리시스트의 역할을 주로 수행했다. 우리나라에서도 과거에 퍼블리시스트의 역할을 주로 하던 전통 PR(홍보) 회사들이 언론 관계를 넘어 그 전문성을 확장하고 있다.

참고문헌

최홍림(2021). 디지털 시대, 언론 관계는 최선의 PR인가?. 김현정, 정원준, 이유나, 이철한, 정현주, 김수연, 오현정, 백혜진, 최홍림, 조삼섭, 조재형, 김동성, 이형민, 김활빈. **디지털 시대의 PR학 신론**(pp. 215-237). 서울: 학지사.

084 퍼블리시티 Publicity

퍼블리시티는 일반적으로 두 가지 의미를 가진다. 그 하나는 보도자료 배포나 정보 제공을 통해 뉴스화를 위한 언론 관계 활동을 의미한다. 언론 관계 활동의 궁극적인 목적은 클라이언트에 대한 긍정적인 언론 보도를 이끌어 내는 데 있다. 따라서 퍼블리시티 활동의 목적과 결과물은 긍정적인 언론 노출이다. 퍼블리시티의 다른 의미는 언론 관계 활동을 통해 나타난 '뉴스가 된 결과물', 즉 '뉴스 보도'를 의미한다(최홍림, 2021). 실무자들은 그들의 퍼블리시티 활동에 대해 퍼블리시티 결과로 평가받는다(PR 영역이 확대되고 전문화되고 있는 반면, 언론에 대한 신뢰는 하락하면서, 퍼블리시티 활동에 대한 부정적인 시선도 존재한다.). 케인은 과거의 뉴스 조작 같은 부정적 언론 대행(press agentry) 모형에서 비롯된 퍼블리시티를 PR과 구분해야 한다고도 주장한다(Cain, 2009). 하지만 아직까지 PR 영역에서 퍼블리시티는 적지 않은 역할을 하고 있다.

참고문헌

최홍림(2021). 디지털 시대, 언론 관계는 최선의 PR인가?. 김현정, 정원준, 이유나, 이철한, 정현주, 김수연, 오현정, 백혜진, 최홍림, 조삼섭, 조재형, 김동성, 이형민, 김활빈. **디지털 시대의 PR학 신론**(pp. 215-237). 서울: 학지사.

Cain, S. (2009). *Key Concepts in Public Relations*. UK: Palgrave Macmillan.

085 편재성 Ubiquitousness

편재(遍在)란 방방곡곡 어디에나 존재하는 것을 의미한다. 특히 미디어 효과와 관련하여 편재성이란 미디어의 메시지가 어디에나 도달해 사람들의 생활 속에 영향을 미치는 것을 의미한다. 최근에는 편재성이 네트워크로 연결된 온라인과 모바일 환경의 특성으로 사용된다.

노엘레노이만(Noelle-Neumann, 1977)의 '침묵의 나선이론(Spiral of Silence)'에서도 미디어의 공명성과 누적성과 함께 편재성이란 특성이 미디어의 효과를 높인다고 주장했다. 이는 매스미디어가 메시지의 반복성(누적성)으로 어디에서나(편재성) 노출되기에, 사람들의 통일된 생각들(공명성)을 형성한다고 설명한다. 이런 침묵의 나선이론은 미디어의 효과를 나타내는 대표적인 이론이다. 바이저는 모바일 사용자가 어디에서나 네트워크에 접속해 다양한 정보에 접근하고 활용한다는 특성을 편재성으로 설명했다(Weiser, 1991). 편재성은 결국 사용자에게 유연성과 편리성을 제공해 어디에서나 가상으로 교류할 수 있는 환경을 제공할 수 있는 역량이다.

참고문헌

Noelle-Neumann, E. (1977). Turbulences in The Climate of Opinion: Methodological Applications of The Spiral of Silence Theory. *Public Opinion Quarterly, 41*(2), 143-158

Weiser, M. (1991). The Computer for the 21 st Century: Specialized Elements of Hardware and Software, Connected by Wires, Radio Waves and Infrared, will be so Ubiquitous that no one will notice their presence. *Scientific American, 265*(3), 94-105.

086 폐쇄체계 Closed System

PR에서 체계이론은 기능주의적 접근을 대표하는 이론으로 발전했으며, 효율성을 중시하는 조직이론의 토대가 되었다(김영욱, 2003). 제임스 그루닉(James Grunig)이 제안한 4가지 모형(일방향 불균형, 일방향 균형, 쌍방향 불균형, 쌍방향 균형)은 조직의 체계이론에 기초를 둔 이론이다(Grunig & Hunt, 1984). 체계이론은 폐쇄체계와 개방체계로 나눌 수 있는데, 폐쇄체계는 조직이 주변 환경과 상호 작용하지 않고 일방적으로 정보를 제공하고 현상을 유지하려는 경향을 가진다(김영욱, 2003). 따라서 주변과의 완전한 상호작용을 지향하는 쌍방향 균형모형을 제외한 나머지 일방향 모형(불균형, 균형)과 비대칭적 쌍방향 불균형 모형은 폐쇄체계적 접근을 지향한다(김영욱, 2003).

참고문헌

김영욱(2003). PR 커뮤니케이션: 체계, 수사, 비판 이론의 통합. 이화여자대학교 출판부.

Grunig, J. E., & Hunt, T. (1984). *Managing Public Relations*. Holt, Rinehart & Winston. New York.

087 프론트 그룹 Front Group

프론트 그룹은 위장단체로도 불리며, 어떤 이해관계를 가진 주체(예: 정부, 기업, 로비 단체 등)가 자신의 실체를 숨기고 중립적이고 독립적인 시민단체나 학술기관처럼 보이도록 만든 조직을 말한다. 이들은 공공의 이해를 대변하는 것처럼 보이지만, 실제로는 그 배후에 있는 주체의 이익을 대변한다. 1990년대 미국 내에서 쿠웨이트의 독립을 주장하던 비영리단체 "Free Kuwait"가 대표적인 사례다. 당시 이라크가 쿠웨이트를 침공해 점령하자, 미국 내에서는 쿠웨이트를 옹호하고 이라크의 침공을 비난하는 여론이 형성되었다. "Free Kuwait"는 쿠웨이트를 침공한 이라크의 잔혹성을 강조하고, 미국이 군사적으로 개입해야 한다는 여론을 조성하는 활동을 벌였다. 그러나 나중에 이 단체가 쿠웨이트 정부와 계약한 PR 회사인 힐 앤 놀턴(Hill & Knowlton)에 의해 기획된 비영리단체라는 사실이 밝혀져 큰 논란이 되었다. 이 사건을 계기로 PR 산업계는 국가안보나 정치와 관련된 클라이언트와 계약하는 것을 지양해야 한다는 움직임이 일었고 PR의 윤리성에 대한 비판적인 목소리가 커졌다(Hiebert, 2003). 현재 PR 산업계에서는 이런 사태를 교훈 삼아 일련의 윤리강령을 제정하고 채택했다. 윤리 강령들은 대체로 PR 활동에 있어 정보의 출처와 배후를 투명하게 밝히기를 천명하고 있으며, 커뮤니케이션 캠페인이 사회 질서나 신뢰를 훼손하는 일을 금하고 있다(PR 윤리 참조).

참고문헌

Hiebert, R. E. (2003). Public Relations and Propaganda in Framing the Iraq War: A Preliminary Review. *Public Relations Review, 29*(3), 243-255.

088 PR 기획자 PR Account Manager

PR 회사의 고객 담당 중견 간부를 지칭한다. PR 기획자는 클라이언트와의 상시 접촉 업무를 담당하는 AE(Account Executives)와는 달리 고객사에게 필요한 전략적 계획을 수립하는 데 있어 전문가적 식견을 제공할 수 있어야 한다(한국PR기업협회, 2020). 고객사를 설득할 수 있는 능력을 겸비한 숙련된 커뮤니케이터 역할을 담당하는 PR 기획자는 다수의 고객사와 AE를 관리한다. 기존 고객과의 관계와 계약 유지, 서비스 품질의 향상, 신규 비즈니스 기회의 창출 같은 임무를 맡는다. 계약 이후에 진행되는 프로그램의 기획과 평가, 수임료 청구, 의견 조정 등 고객사와의 업무 전반을 관리한다는 의미에서 어카운트 매니저라는 외래어를 그대로 사용하는 경우도 많다. 그 밖에 PR 컨설턴트, PR 전문가, PR 디렉터 같은 용어가 혼용되기도 한다.

참고문헌

한국PR기업협회(2020). PR 실무자. PR용어사전(p. 187). 경기: 한울엠플러스.

089 PR 4모형 4 Models of PR

PR 4모형은 PR의 역사적 발달과정을 정리하기 위한 시도에서 출발했다. 그루닉과 헌트는 커뮤니케이션의 방향성과 목적에 따라 PR을 언론 대행 · 홍보(press agentry, publicity) 모형, 공공 정보(public information) 모형, 쌍방향 불균형(two-way asymmetry) 모형, 쌍방향 균형(two-way symmetry) 모형의 네 가지로 나눈 바 있다(Grunig & Hunt, 1984). 모형을 구분하는 기준은 두 가지 차원으로 구성되어 있다. 첫째는 PR 커뮤니케이션 행위의 방향성(direction)이며, 둘째는 커뮤니케이션의 목적인 균형(balance) 차원이다. 방향성 차원은 일방향(one-way)과 쌍방향(two-way)으로 구분된다. 조직에서 공중을 대상으로 하는 일방적 소통이 일방향이라 할 수 있고, 공중의 의견을 수렴하는 대화형의 소통이 쌍방향이다. 커뮤니케이션의 목적이 조직이나 공중 한쪽만의 이익을 우선시하는 경우에는 PR 활동이 불균형적인 것으로 설명되며, 상호이익을 추구하는 것이 목적일 때는 균형적이라고 규정한다. 이와 같은 두 가지 차원의 조합에 따라 총 네 가지의 모형이 도출되었다. PR 4모형을 처음 제시한 미국 메릴랜드대학교의 제임스 그루닉은 PR 활동을 역사적 발전 단계에 따라 네 가지 모형으로 나누었는데, 현대 PR 커뮤니케이션 활동을 설명하는 데도 적용될 수 있다. 이론이 진화하면서 혼합동기모형(mixed-motive model), 기술적 모형(craft public relations)—전문가 모형(professional public relations)이라는 두 유형으로 수렴되었으며, 최근에는 일곱 개의 PR 커뮤니케이션 차원(일방향, 쌍방향, 균형성, 불균형성, 매개, 대인, 윤리성)으로 해체되기도 했다(Huang, 1997). (언론 대행 · 홍보, 공공정보, 쌍방향 균형, 쌍방향 불균형 모형 참조)

참고문헌

Grunig, J. E., & Hunt, T. (1984). *Managing Public Relations*. New York: Harcourt Brace Publishers.

Huang, Y. H. (1997), *Public Relations Strategies, Relational Outcomes, and Conflict Management*. Unpublished Doctoral Dissertation. University of

Maryland, College Park, MD.

090 PR 역할 이론 PR Roles Theory

PR 실무자는 실로 다양한 역할을 수행한다. 초기에 PR연구에서는 PR 실무자 역할에 대한 다양한 유목화를 시도했으나 대체로 PR 실무자의 역할은 커뮤니케이션 관리자 역할(communication manager role)과 커뮤니케이션 기술자 역할(communication technician role)로 구분될 수 있다(윤여전, 이유나, 2014). 커뮤니케이션 관리자 역할은 핵심 경영진과 함께 의사결정 과정에 참여하면서, 커뮤니케이션 정책과 전략을 결정하는 일을 담당하는 실무자 유형을 지칭한다. 한편, 커뮤니케이션 기술자 역할은 기술적 서비스(보도자료, 팸플릿, 사진과 그래픽 같은 텍스트 생산, 소셜미디어 콘텐츠 관리, 기자 회견 준비, 이벤트 진행 등 PR 전술 실행을 위한 활동) 제공을 주로 수행하는 실무자를 지칭한다. 이런 구분 외에도 전문 처방가, 커뮤니케이션 촉진가, 문제 해결 촉진가 역할 등이 제시된 바 있다(Broom, 1982; Broom& Smith, 1979; Dozier, 1984). 영역이 발전함에 따라 PR 실무자의 관리자적 역할이 확대되고 있으나, 매체 변화에 따라 기술자적 역할도 중요해졌다. PR 입문자의 경우 기술자적 역할을 담당하며, 경력이 쌓일수록 점진적으로 관리자적 역할을 맡는 것이 일반적이다.

참고문헌

윤여전, 이유나(2014). PR 실무자의 역할 및 PR 가치인식 유형에 따른 윤리인식 연구: 윤리적 딜레마 경험과 윤리강령을 중심으로. **PR연구**, 18(4), 84-118.

Broom, G. M. (1982). A Comparison of Sex Roles in Public Relations. *Public*

Relations Review, 8, 17-22.

Broom, G. M., & Smith, G. D. (1979). Testing the Practitioner's Impact on Clients. *Public Relations Review, 5*(3), 47-59.

Dozier, D. M. (1984). Program Evaluation and Role of Practitioners. *Public Relations Review, 10*(2), 13-21.

091 PR의 정의 Definition of Public Relations

국내에서는 PR, 홍보, 공중관계, 퍼블리시티(publicity) 등 다양한 단어가 혼용되고 있다. PR은 도입 초기의 번역어였던 '홍보'로 명명되는 경우가 많으나, 2000년대 초반 업계와 학계에서 이 단어가 이미 확장되어 버린 PR 영역의 범위나 본질을 흐린다는 공감대가 형성되어 'PR'로 대체되어야 한다는 주장이 제기되었다. 2000년 초반에 한국홍보학회가 한국PR학회로 개칭을 단행한 것도 이런 이유에서다. 이후 2015년, 시대적 변화와 영역의 진화를 담기 위해 PR이라는 외래어보다 '공중관계'로 표현하는 것이 타당하다는 논의가 진행되었다. 이에 따라 현재는 PR과 공중관계가 혼용되고 있다(이유나, 2015). 보탄과 헤이즐턴은 PR을 "커뮤니케이션 관리를 통해 조직을 둘러싼 환경에 적응하거나 환경을 변화-유지시켜 조직의 목적을 달성하도록 하는 경영 기능"이라고 정의했다(Botan & Hazelton, 1989). PR 학자인 커틀립 등은 PR을 "조직의 성패를 좌우하는 공중과 조직 간에 서로 이득이 되는 관계를 세우고 유지하는 경영 기능"이라고 정의했다(Cutlip, Center, & Broom, 2000). 그루닉과 헌트는 PR을 "조직체와 그 공중 간의 커뮤니케이션을 관리하는 것"이라고 정의한 바 있었다(Grunig & Hunt, 1984). 세계 최대의 PR 전문가 단체인 미국PR협회는 PR에 대해 다음 같이 정의했다. "PR은 조직과 공중 사이의 상호호혜적 관계를 구축하는 전략적 커뮤니케이션 과정이다."(PRSA, 2012).

과거의 PR은 조직의 입장을 중심으로 긍정적인 이미지 만들어 내는 활동으로 주로 이해되었지만, 이제는 어느 누가 커뮤니케이션 주도권을 쥐고 있는 것이 아니라 반복적인 상호작용을 통해 서로 관계를 맺도록 하는 활동으로 받아들여지고 있다. 다시 말해, 과거의 PR은 커뮤니케이션을 통해 메시지를 통제해 희망하는 방향으로 공중을 '관리'할 수 있다고 전제했지만, 지금은 그 어느 쪽도 서로를 통제하기 어려우며 다만 상호 소통할 수 있는 환경을 만드는 '과정'에 더 방점을 두고 있다. 근본적으로 PR은 결국 조직, 공중, 커뮤니케이션이라는 세 가지 요소를 축으로 전개되는 활동이다(Grunig & Hunt, 1984). 특히 PR이 다른 영역과 구별되는 이유는 '공중'이라는 개념을 중시하기 때문이다. 광고 같은 마케팅 커뮤니케이션 활동에서는 제품이나 서비스를 이용하는 소비자라는 특정 그룹에 대해 집중적으로 관심을 갖는 것과 달리 PR은 더 다양한 집단을 대상으로 하는 커뮤니케이션 현상을 다루어 왔다. 예를 들어, 혐오시설의 설치에 반대하는 지역사회와의 갈등 관리 PR에 있어서 주민들은 소비자와는 매우 다른 성격을 지니는 집단이며 단순한 교환관계로 간주할 수 없다. 공중은 재화와 서비스의 교환이 아니라 공통의 문제나 이슈를 중심으로 형성되며, 그들에게 영향을 미칠 수 있는 문제를 인지하면 당면한 문제를 해결하기 위해 조직화하기도 하는 집단의 구성원들이다.

참고문헌

이유나(2015). 전략커뮤니케이션: PR (공중관계). 이준웅, 백혜진, 박종민. **커뮤니케이션과학의 지평**. 경기: 나남.

Botan, C., & Hazelton, V. (2006). *Public Relations Theory*. Hillsdale, NJ: Lawrence Erlbaum Association.

Cutlip, S. Center, A., & Broom, G. (2000). *Effective Public Relations* (8th ed.). Upper Saddle River, NJ: Prentice Hall.

Grunig, J. E., & Hunt, T. (1984). *Managing Public Relations*. Orlando, FL: Harcourt Brace Jovanovich College Publishers.

PRSA (2012). *About Public Relations.* https://www.prsa.org/about/ all-about-pr(2024년 6월 1일 접속).

092 PR주 PR Client

PR 기업이 서비스를 제공하는 대상을 가리키는 용어다(한국PR기업협회, 2020). 고객사 혹은 고객으로 불리기도 하며 그 유형은 회사, 비영리단체, 정부 기관, 개인 등 다양할 수 있다. PR주는 커뮤니케이션 프로그램을 통해 자신들의 제품, 서비스, 이미지, 정책 등을 공중들에게 알려 브랜드 인지도를 높이고, 매출 증대, 이미지 개선, 정책 지지 같은 성과를 얻고자 한다. 이런 점에서 광고나 마케팅의 서비스 이용 목적과 유사하지만, 조직에 위기 상황이 발생하면 공중과의 소통을 관리하고 부정적 영향을 최소화해 평판을 유지하고자 하는 목적에서는 PR 기업에 도움을 요청하는 경우가 대부분이다. PR 기업은 PR주의 다양한 요구에 맞춰 적절한 커뮤니케이션 전략을 수립하고 실행한다.

참고문헌

한국PR기업협회(2020). 클라이언트. PR용어사전(p. 151). 경기: 한울엠플러스.

093 PR 회사 PR Firm

PR 회사는 기업, 조직, 또는 개인이 공중과의 관계를 관리하고 개선하기 위해 고용하는 커뮤니케이션 전문 서비스를 제공하는 업체다(한국PR기업협회, 2020). PR 회사의 일반적인 실무영역은 다음과 같다. 첫째, 언론 관계 관리는 언론과의 관계를 관리하고, 고객에 대한 긍정적인 보도를 유도하기 위한 보도자료 작성 및 배포, 기자 회견 개최, 인터뷰 조율 등의 업무를 수행한다. 둘째, 위기관리는 위기 상황이 발생했을 때 신속하고 효과적인 커뮤니케이션 전략을 수립하고 실행한다. 고객의 명성을 보호하기 위한 위기 대응 매뉴얼 작성, 언론 대응, 메시지 관리 등을 수행한다. 셋째, 마케팅 PR은 고객의 제품, 서비스, 브랜드 이미지를 개선하고 강화하기 위한 전략을 수립하고 광고 캠페인, 이벤트 기획, 소셜미디어 마케팅 등을 수행한다. 넷째, 사내 커뮤니케이션은 조직 내부의 커뮤니케이션을 개선하고, 직원들의 참여와 사기를 높이기 위한 전략을 수립하며 사보, 인트라넷 관리, 직원 교육 프로그램 등을 기획 실행한다. 다섯째, 사회적 책임 활동과 ESG 활동은 기업의 사회적 책임(CSR) 활동과 ESG 커뮤니케이션을 기획하고 관리한다. 여섯째, 조사 및 모니터링은 여론 조사, 미디어 모니터링 등을 통해 공중의 인식과 반응을 선제적으로 분석해 쟁점을 관리하거나 PR 전략을 조정하고 효과적인 커뮤니케이션 방안을 제안하는 활동이다. 일곱째, 미디어 트레이닝은 고객이 언론과 효과적으로 소통할 수 있도록 미디어 응대 방법을 교육한다. 여덟째, 명성 관리는 고객의 온라인 및 오프라인 명성을 모니터링하고 관리한다. 이외에도 PR 회사들은 매체 변화와 시대적 요구에 따라 다양한 서비스 영역을 개발하여 PR주에게 제공한다.

참고문헌

한국PR기업협회(2020). PR 회사. PR용어사전(p. 190). 경기: 한울엠플러스.

094 혼합동기 모형 Mixed-motive Model

혼합동기 모형은 쌍방향 균형 커뮤니케이션의 현실적 실현 가능성 문제를 보완하는 차원에서 제시된다. 혼합동기 모형은 게임이론에서 나온 용어로 조직–공중 관계에서 완전한 균형 상태가 존재하기 어렵다는 것을 인정한다. 다양한 공중관계에서 PR 실무자들은 협력과 비협력의 갈등상태에서 의사결정을 하게 된다. 이때 혼합동기 모형은 실무자들이 전체적으로 협력적인 분위기를 조성하기 위해, 때로는 손해를 볼 수도 있고 비대칭적 결정을 내릴 수도 있다고 전제한다(김영욱, 2003). 머피(Murphy, 1990)는 조직 이익을 최대화하기 위한 보도자료 배포 시점을 게임이론에 근거해 제시했다. 혼합동기 모형에서는 조직과 공중이 서로 이해관계의 타협점을 찾아내는 것을 해결책으로 제시했다(신호창, 문빛, 조삼섭, 이유나, 김영욱, 차희원, 2017). 결국 이 모형은 쌍방향 불균형모형(two-way asymmetrical model)과 쌍방향 균형모형(two-way symmetrical model)이 조화와 협력을 위해 혼합적으로 쓰일 수 있다는 관점을 제안한다.

참고문헌

김영욱(2003). PR 커뮤니케이션: 체계, 수사, 비판 이론의 통합. 이화여자대학교 출판부.

신호창, 문빛, 조삼섭, 이유나, 김영욱, 차희원(2017). 공중관계핸드북: Public Relations 바로 보기. 서울: 커뮤니케이션북스.

Murphy, P. (1991). The Limits of Symmetry: A Game Theory Approach to Symmetric and Asymmetric Public Relations. *Public Relations Research Annual, 3*(1-4), 115-131.

095 홍보 Hongbo

국내에서 홍보(弘報)라는 용어는 PR을 지칭하는 용어로 혼용되어 왔다. 그러나 2000년대 초반부터 두 용어의 의미를 구분할 필요가 있다는 PR 전문가들의 목소리가 커지기 시작했다. 즉, PR이 위기관리, 쟁점 관리, 명성관리 같은 언론 대행에 국한되지 않고 다양한 소통관리 영역으로 확장되면서 일방향적 커뮤니케이션이 아닌 대화형 커뮤니케이션의 성격을 포괄하게 되자, 홍보라는 용어는 이런 변화를 담아내기에 한계가 있다는 인식이 확산됐다. 이에 따라 홍보는 선전이나 판촉이라는 맥락에서 쓰이는 용어로 규정되었고 언론 관계나 퍼블리시티 활동 영역을 지칭하는 것으로 수렴되었다(신호창, 문빛, 조삼섭, 이유나, 김영욱, 차희원, 2017). 일반적으로 홍보는 단기적으로 정보를 알리는 것에 치중하는 활동을 일컫는 것으로 이해할 수 있으며, PR(공중 관계)은 보다 장기적이고 상호이해를 지향하며 홍보를 포괄하는 상위의 개념으로 볼 수 있다. 홍보는 『공중관계핸드북』에서 "조직에 대한 긍정적인 인지도를 제고시키기 위해 기획된 커뮤니케이션 활동"으로 정의된 바 있다.

참고문헌

신호창, 문빛, 조삼섭, 이유나, 김영욱, 차희원(2017). **공중관계핸드북: Public Relations 바로 보기**. 서울: 커뮤니케이션북스.

096 효과성 Effectiveness

효과성은 조직의 목표 달성 여부에 대한 성과를 의미한다. 따라서 효과성은 효율성에 비해 장기적인 성과를 의미한다(Fey & Birkinshaw, 2005). PR에서 효과성이란 공중의 인지, 태도, 행동 변화 같은 실제적인 커뮤니케이션 효과를 의미한다. PR의 효과는 결국 PR 커뮤니케이션 노력에 대한 실제적인 효과(outcome)를 의미한다. 이를 평가하기 위해서는 명확히 측정할 수 있는(measurable) 목표가 제시되어야 한다. 핸드릭스와 헤이스(Handrix & Hayes, 2007)는 목표가 전체 PR 과정의 지침이자 기준이 되기에 가장 중요한 요소라고 강조했다. 왜냐하면 공중과의 관계를 형성, 유지, 발전시키는 PR 과정은 지속적으로 발전해 가야 하기 때문에, 평가를 통한 관계 점검이 없다면 지속적인 관계개선을 위한 PR의 순환 과정도 힘들어질 수밖에 없다. 또한 목표에 대한 효과성의 평가는 PR의 역할에 대한 가시적 정체성 확보를 위해서도 반드시 필요하다(최홍림, 2020).

참고문헌

최홍림(2020). 전략적 관점의 PR 정체성 확립 방안: PRSA 사례를 중심으로. **광고PR실학연구**, 13(2), 137-160.

Fey, C. F., & Birkinshaw, J. (2005). External Sources of Knowledge, Governance Mode, and R&D Performance. *Journal of Management, 31*(4), 597-621.

Hendrix, J. A., & Hayes, D. C. (2007). *Public Relations Cases* (7th ed.). Thomson.

097 효율성 Efficiency

효율성이란 투입 자원의 관점에서 바라보는 산출물을 의미한다. 이는 제한된 자원에서 최대의 효과를 얻고자 하는 개념으로, 동일한 산출물을 내기 위한 최소한의 자원을 의미한다(Cordero, 1990). 이는 주로 단기적인 성과를 의미한다(Fey & Birkinshaw, 2005). PR에서 효율성은 실적 같은 성과를 의미한다. 여기에서 실적이란 실제 공중의 인지, 태도, 행동 변화 같은 효과가 아닌 조직의 인력, 자원, 비용 등의 노력에 산출결과(output)를 의미한다. 투입 대비 산출을 평가하는 효율성은 프로그램 관리 측면에서 간과될 수 없지만 최근 PR의 효과 평가가 실적 평가에만 그치는 것은 문제가 있다. 결국 PR의 효과는 커뮤니케이션 효과와 공중관계의 변화로 평가해야 한다. PR의 핵심 성과 지표를 콘텐츠 게재 수, 보도자료 배포 수, 기자 간담회 진행 여부 등으로 하고 이에 대한 평가에만 그쳐서는 안 된다. 결국 실질적인 PR 효과는 콘텐츠 게재와 언론보도 같은 노력을 통한 공중과의 관계에 어떠한 변화가 있었느냐가 평가되어야 한다.

참고문헌

Cordero, R. (1990). The Measurement of Innovation Performance in The Firm: An Overview. *Research Policy, 19*, 185-192.

Fey, C. F., & Birkinshaw, J. (2005). External Sources of Knowledge, Governance Mode, and R&D Performance. *Journal of Management, 31*(4), 597-621.

디지털 시대의
PR 용어 300

제 2 장

공중별 PR 분야

098 공동체 관계 Community Relations

과거의 공동체 관계는 조직이 속한 지역 구성원과의 관계 강화를 위한 PR을 의미했다. 다시 말해서 지역사회 관계를 의미했다고 할 수 있다. 하지만 공동체(community)에 대한 개념이 다양한 사회환경적 변화를 반영해 확장되면서, 포괄적 의미의 '공동체 관계'로 변화하고, 여기서 공동체는 사회 공동체, 즉 사회 전체를 의미하기도 한다. 조직과 기업의 사회적 역할이 강화되면서, 다양한 사회구성원과의 관계를 포함하는 공동체 관계가 PR 자체로 인식될 수도 있다. 기업이 사회에 기여하고, 사회적 존재가치를 인정받는 것이 곧 지속 가능 성장을 위한 경쟁력으로 인식되고 있다. 따라서 다양한 공동체 구성원, 즉 공중과의 호혜적 관계를 위한 PR 활동은 기업의 사회적 책임(CSR) 활동의 일환이다.

참고문헌

최홍림, 이종혁(2010). 소비자 커뮤니티 형성과 사회적 자본 확장에 있어 PR의 사회적 역할: '마이 스타벅스' 사례를 중심으로. **한국광고홍보학보**, 12(4), 363-399.

099 디지털 PR Digital Public Relations

미디어 환경 변화와 함께 PR에서도 많은 변화가 일어났다. 특히 미디어 기술 혁신은 PR뿐만 아니라 광고와 마케팅 등 커뮤니케이션 전 분야로의 변화를 주도하고 있다. 디지털 PR은 매체 기술 변화를 반영한 PR을 말한다. 특히 소셜미디어와 디지털 영상 기반의 매체는 커뮤니케이션 전 분야를 주도 하는 대세 매체로 자리 잡았다. 하지만 디지털 PR 시대의 변화는 매체 활용에만 그치는 것은 아니다. 디지털 PR에 있어 가장 먼저 고려해야 할 것은 대중매체의 시대의 메시지 전달 개념에서 벗어나야 한다는 사실이다. 디지털 환경은 참여와 공유의 커뮤니케이션 환경을 지향한다. 따라서 전통매체 환경에서의 대중(mass)과 수용자(audience)에게 메시지를 전달하는 것이 아닌, 커뮤니케이션 파트너인 공중과 메시지를 공유하고 대화하는 형태를 지향한다. 다시 말해서 디지털 PR에서 공중은 커뮤니케이션 대상이 아니라 참여자이며 파트너라는 인식 전환이 필요하다. 이런 맥락에서 그루닉과 김정남과 이혜림(2021)은 디지털 PR 환경에서는 PR을 좀 더 글로벌하고, 균형적(symmetrical), 대화적(dialogical)으로 해야 함을 강조했다. 특히 전통적 매체 환경과 달리 공중은 통제할 수 있는 메시지 대상이 아닌 커뮤니케이션 참여자로 인식해야 한다는 것이다.

참고문헌

Grunig, J., 김정남, 이혜림(2021). 디지털화 시대의 PR 패러다임. PR학연구, 25(1), 1-30.

100 소비자 관계 Consumer Relations

소비자 관계는 다양한 커뮤니케이션 전략 전술을 통해 소비자 공중과 호혜적인 관계를 구축하는 PR을 의미한다. 특히 과거의 생산자 주도적인 기업 마케팅 개념이 소비자의 요구와 기대를 충족시키는 관점으로 전환되면서, 소비자 관계의 중요성은 더욱 커져 가고 있다. 이런 차원에서 기업은 소비자와의 관계 강화를 위한 통합 커뮤니케이션 관리

차원의 마케팅 PR을 강화하고 있다. 이에 따라 PR의 다양한 공중관계 중 소비자 공중과의 관계 전략과 전술도 다양해지고 있다. 퍼블리시티 기능 중심의 마케팅 PR도 미디어 환경과 혁신적인 데이터 관리 기술의 발전에 따라 전략과 전술을 빠르게 진화시키고 있다. 또한 기업에 대한 소비자의 요구와 기대가 커지면서 이에 부응하고 관계를 관리해야 하는 기업의 고민도 커지고 있다. 기업 위기와 사건 사고가 잦아지고 반기업 정서가 팽배해지는 이때, 쟁점 관리와 위기 커뮤니케이션을 통한 공중관계 전략이 그 해결책이 될 수 있다(신호창, 문빛, 조삼섭, 이유나, 김영욱, 차희원, 2017).

하지만 커뮤니케이션 차원의 PR 관점에서 소비자를 무조건 공중으로 분류하는 것은 문제가 있다. 왜냐하면 소비자는 결국 기업의 입장에서 제품이나 서비스를 판매해야 하는 대상이기 때문이다. 커뮤니케이션 차원에서의 공중은 일방적인 대상이 아니라 커뮤니케이션과 대화에 함께 참여하고 협력하는 파트너로서의 존재를 의미한다. 이런 관점에서 생산자와 판매자의 마케팅 대상이 되는 소비자는 PR 커뮤니케이션의 공중이 될 수 없다. 공중을 소비자로 분류한다면 이는 커뮤니케이션 파트너가 아니라 메시지 수용자다. 이 때문에 기업도 이제 소비자에 대한 인식을 바꿔 가야 한다. 소비자 인식이 높아지고 사회적 가치가 강조되는 환경에서, 기업은 소비자를 그들의 제품이나 서비스를 판매하기 위한 대상이 아니라 사회에서 같이 상생하고 협력하는 파트너로 인식해야 한다. 이런 점에서 기업과 소비자의 상생과 협력을 위한 소비자 관계는 그 가치가 더해질 것이다.

참고문헌

신호창, 문빛, 조삼섭, 이유나, 김영욱, 차희원(2017). **공중관계핸드북: Public Relations 바로 보기**. 서울: 커뮤니케이션북스.

101 시민단체 관계 Activist Relations

시민단체 관계는 다양한 조직 활동의 감시자 역할을 하는 시민단체와의 관계 관리를 위한 커뮤니케이션을 의미한다. 그루닉은 시민단체 공중(activist public)을 "교육, 타협, 설득, 압박 전술이나 물리적 행동을 통해 다른 공중들에게 영향을 미치기 위해 조직하는 두 명 이상의 개인 그룹"이라고 정의했다(Grunig, 1992, p.504). 그는 이런 시민단체 활동이 조직에게 다양한 측면에서 압박을 가할 수 있다고 했다. 시민단체는 다양한 영역에서 공중의 목소리를 대변하고 조직의 감시자 역할을 한다. 이들은 특정 이슈를 공론화해 정부나 조직 등의 관심을 제고하고 사회제도 개선을 촉구한다.

사실 현대의 PR도 시민단체와의 관계를 위해 출발했다고 할 수 있다. 20세기 초반에 산업사회가 발달하고, 부의 집중 현상이 심해지면서 반기업 정서가 팽배해졌다. 이 시기에 시민 의식이 발전하고 기업에 대한 견제와 감시가 심해졌다. 이런 시기를 반영하듯 기업을 감시하는 전문 기자들이 등장하는데, 이를 '추문폭로자(muckraker)'라고 했다.

추문폭로자를 지지하고 반기업 정보를 제공하는 정보원의 역할을 한 그룹이 시민단체들이었다. 어떻게 보면 이런 시민단체 역할이 언론관계 활동이자 PR 활동이었다. 따라서 기업은 반기업 정서에 대응할 필요가 있었고, 20세기 초반 뉴욕과 보스턴 등 미국 동부의 대도시를 중심으로 초기 PR 회사들이 설립되었다. 현대 PR의 선구자라 불리는 아이비 리(Ivy Lee)가 조지 파커(George F. Parker)와 함께 파커앤리(Parker & Lee)라는 PR 회사를 뉴욕에 설립한 때가 1904년이었다. 시민단체 활동은 환경, 기업지배구조, 문화, 소비자, 노사관계 등 다양한 분야에 걸쳐 있다. 따라서 기업이나 정부는 조직 경영, 정책, 사회문화 문제에 대해 다양한 시민단체들과 협력하고 관계를 발전시키기 위한 커뮤니케이션 활동을 강화하고 있다.

참고문헌

Grunig, L. A. (1992). Activism: How it Limits The Effectiveness of Organizations and How Excellent Public Relations Departments Respond. In J. Grunig (Ed.), *Excellence and Public Relations and Communications Management* (pp. 483-502). Mahwah, NJ: Lawrence Erlbaum Associates.

102 언론 관계 Media Relations

언론 관계는 PR의 중요한 공중의 하나인 언론과 좋은 관계를 구축하기 위한 커뮤니케이션을 의미한다. 언론 관계의 목적은 언론과의 원활한 관계를 바탕으로 클라이언트의 활동이나 성과에 대한 적절한 미디어 노출(방송, 신문 등)을 얻어 내는 것이다. 미디어 환경 변화에 따라 과거에 비해 그 역할이나 중요성이 덜하기는 하지만, 과거에는 언론 관계 그 자체가 PR로 인식되기도 했을 만큼 중요한 업무였다. 언론 관계가 중요한 이유는 매스미디어의 영향력 때문이며, 매스미디어를 매개로 하는 언론이 중요한 영향력자이기 때문이다. PR의 중요한 커뮤니케이션 전략은 제3자 인증효과(3rd party endorsement)다(최홍림, 2021). PR 프로그램을 진행할 때 가장 먼저 고려해야 할 것 중의 하나는 신뢰 있는 제3자의 역할을 해 줄 수 있는 영향력자(influencer)를 찾아내고, 이들과 협력관계를 유지하는 것이다.

따라서 PR 활동에 있어서 타깃 공중에게 영향을 미칠 수 있는 언론은 전략적으로 중요한 공중이라고 할 수 있다. 또한 언론사에게 PR 실무자는 언론에 뉴스 정보를 제공하는 중요한 정보원(source)이다. 언론 관계를 위한 활동은 뉴스보도를 위해 언론과 접촉하고 정보를 공유하는 모든 활동을 의미한다(최홍림, 2021). 언론 관계 활동은 '퍼블리시티' 업무 또는 언론홍보라고도 하며, 이런 활동은 뉴스 정보를 기자들에게 '제공한다' '던진다'는 의미에서 피칭(pitching)이라고도 한다. 이와 같은 언론 관계 활동은 보도자료 배포, 기획기사 개발, 미디어 응대, 미디어 인터뷰, 미디어 트레이닝 같은 다양한 활동을 포함한다.

참고문헌

최홍림(2021). 디지털 시대, 언론 관계는 최선의 PR인가?. 김현정, 정원준, 이유나, 이철한, 정현주, 김수연, 오현정, 백혜진, 최홍림, 조삼섭, 조재형, 김동성, 이형민, 김활빈. 디지털 시대의 PR학 신론(pp. 215-237). 서울: 학지사.

103 임직원 관계 Employee Relations

임직원 관계는 조직 내부의 구성원 및 공중과의 관계 관리를 의미한다. 따라서 이는 내부공중 관계(internal relations) 또는 내부 커뮤니케이션(internal communication), 그리고 사내 커뮤니케이션이라고 할 수도 있다. 또 다른 말로는 사원관계로 해석되기도 한다. 조직에 있어 외부 공중과의 관계도 중요하지만, 그에 앞서 내부 공중과의 관계는 그 무엇보다 중요하다. 결국 공중관계는 공중과의 커뮤니케이션을 통한 상호이해를 형성하고, 이를 바탕으로 관계를 형성, 유지, 발전시킨다. 이에 외부 공중과의 관계를 위한 커뮤니케이션 이전에 원활한 내부 공중관계가 이루어지지 못한다면, 외부 공중과의 관계는 어려울 수밖에 없다.

다양한 상황에서 조직은 효율적으로 커뮤니케이션을 통제할 필요가 있다. 이때 내부 커뮤니케이션이 통제되지 않으면, 외부 커뮤니케이션은 절대로 효율적으로 통제될 수 없다. 이에 조직은 지향하는 목적, 가치, 철학을 내부 커뮤니케이션으로 공유하고, 이를 바탕으로 임직원 관계를 발전시킨다. 또한 이런 과정에서 조직문화는 진화를 거듭하게 된다. 내부 커뮤니케이션을 통한 관계 형성이 바로 조직의 차별화와 통일된 정체성을 이루는 바탕이라고 할 수 있다.

원활한 임직원 관계는 직원들의 만족도를 제고하고, 조직의 경쟁력을 강화시킨다. 2022년 에델만신뢰도 조사(에델만트러스트바로미터)에 의하면 조직의 신뢰 형성에 가장 중요한 요소는 '직원우대(treat employee well)'로 나타났다. 특히 디지털 전환의 시대에 조직의 내부와 외부의 경계는 완화되고, 조직의 정체성 강화를 위한 내외부 커뮤니케이션의 통일성이 강조되고 있다. 조삼섭(2021)은 내부 커뮤니케이션의 활성화를 위해서는 조직 내 상위 직급자의 구성원에 대한 이해가 선행되어야 함을 강조했다. 어떻게 하면 구성원 만족도와 동기부여를 높일 것인지에 대한 고민이 원활한 임직원 관계를 위해 필수적이다. 임직원에 대한 이해를 바탕으로 최근 기업을 비롯한 조직들이 원활한 임직원 관계를 위한 내부 커뮤니케이션 시스템 개선을 위해 노력하고 있다.

참고문헌

조삼섭(2021). 사내 커뮤니케이션 왜 조직에게 중요한가?. 김현정, 정원준, 이유나, 이철한, 정현주, 김수연, 오현정, 백혜진, 최홍림, 조삼섭, 조재형, 김동성, 이형민, 김활빈. **디지털 시대의 PR학 신론**(pp. 240-259). 서울: 학지사.

104 재정 관계 Financial Public Relations (FPR)

미국PR협회(The Public Relations Society of America: PRSA)는 1998년에 처음으로 재정 관계(FPR)에 대한 정의와 함께 그 역할을 제시했다. 이에 따르면 재정 관계는 기업이 주주와 투자자들에게 재정 관련 정보를 공유하고 그들과의 관계 발전을 도모하는 활동이다(Franklin, Hogan, Langley, Mosdell, & Pill, 2009). 재정 관계는 투자자 관계에 비해 폭넓은 재정 관련 이해관계를 포함하고 있다. 예를 들어, 재정 관계의 이해관계자는 재정분석가, 재정 관련 언론인뿐만 아니라 잠재적 투자자들까지도 포함한다. 재정 관계는 기업이 합병을 추구하거나 확장 또는 상장 같은 변화 상황에서 발생할 수 있는 위기 상황 대처에 있어서도 매우 중요한 역할을 한다. 또한 기업이 새로운 시장에 진입하는 상황에서도 재정 관련 이해관계자 관리를 위해 재정 관계는 중요하다. 최근 우리나라에서도 재정 관계 역할의 중요성이 커지고 있고, 재정 관계 전문 PR 회사와 전문가도 늘어나고 있다.

참고문헌

Franklin, B., Hogan, M, Langley, Q., Mosdell, N., & Pill, E. (2009). *Key Concepts in Public Relations*. Sage.

105 정부 관계 Government Relations

조직에게 있어 정부는 중요한 공중의 하나다. 정부는 조직에게 영향을 미칠 수 있는 정책 수립과 집행과 규제를 관리한다. 정부 관계는 중요한 정부와의 관계를 위한 커뮤니케이션 활동을 의미한다(신호창, 문빛, 조삼섭, 이유나, 김영욱, 차희원, 2017). 조직의 대외협력과 대관업무 기능을 통해 정부의 정책 이슈를 모니터링하고 조직에 유리한 정책을 이끌어 내기 위한 노력을 한다. 하지만 때로는 정부 관계 활동이 부정적인 '정경유착' 관계를 만들어 내며, 공적 가치를 훼손할 수 있어 주의해야 한다. 부정적인 정경유착 관계는 결국 시민사회를 침해하고 건전한 민주주의 발전에 장애요인이 될 수 있다. 음성적인 단합, 봐주기, 협력 형태의 정부 관계로 인해 PR이 스핀닥터(Spin doctor)로 불리는 등 부정적인 시선도 있다. 최근에 기업, 정치 정당, 협회, 지자체 등 다양한 조직들이 정부와 협력관계를 위한 커뮤니케이션 노력을 하고 있다. 이런 정부 관계는 사회적 의제에 대해 불필요한 갈등을 해소하고 상호보완적 협력을 통해 조직뿐만 아니라 사회 발전에 이바지할 수 있다는 측면에서 긍정적 효과를 가져올 수 있다.

참고문헌

신호창, 문빛, 조삼섭, 이유나, 김영욱, 차희원(2017). 공중관계핸드북: Public Relations 바로 보기. 서울: 커뮤니케이션북스.

106 투자자 Investor

투자는 미래의 이익을 기대하며, 시간이나 자본을 제공하는 것을 의미한다. 기업은 자본의 투자 없이 기본적인 운영과 성장을 할 수 없다. 따라서 기업의 업무에서 가장 중요한 것은 먼저 적절한 투자를 유치해 기업의 재정 안정성을 도모하는 것이다. 투자자(投資者)는 기업에게 재정적인 투자를 해 이익을 얻는 개인이나 법인을 말한다. 흔히 투자가(投資家)

라고도 한다. 기업은 커뮤니케이션을 통해 투자자들과 원활한 관계를 형성하려고 노력한다(한국PR기업협회, 2020). 특히 기업의 투자자와의 관계는 점점 동반자적 관계로 발전해 가고 있고, 다양한 채널을 통해 의견을 수렴하고 경영활동에 구체적으로 반영하는 방향으로 발전하고 있다.

참고문헌

한국PR기업협회(2020). PR 실무자. PR용어사전(p. 155). 경기: 한울엠플러스.

107 투자자 관계 Investor Relations

투자자는 조직이나 기업의 지속 성장을 위해 중요한 전략적 공중이다. 기업은 비즈니스 활동을 위한 재원 마련을 위해 투자자와 좋은 관계를 유지해야 한다. 이에 기업은 주주총회를 개최하거나 연례보고서(annual report)와 재무제표(financial statement)를 정기적으로 발표하며 투자자들과 동반자적 관계를 구축하기 위해 노력한다(신호창, 문빛, 조삼섭, 이유나, 김영욱, 차희원, 2017). 또한 투자자 관계는 잠재적 투자 유치를 위한 기업설명회의 개최나 보도자료 배포와 기자 간담회 같은 언론 관계 활동을 포함한다. 투자자 관계의 핵심 목표는 기업의 유무형 가치를 현재 또는 잠재적 투자자들과 소통해 투자를 이끌어 내는 데 있다. 따라서 투자자 관계 활동은 현재 및 잠재적 투자자들에게 기업의 운영 상황, 경영 실적, 가치 정보와 투자 정보를 제공해 투자자와의 관계성을 지속하는 노력이 필요하다.

참고문헌

신호창, 문빛, 조삼섭, 이유나, 김영욱, 차희원(2017). 공중관계핸드북: Public Relations 바로 보기. 서울: 커뮤니케이션북스.

제 3 장

목적별 PR 분야

108 갈등 관리 Conflict Management

갈등 관리를 이해하기 위해서는 먼저 갈등에 대한 정의가 우선되어야 한다. 갈등은 다양한 측면으로 나타날 수 있지만, PR 측면에서의 갈등은 개인이나 조직 같은 집단 간의 이해관계가 대립하는 상황이다(Wagner & Hollenbeck, 1992). 이처럼 개인이나 조직 간의 이해관계 대립을 해결하는 것이 갈등 관리다. PR은 공중 간의 상호호혜적 관계를 형성하고 발전시키는 것이기 때문에 공중관계에 있어서 갈등의 요소를 예방하고 관리하는 것이 PR 업무의 주요 기능이다. PR 실무자는 항상 이해 관계자들 간의 충돌 상황에 직면한다. 이런 상황에서 이해 관계자들 간에 인식의 차이가 발생해, 의사 결정을 어렵게 하고 소모적인 논쟁을 만들어 낸다. 따라서 PR 실무자의 갈등 관리는 이해관계자 사이에서 인식의 차이를 줄이는 커뮤니케이션 중재자의 역할이라고 할 수 있다.

참고문헌

Wagner, A., & Hollenbeck, J. R. (1992). *Management of Organizational Behavior*. Prentice Hall.

109 개인 · 대표 정체성 Personal and President Identity (PI)

개인 정체성(PI)은 개인의 이미지를 관리하고 이를 소통하는 것을 의미한다. 조직은 다른 조직과 차별화하는 정체성(identity) 확립을 위해 부단히 노력하고 이것이 바로 조직의 경쟁력이 될 수 있다. 특히 기업은 정체성 차별화를 통해 브랜드 경쟁력을 확보한다. 두게이(du Gay,

1996)는 정체성 차별화가 곧 상업적 가치로 이어질 수 있다고 주장한다. PR 영역에서 정체성 차별화에 대한 노력은 주로 조직 차원에서 다루어져 왔으나, 최근 조직 내 또는 조직이 연관된 개인의 정체성 관리 노력으로 이어지고 있다. 던롭(Dunlop, 1998)은 통합적 커뮤니케이션과 마케팅 전략과 전술을 통한 개인의 정체성 관리, 즉 PI가 PR의 주요 업무가 되고 있다고 강조했다. 특히 기업에서 CEO(President)의 이미지를 관리하는 대표 정체성(president identity: PI)이 더더욱 중요해지고 있다. SNS 같은 온라인 공간에서 기업 CEO의 가시성이 높아지면서, CEO의 글이나 말이 해당 조직의 이미지뿐만 아니라 매출과 주가의 변동에도 영향을 미치는 사례가 나타나고 있다. 따라서 PI와 조직 정체성의 관리는 분리될 수 없으며, 통합적 커뮤니케이션을 통해 이루어져야 한다.

참고문헌

du Gay, P. (1996). *Consumption and Identity at Work*. London: Sage.

Dunlop, M. (1998). *The Business of Communications*. Paper Presented to the Public Relations Institute of New Zealand Conference, Rotorua, NZ, April 1998.

110 공공문제 관리 Public Affairs

공공문제 관리는 영어 표현 그대로 '퍼블릭 어페어즈'라고 일컫는다. 이는 조직의 정책 참여 활동이며, 실무 영역에서는 정부관계관리업무나 공공업무로 이해되기도 한다. 또한 정책 과정에서 이해관계에 있는 조직이 정부 기관으로부터 원하는 결과를 얻기 위한 활동이라는 점에서 로비활동(lobbying)으로 보는 견해도 있다(Van Schendelen, 2002).

PR 영역에서 퍼블릭 어페어즈는 조직과 조직 운영에 영향을 미칠 수 있는 정책 수립, 실행, 평가 과정에 참여하고 관계를 강화하는 것을 의미한다(Cain, 2009). 공공 정책은 기업을 비롯한 조직의 운영과 성장에 지대한 영향을 미칠 수 있다. 따라서 조직은 변화하는 정치, 사회, 문화 환경 속에서 정책 수립과 실행 평가 등 정책 순환과정을 이해하고 적극적으로 참여하려고 노력해야 한다. 김찬석(2012)은 퍼블릭 어페어즈의 궁극적인 목적이 조직과 사회가 상호보완적 관계를 통해 상호 이익을 추구하는 것이라고 했다. 그는 실무자 인식 조사를 통해 우리나라 퍼블릭 어페어즈 업무와 체계가 제도화되어 있지 않은 문제를 지적했다. 조직과 기업의 관계성이 높아지고 공생적 가치를 추구하는 것이 중요해지고 있는 가운데 공공문제 관리는 앞으로도 지속적인 발전이 필요하다. 이를 위해서는 조직도 원활한 퍼블릭 어페어즈를 위한 체계적인 시스템을 개발하고, 이를 뒷받침할 실무자들의 노력도 필요하다.

참고문헌

김찬석(2012). 퍼블릭어페어즈에 대한 PR 실무자의 인식. **한국광고홍보학보**, 14(2), 5-32.

Cain, S. (2009). *Key Concepts in Public Relations*. Palgrave macmillan.

Van Schendelen, M. P. (2002). *Machiavelli on Brussels: The Art of lobbying the EU*. Amsterdam: Amsterdam University Press.

111 공공 외교 Public Diplomacy

공공 외교는 한 국가 정부가 다른 나라의 공중들에게 자국의 외교 정보를 공유하고 이해를 증진하기 위한 전략적인 커뮤니케이션 활동을 의미한다(신호창, 문빛, 조삼섭, 이유나, 김영욱, 차희원, 2017). 대한민국 외교부는 "오늘날의 공공 외교는 문화, 예술, 스포츠, 가치관과 같은 무형의 자산이 지닌 매력을 통해 상대국 대중의 마음을 사로잡는 소프트파워를 추구하는 개념"이라고 정의하고 있다. 또한 공공 외교가 성공하기 위해서는 다양한 주체들의 참여가 필요하다면서, 국민, NGO, 기업, 지방자치단체, 정부기관 등이 상대 국가와 네트워크를 형성하고 유지하며 상호교류와 협력을 도모해야 한다고 설명하고 있다(외교부, 2024). 공공 외교는 다른 나라와 호의적 관계를 수립하는 것을 목적으로 한다. 이런 활동은 대상 국가에서 자국에 대한 호의적 여론을 형성하는 활동, 문화교류 활동, 외교관 교류 같은 활동을 포함한다(Yun, 2006). 우리나라의 공공 외교 주무기관은 해외문화홍보원, 한국관광공사, 국제협력단(KOICA), 국제교류재단, 대한무역투자공사(KOTRA) 등이 있다.

참고문헌

신호창, 문빛, 조삼섭, 이유나, 김영욱, 차희원(2017). **공중관계핸드북: Public Relations 바로 보기**. 서울: 커뮤니케이션북스.

외교부(2024). 공공 외교 소개: 공공 외교(Public Diplomacy)란?. https://overseas.mofa.go.kr/www/wpge/m_22709/contents.do (2024. 7. 16. 접속)

Yun, S. (2006). Toward Public Relations Theory-Based Study of Public Diplomacy. *Journal of Public Relations Research, 18*(4), 287-312.

112 공공 캠페인 Public Campaign

공공 캠페인은 공공 영역의 의제에 대한 해결이나 개선을 통해 공공 가치 제고를 목적으로 하는 통합 커뮤니케이션 활동이다. 여기서 공공

(public) 영역에 대한 이해가 필요하다. 김동성(2021)은 공공이란 '개인적인 것이 아닌 국가나 사회에 두루 관계하는 것'이라고 했다. 다시 말해서 공공 캠페인의 주체와 대상은 공공기관이나 부처뿐만 아니라 사회 전체 구성원을 포함한다. 이는 정부나 공공기관만이 아닌 일반기업이 공공가치 실현을 위해 공중과 함께하는 캠페인 또한 공공 캠페인의 영역에 포함된다는 뜻이다. 예를 들어, 금연 캠페인, 절주 캠페인처럼 정부에서 국민건강 증진이라는 공익적 가치를 위해 시행하는 캠페인뿐만 아니라, 플라스틱 줄이기, 탄소 절감 캠페인처럼 기업의 사회 참여를 독려하고 실천하는 CSR(corporate social responsibility)과 ESG 캠페인도 공공 캠페인이다.

참고문헌

김동성(2021). 공공PR의 주체는 누구이고 무엇을 하는가?. 김현정, 정원준, 이유나, 이철한, 정현주, 김수연, 오현정, 백혜진, 최홍림, 조삼섭, 조재형, 김동성, 이형민, 김활빈. **디지털 시대의 PR학 신론**(pp. 325-349). 서울: 학지사.

113 공유 가치 창출 Creating Shared Value (CSV)

공유 가치 창출(CSV)이란 사회 환경 개선을 통해, 비즈니스 경쟁력을 강화하는 기업의 정책이나 활동을 의미한다. 이는 기업의 경제적 활동 추구와 사회적 가치 창출이 동시에 이루어지는 기업과 사회가 상생한다는 인식을 기본으로 한다(Porter & Cramer, 2006). 즉, 경제적 가치와 사회적 가치를 조화시켜 공동체 사회의 상생 가치를 창출하는 것이다. 공유 가치 창출은 국가, 기업, 지역별로 다양한 형태로 전개되고 있다. 이는 소외계층 지원, 환경 지원, 지역사회 지원 등을 포함하며 세계

곳곳에서 CSV의 노력이 계속되고 있다(Kotra, 2013). 예를 들어, 미국의 월마트(Wal-Mart)는 환경보호를 위한 공유 가치 창출 사업의 일환으로 물류효율화와 포장재 기준을 개발하며, 비용절감뿐만 아니라 탄소절감 방안을 마련했다. 또한 스페인의 에울렌그룹(Grupo Eulen)은 소외계층 일자리를 확대하는 방안을 마련해 스페인에서 가장 큰 인력풀을 가지게 되었고, 우수한 인재 확보에도 유리한 위치를 차지했다.

참고문헌

Kotra (2013). Global Market Report, 13-046.

Porter, M. E., & Cramer, M. R. (2006). Strategy and Society: The Link between Competitive Advantage and Corporate Social Responsibility. *Harvard Business Review*, Retrieved from https://hbr.org/2006/12/strategy-and-society-the-link-between-competitive-advantage-and-corporate-social-responsibility

114 글로벌라이제이션 Globalization

글로벌라이제이션은 세계의 각 민족이 하나의 사회로 통합되어 가는 과정을 말한다(Albrow & King, 1990). 공유된 힘과 상호교류가 우리의 생활을 강력하게 구축함에 따라 세계가 점점 하나의 공간과 하나의 체제가 되어 간다는 것이 글로벌라이제이션의 핵심이다(Robertson, 1992). 글로벌 생산 네트워크를 통해 경제시장의 자유화와 경제적 통합이 일어나는 경제 시스템의 글로벌라이제이션이 존재함에 따라, 국제경제 간의 상호 연결과 상호 의존성이 증가하고 각 국가의 영토의 재구성은 물론 정치적, 인구학적, 문화적, 경제적으로 각 국의 사회가 재배치되는 현상도 발생했다(Pérez, 2017). 글로벌라이제이션은 각 나라의 모든 분야에 변화를 일으키는 현상으로, 한 국가의 역사적 과정은 물론 한 나라의 정치적 정체성에도 영향을 미친다(Pérez, 2017). 글로벌라이제이션은 전 세계에서 동일한 문화의 확산 현상을 가속화시키고 있다. 예를 들어, 넷플릭스 드라마 〈오징어 게임〉 속의 '무궁화꽃이 피었습니다' 같은 한국 어린이들의 놀이가 전 세계인의 놀이로 확산되었다. 뉴미디어의 영향으로 세계가 압축화되는 추세 속에서, 세계가 하나의 사회로 통합화되는 과정은 다양한 분야에서 심화되고 있다. 또한 글로벌라이제이션의 심화는 조직의 글로벌 PR에 새로운 기회를 제공했다. 디지털 미디어는 문화별 차이를 다른 사회에 이식하여 함께 공유하고 경험할 수 있게 만들기 때문에, 공익적 주제에 편승한 글로벌 PR 캠페인을 통해 전 세계인이 관심을 갖는 조직이나 브랜드로 부상할 수도 있다.

글로벌라이제이션은 항공기술의 발전과 선진국 인구의 노령화 및 신흥성장국가의 중산층 확대로 인해 선진국으로의 해외 이주가 늘어나면서 1960년부터 유럽에서 주목받기 시작했다(한충민, 2010). 최근에는 디지털 기술의 발달로 실시간으로 세계의 움직임과 흐름을 파악하게 되면서 온라인 글로벌라이제이션이 일반적 현상이 되었다. 글로벌라이제이션 현상은 결국 멀고 먼 남의 나라의 일로만 생각한 쟁점들도 다채로운 정보원(미디어를 포함하는)들로부터 실시간으로 수용되고 해석되며 일체화되고 동일시된다. 이는 PR의 대상인 공중이 한 지역이나 한 나라에만 국한되는 현상을 넘어 전 세계에서 공유된다는 뜻이다. 예를 들어, 환경보호, 지구 에너지 고갈, 물 부족 같은 쟁점들은 동시에 지구인들의 참여를 독려하는 쟁점이기에 PR 캠페인이 글로벌라이제이션과 연계한다면 전 세계 공중의 이해와 참여를 높일 수도 있다. 결국 이러한 현상은 쟁점 관리가 핵심인 PR 기획에 대한 전략적 시사점을 주고 있다.

참고문헌

한충민(2010). 글로벌라이제이션과 국가브랜드. ITBI 리뷰, 16(2), 97-123.

Albrow, M., & King, E. (1990). *Globalization, Knowledge and Society: Readings from International Sociology*. London: SAGE Publications.

Robertson, R. (1992). *Globalization: Social Theory and Global Culture*. London: Sage Publications.

Pérez, G. (2017). Nation State, Political Identities and the Transformations of Globalization. *Open Journal of Social Sciences, 5*, 9-30. doi:10.4236/jss.2017.54002.

115 글로벌 PR Global Public Relations

글로벌 PR은 어떤 조직이 속한 자국이나 한 국가를 넘어 전 세계의 다양한 공중과의 관계를 관리하는 커뮤니케이션 활동을 의미한다. 전 세계의 다양한 공중들과 관계를 형성하고, 사회문화적 환경에 적응하는 것은 기업의 지속 성장을 위한 필수 요소다. 따라서 전 세계의 다양한 사회문화적 환경을 이해하고 공중들과 소통해 관계를 형성하는 PR 활동이 중요해졌다. 테일러는 국제시장에서 PR 전문가가 기업의 '눈, 귀, 목소리'의 역할을 해야 한다고 강조했다(Taylor, 2001). 그는 PR 전문가는 지역사회에 대한 폭넓은 이해를 바탕으로 다양한 사회 · 문화 · 정치적 환경에 대처할 수 있는 능력을 갖춰야 한다고 제안한다. 국제사회에서 PR 실무자들은 다양한 사회, 문화, 정치 구조의 차이에서 나오는 저마다 다른 PR 상황과 문제에 직면하게 된다(최홍림, 2010).

따라서 실무자들은 각기 다른 사회의 독특한 PR 해결책으로 대응해야 한다(Starck & Kruckeberg, 2003). 이런 관점에서 PR 실무자들은 지역

환경에 대한 이해를 바탕으로 조직과 지역사회가 조화를 이루는 데 기여해야 한다. 이와 관련하여 최홍림(2010)은 국제PR 실무자들이 문화해석자(cultural interpreter)와 양심적인 카운슬러(conscience counselor)의 역할을 해야 한다고 제안했다. 문화해석자란 PR 실무자들이 조직을 위해 다양한 언어 · 문화적 장벽을 극복하고 지역사회를 도와주는 역할을 강조한 것이다(최홍림, 2010; Sriramesh & Vercic, 2003). 양심적인 카운슬러는 PR 실무자가 무조건 경제적 이해관계만 대변하는 것이 아닌, 조직이 지역사회에서 윤리적이고 책임감 있게 처신하고 소통할 수 있도록 도와주는 역할을 의미한다. 사회문화에 대한 이해와 책임감 있는 기업의 역할이 특히 강조되면서, 문화해석자와 양심적인 카운슬러로서의 글로벌 PR의 기능은 더욱 중요해지고 있다.

참고문헌

최홍림(2010). 국제 PR의 사회적 역할에 대한 탐색적 고찰: 소통에 기반을 둔 문화해석자와 양심적 카운슬러의 역할을 중심으로. **언론과학연구** 10(1), 355-397.

Sriramesh, K., & Vercic, D. (2001). International Public Relations: A Framework for Future Research. *Journal of Communication Management, 6*, 103-117.

Starck, K., & Kruckeberg, D. (2003). Ethical Obligations of Public Relations in an Era of Globalisation. *Journal of Communication Management, 8*(1), 29-40.

Taylor, M. (2001). International Public Relations: Opportunities and Challenges for the 21st Century. In R. L. Heath (Eds.), *Handbook of public relations*. Sage, 629-638.

116 기업의 사회적 주창 Corporate Social Advocacy (CSA)

기업의 사회적 주창(CSA)이란 기업이 정치 사회적으로 쟁점이 되는 사안에 대해 자신들의 견해를 밝히는 것을 의미한다(Dodd & Supa, 2014). 사회적으로 쟁점화되고 있는 사안에 대해 기업이 찬성이나 반대 혹은 다른 대안을 적극적으로 제시하는 것이 기업의 사회적 주창이다. 기업의 사회 참여에 대한 요구가 증가하면서, 사회적 쟁점에 대해 기업의 입장 표명에 대한 요구도 커지고 있다(Edelman, 2022; Global Strategy Group, 2018). 사회적 쟁점에 대한 기업의 CSA도 증가하고 있고, 이는 사회적 논의 증대 특히 인터넷 공론장 활성화에도 기여하고 있다(김가람, 신별, 조수영, 2022). 이는 CSA를 통해 기업이 여론을 주도자로서 역할을 할 수 있다는 것을 의미한다. 하지만 기업의 입장과 반대되는 일부 공중과의 견해 차이는 갈등을 유발할 수도 있다. 그럼에도 불구하고, 조수영과 신별(2021)은 기업이 CSA를 통해 얻게 되는 공중관계적 가치는 충분하다고 주장했다. 왜냐하면 CSA는 기업이 견해가 같은 공중들과 장기적으로 좋은 관계를 형성할 수 있고, 사회적 쟁점에 참여해 공론장의 매개체로 역할을 할 수 있기 때문이다.

참고문헌

김가람, 신별, 조수영(2022). CSA(Corporate Social Advocacy)는 인터넷 공론장 활성화에 기여 하는가? 침묵의 나선 이론을 접목한 CSA의 공익적 역할에 대한 조명. **PR학연구**, 26(4), 51-85.

조수영, 신별(2021). 기업의 정치사회적 의견 표명: 국내 사례 분석 및 설문연구. **광고PR실학연구**, 14(4), 176-205.

Dodd, M. D., & Supa, D. W. (2014). Conceptualizing and Measuring 'Corporate Social Advocacy' Communication: Examining the Impact on

Corporate Financial Performance. *Public Relations Journal, 8*(3), 2-23.
Edelman (2022. 1.). Edelman trust barometer 2022. https://edl.mn/3rqOlx0
Global Strategy Group (2018). Call to Action in the Age of Trump. https://globalstrategygroup.com/business-and-politics/

117 기업의 사회적 책임 Corporate Social Responsibility (CSR)

기업의 사회적 책임(CSR)은 문자 그대로 기업의 사회적 책임 활동을 의미한다. 기업은 사회의 구성원이기에 그에 따른 책임을 다해야 한다. 미치(Meech, 1996, p. 66)는 CSR을 기업이 이윤 추구를 넘어 사회 문제에 대해 보여야 할 입장과 실천이라고 했다. CSR은 기업이 단순히 이윤만 추구한다면 더 이상 존재하기 어렵다는 반성에서 시작됐다(윤각, 이은주, 2014). 캐롤은 CSR을 기업이 그들이 속한 사회의 경제적, 법적, 윤리적, 자선적 기대에 부응하는 것이라고 했다(Carroll, 1979). 기업의 사회적 책임은 사회 의무론적 관점에서 주로 논의되어 왔다. 시민사회와 소비자 인식이 높아지면서, 기업의 사회 참여에 대한 요구도 확대되어 왔다. 사회구성원으로서 기업의 책임은 당연한 의무라는 주장이었다(Korten, 1995; Starck & Kruckeberg, 2003; Surma, 2004). 이런 주장들은 기업이 사회에서 비즈니스를 하는 특권을 갖는 만큼 사회에 빚을 지고 있다는 전제를 바탕으로 한다. 따라서 CSR은 기업에게 선택의 문제가 아니라 의무라는 의미를 갖는다.

사회 의무론적 차원의 CSR에 대해 몇몇 학자들은 기업 본연의 가치 추구는 '이윤 창출'이라는 반박도 제기한다. 1970년 9월 13일자 〈뉴욕타임스〉에서 신자유주의 경제학자 밀튼 프리드만(Milton Friedman)

은 기업이 책임을 다하는 것은 이윤 창출을 통해 투자자들의 수익을 최대화하는 것이라고 주장했다. 이외 많은 이들이 기업의 경제적 기능과 책임을 강조하며, CSR에 대한 비판을 이어 갔다(Henderson, 2001; Makower, 1994). 하지만 기업의 사회 참여에 대한 요구가 증가하면서, CSR은 기업의 지속가능성(sustainability)을 설명하는 당연한 의무이며 경쟁력으로 자리매김하고 있다. 소비자의 가치소비에 대한 인식이 증가하면서, 사회 참여가 기업 평가의 중요한 기준이 되고 있다. 또한 지속가능성에 대한 글로벌 기준이 강화되면서, 기업의 윤리와 환경 같은 사회책임은 이제 기업에게 더 이상 선택이 아닌 필수가 되었다. 따라서 CSR은 '기업이 사회구성원으로서 참여하며 사회 문제의 해결과 발전에 이바지하는 당연한 사회적 의무'라고 할 수 있다.

참고문헌

윤각, 이은주(2014). 기업의 사회적 책임(CSR)과 공유가치창출(CSV)의 효과에 관한 연구: 자기효능감과 관여도를 중심으로. **광고학연구**, 25(2), 53-72.

Carroll, A. B. (1979). A Three Dimensional Model of Corporate Performance. *Academy of Management Review*, *4*, 497-505.

Friedman, M. (1970). The Social Responsibility of Business is to Increase Its Profits. *New York Times Magazine, 13* September 1970, 7-13.

Henderson, D. (2001). *Misguided Virtue: False Notions of Corporate Social Responsibility*. London: Institute of Economic Affairs.

Korten, D. (1995). *When Corporations Rule the World*. West Hartford: Kumarian Press.

Makower, J. (1994). *Beyond the Bottom Line: Putting Social Responsibilty to Work for Your Business and Your World*. New York: Simon & Schuster.

Meech, P. (1996). Corporate Identity and Corporate Image. in L'Etang J and Pieczka M (Eds), *Critical Perspectives in Public Relations,* London.

International Thomson Business Press, 65-81.

Starck, K., & Kruckeberg, D. (2003). Ethical Obligations of Public Relations in an Era of Globalisation. *Journal of Communication Management, 8*(1), 29-40.

Surma, A. (2004). Public Relations and Corporate Social Responsibility: Developing a Moral Narrative. *Asia Pacific Public Relations Journal, 5*(2), 1-11.

118 마케팅 PR Marketing Public Relations

마케팅 PR이란 PR의 마케팅 지원 전략이다. 이는 PR의 다양한 공중 관계 중 소비자와의 관계 관리를 위한 다양한 PR 전략과 이에 따른 전술 프로그램을 실행하는 것을 의미한다. 해리스(Harris, 1993)는 마케팅 PR이 기업 자체 또는 제품에 대해 소비자의 요구와 관심을 만족시켜 구매를 유도하기 위한 커뮤니케이션 전략을 의미한다고 했다. 과거에는 마케팅의 4P로 불리는 제품(Product), 유통(Place), 가격(Price), 촉진(Promotion) 중 촉진의 역할로 마케팅의 지원 기능으로 이해되었다. 그리고 이런 관점에서 마케팅 PR은 주로 언론 관계를 의미하는 퍼블리시티로 이해되었다. 하지만 점점 마케팅에서도 소비자와 다양한 커뮤니케이션 접점을 마련하고 장기적인 관계를 관리하는 것이 중요해지고 있다. 또한 디지털 환경에서 마케팅 PR은 마케팅의 전반적인 과정에서 통합 커뮤니케이션 관리를 주도하는 역할로 확장되고 있다. 마케팅 PR의 목적은 결국 기업 또는 브랜드와 소비자 공중 간의 호혜적 관계를 구축하는 것이다. 관계 구축을 통해 기업은 제품이나 서비스에 대한 인지도를 높이고, 호혜적인 태도를 구축해 최종적으로는 구매를 증진하는 것을 목적으로 한다. 변화하는 미디어 환경에서 소비자와의 관계 형성을 위한 채널은 다양해지고 있고, 기업은 이를 통합적으로 관리하는 전략적인 마케팅 PR을 발전시켜 가고 있다.

참고문헌

Harris, T. I. (1993). How MPR Adds Value to Integrated Marketing Communications. *Public Relations Quarterly*. *38*(2), 13.

119 메디컬라이제이션 Medicalization

메디컬라이제이션은 어떠한 문제를 의학 용어로 정의하고 설명하기 위해 의학 용어를 사용하고, 그 문제를 이해하기 위해 의료 체계를 채택하거나, 의료 개입을 통해 문제를 해결하는 의료 프로세스를 말한다(Conrad, 1992, p.211). 즉, 거대 병원체, 발전된 보건기술, 제약회사, 강력한 의학기구, 전문가 집단의 연합으로 인해 만들어진 용어다. 고령화 사회로 진입한 나라에서 고령자들과 의료인들이 노화로 인한 육체의 고통이나 활동의 제한을 질병 또는 치료의 대상으로 인식함으로써, 의료에 대한 과도한 의존과 과잉치료로 인해 나타나는 여러 현상을 보고 미국 사회학계에서 만들어 낸 용어다(김일순, 2021). 메디컬라이제이션에 대해 푸코(2012)는 현재 세계에서 의학에 대한 의존이 높아지면서 새로운 형태의 전체화가 등장했다고 주장했다. 이에 동조하는 졸라(Zola, 1979)도 의학이 종교와 법과 같이 전통적 사회체제 기관들을 대체하는 현상이 나타났다고 설명했다.

궁극적으로 메디컬라이제이션은 의학에 대한 인류의 의존이, 결국 전문가인 의사에 대해 사회 전체가 의존하는 결과를 낳았다는 것이다

(Van Dijk, Meinders, Tanke, Westert, & Jeurissen, 2020). 즉, 사람들의 삶에 대한 의학의 사회적 통제를 의미하는 것이 메디컬라이제이션이다(Van Dijk et al., 2020). 최근 PR의 중요 분야로 부상한 헬스 커뮤니케이션에서는 전체 사회와 시민들에 대한 의학의 지배 혹은 메디컬라이제이션(환자들의 의료기술에 대한 과도한 의존화 현상)을 경계해야 한다고 본다. 의사와 환자 간의 커뮤니케이션을 보다 강화해야 한다는 것이다. 예를 들어, 미국에서는 처방한 진통제만으로는 효과가 적다고 불평하는 환자 수가 늘어남에 따라 의사와의 충분한 소통 없이 무작정 약효가 좋은 마약성 진통제를 처방하는 경우가 크게 늘었고 결국 많은 마약 중독자를 양산하게 되었다. 마침내 마약중독으로 사망하는 노인의 수가 평균 하루에 115명까지 엄청나게 늘면서, 결국 국가 공중보건학 문제로까지 번졌고, 미국 대통령까지 나서서 마약진통제의 처방을 규제하라고 권고해야 할 정도에 이르렀다(김일순, 2021). 헬스 커뮤니케이션에서는 환자와 의사와의 건강한 커뮤니케이션이야말로 의료와 진료에서 핵심임을 강조하는데, 활발한 소통을 통해 과잉 진료를 줄일 수 있고 필요한 치료와 하지 말아야 할 치료에 대한 환자의 이해도를 높일 수 있다고 간주한다. 메디컬라이제이션 현상은 PR의 중요 영역의 하나인 헬스 커뮤니케이션의 필요성과 역할을 재고하게 하고 있다.

참고문헌

김일순(2021). Medicalization의 의미를 깊이 이해해야. 건강신문 (2021.01.21.). https://www.kksm.co.kr/news/articleView.html?idxno=278

미셸 푸코(2012). 생명관리정치의 탄생: 콜레주드프랑스 강의 1978~79년 (*Naissance de la biopolitique: Cours au Collège de France 1978~1979*). (오트르망, 심세광, 전혜리, 조성은 역). 서울: 난장출판. (원저는 1979년에 출판).

Conrad, P. (1992). Medicalization and Social Control. *Annual Review of*

Sociology, 18(1), 209-232.
Van Dijk W., Meinders, M. J., Tanke, M., Westert, G. P., & Jeurissen, PPT (2020). Medicalization Defined in Empirical Contexts: A Scoping Review. *International Journal of Health Policy and Management, 9*(8), 327-334.
Zola, I. (1972). Medicine as an Institution of Social Control. *Sociol Review, 20*(4), 487-504.

120 문화예술 PR Culture and Arts PR

문화예술 PR이란 문화예술기관과 공중 사이에 문화예술 작품을 매개로 호혜적인 신뢰 관계를 구축하기 위한 전략적 커뮤니케이션의 관리 과정이다(김병희, 2015). 문화예술 공연이나 전시는 기업의 마케팅과 본질적으로 차이가 있기 때문에 문화예술 PR의 정의도 일반적인 의미의 PR 개념과 다르다. 문화예술 PR에서는 널리 알리는 것 이상으로 관객, 관람객과 지속적으로 관계성을 구축하는 과정이 중요하기 때문에 문화예술 홍보라는 말보다 '문화예술 PR'이라는 용어가 문화예술의 특성을 알리는 적합한 표현이다. 문화예술 PR은 일반적인 PR의 세부 영역이지만, 일반적인 PR 개념을 단순히 문화예술에 적용한 것이라고 보기는 어렵다. 문화예술 PR은 다양한 PR 영역 중에서 특별 공중 분야의 PR 영역인 비영리 조직(Non-Profit Organization: NPO)의 PR에 해당된다. 합법적인 강제력을 지닌 정부가 제1의 영역이고, 이윤을 추구하는 기업이 제2의 영역이고, 강제력도 없고 경제적 이윤 추구를 목적으로 하지 않고 자발적으로 활동하는 비영리 조직이 제3의 영역인데(Bridge, Murtagh, & O'Neill, 2008), 문화예술기관이나 단체는 제3의 영역(the third sector)에 해당된다.

문화예술기관을 비롯한 비영리 조직은 공식성, 민간주도성, 무배당성, 자주지배성, 자발성, 공익성이라는 여섯 가지 특성이 있다. 모든 문화예술기관은 문화자본을 구축하는 데 역량을 집중해야 한다. 문화자본을 축적한 정도에 따라 문화예술을 향유하는 수준이 달라지기 때문이다. 문화예술기관에서는 PR 활동을 통해 기관의 어떤 사명을 달성할 것인지 미션 진술문을 구체적으로 작성할 필요가 있다. 결국 문화예술기관의 PR 활동은 문화예술 작품의 공연이나 전시를 통해 공중의 문화자본(문화 소양, 문화 활동, 문화 지식)을 구축하고 함양하는 데 초점을 맞춰야 한다(김병희, 2020). 미국PR협회(PRSA)에서 실버앤빌상(Silver Anvil Award)의 수상 영역에 문화예술기관을 비롯한 비영리 조직 부문을 추가했던 배경에서도 문화예술 PR이 그만큼 중요해졌다는 사실을 확인할 수 있다. 예를 들어, 지난 2013년에 미국의 덴버예술박물관(Denver Art Museum)이 비영리 조직의 통합 커뮤니케이션 부문에서 수상한 이후(PRSA, 2013), 여러 문화예술기관의 PR 활동이 권위 있는 PR 단체로부터 그 성과를 인정받고 있다. 우리나라 문화예술기관의 문화예술 PR 활동도 해를 거듭할수록 성과를 나타내고 있다.

참고문헌

김병희(2015). 문화예술 PR의 정의. **문화예술 PR**(pp. 1-13). 서울: 커뮤니케이션북스.

김병희(2020). **문화예술 마케팅 커뮤니케이션 전략**. 서울: 학지사.

Bridge, S., Murtagh, B., & O'Neill, K. (2008). *Understanding the Social Economy and the Third Sector*. London: Palgrave Macmillan Publishers.

PRSA (2013). Only in Denver: Yves Saint Laurent Retrospective at the Denver Art Museum. http://www.prsa.org/searchresults/view/6be-1316i01/0/only_in_denver_yves_saint_laurent_retrospective_at

121 문화 중재자 Cultural Mediator

글로벌라이제이션이 가속화되는 시대에 글로벌 PR을 위한 다양한 노력도 계속되고 있다. 이때 문화적 배경이 다른 해외에 진출해 상품과 서비스의 혜택을 알리려면 진출 지역의 문화를 깊이 이해해야 한다. 문화에 대한 이해가 부족한 상태에서 해외에 진출해 실패한 사례들도 다양하게 나타나고 있다. 따라서 문화적 차이로 인한 갈등의 심화를 막기 위한 다양한 방안들이 해외 진출 시에 고려되어야 하는데, 서로 문화가 다른 개인(mediation)이나 집단 간의 갈등을 해소하고 화합을 이끌어 내는 제3의 인물이나 집단을 문화 중재자(cultural mediator)라고 한다(신진영, 2011). 글로벌 PR 캠페인을 수행하기 위해서는 문화 중재자로서의 PR인의 역할이 중요하다. 현지 문화를 이해하고 해석해 서로 다른 문화를 중재하고 상호 소통하는 역할이 문화 중재자로서의 PR인의 역할이기 때문이다. 문화 중재자는 오해를 불러일으키는 문화별 표현과 개념을 명확히 해석해 다양한 가치, 삶에 대한 지향점, 신념, 가정 및 사회문화적 관습에 대한 정보를 제공해야 한다(Al-Krenawi & Graham, 2001).

사회적 지위와 공동체 전통에 대한 지식이 높은 문화 중재자가 되거나 지역의 문화 중재자들과 협력 작업을 구축할 때 지역의 문화에 더 적합한 PR 캠페인을 구현할 수 있다. 결국 글로벌 PR 캠페인을 실행하기 위한 전제 조건은 문화적 규범과 사회적 규범 등 해당 지역사회의 다양한 규범들의 간극을 메우는 것이다. 해당 지역의 문화를 중재하는 대표적인 글로벌 PR 활동은 해당 지역의 문제를 해소하려는 노력에서부터 출발한다. 예를 들어, LG전자가 중동 지역에 진출했을 때 애프터서비스를 위한 '핑크 서비스'는 중동 지역에서 여성이 혼자 있을 때 남성의 방문이 허락되지 않기 때문에 여성 엔지니어가 방문하는 서비스로(김혜미, 2016), 현지 문화와의 갈등을 줄이는 문화 중재자로서의 역할을 잘 수행한 것이다. 인도에 진출한 한국 기업에도 한국인 주재원과 인도 현지인들 사이의 문화적 갈등을 중재하는 문화 중재자를 두는데, 그들은 문화 중재를 위한 역할이 아니라 통역과 번역 및 한국 본사와의 연계 업무를 수행하기 위해 채용되었고, 비공식 모임을 통해 문화 중재자의 역할도 담당했다(신진영, 2011).

참고문헌

김혜미(2016). 기회의 땅 이란 ⑧: LG전자, 지역 특화제품 · 서비스로 공략. 이데일리 (2016. 2. 23.) https://m.edaily.co.kr/News/Read?newsId=01436646612553472&mediaCodeNo=257

신진영(2011). 다국적기업에서 문화적 중재자의 유형과 역할: 인도 수도권 진출 한국 기업들의 사례 연구. **인도연구**, 16(2), 39-68

Al-Krenawi, A., & Graham, J. R. (2001) The Cultural Mediator: Bridging the Gap Between a Non-Western Community and Professional Social Work. *British Journal of Social Work*, *31*, 665-685.

122 위기관리 Crisis Management

PR 영역에서 위기관리는 결국 위기관리 커뮤니케이션을 의미한다. 위기관리 커뮤니케이션을 이해하기 위해서는 먼저 위기가 무엇인지 알아야 한다. 조직적 관점에서 위기를 정의하면, 위기는 결국 조직에게 부정적인 결과를 초래할 수 있는 예측 불가능한 사건이다(Barton, 1993; Coombs, 1999). 이런 위기는 결국 조직과 공중과의 관계에 부정적인 영향을 미칠 수 있다. 즉, PR의 측면에서 정의하면 위기는 부정적인 결과를 초래할 수 있는 사건으로 인해 조직과 공중 간의 불확실성이 확산되고, 이에 따라 관계에 문제가 생기는 상황이다. 이런 측면에서 김영욱(2002)은 위기를 조직의 일상적인 업무를 어렵게 하고 미래활동을 위협하며 주요 공중과의 관계에 부정적인 영향을 미치는 사건이라고 정의했다. 다시 말해서 공중 관계상의 문제와 이의 확산이 PR 관점에서의 위기라고 정의할 수 있다.

그동안 학자들은 위기관리에 대한 다양한 정의를 제시했다. 이런 정의들은 앞서 정의한 위기를 관리한다는 측면에서 접근해 왔다. 쿰스는 조직이 위기 상황에 대응하고 피해를 줄이는 활동이라고 정의했다(Coombs, 1999). 펀-뱅크스는 조직에 부정적인 영향을 주는 사건들의 위험과 불안 요인을 감소해 조직이 능동적으로 대처할 수 있는 전략적인 기획 과정을 위기관리라고 정의했다(Fern-Banks, 1996).

PR 관점에서 정의하는 위기관리는 위기의 보편적인 속성보다 공중관계적 측면에서 주목할 필요가 있다. 위기 상황을 공중관계상의 문제가 발생하는 측면에서 주목하자면, 위기관리는 커뮤니케이션으로 인한 관계 관리 측면으로 정의되어야 한다. 특히 위기 상황에서는 결국 공중과의 관계에 불확실성(uncertainty)이 발생하게 된다. 위기 상황에서 조직은 커뮤니케이션을 통해 공중과의 관계에서 발생하는 불확실성을 감소시키는 노력을 해야 한다. 따라서 위기관리 커뮤니케이션은 "위기가 주는 불확실성을 제거해 조직이 자신의 운명에 대한 통제력을 높이도록 하는 전략적 기획 과정"이라고 정의할 수 있다. 이 과정에서는 지속적이고 통일된 커뮤니케이션을 통해 공중과의 신뢰 관계를 회복, 유지, 발전하려는 노력이 필요하다.

참고문헌

김영욱(2002). 위기관리의 이해: 공중 관계와 위기관리 커뮤니케이션. 서울: 책과길.

Barton, L. (1993). *Crisis in Organization: Managing and Communicating in the Heat of Chaos. Cincinnati*. OH: College Divisions South Western.
Coombs, W. T. (1999). *On-Going Crisis Communication: Planning, Managing, and Responding*. CA: Sage.
Fern-Banks, K. (1996). *Crisis Communication: A Casebook Approach. Mahwah*. Nj: Lawrence Erlbaum.

123 정책 PR Government Policy PR

정책은 국가적인 차원에서 국가 운영과 국민의 안위를 위한 공공 가치를 추구한다는 점에서 결국 공공 PR의 영역에 속한다. 배지양(2015)은 정책 PR이 공공성, 사회성, 갈등 관리의 특징을 가지며, 정책 대상에게 특정 정책에 대한 실질적인 정보를 제공하고 의견을 수렴하는 정부의 커뮤니케이션 관리 활동이라고 설명했다. 과거 정부의 정책을 일방적으로 알리는 것을 넘어, 공식적 정책 결정권자(입법부, 사법부, 행정기관, 대통령 등)와 비공식적 결정권자(정당, 시민단체, 언론, 정책전문가, 일반 국민 등 이해관계자)의 참여도 확대되고 있다(김동성, 2021). 따라서 이들의 참여와 소통을 통해 정책 과정(정책 수립부터 실행)을 원활하게 돕는 PR 활동이 중요하다.

참고문헌

김동성(2021). 공공PR의 주체는 누구이고 무엇을 하는가?. 김현정, 정원준, 이유나, 이철한, 정현주, 김수연, 오현정, 백혜진, 최홍림, 조삼섭, 조재형, 김동성, 이형민, 김활빈. **디지털 시대의 PR학 신론**(pp. 325-349). 서울: 학지사.
배지양(2015). 정책PR의 개념과 변화. 박종민, 배지양, 임종섭, 박경희, 최준혁, 정주용. **정책PR론**(p. 20-29). 서울: 커뮤니케이션북스.

124 정치 캠페인 Political Campaign

정치 캠페인은 조직이나 개인이 정치적 의제를 구축, 공유, 해결을 목적으로 하는 정치 커뮤니케이션 활동을 의미한다. PR 영역에서 정치 캠페인은 특정 정치 의제에 대해 이해관계자와 좋은 관계를 구축하고 지지를 얻기 위한 전략적 커뮤니케이션이다. 정치 캠페인은 국가기관, 정당, 정치인, 언론사, 시민단체, 일반 시민 등 다양한 사회 구성체를 이해 관계자로 포함한다. PRSA(Public Relations Society of America)는 정치 캠페인 영역의 PR 사례를 구체화했다(한국PR기업협회, 2020). PRSA는 선거 투표에 영향을 미치기 위한 활동(정당, 위원회, 후보자 선거운동, 선거 쟁점 관리), 정치인 대상 커뮤니케이션 컨설팅, 법률제정, 정책 과정의 쟁점 관리 등을 정치 캠페인의 사례로 들었다. 이 밖에도 정치 캠페인 활동은 정치인들의 기자 회견이나 보도자료 배포 같은 언론 관계 활동, 정치광고, 선거유세, 온 · 오프라인 상의 쟁점 관리를 포함한다. 과거에는 매스미디어의 영향력이 막대했으나, 이제는 정보 확산이 빠르고 이해 관계자의 적극적 참여를 가능하게 하는 소셜미디어가 주요 매체로 성장했다. PR 전문가들은 다양한 사회 구성체 간의 관계를 이해해 캠페인 목적을 달성하기 위한 전략적 커뮤니케이션 방안을 마련해야 한다.

참고문헌

한국PR기업협회(2020). 정치 PR. PR용어사전(p. 134). 경기: 한울엠플러스.

125 핵심 성과 지표 Key Performance Indicator (KPI)

PR 프로그램과 캠페인은 상황분석을 통해, 문제를 파악하고 이를 해결하기 위한 목적과 목표를 설정하게 된다. 그리고 설정된 목적과 목표를 달성하기 위해 PR 과정이 진행된다. 이 과정에서 목표의 달성 정도를 측정하는데, 이것이 바로 조직이 프로그램과 캠페인을 통해 달성하고자 하는 성과이며, 이를 제시하는 것이 핵심 성과 지표(KPI)다. 성과를 가늠하는 KPI는 반드시 측정할 수 있는 객관적이고 정량적인 지표여야 한다. 왜냐하면 한정된 시간과 환경에서 진행되는 프로그램의 성과인 KPI는 바로 향후 프로그램을 위한 지침이 될 수 있기 때문이다. 핸드릭스와 헤이스는 단발적 PR 프로그램은 완전할 수 없으므로, 후속 프로그램의 지침이 되는 평가 단계의 중요성을 강조했다(Hendrix & Hayes, 2007). 성과 평가는 PR 문제의 해결에 대한 점검뿐만 아니라, 새로운 문제를 제안할 수 있으므로 전략적 PR 과정의 핵심이다(최홍림, 2020). 평가를 통한 PR 과정의 연속성은 조직의 커뮤니케이션 지속 성장에 기여할 수 있다. 따라서 평가를 위해서는 측정할 수 있는 목표 설정이 핵심이며, 이런 PR 프로그램의 목표를 제시하는 지표가 KPI다.

핵심 성과 지표는 실적(Output) KPI와 효과(Outcome) KPI로 나눌 수 있다. 여기서 실적 KPI는 프로그램 진행 과정의 자료 배포, 콘텐츠 제작 및 게재 등 실무자 활동에 대한 것을 말한다. 하지만 PR 프로그램을 통해 나타난 실제 효과라고 할 수 있는 공중의 인지, 태도, 행동 수준의 변화는 효과 KPI 측정을 통해 평가할 수 있다. 바람직한 PR 프로그램은 실적 수준을 넘어 실제 효과를 평가할 수 있는 효과 KPI를 제시하고 이를 평가하는 방안을 마련하는 것이 바람직하다.

참고문헌

최홍림(2020). 전략적 관점의 PR 정체성 확립 방안: PRSA 사례를 중심으로. **광고PR실학연구**, 13(2), 137-160.

Hendrix, J. A., & Hayes, D. C. (2007). *Public Relations Cases* (7th ed.). Thomson

126 헬스 커뮤니케이션 Health Communication

헬스 커뮤니케이션은 건강 관련 정보를 공유해 공중들의 건강한 삶에 이바지하는 커뮤니케이션을 의미한다. 이는 단순한 건강 관련 정보 공유를 넘어, 관련 정책 과정에 적극 참여해 공중 건강 증진에 기여하는 것을 목표로 하는 커뮤니케이션 활동이다(Ratzan, 2006). 헬스 커뮤니케이션에서 다루는 내용들은 각종 질병 예방 치료부터 금연, 음주, 자살 예방, 마약 같은 사회문제가 되고 있는 논의들이다.

과거에는 헬스 커뮤니케이션 연구와 실무 영역은 보건의료 현장에서 주로 다루었지만, 최근에는 생활 건강에 관한 관심이 높아지면서 일반 공중과의 관계성을 강화하는 공공 커뮤니케이션 영역으로 확장되고 있다. 특히 코로나19처럼 건강에 대한 위협이 확산될 경우에는 관련 정책을 수립하고 정보를 공유하는 과정에 공중의 참여를 이끌어내는 헬스 커뮤니케이션의 역할이 두드러진다. 건강에 관한 관심이 높아지면서, 헬스 커뮤니케이션은 메시지 전략, 타깃 전략, 매체 전략을 포함하는 체계적인 공공 캠페인의 형태로 점점 발전하고 있다(신호창, 문빛, 조삼섭, 이유나, 김영욱, 차희원, 2017).

참고문헌

신호창, 문빛, 조삼섭, 이유나, 김영욱, 차희원(2017). **공중관계핸드북: Public Relations 바로 보기**. 서울: 커뮤니케이션북스.

Ratzan, S. (2006). Throughout the Health Sector: Communication Must Influence and Engage. *Journal of Health Communication, 11*, 453-454.

127 현지화 PR 전략 Localization PR Strategy

글로벌 시장에 진출하는 경우 현지의 문화와 현지 시장을 이해하고 현지 공중의 사고 방식과 문화 등에 맞춰 PR 커뮤니케이션을 전개하는 것을 현지화 PR 전략(Localization PR Strategy)이라고 한다. 현지화 PR 전략의 핵심은 현지인을 이해하고 그들에게 맞는 방식으로 커뮤니케이션하는 것이다. 현지화 전략의 방해 요인은 익숙하지 않은 시장에 대한 두려움, 회피, 수동적 태도로부터 한번 정해진 경로에 따라 한 지역을 바라보고 이해하는 '경로 의존성'이다(Nelson & Winter, 1982). 경로 의존성은 기업이 현지 시장을 이해하는 학습 과정을 저해하고 결국 현지화에 실패하게 하는 주요 요인이다(Kogut & Zander, 1993). 이런 지적들은 현지화를 위해서는 현지와의 소통을 위해 다양한 학습과 이해를 위한 노력을 적극적으로 기울여야 한다는 뜻이자, 현지 공중에 대한 학습과 이해를 위해 지속적으로 소통하려고 노력해야 한다는 것이다.

따라서 현지화 PR 전략은 현지 시장과의 상호작용을 통한 학습과정에서 기존의 지식을 수용하고 현지에서 새로운 지식에 대한 탐색을 균형적으로 유지하면서(Levinthal & March, 1993), 현지 공중과의 관계를 구축하고 지속적인 노력을 기울일 때만 성공할 수 있다. 현지화 PR 전략을 통해 성공한 대표적인 사례의 하나가 미원의 인도네시아 진출 사례다. 인도네시아에는 관계자 간에 끈질기게 대화하여 합의를 보는 '무샤와라'라고 하는 현지 문화가 있다(김형중, 2014). 미원은 처음 인도네시아에 진출했을 때 이를 이해하고 현지인 경영자들을 대거 채용해 그들과 끝까지 대화하며 합의하는 과정을 거쳤으며 합의 결과를 공장 경영에 철저하게 반영했다. 한편, 국내에 진출했던 월마트와 까르푸가 한국 시장에서 철수한 원인이 현지화 PR 전략의 실패 때문이라고 한다. 하지만 이 한 가지 원인으로만 판단하면 해석상의 비약이 존재할 수 있다는 지적도 있다(노태우, 조동성, 문휘창, 이윤철, 2103). 따라서 최근에는 현지화와 표준화(전 세계에 동일한 커뮤니케이션 전략을 적용하는 것)의 융합적 PR 전략이 필요하다는 관점도 제기됐다.

참고문헌

김형준(2014). 무샤와라: 인도네시아 자바의 분쟁해결방식. **한국문화인류학**, 47(2), 3-44.

노태우, 조동성, 문휘창, 이윤철(2013). 지식이전을 통한 서비스 기업의 현지화 전략에 관한 탐색적 연구: 글로벌 장수유통기업을 중심으로. **한국항공경영학회지**, 11(3), 47-77.

Kogut, B., & Zander, U.(1993). Knowledge of the Firm and the Evolutionary Theory of the Multinational Corporation. *Journal of International Business Study 24*, 625-645 https://doi.org/10.1057/palgrave.jibs.8490248

Nelson, R. R., & Winter, S. G. (1982). *An Evolutionary Theory of Economic Change*. Cambridge: Harvard University Press.

Lave, C. A., & March, J. G. (1993). *An Introduction to Models in the Social Sciences* (2nd ed.). University Press of America, Lanham, MD.

128 환경 사회 지배구조 ESG

ESG란 기업이 환경(Environment), 사회(Social), 지배구조(Governance)를 기업 경영의 핵심 요소로 삼는 것을 의미하며, 이는 곧 기업의 지속가능성(sustainability)을 가늠하는 중요한 기준이 되고 있다. 기업 평가에 있어 재무적 성과에 더해 환경, 사회, 지배구조라는 비재무적 지표도 중요해지고 있는 것이다(ESG 포털, 2024). 환경(E)은 기후 변화 대응, 탄소배출 감소, 환경보호, 생태계 보호를 통해 인류가 직면한 환경문제에 대처하고 영속성을 가지기 위한 활동이다. 사회(S)는 기업이 속한 사회문제에 참여하고 기여하는 것인데, 사회불평등, 인구감소, 교육, 환경 같은 다양한 사회 문제 개선을 위해, 기업이 사회의 구성원으로서 동참해야 한다는 것이다. 마지막으로 지배구조(G)는 투명하고 민주적인 경영 구조를 구축하는 것이다. 예를 들어, 기업의 경영활동에서 주주의 참여 강화, 투명한 의사결정 과정, 윤리 및 준법 경영을 포함한다(김주호, 2023).

기업의 사회적 책임(CSR)이 기업의 자발적인 사회적 인식 개선과 참여를 적시했다면, 현재의 전 세계 비즈니스 환경은 기업 경영에서 ESG에 대한 압력을 강화하고 있다. 따라서 ESG 경영은 지속 성장의 경쟁력이 되고 있으며, 이런 기준에 부합하지 못하는 기업은 점점 도태될 수밖에 없다. 예를 들어, 2050년까지 기업이 사용하는 전력 100%를 재생에너지로 충당하겠다는 'RE100(Renewal Energy 100)'의 참여 여부는 기업 투자의 중요한 기준이 되고 있다(김주호, 2023).

참고문헌

김주호(2023). ESG란 무엇인가. 이유나, 김주호, 김덕희, 이상우, 윤용희, 한상만, 김수연, 박정석, 문병걸, 박현섭, 임유진, 강함수. EXG×커뮤니케이션. 서울: 학지사비즈.

ESG 포털(2024). ESG의 개념: ESG는 무엇인가요?. from https://esg.krx.co.kr/contents/01/01010100/ESG01010100.jsp

디지털 시대의
PR 용어 300

제 4 장

PR 실행과 적용

129 가상현실 Virtual Reality (VR)

가상현실(VR)이란 디지털 기술로 구현된 가상세계다. 즉, 컴퓨터 기술에 기반해 만들어진 실제와 유사하지만 실제가 아닌 어떤 공간이나 환경, 혹은 기술 그 자체를 가리킨다. 가상현실이 사람들에게 중요한 의미를 가지는 이유는, 특정한 형태로 만들어진 이 같은 환경 속에서 사용자가 마치 실제 상황이나 환경과 상호작용하는 것처럼 만들어 주기 때문이다. 가상현실 기술의 핵심적인 특성은 몰입, 프레젠스, 상호작용성이다(조창환, 이희준, 2019). 프레젠스(Presence)는 사용자가 어떤 상황 속에 존재함을 인식하는 것이며, 높은 수준의 몰입과 상호작용성이 제공될 때 형성될 수 있다. 높은 수준의 상호작용성이란 사용자가 가상세계 속의 물체를 직접 조작할 수 있도록 함으로써 가상환경 속에서의 행동이 마치 현실에서 행동하고 있는 것처럼 인식하게 되는 것을 의미한다. 가상현실의 이런 특성은 현실 속에서 다루기 힘든 어떤 주제를 가상공간 속에서 실현해 냄으로써 사용자들의 행동과 태도에 변화를 줄 수 있다는 점이다. 이에 따라서 광고나 PR에서 많은 관심의 대상이 되고 있다. 예를 들어, 현대자동차는 가상현실 기술을 전기차 아이오닉 마케팅에 활용해 기존에 정보전달 위주의 커뮤니케이션 방식을 넘어, 사용자가 마치 직접 자동차를 타 보는 듯한 경험을 제공함으로써 많은 호평을 받았다. 삼성전자는 삼성기어 VR을 활용한 고소공포증 극복 프로그램(Be Fearless)을 운영해 단계별로 높은 곳을 체험하게 함으로써 공포를 완화시키는 결과를 얻어 냈다(김주란, 2018).

또한 가상현실을 통한 체험은 공감각적 경험, 촉각적 경험, 현실적 경험, 감각적 경험, 행동적 경험 등의 형태로 제공되며, 이를 통해 제공되는 콘텐츠로 인해 제품에 대해 학습하고, 제품에 대한 태도변화를 이끌어 내기도 한다(Kober & Neuper, 2013). 즉, 가상현실 속에서 나무를 벌목하도록 하는 체험은 휴지 소비량의 25%를 감소시키는 데 기여했으며, 가상현실에서 도살장 내부를 관람하는 다큐멘터리를 본 사용자들이 채식주의자로 변화된 사례도 있다(김선지, 윤정현, 2017). 따라서 어떤 쟁점과 관련된 캠페인을 실행하고, 이를 통해 사람들의 태도나 행동에서의 변화를 끌어내는 것을 목표로 하는 PR 분야에 있어서 가상현실은 많은 가능성과 잠재력을 내포하고 있다.

참고문헌

김선지, 윤정현(2017). 가상현실에서의 몰입을 통한 공감구현 기술의 가능성과 숙제. **과학기술정책**, 223, 48-55.

김주란(2018). VR경험이 VR광고캠페인 효과에 미치는 영향 연구: 공감능력의 조절적 영향을 중심으로. **광고PR실학연구**, 11(2), 62-82.

조창환, 이희준(2019). 가상적 브랜드 교감 척도의 개발과 적용: 브랜디드 VR 및 AR콘텐츠를 대상으로. **PR연구**, 23(6), 52-84.

Kober, S. E., & Neuper, C. (2013). Personality and Presence in Virtual Reality: Does their Relationship Depend on the Used Presence Measure?. *International Journal of Human-Computer Interaction, 29*, 13-25.

130 가짜 뉴스 Fake News

가짜 뉴스란 언론사에서 제공하는 언론기사와 같은 형식을 띠고 있고, 일정 부분 사실(fact)에 기반하지만 핵심 내용이 왜곡되거나 조작된 뉴스를 가리킨다. 한국언론진흥재단에서는 가짜 뉴스를 정치적, 경제적 이익을 위해 누군가 의도적으로 언론보도의 형식으로 유포하는 거짓 정보로 규정하고 있다. 또한 소셜미디어를 통해 유통되는 확인되지 않은 불확실한 뉴스이자, 특정한 의도나 목적을 가지고 생산 및 유통되는 허위정보를 의미한다(배영, 2017). 가짜 뉴스의 시작은 언론매체의 '뉴스 오보'에서 비롯된 것이지만, 디지털 기술의 발전에 의해 사실이 가공되거나 변형되는 것이 가능해졌고, 이미지의 전략적인 편집이 가능해지면서 뉴스의 사실성이 훼손되는 것이 용이하게 됨에 따라(이호은, 2017), 확산이 더욱 가속화되었다.

가짜 뉴스를 구성하는 대표적인 특징은 목적, 내용, 형식적인 차원으로 구분해 볼 수 있다. 목적이라는 차원에서 가짜 뉴스를 구성하는 요건은 '의도성'이다. 가짜 뉴스란 누군가 의도적인 목적을 가지고 기사를 왜곡하고 조작한다는 것을 의미하지만 일각에서는 고의가 아닌 행위였더라도 허위정보를 제작해 유포할 경우 가짜 뉴스로 간주하고 '의도적이든 의도적이지 않든 독자를 오도할 수 있는 뉴스기사'를 통틀어 가짜 뉴스로 보기도 한다(Allcott & Gentzkow, 2017). 내용적 차원에서 가짜 뉴스를 구성하는 요건은 '허위성'이다. 이는 꾸며 낸 이야기 또는 객관적 사실의 일부 또는 전체가 조작된 이야기임을 의미한다. 마지막으로 형식적인 차원에서 가짜 뉴스는 언론인이나 언론사가 아님에도 뉴스의 형식과 스타일을 빌어 유사한 형식으로 제공되는 형태다. 요컨대 가짜 뉴스란 고의적이든 아니든 언론인이나 언론사가 정보제공의 주체가 아님에도 불구하고 마치 뉴스기사인 것처럼 뉴스와 유사한 형식으로 제공되는, 왜곡되고 조작된 허위적인 뉴스기사를 말한다.

참고문헌

배영(2017). 페이크 뉴스에 대한 이용자 인식조사 결과. 제1회 KOSO 포럼: 페이크뉴스와 인터넷 토론회 자료집, 4-10.

이호은(2017). 뉴스라는 거짓말 가짜 뉴스의 전개. 2017 전반기 정치커뮤니케이션 특별 세미나: 정치과정에서 가짜 뉴스 방지 위한 지상파방송 역할

토론회 자료집, 33-37.

Allcott, H., & Gentzkow, M. (2017). Social Media and Fake News in the 2016 Election. *Journal of Economic Perspectives, 31*(2), 211-236.

131 가판 Early Edition

가판 신문이란 신문사가 처음 찍어 내는 초판을 의미한다. 즉, 독자들의 손에 배달되는 신문 본판이 나오기 전날 저녁에 나오는 신문 초판을 가리키며 이 초판 신문이 가판대에 가장 먼저 배달되기 때문에 가판이라고 불려진다. 조간 신문의 기사마감 시간은 일반적으로 오후 4~5시 사이인데, 이때 마감된 기사를 바탕으로 초판이 제작된다. 비록 시험판의 역할을 하는 초판이지만 기고나 고정면, 사설, 칼럼 등이 바뀌는 경우는 드물기 때문에 초판에서 대략적인 그날의 신문 논조가 드러난다고 볼 수 있다(이영재, 2001). 가판 신문은 기업체나 PR인들에게 매우 중요하다. 매일 저녁 1시간 이상 가판 신문을 훑어보며 회사 관련 기사가 어떻게 나왔는지 신문을 살피고, 기사를 정리해 회사에 연락을 하며, 혹시나 회사와 관련해 좋지 않은 기사가 나오지 않았는지 확인해야 한다. 만일 기사 내용이 정확하지 않다고 판단되거나 회사 측에 대해 지나치게 불리하게 작성되었다고 판단될 경우 PR인들은 빠르게 대응해, 회사 측에 연락하고 언론사에 방향이 잘못되었다는 것을 알려 줘야 한다.

한때는 가판 신문을 배달해 실내에서 보는 가판 카페가 등장하기도 했는데, 이곳에서 PR직원들은 여유 있게 신문을 보며, 스크랩을 하거나 복사기나 팩시밀리를 활용해 관련 기사를 회사에 송고할 수 있었다(김명섭, 2001). 그러나 종합지들은 2001년 중앙일보를 시작으로 2005년

조선일보, 경향신문, 동아일보, 한겨레, 세계일보 등이 신문용 가판을 폐지했다. 이는 종이신문 중복 인쇄에 따른 낭비를 없애고, 기업의 기사 로비 창구로 활용되는 것을 막기 위해서였다. 그러다 2013년부터 주요 신문사들은 PC, 모바일 등에서 볼 수 있는 디지털 초판 서비스를 선보이기 시작했다(김창남, 2014). 이런 디지털 초판은 한국 시각으로 신문발행일 전날 오후 7시에 PC, 태블릿, 스마트폰 등 디지털 기기를 통해 동시 발행되며 신문을 남보다 먼저 읽고자 하는 오피니언 리더들의 욕구를 만족시켜 주는 기능을 하고 있다(조선일보, 2013).

참고문헌

김명섭(2001. 1. 8.). 신문가판이 뭐길래. KBS뉴스.

김창남(2014. 10. 22.). 신문 디지털 초판 수입 최대 연 12억원. 한국기자협회.

이영재(2001. 9. 27.). 가판 신문이란. 미디어오늘.

조선일보(2013. 12. 20.). 내일신문을 오늘 봅니다…조선일보 초판, 디지털로 부활. 조선일보.

132 간트 차트 Gantt Chart

간트 차트란 프로젝트 활동을 하는 데 있어서 일정을 관리하는 도구다. 각 업무별 일정의 시작과 끝을 그래픽을 활용해 시각적으로 표현함으로써 한눈에 전체 일정을 파악할 수 있도록 해 주는 일정관리 수단이다. PR 캠페인을 수행하기 위해서는 전략에 따른 많은 하위 업무가 필요하며, 간트 차트란 각 업무들 간의 관계나 우선순위, 일정을 정확하게 확인해 업무에 차질이 발생하지 않도록 도와주는 기능을 하게 된다. 최초의 간트 차트는 카롤 아다미키(Karol Adamiecki)가 1896년에 고안했던 하모노그램(Harmonogram)이었으며, 1910년에 헨리 간트(Henry Gantt)가 고안한 차트와 통합되면서 오늘날 우리가 사용하는 형태의 간트 차트가 만들어졌다. 특히 헨리 간트는 공장 노동자들이 주어진 작업에 소요되는 시간을 나타내기 위해 차트를 고안했고 이를 기점으로 간트 차트는 프로젝트 현장에서 대중적으로 사용되기 시작했다(Martins, 2024).

간트 차트는 시간을 기준으로 예정된 활동을 표시하는데, 가로축에는 날짜, 세로축에는 프로젝트에서 수행해야 하는 활동을 위치시키며 여러 수평막대를 나열해 각 활동이 진행되는 데 필요한 기간인 타임라인을 표시한다(먼데이닷컴, 2022). 이런 형태로 인해 간트 차트는 프로젝트에서 이루어지는 각 작업이 다른 작업에 어떻게 연결되는지 '종속성'을 파악할 수 있다는 대표적인 특성이 있다. 아울러 프로젝트 계획자는 간트 차트를 활용해 프로젝트의 전반적인 시점을 유지할 수 있으며, PR 프로젝트에 참여하는 팀원은 자신이 담당하는 업무가 무엇이며, 자신의 업무가 프로젝트의 다른 업무들에 어떤 영향을 미치는지 명확하게 파악할 수 있어서 업무 효율성을 극대화할 수 있다는 장점이 있다.

참고문헌

먼데이닷컴(2022). "간트 차트"란?. Monday.com Korea Blog.

Martins, J. (2024). 간트 차트 개론: 프로젝트 일정을 계획하기 위한 완벽가이드. https://asana.com/ko/resources/gantt-chart-basics

133 감수 Editing

보도자료란 기업이나 조직이 뉴스가 될 만한 내용을 기사와 동일한 형식으로 작성해 매체 측에 전달하는 기사자료로, 수정하고 다듬는 감

수(에디팅)과정을 많이 거칠수록 뉴스 가치가 높아질 수 있다. 이렇듯 보도자료에 대한 에디팅하는 과정에는 다음과 같은 내용들이 질문되고 그에 대한 답변을 찾아가면서 수정작업을 진행하게 된다. ▲보도자료의 제목이 내용을 대표할 수 있는가? ▲보도자료의 제목이 독자의 주의를 단번에 끌 수 있도록 쓰여졌나? ▲보도자료의 부제목에는 본문에서 강조하는 주요 내용이 잘 요약되었는가? ▲보도자료의 첫 문장에 보도자료의 주제가 명확하게 나타나 있는가? ▲보도자료의 첫 문단에 육하원칙의 모든 요소가 포함되어 있는가? ▲보도자료의 첫 문단에 보도자료의 핵심 내용이 30자 이내로 간단명료하게 기술되어 있는가? ▲보도자료의 주제가 명확하고 그 맥락이 연속성을 가지는가? ▲보도자료가 역삼각형으로 작성되어 있는가? ▲본문은 리드문단의 내용을 중요항목 순으로 풀어서 설명하고 있는가? ▲문장에 긴 수식어나 구, 절 등이 포함되어 있지는 않은가? ▲한 문장이 20단어를 넘지 않는가? ▲보도자료에 포함되어 있는 표와 그림은 보도자료의 중요내용을 포함하고, 그 내용을 정확하게 알려 주는가? ▲문장에 수동형이 지나치게 많지는 않은가? ▲문장에 오탈자는 없는가? ▲문장이 읽기 쉽게 인용구가 포함되어 있는가? ▲인용문자의 앞뒤에는 큰따옴표가 포함되어 있는가? ▲지나치게 광고 느낌을 주는 주관적인 문장은 없는가? ▲추가문단이 필요하다고 느껴지는 부분이 없는가? ▲회사소개가 포함되어 있는가? ▲PR 담당자의 연락처가 포함되어 있는가를 고려해야 한다(뉴스와이어, 2015).

참고문헌

뉴스와이어(2015. 3. 10.). 보도자료 검토 21가지 체크리스트.

134 갑질 Gapjil

갑질은 주로 권력이나 지위가 높은 사람이 낮은 사람에게 부당하거나 부적절하게 대하는 행동을 말한다. 이 용어는 특히 직장 내에서 상사가 부하 직원에게 부당한 요구를 하거나 인격적으로 모욕하는 행위를 지칭할 때 자주 사용된다(Yonhap, 2021). 직장 외에도 사회적 강자가 자신의 우월한 지위를 악용해 약자에게 횡포를 부릴 때 '갑질한다'고 표현한다. 계약서상에서 돈을 주고 일을 시키는 당사자인 갑(甲)과 돈을 받고 일을 하는 상대를 가리키는 을(乙)이라는 말이 있다. 이 두 단어 중에서 갑이 관계우위에 있다는 뜻에서 차용된 것이 갑질이다. 학술적으로는 "회장이나 대주주 등 오너 개인이 일으킨 오판이나 불법행위"로 규정되기도 한다(Bae & Lee, 2022). 한국에서는 2010년대에 들어서면서, 기업의 갑질에 대한 인식이 더욱 높아지기 시작했다. 2013년 발생한 남양유업 대리점 강매 사건은 대표적 갑질의 사례로, 남양유업 직원이 대리점주를 대상으로 재고 밀어내기를 강요해 경제적인 손실을 본 사례다. 본사는 대리점주들이 강매를 거부하면 거래를 끊거나 불이익을 줄 것이라고 위협했고, 이를 대리점주들이 언론에 제보하면서 공론화됐다. 대리점주들이 남양유업 본사 앞에서 집회를 열고 불공정한 거래 관행을 폭로했으며, 이는 사회적으로 큰 반향을 일으켰다. 결국 남양유업은 법적 제재를 받게 되었으며 이 사건은 대기업의 갑질 문제에 대한 경각심을 높이는 중요한 계기가 되었다. 갑질은 기업의 이미지나 평판을 심각하게 훼손할 수 있는 사안으로, PR 위기 커뮤니케이션에서 중요하게 다루어지는 주제다.

참고문헌

Bae, B., & Lee, Y. (2022). Analysis of Owner Risk of Korean Companies. Korea Observer, February 21. Accessed 18 February 2023. http://koreaobserver.or.kr/html/?pmode=&smode=view&seq=79

Yonhap (2021). Over 80% of the Public Perceive the 'Gapjil' Problem as Serious: A Survey. Korea Herald, January 13. Accessed 18 February 2022. http://www.koreaherald.com/view.php?ud=20210113000769

135 개봉 Unboxing

유튜브 영상이나 예능 프로그램 등에서 자주 등장하는 용어가 언박싱(Unboxing)이다. 박스를 푼다는 의미로 해석되는 언박싱은 새 상품을 개봉하고 소개하는 행위를 뜻하는 말로 이해되고 있다. 특히 언박싱은 외래어 표기이므로 국립국어원은 2020년 5월 순화어로 언박싱 대신 '개봉'을 제안했다(김규희, 2021). 개봉이 이처럼 사회적으로 의미를 갖는 것은 유튜브 영상 등에서 신상품을 개봉하는 과정을 보여 줄 때 신제품 개봉에 대한 기대감이 영상을 시청하는 이들에게 대리 만족을 주기 때문이다. 고가품의 경우에 대리만족이 더욱 높아 개봉에 열광하는 하나의 이유가 된다. 특히 코로나19 시기에 오프라인 매장에서의 쇼핑이 어려워지면서 온라인으로 구매한 제품의 택배 박스를 뜯는 과정이 일상화되면서 이런 개봉 영상이 유행을 끌게 되었다.

최근에는 브랜드 홈페이지 등에서도 개봉 영상들이 올라와서 이를 시청하는 일이 하나의 재미로 받아들여지고 있다. 처음에는 전자제품 개봉처럼 복잡한 기능을 설명하면서 얼리어답터(early adapter)들의 경험을 공유하는 데서 출발했지만 이런 경험을 보여 준다는 의미는 구독자들로 하여금 호기심과 구매욕구를 자극하고 대리만족을 주는 것으로 이어져, 개봉 동영상은 전자제품 뿐 아니라 의류, 식품, 필기구, 화장품, 장난감 등으로 확장되었고 20~30세대에서는 일방적인 광고와는 달리 꾸밈이 없는 정보를 제공한다는 측면에서 구매 여부를 좌우하는 중요한 수단으로도 평가된다(머스트뉴스, 2020). 또한 최근에는 물건만이 아니라 무대에서의 공연활동 등을 최초 공개할 때에도 '언박싱'이라는 말이 사용되고 있을 만큼 널리 활용되는 신조어가 되었다. PR적 측면에서는 신제품에 대한 MPR의 활동의 하나로 인플루언서를 활용하는 개봉(언박싱)이 주요 PR 활동의 하나가 되고 있는 추세다.

참고문헌

김규희(2021. 7. 14.). 공공언어 더 쉽고 가깝게 '언박싱' 대신 '개봉'. 여성신문. https://www.womennews.co.kr/news/articleView.html?idxno=213840

머스트뉴스(2020. 4. 18.). 언박싱 (Unboxing)과 하울(Haul) 그리고 OOBE까지. http://mustnews.co.kr/View.aspx?No=812705

136 검색 엔진 최적화 PR Search Engine Optimization PR

검색 엔진 최적화 PR은 검색 엔진을 활용해 기업이나 공공에서 제품과 서비스 또는 정책을 소비자나 공중에게 알려 구매나 참여를 유도하는 PR 활동을 의미한다. 이때 검색 엔진 최적화(Search Engine Optimization: SEO)란 특정 웹사이트나 웹페이지가 검색 엔진의 검색 결과에서 높은 순위에 올라가도록 하기 위해, 자료 수집과 순위 설정 방식이 다른 각 검색 엔진의 특성을 고려해 그에 알맞게 웹페이지의 구조와 내용 및 검색어를 최적화시켜 검색 결과의 상위에 노출될 수 있도록 맞춤형으로 조정하는 과정이다. 보도자료의 제목에 있는 키워드를 본문에서도 계속 반복하거나, 키워드와 관련된 이미지를 적절하게 섞어 검색 엔진이 쉽게 정보를 수집(crawling)을 할 수 있도록 엔진의 구조를 변화시키려는 시도도 검색 엔진 최적화 PR 활동이다.

검색 엔진 최적화에 따라 제공되는 검색 결과는 자연 검색 결과(natural and organic search results/listings)와 유료 검색 결과(sponsored and paid search results/listings)라는 두 가지 결과로 나타난다(Rutz & Bucklin, 2011). 자연 검색 결과는 검색 엔진의 알고리즘에 따라 자동으로 제공되는 검색 결과이며, 유료 검색 결과는 광고나 PR의 주체가 실시간 입찰로 사전에 구매한 검색어에 관련 링크나 메시지를 등록해서 보여 주는 검색 결과를 의미한다. 검색 엔진 최적화 PR의 가장 큰 장점은 소비자나 공중이 필요로 하는 검색어에 반영해 관련된 정보를 즉각 제공한다는 것이다. 능동적인 검색을 통해 정보를 요청한 소비자나 공중에게 제공되는 검색 결과는 긍정적인 반응을 유도함으로써 추가적인 정보 탐색과 행동 유발로 이어질 가능성이 높다.

참고문헌

Rutz, O. J., & Bucklin, R. E. (2011). From Generic to Branded: A Model of Spillover in Paid Search Advertising. *Journal of Marketing Research, 48*(1), 87-102.

137 게이트 키핑 Gate Keeping

게이트 키핑이란 미디어의 뉴스 생산 과정에서 기자나 편집자 등 뉴스가치를 결정짓는 사람들에 의해서 뉴스가 취사선택되는 과정을 의미한다. 즉, 지구상에는 수많은 사건과 사실(fact)이 존재하지만, 이들이 모두 수용자에게 전달되는 것은 아니며, 언론에서 보도되는 뉴스는 다양한 기준에 따라 취사선택된 결과물이라는 것이다. 다시 말해서 언론매체는 무수히 많은 정보 중에서 어떤 뉴스가 유용한 것인지, 새로운 것인지, 흥미를 유발할 수 있는 것인지, 혹은 자사의 편집 방침에 맞는 것인지에 따라 게이트 키퍼가 그 뉴스를 보도할 것인지 결정하는데, 이런 과정을 게이트 키핑이라고 한다. 따라서 언론에 보도된 뉴스는 현실을 그대로 반영하는 것이 아니라 여러 단계의 관문을 통과하면서 취사·선택되고 수정·보완된 '편집'의 결정체다. 게이트 키핑 개념은 커트 르윈(Kurt Levin)에 의해 처음 제시되었으나, 이를 커뮤니케이션 차원의 용어로 확장한 사람은 데이비드 화이트(David Manning White)였다. 그는 한 지역신문사의 뉴스보도 결과에 대한 조사를 통해 언론매체 내에는 '미스터 게이트(Mr. Gate)'라고 부르는 게이트 키퍼가 존재하며, 이들이 통신사로부터 받는 수많은 기사들 중 선택하는 과정에 개입해 최종 뉴스기사 선정에 영향을 미친다고 주장했다.

슈메이크와 리즈는 게이트 키핑 과정에서 영향을 미치는 요인으로 ① 미디어 종사자 개인, ② 미디어 제작 관행이나 관습, ③ 미디어 내부 조직차원, ④ 광고주나 이익집단 등 미디어 외적 차원, ⑤ 이데올로기나 문화적 사회체계 등 5가지를 제안했다(Shoemaker & Reese, 1996). PR 실무자 역시 미디어 조직 외부에서 기사 내용에 영향을 미칠 수 있는 게이트 키퍼 중 하나로 간주된다. 이는 PR 실무자들이 각종 행사를 통해 언론의 관심을 끌고 기사화되도록 보도자료를 작성해 제공하는 활동을 통해 게이트 키핑 과정에 영향력을 행사할 수 있기 때문이다(이종혁, 2002). 디지털 환경으로 변화하면서 게이트 키핑 과정에도 일련의 변화가 이루어지고 있다. 기존의 언론 매체에서의 게이트 키핑이 조직의 구성원에 의해서 주로 이루어졌다면 인터넷의 특징인 상호작용성으로 인해 자신의 의견과 시각을 제시하는 등 독자들이 인터넷 매체에서의 게이트 키핑 과정에 적극적으로 참여하게 되었기 때문이다. 이로 인해 인터넷 매체에서는 '수용자의 반응'이 게이트 키핑 과정에서 중요한 역할을 하고 있다(김동원, 김지연, 2017).

참고문헌

김동원, 김지연(2017). 디지털시대의 게이트키핑에 관한 탐색적 연구. **문화산업연구**, 17(3), 29-37.

이종혁(2002). 가판근무 게이트키핑 유형과 이에 대한 언론홍보실무자들의 평가. **한국언론학보**, 46(6), 191-224.

Shoemaker, P., & Reese, S. (1996). *Mediating the Message: Theories of Influence on Mass Media Content* (2nd ed.). New York: Longman.

138 공신력 Public Confidence

공신력이란 커뮤니케이터에 대해 '믿을 수 있는 정도'를 의미하며, 커뮤니케이션 효과에 정적 또는 부정적 영향을 미치는 정보원 속성들의 집합이다. 즉, 공신력을 구성하는 다양한 정보원의 속성에 따라 수용자가 특정 메시지를 수용하거나 거부하는 등 커뮤니케이션 효과가 발생한다. 그리고 공신력은 정보원인 커뮤니케이터에 내재하는 속성이 아니라 수용자들의 지각이나 평가에 의해 판단되는 매우 주관적인 개념이다(양승목, 1993). 이런 맥락에서 공신력은 커뮤니케이터에 대해 수용자가 느끼는 이미지 또는 태도로 정의되기도 한다(McCroskey & Mehrley, 1969). 공신력의 효시는 아리스토텔레스가 제시한 설득의 3요소 중 '에토스(Ethos)'로, 이는 청자로 하여금 화자의 말을 믿게 하는 화자의 속성을 말한다. 공신력을 구성하는 대표적인 요소는 커뮤니케이터의 전문성과 신뢰감이다. 여기서 커뮤니케이터의 전문성이란 커뮤니케이터가 합리적인 결론에 도달할 수 있는 지식이나 능력을 가지고 있다고 수용자가 판단하는 바를 의미하며, 신뢰감이란 커뮤니케이터가 선의의 의도를 가지고 있다고 생각하고 그 커뮤니케이터를 믿는 정도를 의미한다. 그 외에도 커뮤니케이터의 공신력을 구성하는 요인으로, 객관성, 역동성, 휴식이 제시되기도 하고(Jacobson, 1969), 믿음성, 공정성, 정확성, 심오함이 구성요인으로 제시되기도 한다(Johnson & Kaye, 1988).

참고문헌

양승목(1993). 매스미디어의 공신력과 선태적 노출. **언론과 사회**, 1, 110-137.

Jacobson, H. K. (1969). Mass Media Believability: A Study of Receiver Judgment. *Journalism Quarterly*, *46*, 220-228.

Johnson, T., & Kaye, B. (1998). Crusing If Believing ?: Comparing the Internet and Traditional Source on Media Credibility Measures. *Journalism & Mass Communication Quarterly*, *75*(2), 325-340.

McCroskey, & Merley, R. S. (1969). The Effects of Disorganization and Nonfluency on Attitude Change Source Credibility. *Speech Monographs*, *36*, 13-25.

139 공익 연계 마케팅 Cause-Related Marketing (CRM)

공익 연계 마케팅(CRM)이란 기업의 사회적 책임과 이윤 창출 활동을 연계한 전략적 사회적 책임의 일환으로, 소비자가 특정 기업의 제품이나 서비스 등을 구매하는 경우, 기업이 자사의 제품이 판매될 때마다 판매 금액의 일부를 공익단체나 사회적 이슈를 해결하기 위한 후원 활동에 기부함으로써 소비자의 제품구매를 유도하기 위한 마케팅 기법이다. 공익 연계 마케팅은 기업의 사회적 이미지를 향상시켜 대외적으로 위상을 높이고 경쟁사와의 차별화를 통해 소비자의 제품구매를 촉진시킴으로써 매출을 증대시킬 수 있는 효과적인 전략으로 간주되고 있다(Lafferty, Goldsmith, & Hult, 2004). 공익 연계 마케팅을 실시한 대표적인 사례는 1983년에 아메리칸 익스프레스사가 소비자의 신용카드 사용금액으로부터 발생된 수익의 일부를 자유의 여신상 보수를 위한 지원 사업에 기부한 캠페인이다.

소비자가 해당 카드를 사용할 때마다 1센트를 기부하기로 한 결과, 캠페인 기간 동안 카드 사용금액이 28%, 신규카드 발급이 7% 이상 증가했고, 약 170만 달러가 모금되었다. 또 다른 사례로는 미국 신발브랜드인 탐스 슈즈에서 실시한 캠페인으로 소비자가 신발 한 켤레를 구입하면 다른 한 켤레를 동남아시아나 아프리카, 남미지역 등에서 신발을 신지 못하는 아이들에게 전하는 '일대일 기부' 형태로 판매가 이루어진 것이다. 공익 연계 마케팅을 통해 기업은 기업 자체는 물론 기업이 판매하는 제품 및 서비스에 대한 긍정적인 이미지와 호의적인 태도를 형성하고, 매출을 증대시키는 등 두 가지 목적을 달성할 수 있다. 또한 공익 연계 마케팅 효과는 소비자에게도 이익을 가져다줄 수 있다. 즉, 공익과 연계된 제품을 구매할 경우, 소비자에게 제품 구매에 대한 정당성을 부여해 주고 제품 구매라는 쉬운 방법으로 사회공헌활동을 실천할 수 있다는 측면에서 보람이라는 정서적 · 심리적 차원의 이익을 얻을 수 있도록 한다(Weinstein & Ryan, 2010). 아울러 소비자는 단순히 제품만을 구매하는 것이 아니라 제품에 담긴 사회적 가치를 구매함에 따라 제품에 대해 더 큰 만족감을 얻을 수 있다(전재호, 2012).

참고문헌

전재호(2012). 공익가치창출을 위한 전략적 CSR 활동. 오리콤 브랜드저널, 4, 1-4.

Lafferty, B. A., Goldsmith, R. E., & Hult, G. T. M. (2004). The Impact of the Alliance on the Partners: A Loot at Cause-Brand Alliances. *Psychology & Marketing, 21*(7), 509-531.

Weinstein, N., & Ryan, R. M. (2010). When Helping Helps: Autonomous Motivation for Prosocial Behavior and Its Influence on well-being for the Helper and Recipient. *Journal of Personality and Social Psychology, 98*(2), 222-244.

140 공중 건강 캠페인 Public Health Campaign

공중 건강 캠페인은 공중보건 문제와 관련된 인식을 높이고 태도를 호의적으로 변화시키며, 행동 변화를 촉진하기 위해 체계적으로 계획된 전략적 커뮤니케이션 활동이다. 여기서 공중 보건 문제란 질병의 조기 발견과 예방, 전염병 관리, 개인위생 관리 등 공중의 건강과 관련된 문제다. 공중 건강 캠페인은 개인으로 하여금 건강 유지 및 개선을 위한 행동을 이끌어 내고 정책 변화에 영향을 미칠 수 있는 공공 캠페인으로서 사회의 건강 격차를 해소하고 지역사회 건강을 전반적으로 향상시키는 데 궁극적인 목적이 있다. 지금까지 수많은 공중 건강 캠페인이 있어 왔는데, 대표적으로는 금연캠페인, 질병 예방을 위한 예방접종 캠페인, 안전벨트 착용 캠페인, 구강보건 캠페인, 마약범죄예방 캠페인, 금주 캠페인, 음주운전 근절캠페인, HIV/AIDS 예방 캠페인, 비만예방 캠페인, 의약품바로알기 캠페인 등이 있다.

의약품 바로알기 캠페인은 시민이 가지고 있는 약에 대한 잘못된 지식을 바로잡고 올바른 의약품 사용정보를 전달하는 공중 건강 캠페인이다. 이외에도 어린이의 건강한 식습관 장려를 위한 공중 보건 캠페인이 진행되기도 한다(주예은, 2024). 이 캠페인은 학교, 학부모 및 지역기업이 협력해 영양가 있는 식사의 중요성에 대한 인식을 높이고, 가족들에게 건강한 음식을 선택하는 방법에 대해 교육함으로써 아동 비만율을 줄이는 것을 목표로 한다(RoleCatcher, 2023). 특히 건강 관련 캠페인은 건강에 대한 공중의 지식수준을 높임으로써, 공중이 건강에 위협이 되는 위험요소를 미리 예방하게 하거나 잘못된 건강 행동을 하지 못하게 하는 목표를 가지고 다양한 커뮤니케이션 채널을 활용해 메시지를 전달한다. 그리고 이런 공중건강 캠페인 활동은 건강에 대한 공중의 인식 및 그들의 행동 패턴 등에 대한 심층적이고 체계적인 이해를 전제로 했을 때 효과가 발생할 수 있다. 최근에는 정신건강의 중요성이 신체건강만큼 중요하다는 인식이 높아지면서 정신건강 캠페인도 진행되고 있다(김활빈, 최지혜, 2021).

참고문헌

김활빈, 최지혜(2021). 효과적인 정신건강캠페인 실행을 위한 사례분석: 인식개선 헬스 캠페인 사례를 중심으로. **사회과학연구**, 14(1), 169-202.

주예은(2024. 5. 12.). 의약품바로알기캠페인 Medicine Awareness Campaign 2024. https://knaps.or.kr/496

RoleCatcher(2023. 11.). 공중보건캠페인에 기여: 완전한 기술 가이드.

141 공청회 Public Hearing

공청회란 국회, 행정기관, 사회단체에서 중요 정책을 결정하거나 법령 등을 제정 및 개정하고자 할 때 이해관계자나 그 분야의 전문가를 모아 공식 석상에서 의견을 나누도록 하는 활동이다. 즉, 공청회는 의회에서 정책 관련 안건을 심사할 때 이해관계가 있는 사람들이 직접 참여해 공개적인 토론을 할 수 있는 기회를 제공해 일반인으로부터 의견을 널리 수렴하는 절차를 말한다. 행정PR은 지방자치단체와 주민 간의 쌍방향 커뮤니케이션을 통해 지역주민으로 하여금 지방자치단체의 정책과정에 적극적으로 참여하게 하여 보다 민주적인 행정을 수행하도록 돕는다. 우리나라 「국회법」은 "중요한 안건 또는 전문지식을 요하는 안건을 심사하기 위해 그 의결 또는 재적 위원 3분의 1 이상의 요구로 공청회를 열고 이해관계자 또는 학식 · 경험이 있는 자 등으로부터 의견을 들 수 있다."라고 규정하고 있다. 공청회는 행정PR 수단의 하나로 이해관계가 있는 주민들의 참여기회를 제공할 수 있는 제도적 장치다(김영태, 2010). 가령, 국회 환경노동위원회에서 「폐기물관리법」 개정안 입법을 두고 공청회를 진행하는 것이 그 사례다.

공청회는 다음 어느 하나에 해당하는 경우 개최될 수 있다. 다른 법령 등에서 공청회를 개최하도록 규정하고 있는 경우, 해당 처분의 영향이 광범위해 널리 의견을 수렴할 필요가 있다고 행정청이 인정한 경우에 공청회를 개최할 수 있다. 공청회는 시민의 권리를 보호한다는 의미가 있지만, 합리적인 행정을 위한 의견수렴의 의미도 있다. 최근에는 온라인 공청회 형태가 많이 활용되고 있는데, 국내에서는 2007년 신설된 「행정절차법」 제38조 2(전자공청회)를 통해 이미 정보통신망을 이용한 온라인 공청회가 실행될 수 있도록 하고 있다. 그러나 전자공청회는 실시간 의견교환 형태이기보다 게시판 글 공유의 형태로 시행되었다. 이에 현재 생중계 형태로 시민의 정치 참여가 가능한 공청회는 2020년 2월에 캐스트미디어(castmedia.kr)라는 별도의 플랫폼에서 개최된 과학기술정보통신부의 온라인 공청회가 중앙정부 차원에서 이루어진 최초의 생중계 공청회였다(장익현, 2022).

참고문헌

김영태(2010). 국회 전문위원회와 공청회를 통한 숙의문화의 활성화. **경남대학교 극동문제연구소**, 15, 127-152.

장익현(2022). 국적법 개정한 온라인 공청회에 나타난 시민 반응에 대한 연구: 온라인 공청회 댓글의 의미관계망 분석을 중심으로. **다문화콘텐츠연구**, 42, 65-92.

142 과업 Mission

과업은 조직의 존재 이유 혹은 존재의 당위성을 의미한다. 조직 또는 기업에 있어서 경영철학은 경영활동 전반을 이해하는 근본적인 원칙이자 전략적 계획과 과업 활동의 핵심적인 근거가 되며 대부분 과업과 비전 등으로 표현된다. 과업은 한 조직이나 기업의 존재 이유이자 본질이며 정체성인 반면에, 비전은 미래의 이상적 상태에 관한 것으로 현재 상황에 대한 이해를 바탕으로 기업이 나아가야 할 전략적 방향을 결정하는 것이다(이동호, 2024). 한 조직의 과업은 그 조직의 로드맵 역할을 수행하면서 조직의 이상적인 가치실현의 의무를 포함한다(이새미, 변장섭, 최지예, 브라운 앨런, 2022). 과업은 조직의 존재 이유와 목적이 담겨 있을 뿐 아니라 구성원들 사이에 조직의 목적에 대한 합의를 이끌어 내고 그들이 조직 고유의 목표를 향해 움직이도록 동기를 제공한다.

즉, 과업을 통해 구성원들은 조직의 목적과 방향을 이해하게 되고, 그 이해를 바탕으로 실제 조직의 입장에서 적절한 행동을 할 수 있다. 과업은 또한 고객, 임직원, 공급자, 정부 규제자 그리고 다양한 이해 관계자를 대상으로 적절한 균형을 유지하는 역할을 한다. 오늘날 많은 기업들이 CSR활동으로서 사회적 책임 활동에 참여하고 있는데, 이런 활동은 조직의 과업을 수행하기 위한 하나의 중요한 수단이다. 즉, CSR은 과업이라는 조직의 길잡이가 제시하는 방향성에 따라 이루어지는 활동이다. 그리고 과업 자체만큼이나 중요한 것은 과업을 '받아들이는' 구성원들의 자세와 태도다. 과업이 단순히 조직이 설정한 추상적인 구호에 그치기보다 구성원들의 생각과 행동에 내면화되었을 때 비로소 구성원들에게 실질적인 영향을 미칠 수 있으며, 과업에 대한 구성원들의 태도는 그들이 지각하는 기업의 사회적 책임 수행의 조직 내 효과에도 영향을 미칠 수 있다(김병직, 지원구, 전상길, 2015).

참고문헌

김병직, 지원구, 전상길(2015). 지각된 기업의 사회적 책임이 조직 신뢰를 매개로 조직 동일시에 미치는 영향, 그리고 미션몰입의 조절효과에 대해. **한국심리학회지: 산업 및 조직**, 28(4), 767-793.

이동호(2024). 글로벌 수산 선도기업의 미션, 비전, ESG에 대한 탐색적 사회네트워크 분석. **해양정책연구**, 39(1), 73-98.

이새미, 변장섭, 최지혜, 브라운 앨런(2022). 토픽모형링과 사회네트워크분석을 활용한 사회적 기업의 미션 연구. **디지털 융복합 연구**, 20(4), 31-38.

143 관찰 Monitoring

조직체의 성공은 환경의 변화에 얼마나 잘 적응하느냐 그 능력에 의해 크게 좌우된다. 이에 그 변화를 어떻게 먼저 감지하고 이해하는가가 PR 활동의 우선적인 관심사이며, 그 구체적인 방법이 바로 관찰(모니터링)이다. 다시 말하면 관찰이란 조직에 영향을 미치는 여론과 사회적 · 정치적 환경에서 일어나는 사건 및 여론 동향을 관찰하는 것이며, 공중들의 사회적 요구와 가치관, 정치적 사고 등 사회적으로 변화하는 경향 모두를 포함해 추적하고 살피는 활동이다. 모니터링을 위한 수단으로는 여러 가지가 동원될 수 있다. 환경, 노동, 과학기술, 교육 등 여러 분야의 전문서적과 전문가들로부터 지식을 얻을 수 있으며, 여론조사를 통해서 공중들의 인식변화를 추적할 수 있다. 무엇보다 많이 활용되는 것은 바로 언론보도에 대한 분석이다. 이런 언론 모니터링은 '언론 동향 파악'이라고 불리기도 한다. 언론 모니터링은 고객사 혹은 경쟁업체, 그리고 해당 산업동향과 관련된 기사들이 어떤 매체에서 어떠한 기자에 의해 어떤 기사 제목으로 쓰였는지 파악하고 그 기사의 논조가 긍정적인지, 부정적인지, 중립적인지 요약 정리하는 활동이다.

모니터링은 성공적인 PR 전략의 핵심이라고 해도 과언이 아니다. 즉, 뉴스 웹사이트, 소셜미디어 플랫폼, 블로그 등 다양한 미디어 채널을 모니터링함으로써 얻게 되는 정보를 바탕으로 환경에 대한 통찰력을 얻고 미래 전략 수립을 위한 함의점을 발견할 수 있다. 또한 모니터링을 통해 영향력이 있는 사람들이 누구인지 이해하고 그들과 소통해 파트너십을 구축할 수 있으며, PR 전문가는 미디어 언급(mention) 감정분석, 핵심성과지표(KPI) 등을 추적해 캠페인에 대한 중요한 결정을 내릴 수 있다(FasterCapital, 2024). 환경 모니터링은 3가지 모형이 있다. 비정기모형(irregular model), 정기모형(regular model), 연속모형(continuous model)이다(Fahey & King, 1977). 비정기모형은 위기 상황 시에 임기응변적으로 사용되는 모형이며 문제적 상황에 대한 즉각적인 반응을 간파하고 단기적 전략을 수립하기에 적당하다. 정기모형은 조직체가 직면한 특정 쟁점이나 결정에 초점을 두고 환경에 대한 정기적인 평가를 진행하는 것이다. 예를 들어, 일일 모니터링, 주간 모니터링, 월간 모니터링, 분기별 모니터링 등이 대표적이다. 연속모형은 특정한 쟁점이나 의사결정에 국한되기보다 정치적, 규제적, 경제적 제도를 포함한 환경적 요인을 연속적으로 모니터링한다(한정호, 1997).

참고문헌

한정호(1997). 기업의 PR환경 모니터링 연구: 신문의 내용분석을 중심으로. PR연구, 1, 4-37.

Fahey, L., & King, W. R. (1977). Environmental Scanning for Corporate Planning. *Business Horizon, 20*, August.

FasterCapital(2024. 3. 16.). 홍보전략을 위한 미디어 모니터링의 이점.

144 그린워싱 Greenwashing

기업이나 단체가 실제로는 환경에 해로운 활동을 하면서도 마치 환경 보호에 적극적으로 참여하고 있는 것처럼 홍보하거나 포장하는 행위를 지칭한다(Delmas & Burbano, 2011). 녹색(green)과 세탁(washing)을 합성해 만든 단어로, 기업이 환경 친화적인 이미지를 통해 마케팅 효과를 얻으려는 시도를 비판하는 것이다. 예를 들어, 제품의 일부 성분만 친환경적임에도 불구하고 전체 제품이 친환경적인 것처럼 광고하거나 회사가 석탄이나 석유 같은 화석 연료를 주요 사업으로 하면서도, 기업 PR을 통해 재생 가능 에너지 프로젝트에 대한 일부 투자를 대대적으로 홍보하는 경우 등을 들 수 있다. 지속가능경영과 ESG경영이 화두로 떠오르면서 많은 기업이 앞다투어 친환경적, 친사회적 행보를 강조하는 PR 커뮤니케이션 캠페인을 진행하는 과정에서 그린워싱에 대한 의구심도 함께 증가하고 있다. 이런 상황에서 기업은 투명한 정보 제공에 만전을 기해야 하며, 제3자 기관을 통해 환경 성과를 검증받고, 전사적인 친환경 정책을 도입하고 실현하는 노력을 기울여야 한다(Laufer, 2003). PR 커뮤니케이션은 기업의 실질적인 친환경 정책과 행동 변화를 기반으로 이루어져야 공중들로부터 진정성을 인정받고 신뢰를 얻을 수 있다.

참고문헌

Delmas, M. A., & Burbano, V. C. (2011). The Drivers of Greenwashing. *California Management Review, 54*(1), 64-87.

Laufer, W. S. (2003). Social Accountability and Corporate Greenwashing. *Journal of Business Ethics, 43*(3), 253-261.

145 기고기사 Bylined Article

기고기사란 조직의 대표나 임원 또는 전문가가 특정 쟁점에 대한 자신의 견해를 매체에 보내어 게재되는 기사를 의미한다. 특정 쟁점이란 정치, 경제, 사회, 환경, 기술, 문화 등 다양한 분야의 이슈를 말하며, 전문가란 이들 쟁점에 관련된 기관에 소속되어 있거나, 쟁점 자체에 대한 전문성을 갖춘 사람을 가리킨다(Meranus, 2007). 언론에 보도되는 일반적인 스트레이트 기사와의 차이를 살펴보면, 일반 스트레이트 기사는 객관주의를 중심으로 사실만 전달하는 데 비해, 기고기사는 특정 사건이나 쟁점에 대한 해석이나 의견을 제시한다는 점에서 다르다. 또한 일반 스트레이트 기사는 독자들의 알권리를 충족시킬 목적으로 수많은 사건 사고들 중에서 언론인이 선별해 작성하는 것인 데 반해, 기고기사는 타깃 공중을 대상으로 메시지를 전달해 주로 특정 주제나 이슈에 대한 관심을 불러일으키고 인식을 제고하기 위해 작성된다. 대개는 PR 캠페인을 실시하기에 앞서, 캠페인을 진행할 주제와 관련해 인식을 제고하고 주제에 대한 논의의 필요성과 관련해 분위기를 조성하도록 하기 위해 관련 분야의 전문가를 활용해 기고기사를 게재한다. 달리 말하면, 일반적으로 기고기사는 전문가들에 의해서 특정 쟁점에 대해 작성되는 의견 및 해석 기사지만, 선제적 PR 활동의 수단으로 많이 활용된다. 예를 들어, 마약 범죄예방 캠페인을 진행하고자 한다면, 마약과 관련된 전문가를 섭외해 최근 마약 음용 현황이나 사회적으로 야기할 수 있는 문제 및 해결방안과 관련해 의견을 제시하도록 함으로써 마약 범죄의 심각성에 대해 제고할 수 있도록 캠페인 참여를 촉진하는 데 기여할 수 있다. 또한 기업의 마케팅 활동을 지원하거나 특정 조직의 위상을 제고하는 데 활용되기도 한다.

참고문헌

Meranus, R. (2007. 3. 29.). The Art of the Bylined Article. Entrepreneur. Retrieved from https://www.entrepreneur.com/growing-a-business/pr-strategies-writing-bylined-articles-entrepreneurcom/176400

146 기사 프레임 News Frame

기사 프레임이란 언론보도 과정에서 언론이 특정 사안에 대한 이야기를 구성하는 방식을 의미한다. 하나의 사건이나 쟁점이라 하더라도 다양한 입장과 다양한 측면을 포함하게 되는데, 프레이밍이란 언론이 사건이나 쟁점을 다루는 과정에서 한 사건의 특정 측면만 강조하고 다른 측면을 배제함으로써 사용자가 보도된 기사에 대해 기사 작성자가 의도하는 방향대로 해석하도록 만드는 일련의 과정이다. 프레임이란 기사작성 과정에서 사용하는 틀이며, 기사에서 강조를 위해 선택한 특정 측면 자체를 의미한다. 언론이 뉴스를 통해 세상을 보여 주고자 할 때 특정 프레임을 통해 현실을 보여 주므로, 뉴스는 현실을 있는 그대로 반영하는 것이 아니며, 독자가 보는 현실이란 언론인과 언론사가 정한 프레임에 맞춰 선택과 배제라는 과정을 통해 구성된 현실이다. 따라서 기사 프레임은 독자가 세상을 보는 통로이며, 고정적, 객관적이지 않고 상대적, 주관적인 성격을 가진다. 터크만(Tuchman, 1978)은 "뉴스는 세상을 바라보는 창이며, 우리는 그 창틀을 통해 세상을 알게 된다."라고 했는데, 그의 표현은 기사 프레임의 특성을 잘 나타낸다. 그러나 수용자들은 언론사에 의해 프레임된 뉴스만으로 현실을 해석하지는 않는다.

수용자들은 프레임돼 제공된 뉴스를 그들이 갖고 있는 경험, 지식, 신념 등에 따라 새롭게 해석한다(Neuman, Just, & Crigler, 1992). 프레임의 유형은 쟁점 특성에 따라 매우 다양하다. 가장 대표적인 형태의 뉴스 프레임으로 일화 중심적 프레임과 주제 중심적 프레임이 있다(Iyengar, 1991). 일화 중심적 프레임은 하나의 쟁점을 사례 중심으로 소개하거나 보도하는 것이며, 주제 중심적 프레임은 쟁점의 전개 과정과 구조적 문제 등을 해석하고 분석하는 것이다. PR 분야에서는 특정 조직 혹은 쟁점과 관련된 PR 활동을 하는 데 있어서 해당 조직뿐만 아니라 기업의 제품이나 서비스, 더 나아가 사회적 쟁점 등에 관련된 언론보도에서 기사 프레임이 어떻게 구성되어 있는지는 매우 중요하고 민감한 문제다. 이에 언론보도에 대한 지속적인 모니터링을 통해 특정 주제에 대한 기사 프레임을 확인한다. 또한 PR 실무자가 직접 기사 프레임을 결정하고 퍼블리시티 활동을 통해 쟁점 메이킹을 주도하기도 한다.

참고문헌

Iyengar, S. (1996) Framing Responsibility for Political Issues. *The Annals of the American Academy, 546*(July), 59-70.

Neuman, W. R., Just, M. R., & Crigler, A. N. (1992). *Common Knowledge: News and the Construction of Political Meaning*. The University of Chicago Press.

Tuchman, G. (1978). *Making News: A Study in Construction of Reality*. New York: Free Press.

147 기사 헤드라인 News Headline

기사 헤드라인은 신문과 방송을 비롯한 각종 보도 기사에서 독자의 관심을 끌고 기사를 빠르게 집중시키기 위해 기사 내용의 요점을 짧게 정리해 제목으로 쓴 글이다. 기사 헤드라인은 기사의 내용을 간략히 요약하며, 독자가 기사 본문을 읽을 것인지의 여부를 결정하는 데 결정적인 영향을 미친다(정수영, 황경호, 2015). 보통 편집부 기자가 작성하지만 편집장의 손을 거쳐 수정되기도 한다. 신문과 방송의 편집에서 가장 중요한 것이 헤드라인이다. 인쇄 매체를 예로 들면 독자들은 헤드라인만 보고서 기사를 계속 읽을 것인지 말 것인지 판단한다. 논문이나 전문 서적과 달리 보도 기사는 역삼각형 형식으로 작성하기 때문에 가장 중요한 메시지를 맨 앞에 배치한다. 따라서 기사 헤드라인을 잘 쓰려면 먼저 단어 선택과 명확성이 중요하다. 애매한 헤드라인은 독자를 혼란스럽게 하기 때문에 정확한 단어를 선택해 명료하게 표현해야 하며, 기사의 내용을 부풀리는 과장된 헤드라인도 금물이다. 그리고 구체적인 사실을 바탕으로 써야 하며, 헤드라인에 너무 많은 정보를 담는 것도 바람직하지 않다. 효과적인 헤드라인은 명확하고, 간결하며, 독자의 호기심을 자극해야 한다.

독자가 헤드라인만 읽어도 기사의 주요 내용을 이해할 수 있도록 기사의 핵심 내용을 명확하게 전달해야 한다는 명확성(clarity), 불필요한 단어나 구문을 배제하고 핵심 정보만 포함해 짧고 간결한 문장으로 작성해 독자의 주의를 끌어야 하는 간결성(conciseness), 흥미로운 사실이나 질문을 던져 독자의 호기심을 자극하는 흥미성(interest), 독자의 감정에 호소하는 요소를 포함해 감정 반응을 유도해야 한다는 감정적 호소(emotional appeal), 독자가 즉각적으로 행동하게 만들거나 더 깊이 있는 정보를 찾도록 유도하는 헤드라인을 작성해야 한다는 행동 촉구(call to action)가 기사 헤드라인 작성의 기본 원칙이다. 잡지나 신문마다 헤드라인의 글자 수가 정해져 있기도 하지만, 인터넷신문이나 모바일 미디어의 헤드라인은 화면에서 한 줄을 넘기지 않도록 써야 한다. 보도 기사의 본문을 읽도록 독자들의 동기를 부여하는 것도 기사 헤드라인의 중요한 기능이다. 디지털 시대에는 검색 엔진 최적화(SEO)를 고려해 기사 헤드라인을 작성해야 한다. 키워드를 포함한 기사 헤드라인은 검색 결과의 상위에 노출될 가능성을 높여 더 많은 독자를 유입하는 데 영향을 미친다.

참고문헌

정수영, 황경호(2015). 한·일 주요 일간지의 한류 관련 뉴스 프레임과 국가 이미지: 기사 헤드라인에 대한 의미연결망 분석을 중심으로. **한국언론학보**, 59(3), 300-331.

148 기자 간담회 Press Meeting

기자 간담회는 퍼블리시티 활동의 하나로 비교적 적은 수의 몇몇 출입기자만 초청해 형식이나 격식에 구애되지 않고 자유롭게 질문과 답변을 주고받으며 가볍게 이야기를 나누는 형태로 진행된다. 기업에서는 창립기념일, 공장 신·증축, 신제품 출시 등 큰 행사가 있을 때 간담회를 준비하며, 대통령이 신년에 국정의 방향을 이야기할 때도 간담회 형식을 이용한다. 공공기관의 경우 기관장이 기자실을 방문해 차 한잔을 나누며, 업무 진행 상황에 대해 의견을 교환한다. 이때 한자리에 모인 기자들은 국민을 대신해 궁금한 점을 질문하고 기사를 작성한다(조이, 2019). 기자 간담회를 개최하기 위해서는 우선 기자들의 참석 여부를 먼저 파악하고, 늦어도 행사 일정 1주일 전에는 어떤 내용으로 행사가 진행되는지와 행사개요 및 일정 등에 관한 초청장을 담당기자에게 발송한다(김덕만, 2007). 이와 함께 사전에 자료를 제공해야 하는데, 신제품 출시와 관련해 기자 간담회를 개최하고자 한다면, 제품을 설명하는 자료와 보도자료 등의 내용을 포함한 프레스킷을 제작해 전달해야 한다. 간담회가 시작되면 사전에 선정된 발표자가 기자들에게 내용을 전달할 수 있는 간단한 설명회를 갖고 기자들이 질문을 하게 되면 이에 대한 답변을 제공하게 된다. 가령 신제품 출시 간담회라면 제품 개발 담당자가 대표로 나서서 관련 제품의 특성과 새로운 제품이 시장에서 가지는 의미는 무엇인지 설명하고 발표가 끝난 뒤 궁금한 사항에 대해 질문할 시간을 주고 답변을 한다.

참고문헌

김덕만(2007). **언론홍보기법**. 서울: 매스컴출판사.
조이(2019. 1. 10.). 기자 간담회의 효과와 체크리스트. 기승전 PR.

149 기자 회견 Press Conference

기자 회견은 퍼블리시티 활동의 하나로 어떤 사안의 뉴스 가치가 높거나 중요할 때 기자를 초청해 해당 주제에 관한 입장을 밝히고 질의 응답시간을 가짐으로써 언론에게 취재 기회를 제공하는 행사다. 형식이나 격식에 구애되지 않고 질문과 답변을 자유롭게 주고받을 수 있는 기자 간담회와 달리 기자 회견은 공식적인 회견 절차에 따라 진행된다. 따라서 기자 회견의 주최자는 현안에 대한 논리를 정확하게 전달하기 위해 철저한 사전준비를 거쳐야 한다. 기자 회견은 PR 실무자에 의해 기획되며, 신제품의 도입, 노사분규의 타결, 공장의 확장, 회사조직의 개편, 재난사건과 같은 중대 뉴스가 있을 때 정보를 제공하는 공식적인 자리다. 또한 사안의 긴급성이나 특성 유무에 있어서 기자 간담회와 차이를 보인다. 기자 간담회가 연례적으로 이루어지는 행사나 조직체 근황 등에 대한 소소한 설명의 자리라면, 기자 회견은 긴급한 사안이나 특별하게 제기되는 쟁점 중심으로 이루어진다.

기자 회견은 ① 중대한 사건으로 조직의 공식적인 입장이 요구될 때, ② 특별한 중요 사안과 관련된 조직이 사안에 대한 입장을 밝히고, 그에 대한 대응 차원에서 문제해결을 위한 프로그램을 제시하고자 할 때, ③ 신년 기자 회견, 기업의 경영 전략 발표 회견 등 조직의 중요한 행사를 개최할 때, ④ 중요한 발명이나 발견을 했을 때, ⑤ 매우 난해한 사회적 문제가 발생해 이에 대한 전문가의 자세한 설명이 필요할 때와 같은 상황에서 실시된다(김주환, 2010). 기자 회견이 이루어지는 장소는 대개 전시장, 박물관, 미술관, 대형호텔, 광장이 있지만, 청와대나 대통령실, 국회의사당 등에서는 기자실이라고 불리는 기자 회견을 위한 별도의 회견실이 존재하는 경우가 많다. 기자 회견은 방법에 따라 면대면 기자 회견, 인터넷을 통한 화상 기자 회견으로 나누어 볼 수 있으나, 면대면으로 이루어지는 기자 회견이 가장 많다. 또한 단독 기자 회견과 공동 기자 회견으로 구분될 수 있는 데, 단독 기자 회견은 시간과 장소의 제약을 덜 받고 취재한 내용을 다시 수정하거나 취소할 수도 있다. 공동 기자 회견은 기자 회견 내용이 동시에 집중적으로 보도되는 장점을 지니며, 언론사마다 동시에 보도하기 때문에 오보 가능성이 적다. 그러나 동시에 많은 질문이 쏟아질 경우 시간이 길어지기 쉬우며, 취재원의 말실수 등에 대해 정정하기가 쉽지 않다는 단점이 있다(김덕만, 2007).

참고문헌

김덕만(2007). 언론홍보기법. 서울: 매스컴출판사.

김주환(2010). PR의 이론과 실제. 서울: 학현사.

150 기획기사 Special Report

기획기사란 일반적으로 신문에서 많이 볼 수 있는 단발성 스트레이트 기사와는 달리, 특정 쟁점이나 사안에 대해 심층취재를 기반으로 큰 흐름을 보여 주는 스토리를 전개해 나가는 형태로 작성된 기사다. 일간 신문에서는 정치 · 경제 · 사회 분야에서 발생하는 큰 사안 중 사회적으로 영향이 크거나 사람들의 일상생활에 변화를 주는 사안, 지속적으로 논의되는 주제에 대해 기획기사를 게재한다. 기획기사는 사안의 크기에 따라 가끔은 여러 차례 나누어서 적게는 2회, 많게는 10회까지 시리즈 형태로 게재되기도 한다. 기획기사와 스트레이트 기사의 가장 큰 차이점은 사건이나 현상에 대한 깊이 정도다. 즉, 스트레이트 기사는 발생한 사건 자체만을 객관적으로 다룰 뿐 깊이 있는 내용을 전달하기에는 한계가 있다. 기획기사는 어떤 사회현상에 대해 흐름을 추적해 그 실체에 접근하는 과정을 보여 주는 기사로, 뉴스 이외의 풍부한 읽을거리가 될 수 있는 해설, 설명, 뒷얘기 등 다양한 스토리를 포함하며 특정 현상을 둘러싼 넓고 큰 흐름을 보여 주는 기사다(유창수, 2018). 기획기사를 쓰기 위해서는 우선 주제를 정하고, 근거 자료를 수집한 뒤 사실을 보도하면서 기자 개인의 주장을 덧붙인다. 그리고 통계자료, 전문가 의견, 인터뷰 결과 등으로 주장에 대한 충분한 근거를 제시한다(조철래, 2015). 이렇게 작성된 기획기사는 관련 독자들에게 그 사안을 이해시키는 데 실질적인 도움을 주는 경우가 많으며, 스트레이트 기사에 비해 사안을 상세하게 설명할 수 있어서 수용자들의 흡인력이 매우 크다.

기획기사는 언론사 차원에서 기자가 주도적으로 아이디어를 내고 기사화되는 경우도 많으나, PR 차원에서도 중요하게 활용된다. 기업이 회사나 상품을 언론에 노출하는 방법은 크게 두 가지다. 첫째는 제품이나 기업의 행사 관련 보도자료를 배포해 기자가 사실을 보도하도록 하는 것이며, 둘째는 언론이 관심 가질만한 주제에 맞는 기획기사를 제공하는 것이다(뉴스와이어, 2013). 기업뿐만 아니라 정책PR 차원에서도 어떤 정책에 대해 공중의 관심을 환기하기 위해 시리즈 형태로 기획기사를 마련하기도 한다.

참고문헌

뉴스와이어(2013. 10. 19.). 언론에 기획기사를 제안하는 6가지 방법.
유창수(2018. 11. 20.). 미디어 글쓰기: 기획기사. 영광군민신문.
조철래(2015). **미디어 글쓰기**. 서울: 커뮤니케이션북스.

151 논평 Commentary

논평이란 언론에서 어떤 쟁점과 사건 및 정책 등에 대해 기자, 전문가, 평론가가 자신의 의견이나 해석을 제공하는 글이나 방송을 의미한다. 보도 기사와 달리 논평은 객관적 사실의 전달을 넘어 기자의 전문적인 해설을 덧붙이거나 주관적인 시각과 분석을 포함한다(최윤규, 2022). 따라서 독자나 시청자가 쟁점에 대해 깊이 있게 생각하고 다양한 관점을 이해하도록 하는 데 도움을 준다. 신문의 경우에 논평이란 용어 대신에 '해설기사'라는 대체어를 써도 무방하다. 다시 말해서 특정 주제에 대해 보다 풍부한 정보를 제공하고, 보다 전문적인 안목에서 해설하는 것이 논평이다. 언론사에서 논평이나 해설기사를 쓸 때는 형식적인 구조화, 피동형 서술어의 빈번한 사용, 인용의 편의적 활용, 전문가의 임의 선택 같은 객관화 담론 전략을 사용한다. 그리고 상황과 의미 및 전망을 요약한 리드 명제를 먼저 선언한 다음에 관련 근거를 제시하는 해설 구조를 중시하며, '지적이다' '풀이된다' '분석이다' 같은 피동형 서술어를 자주 사용하는 경향이 있다(송용회, 2007).

텔레비전, 라디오, 신문 같은 대중매체에서는 특정 주제에 대한 논평 코너를 만들어 추가적인 정보를 제공하거나 견해를 제시함으로써 독자나 시청자의 이해를 다양한 형태로 돕는다. 논평의 주제는 정치, 경제, 사회, 문화 등 다양한 분야에서 시사적이고 중요한 쟁점을 다루어야 한다. 논평에는 필자의 명확한 주장이 담겨야 한다. 주장하는 내용은 논리적이고 일관되게 제시되어야 하며, 독자가 쉽게 이해할 수 있어야 한다. 그리고 주장을 뒷받침하기 위해 통계 자료, 사례 연구, 전문가의 견해를 포함해 관련 증거와 예시를 제시해야 한다. 논평의 마지막 부분에서는 주제를 요약하고, 독자에게 생각할 거리를 제공하거나 해결책을 제안해야 한다. 언론의 논평은 독자나 시청자가 쟁점을 깊이 있게 이해하고 비판적으로 사고할 수 있도록 도와주며, 여론을 형성하는 데 상당한 영향을 미친다.

참고문헌

송용회(2007). 언론의 현실해석과 객관화 담론전략: 조선일보와 한겨레의 2004년 국가보안법 개폐논쟁 관련 해설기사를 중심으로. **한국언론학보**, 51(1), 229-251.

최윤규(2022). 외신기자 소통강화에 따른 국내 코로나19 관련 보도 변화 사례 연구: 뉴욕타임스를 중심으로. **정치커뮤니케이션연구**, 66, 5-56.

152 뉴스 가치 News Value

사건과 뉴스는 다르다. 현대사회에는 수많은 사건이 발생하고 있지만, 이들 사건 모두가 뉴스가 되지는 않는다. 언론에 기사를 작성하는 근본은 뉴스를 만드는 것이며, 보도할 가치가 있는 뉴스 소재를 발굴하고 수용자에게 전달하기 위해 글로 쓰는 것이 바로 기사다. 뉴스란 신선한 사건과 새로운 정보이며 흥미 있고 사람들의 '관심을 끌 수 있는 어떤 것'이어야 한다(이현구, 2005). 그리고 뉴스 가치란 수많은 사건 중 뉴스 소재로 선정될 수 있는 가치를 의미하며, 기자가 기사화할지 말지의 여부를 판단하는 기준이 되는 특성이다. 또한 사건이나 쟁점의 속성 중 언론매체에 선택되어 보도될 가능성을 높이는 특성이다(Braun, 2009). 『뉴욕선(New York Sun)』 신문을 창간한 미국의 저명한 언론인 찰스 다나(Carles A. Dana)는 "개가 사람을 물면 뉴스가 아니지만, 사람이 개를 물면 뉴스"라는 유명한 말을 남김으로써 뉴스로 선정될 수 있는 하나의 기준을 제시했다.

미주리그룹에서는 뉴스 가치의 평가 기준으로 영향성(impact), 갈등성(conflict), 새로움(novelty), 저명성 (prominence), 근접성 (proximity), 시의성(timeliness) 등 여섯 가지 요소를 제시했다(the Missouri Group, 2005). 즉, 많은 사람에게 영향을 주거나, 갈등의 요소가 포함되어 있거나, 이전에 경험해 보지 못한 새로운 정보이거나, 저명한 인물이 포함되어 있거나, 공간적 혹은 심리적으로 가까이에서 일어난 사건이거나, 시기적으로 먼 미래가 아닌 지금 현재 일어난 쟁점일 때 뉴스 가치가 있음을 의미한다. 이와 더불어 브라운은 관련성(Relevance), 유머 (Humor), 활동성(Action), 명확성(Clarity), 경쟁(Competition) 등을 추가해 총 22개 개념의 뉴스 가치를 제안했다(이종혁, 길우영, 강성민, 최윤정, 2013; Braun, 2009). PR 실무자에게 있어서 보도자료 작성은 매우 중요하지만, 뉴스 가치를 고려하지 않은 보도자료는 기자에 의해서 선택되지 않으며 기사화될 가능성도 거의 없다. 따라서 PR 클라이언트가 전달하고자 하는 많은 정보들 중 뉴스 가치가 있는 뉴스 소재를 발굴하고 이를 보도자료로 작성해 기자에게 전달할 수 있을 때 그 보도자료는 빛을 발할 수 있다.

참고문헌

이종혁, 길우영, 강성민, 최윤정(2013). 다매체 환경에서의 뉴스가치 판단기준에 대한 종합적 구조적 접근. 한국방송학보, 27(1), 167-212.

이현구(2005). 세상에서 가장 쉬운 기사작성론. 서울: 커뮤니케이션북스.

The Missouri Group (2005). *News Reporting and Writing* (8th ed.). Boston, MA: Bedford/St. Martin's.

153 뉴스의 역삼각형 구조

The Inverted Triangle Structure of the News

뉴스의 역삼각형 구조란 보도기사의 여러 가지 구조의 하나로, 기사 첫머리인 전문에 가장 중요한 내용을 설명하고, 그다음에 구체적인 내용을 설명하고, 가장 덜 중요한 내용을 마지막 부분에 넣는 방식의 뉴스기사 구조를 말한다. 역삼각형 구조의 뉴스기사 형태를 AP스타일이라고도 하는데, 이는 AP통신사에서 처음 사용하기 시작한 것에서 비롯되었으며 이후 대부분의 세계적인 뉴스 통신사들이 역삼각형 방식으로 기사를 작성하고 있다. 역삼각형 뉴스 구조의 개발은 19세기 전신의 발전과 관련이 있는 것으로 전해지고 있다. 전신이 발명되면서 대서양 너머로 소식을 전하는데 10~20분밖에 걸리지 않게 되었으나, 글자당 요금이 비싸다는 한계가 있었고, 이런 비용 구조가 새로운 기사작성 양식을 탄생시켰다. 즉, 현장 기자들은 비싼 요금으로 인해 전신이 끊어질 수 있는 상황에 대비해 핵심 내용부터 타전했다. 다시 말하면 중요한 내용을 먼저, 덜 중요한 내용을 나중에 타전했다.

왜냐하면 이렇게 할 경우 뒷부분이 잘려도 기사의 핵심 내용을 전달하는 데 크게 문제가 되지 않기 때문이다. 이런 방식은 신문지면을 편집할 때도 적용되어, 뉴스거리가 많아 지면이 부족할 경우 덜 중요한 문장을 덜어 내더라도 기사의 맥락에는 영향을 미치지 않는다(미디어의 미디어, 2022). 뉴스의 역삼각형 구조는 기사의 핵심 내용을 제일 앞에 제시한 뒤 본문에 나머지 중요한 사실을 배열하기 때문에 사건 · 사고의 내용을 압축적으로 전달하는 데 효과적이다. 독자들도 짧은 시간에 제목과 전문 등 기사의 앞부분만을 읽어도 전체 내용을 파악할 수 있어 시간을 절약할 수 있는 장점이 있다(고영철, 2015). 이런 이유로 현대 신문에서 기획기사와 탐사보도를 제외한 거의 모든 기사가 역삼각형 구조로 서술되고 있다. 그러나 역삼각형 구조에 대해 긍정적인 평가만 있는 것은 아니다. 역삼각형 기사작성 방식은 독자들에게 기사의 제목만 대충 훑어보도록 해 독자가 기사를 끝까지 읽는 것을 방해한다는 연구결과도 있다. 이에 따라 열독 욕구를 지속시키는 힘이 부족하고, 기계적이고, 딱딱하고, 흥미가 떨어지는 지루한 스타일의 기사로 평가되기도 하며, 독자들이 사안의 시시비비를 판단하는 데 도움을 주지 못하는 기사로 평가되기도 한다(유선영, 2001).

참고문헌

고영철(2015). 한 · 미 지역일간지 1면 기사 콘텐츠의 구성방식 비교분석: 기사의 유형, 구조, 내용 그리고 사진 및 인포그래픽 제시방법 등을 중심으로. **언론과학연구**, 15(1), 5-47.

미디어의 미디어(2022). 저널리즘 콘텐츠의 스토리텔링: 역삼각형에서 스토리텔링. 북저널리즘.

유선영(2001). **새로운 신문기사 스타일: 역삼각형 스타일의 한계와 대안**. 한국언론재단.

154 뉴스 클리퍼 News Clipper

뉴스 클리퍼는 하루하루의 뉴스 중에서 특정 기사 및 정보를 선별하고 스크랩해 의뢰한 고객에게 제공해 주는 사람을 말한다. 이를 위해 뉴스 클리퍼는 종합일간지, 전문지, 경제지, 주간지 등 매체를 탐독하고, 고객이 의뢰한 기사를 추리고 분석한 후 그것을 다시 정리하고 재가공해 원하는 고객에게 보내는 일을 한다. 다시 말하면, 다양한 매체를 확인해 고객사, 경쟁사의 시장 동향 및 의뢰받은 제품과 관련된 여러 가지 항목들로 뉴스를 각각 분류해 일목요연하게 분야별 목차로 스크랩북에 정리하고 분석까지 진행해 기사 내용과 함께 고객사에 전달하며 새로운 전망을 제언하기도 한다(민순기, 1997). 따라서 뉴스 클리퍼는 기사를 단순 스크랩하는 것과는 달리, 고객의 다양한 요구를 수용해 뉴스에 전문성과 부가가치를 더해 주는 역할을 한다.

뉴스 클리퍼의 업무 범위는 고객의 요구에 따라 다양하다. 의뢰한 기업만을 다루거나 언급된 기사만을 중점적으로 수집하기도 하지만, 경쟁사와 연관된 기사까지 포함하는 경우도 있다. 나아가 산업과 경제 흐름 전반에 걸친 일반적인 기사까지 포함시켜야 하는 때도 있다(이원갑, 2019). 단순히 선택한 정보를 간결하게 편집해 전달하는 경우도 있으나, 수집된 데이터를 기반으로 분석 및 통찰력까지 제공하는 경우도 있다. 뉴스 클리퍼는 주로 광고회사, PR 회사, 기업의 홍보 관련 부서에서 활동하며, 특히 PR 회사에서 주로 활동하는 뉴스 클리퍼는 하루 2교대로 근무한다. 신문의 가판을 담당하는 경우 오후 4시에 출근해 자정을 전후해 퇴근하지만, 신문의 시내판을 담당하면 오전 5~7시에 출근해 오후 4시경 퇴근한다(전북일보, 2004). 최근 '다음' '네이버' 같은 포털사는 클리핑 업무의 일부를 대체하기 위해 AI기반 솔루션을 적극적으로 모색하고 있어 AI로 쉽게 대체할 수 없는 영역으로 발전시킬 필요가 있다.

참고문헌

민순기(1997. 10. 25.). 이런 직업도 있어요: 뉴스 클리퍼. 전자신문.

이원갑(2019. 6. 17.). 뉴스로 넘치는 바다, 항해 도와주는 '뉴스 클리퍼'. 뉴스투데이.

전북일보(2004. 12. 13.). 뉴스 클리퍼. 전북일보.

155 뉴스 클리핑 News Clipping

뉴스 클리핑이란 다양한 매체에서 다루어지고 있는 자사나 고객사와 관련된 기사를 확인하고, 모니터링하는 것을 의미한다. PR 담당자가 PR 전략을 수립하려면 자사와 경쟁사, 더 나아가 산업 전체의 흐름을 파악할 필요가 있으며, 이런 정보욕구을 충족시켜 줄 수 있는 것이 바로 뉴스 클리핑이다. 뉴스 클리핑을 통해 새로운 홍보 아이템에 대한 아이디어를 얻기도 하지만 더욱 중요한 것은 쟁점 대응을 위한 모니터링이라는 차원에서다. PR 전략을 수립하는 과정에서 PR인들은 업계의 트렌드는 무엇인지, 고객사의 장점과 포지셔닝은 어떠한지, 기자들과 소비자는 어떤 가치관을 가지고 있는지, 경쟁사들은 어떻게 마케팅 활동을 하고 있는지를 뉴스기사를 통해 확인한다. 그리고 이를 통해 고객사의 장점을 파악하고, 경쟁사의 전략을 추리하며, 이것은 자사의 전략을 세우기 위한 토대가 되기도 한다. 또한 뉴스 클리핑은 언론 관계를 구축하는 데 많은 도움을 준다. 뉴스 클리핑을 통해 어떤 기자가 우리 업계 쟁점에 관심이 있는지, 어떤 기자를 만나야 자사의 이야기를 좀 더 관심 있게 들어 줄 수 있을지에 대한 답을 얻을 수 있다. 반대로 자사에게 적대적이고 경쟁사와 너무 친해 보이는 기자는 누구인지도 파악해 볼 필요가 있다(콜린, 2020).

참고문헌

콜린(2020. 11. 16.). 홍보담당자, 데일리 뉴스클리핑 꼭 해야할까?.

156 뉴스 프리즘 Prism of the News

프리즘이란 빛을 굴절시키고 분산시키는 광학 도구로, 뉴스 프리즘 현상이란 뉴스가 현실을 있는 그대로 반영하지 않고, 뉴스 미디어가 사회적 상호작용 및 뉴스라는 형식을 통해 현실을 재구성해 드러내는 현상을 말한다. 프리즘을 통과한 빛이 몇 가지 색으로 갈라지는 것처럼 동일한 사실이라고 하더라도 어떤 언론사가 어떻게 보도하느냐에 따라 '뉴스의 색깔'이 달라진다는 것이다. 매체별 뉴스의 차이는 현실이 왜곡되었기 때문이 아니라 뉴스에 의해 구성된 현실의 차이로 해석될 수 있다(정일권, 2010). 뉴스가 현실을 반영하는가 혹은 구성하는가라는 문제는 오래전부터 많은 연구자들 사이에서 논쟁이 되던 주제다. 전자에서는 '뉴스는 우리 사회를 보여 주는 창이다.' 혹은 '뉴스는 사회를 비추는 거울이다.' 등으로 주장하며, 뉴스를 통해 사회의 현실 전체는 아니더라도 그 일면을 가감 없이 그대로 볼 수 있음을 강조한다. 이와 반대로 후자는 뉴스는 사회현실을 아무런 왜곡 없이 재현(representation)하는 투명한 것이 될 수 없다고 전제한다. 즉, 뉴스는 뉴스 생산에 개입되는 여러 내 · 외적 요소들이 존재함을 전제한다. 정치 권력과 자본과의 관계, 그 시대의 지배적인 문화적 가치 등이 뉴스와 언론사를 둘러싼 외적 요소라면, 언론사 내부의 뉴스 생산 관행은 내적 요소다(김건우, 2015). 언론사 사주의 정치적 성향이나 편집국장의 뉴스편집 성향, 뉴스의 제작 과정, 언론인의 가치관, 매체 자체의 특성이 그 예가 될 수 있다. 또한 정례적인 취재 관행이나 취재망 자체가 뉴스의 성격을 결정짓는 중요한 역할을 할 수도 있다(윤영철, 1991)

참고문헌

김건우(2015). 뉴스는 '주어진 것'이 아니라 '구성된 것': 뉴스 리터러시가 필요한 이유. http://dadoc.or.kr/1787.

윤영철(1991). 언론의 현실 재구성에 관한 연구: 우리나라 신문의 남북관계 보도분석. **한국언론학보**, 26, 251-286.

정일권(2010). 사회면 기사분석을 통해 본 뉴스미디어의 현실구성. **한국언론정보학보**, 50, 143-163.

157 다크 사이트 Dark Site

다크 사이트는 위기 상황이나 어떤 조직의 정상적인 운영이 방해받는 환경에서 공중에게 일관성 있는 안내와 정보를 제공하기 위해 만들어진 마이크로 사이트(micro site)의 하나다. 잠재적 위기가 발생하면 관련자들에게 정보를 제공해 줄 수 있다. 이 용어는 미리 사이트를 준비해 두지만 평상시에는 활용하지 않고 감춰져 있고 위기가 발생할 때까지는 오프라인으로 저장돼 있기 때문에 이런 이름이 붙었다. 외국에서는 다크 사이트가 본래의 목적에서 벗어나 범죄 활동에 악용되는 사례도 증가하고 있다(Guccione, 2024). 위기가 발생하면 미리 구축해 둔 다크 사이트를 활성화시켜 관련 정보를 일관성 있게 제공할 수 있으며, 잘못된 추측이나 소문이 확산되는 것을 조기에 차단할 수 있다. 예를 들어, 뜻밖의 사고가 발생할 가능성이 있는 항공사 등에서 사고 발생에 대비해 다크 사이트를 구축해 두는 경우가 많으며, 사고가 수습되고 위기 상황이 마무리되면 다시 웹상에서 보이지 않도록 원래 상태로 보이지 않게 되돌려 놓는 것이 일반적이다.

참고문헌

Guccione, D. (2024). What is the Dark Web? How to Access It and What You'll Find. CSO. https://www.csoonline.com/article/564313/what-is-the-dark-web-how-to-access-it-and-what-youll-find.html

158 단기계약 경제 Gig Economy

단기계약 경제란 필요에 따라 기업들이 단기계약직이나 임시직으로 인력을 충원하고 대가를 지불하는 자율노동 형태의 경제를 의미한다. 즉, 단기계약 경제는 전통적인 정규직이나 장기 계약직보다 더 유연한 형태의 계약직 또는 프로젝트 기반의 일자리와 여기에서 파생된 경제로, 특정 프로젝트나 일시적인 업무를 수행하기 위한 노동력이 유연하고 탄력적으로 공급되는 경제 환경을 의미한다(이효경, 김성우, 오희정, 유영만, 2023). 긱(Gig)이란 용어는 '한시적인 일' 또는 필요에 의해 정규직 대신 임시적으로 노동을 제공하는 것을 의미하는데, 1920년대 미국에서 재즈 공연 인기가 높아지면서 단기적으로 활동하는 공연팀들이 생겨난 데서 비롯되었다. 이런 단기계약 경제는 디지털 플랫폼을 통해 수요자와 공급자가 쉽게 연결되면서 기업이 필요에 따라 단기계약이나 임시적으로 인력을 충원하고 그 대가를 지불하는 형식이다(박수경, 이봉규, 2018).

단기계약 경제의 장점은 디지털 플랫폼을 통해 특정 능력이나 기술이 적용되는 다양한 일자리를 창출한다는 것이다. 노동의 유연성으로 인해 다양한 계층의 노동 참여가 가능하며 경력을 보유한 여성이나 은퇴자가 이전에 비해 노동시장에 좀 더 수월하게 재진입할 수 있게 되었다. 특별한 교육이나 훈련 없이도 일할 수 있어 장기 실업자 및 구직자, 장애인 등 취약계층에게도 새로운 기회가 될 수 있으며, 기존 취업자의 경우에 남는 시간을 활용해 추가 소득을 확보할 기회를 얻을 수 있다(Shiftee, 2021). 기업은 양질의 유연한 노동력을 탄력적으로 운용할 수 있다는 점과 직원의 채용 및 관리와 관련된 비용과 책임으로부터 자유롭다는 장점이 있으며, 노동자 입장에서도 자기 시간을 탄력적으로 활용할 수 있다는 장점이 있다. 반면에 단기계약 경제의 단점은 단기계약 노동자들이 독립 계약자나 개인 사업자로 분류되기 때문에 정규직과는 다른 대우를 받을 수 있다는 점이다. 전통적 의미의 근로자는 「근로기준법」을 적용받아 최저임금, 주 52시간, 퇴직금 등 각종 법적 보호를 받을 수 있는 데 반해, 단기계약 노동자들은 저임금과 과로, 사고와 재해 상황에 직면하더라도 마땅한 보호 대책이 없다(한국교통연구원, 2020).

참고문헌

박수경, 이봉규(2018). 긱경제자원 공급자의 경험과 미래 일자리 인식에 대한 질적 연구. **인터넷정보학회논문지, 19**(1), 141-154.

이효경, 김성우, 오희정, 유영만(2023). 자발적 긱워커(Gig Worker)의 일에 대한 인식탐색: 행위자 네트워크의 관점에서. **인문사회 21, 14**(1), 1439-1453.

한국교통연구원(2020. 3. 23.). 배달대행시장의 플랫폼 노동자와 Gig Economy.

Shiftee(2021. 11. 26.). 초단기 노동자. 긱 워커 전성시대.

159 단기계약 노동자 Gig Worker

지난 1920년대의 미국에서 재즈 공연장 주변 연주자를 단발성으로 섭외해 공연을 진행하던 것을 의미하는 '긱(Gig)'이라는 용어에서 비롯된 개념인 단기계약 경제(gig economy)는 기업의 필요에 따라 플랫폼을 통해 단기 계약직이나 임시직으로 인력을 충원하고 그 대가를 지불하는 경제를 의미한다. 단기계약 노동자는 이런 단기계약 경제 환경에서 일하는 노동자를 일컫는 개념으로 정규직이 아닌 임시직 형태로 계약을 맺고 단기적으로 근무하는 노동자를 말한다. 즉, 고용주의 필요에 따라 단기로 계약을 맺거나 일회성으로 일을 맡는 초단기 근로자다. 디지털 플랫폼 산업의 성장으로 단기계약 노동자가 기존 비정규직보다 더 유연한 노동계약으로 맺어지는 초단기 일자리로 부상하고 있는데, 기존의 단기적 근로 형태와 가장 큰 차이는 노동력의 중개가 디지털 플랫폼에서 이루어진다는 점이다. 또한 단기계약 노동자는 근로자가 원하는 시간과 장소를 택해 일한다는 점에서 정해진 시간에 일해야 하는 아르바이트보다 자율성이 더 강화된 노동 형태다.

국내에서는 '배달의민족'이나 '요기요' 같은 배달 플랫폼 종사자나 '우버' 같은 차량공유서비스의 운전자가 대표적인 단기계약 노동자의 예다. 그 외에도 '숨고'에 등록된 1인 자영업자나 프리랜서도 단기계약 노동자이며, 최근에는 개인의 전문성이 강조되는 웹그래픽 디자이너, IT 개발자 등으로 단기계약 노동자의 분야가 확장되고 있다. 이와 함께 취업포털 '사람인'이 제공하는 일자리 연결 서비스 '사람인긱'과 아르바이트 포털사이트인 '알바몬'이 서비스하는 재능거래 앱 '긱몬' 같은 단기계약 노동자의 맞춤형 일자리 플랫폼도 등장하고 있다. 단기계약 노동자의 장점은 첫째, 자신이 원하는 시간과 기간 동안에 일할 수 있기 때문에 개인 스스로 스케줄 정비가 가능하고 선택 근무가 가능하다는 점이다. 둘째, 비교적 흔하게 널린 플랫폼으로 일자리 구하기가 용이하다는 것이다. 반면에 단점으로는 주로 단기성으로 진행되는 만큼 프로젝트성의 업무를 하는 경우가 많고, 수익구조가 안정적이지 못하고, 법적으로 취약한 위치에 있다는 점이다. 즉, 평생직장에 얽매이지 않고 싶어 하는 MZ세대의 직업관이 단기계약 노동자의 확산을 가속화시킨다고 분석되지만, 이들 단기계약 노동자들의 권리를 실질적으로 보장할 수 있는 제도가 마련되고 있지 않다. 최근 산재보험을 인정하고, 고용노동부에서 특수형태 근로 종사자를 위한 표준계약서를 제정하는 등 단기계약 노동자를 위한 '제도화' 움직임이 있으나, 여전히 노동 관련 법의 사각지대에 놓여 있어 이를 보호할 제도적 기반을 서둘러 마련할 필요가 있다(이효경, 김성우, 오희정, 유영만, 2023).

참고문헌

이효경, 김성우, 오희정, 유영만(2023). 자발적 긱워커(Gig Worker)의 일에 대한 인식 탐색: 행위자 네트워크의 관점에서. **인문사회 21**, 14(1), 1439-1453.

160 대관업무 Government Affairs

대관업무(對官業務)란 기업의 비즈니스와 관련된 정부 정책이 자사의 사업에 유리한 영향을 미치게 하려고 이해관계자(stakeholder)와 소통하며 필요한 정보를 수집해 전략을 수립하는 일련의 업무를 뜻한다. 대관업무는 국내외 기업에서 적극적으로 실행한다. 우호적인 사업 환경을 조성하기 위해 관(官)을 상대로 벌이는 모든 활동이 대관업무라고 할 수 있는데(김학신, 최명일, 김대욱, 2021), 기업의 규모와 지배구조 및 사업 영역에 따라 다르지만 정부, 국회, 대(對) 기업, 검찰, 경찰 등이 대관업무의 대상이다. 국회를 상대로 하는 분야를 '입법 라인'이라고 하고, 나머지 분야를 '정보 라인'으로 분류한다. 미국에서는 로비스트의 로비 활동이 합법이지만 한국에서는 인정하지 않는 현실에서, 대관업무란 한국형 로비 활동이나 마찬가지라고 보는 견해도 있다. 대관업무를 하려면 인적 네트워크를 탄탄하게 구축해야 모든 일이 수월하게 진행된다. 입법 라인이 중요해지면서 국회 보좌관이나 국회의원의 비서관 출신들이 대기업으로 이직하는 사례가 증가하는 이유도 인적 네트워크의 중요성 때문이다. 국내 기업의 대관업무는 대체로 은밀하게 진행되지만, 해외 기업에서는 로비스트를 고용해 공식적으로 수행한다. 사안에 따라 대관업무를 로펌이나 PR 회사에 맡기는 경우도 있다.

참고문헌

김학신, 최명일, 김대욱(2021). 정부-공중관계와 공동체 의식을 통한 보훈 정책 평가와 실천. PR연구, 25(4), 57-81.

161 | 대변인 Spokesperson

대변인이란 어떤 사람이나 단체를 대신해 의견이나 태도를 밝히거나 공식·비공식적인 성명을 발표하는 사람을 뜻한다. 기업이나 기관에서 언론 관계나 공공 PR을 실행할 때 공식적인 훈련을 받은 전문가를 고용해 가장 효과적인 방법으로 공적 발표를 하게 함으로써 긍정적인 영향을 최대화하고 부정적인 영향은 최소화하고자 한다. 정당에서의 정책

PR에서도 사실과 진실에 기반을 두고 공중의 입장에 대한 이해를 반영할 수 있는 효과적인 커뮤니케이션이 필요하며 일관성 있는 메시지 전달이 매우 중요하다(박재훈, 2012). 이렇듯 일관되고 효과적인 커뮤니케이션 담당자가 바로 대변인이다. 정당은 단순히 국민에게 정당의 정책 활동 정보를 제공하고 여론을 수렴하는 데 그치는 것이 아니라 여론을 적극적으로 주도하고, 국민과의 원활한 커뮤니케이션을 위해서 정책 PR 활동을 하며(탁재택, 2001), 여기서 정당의 대변인은 쟁점에 대한 정당의 입장을 언론과 공중에게 정확하게 제공함으로써 쟁점 관리를 주도하는 커뮤니케이션 담당자의 역할을 한다. 대변인은 쟁점이나 위기가 발생했을 때 특히 핵심적인 역할을 한다. 쟁점이나 위기 상황에 직면하게 될 때, 조직에서는 핫라인(hotline)이 발동되어야 하며, 분산된 커뮤니케이션보다 대변인을 중심으로 한 일원화된 커뮤니케이션이 이루어져야 한다. 이때 대변인은 쟁점 발생 과정이나 위기 발생과 관련된 조직의 입장 등을 명확하게 밝힘으로써, 공중을 이해시키고 조직의 이미지 회복에 기여하는 역할을 한다.

참고문헌

박재훈(2012). 정당 대변인의 성별과 이미지가 유권자의 대변인 평가에 미치는 영향. **정치 커뮤니케이션 연구**, 25, 55-85.

탁재택(2001). 정당PR의 현황과 진로모색: 민주당과 한나라당의 사례를 중심으로. **PR연구**, 5(2), 108-127.

162 대표자 전기 CEO Biography

대표자 전기란 한 조직의 CEO에 대한 스토리를 기사화하는 것으로,

그의 이력과 최근 활동을 중심으로 서사적으로 작성되며, 프레스킷에 포함되어야 하는 중요 요소의 하나다. 기업의 최고경영자의 이미지는 매우 중요하다. 왜냐하면 최고경영자에 대한 긍정적 이미지는 일반인들에게는 기업에 대한 신뢰도 형성의 기반을 제공하며, 투자자들에게는 투자 여부를 결정하는 주요한 동기로 작용하기 때문이다. 대표자 정체성(President Identity: PI) 활동은 공공기관의 기관장이나 기업의 최고경영자 등 조직의 대표에 초점을 맞춘 홍보 활동으로, 공중의 신뢰도 향상과 긍정적 인식 형성을 위해 최고경영자의 활동을 기획하고 기사화한다. 이와 유사한 맥락에서, 대표자 전기 역시 최고경영자의 '독특한 인생경험'이나 '상식을 깨뜨리는 취미' 등을 기사화함으로써 최고경영자에 대한 이미지를 긍정적으로 형성할 수 있다.

아울러 투자자들은 기업에 대한 투자 여부를 결정하는 데 있어서, 기업 프로필(Company Profile)을 확인하는 과정을 거치게 되는데, 이러한 기업 프로필에 반드시 포함되는 핵심 요소에는 조직의 구성원에 대한 정보, 재정적 정보, 경쟁적 이점, 강력한 이미지적 요소, 대표자 전기 등이 있다(FasterCapital, 2024). 즉, 투자자들은 관심을 가진 해당 기업을 어떠한 경영자가 이끌고 있는지, 이들은 어떤 자격요건이나 역량을 갖추고 있는지를 확인함으로써 비즈니스 성장 가능성에 대한 확신을 얻고자 한다. 일반적으로 대표자 전기를 작성하는 데 있어서 포함되어야 할 내용은 ▲현재 직위 및 직책, 활동에 대한 설명, ▲과거의 경험과 성취, ▲교육, 자격증, 협회 및 대외활동, 수상 내역 등이다. 또한 애비록(Abbylocke, 2024)에서는 대표자 전기를 작성하는 데 있어서 반드시 고려해야 하는 내용을 몇 가지 제시하고 있는데 다음과 같다. ▲리더십과 비전을 증명해 낼 것, ▲기억될 만한 인상을 만들 수 있도록 할 것, ▲신뢰도를 구축할 것, ▲타깃에 따라 메시지를 차별화할 것 등이다.

참고문헌

Abbylocke(2024). How to Write an Executive Career Bio for Your Job Search. Retrived from https://abbylocke.com/leadership-ceo-biography-sample/

FasterCapital(2024. 6. 18.). Simple Steps For Figuring Out Exactly What Investors Want In a Company Profile. Retrieved from https://fastercapital.com/topics/ceo-biography.html

163 댓글 Reply

댓글은 인터넷이나 소셜 미디어의 게시 글이나 콘텐츠 바로 밑에 자기 생각이나 의견을 짧게 작성한 글을 의미한다. 댓글 대신에 리플라이(reply)의 줄임말인 '리플'이란 말을 쓰기도 한다. 디지털 미디어에서 댓글은 사용자가 게시물이나 기사, 동영상, 사진 등 다양한 콘텐츠에 대한 자신의 의견이나 반응을 작성해 공유하는 기능을 의미한다. 의견 공유, 질문, 칭찬, 비판, 추가 정보 제공 같은 다양한 목적을 가진 댓글은 온라인 커뮤니케이션의 중요한 요소로 사용자 간의 상호작용을 촉진하고 커뮤니티 형성을 돕는다(안서원, 박병화, 2019). 댓글은 사용자들이 댓글 게시자와 직접 소통하거나 다른 사용자들과 상호작용할 수 있고, 콘텐츠 제작자에게 즉각적인 피드백을 제공하며 긍정적인 피드백은 동기부여가 되고 부정적인 피드백은 개선의 기회를 제공하며, 댓글을 통해 추가 정보나 다른 관점을 제공함으로써 사용자들은 더 많은 정보를 얻고 다양한 시각을 접할 수 있다. 또한 공통의 관심사를 가진 사용자들이 댓글을 통해 연결되고 커뮤니티를 형성할 수 있다. 이와 같은 댓글의 장점에도 불구하고 부작용도 있다. 익명성을 악용해 악의적인 댓글(악플)을 남기는 경우는 대상자에게 심리적 상처를 주고 사이버 폭력으로 이어질 수 있다(신경아, 최윤형, 2020). 잘못된 정보나 루머가 댓글을 통해 빠르게 확산되면 허위 정보를 확산해 잘못된 인식을 형성하고 혼란을 초래할 수 있다. 그리고 댓글을 통해 감정적인 논쟁이 발생하면 사용자 간의 갈등을 심화하고 논쟁을 불러일으킬 수 있다. 또한 댓글을 통해 개인정보가 유출되거나 사생활 침해가 발생할 수 있어 심각한 개인정보 보호 문제를 야기한다. 댓글을 악용해 스팸 메시지나 광고를 게시하는 경우도 댓글의 부작용이다.

참고문헌

신경아, 최윤형(2020). 혐로(嫌老) 사회: 뉴스 댓글에 나타난 노인인식과 공공 PR의 과제. **광고학연구**, 31(6), 93-128.

안서원, 박병화(2019). 창의적 소비에 대한 유튜브 비디오 네트워크의 특성과 댓글을 통한 소비자 반응 분석: Ikea hack을 중심으로. **소비문화연구**, 22(1), 95-118.

164 데이터 저널리즘 Data Journalism

데이터 기반 저널리즘(data-driven journalism)이라고도 불리는 데이터 저널리즘은 데이터를 근거로 해 보도하는 저널리즘으로서, 복잡하게 얽힌 데이터와 정보를 선별, 통합, 응축하는 과정을 거쳐 명확하고 체계적인 내용을 담아 보도하는 저널리즘 형태다. 데이터 저널리즘은 특정한 기사나 스토리를 만들어 내는 과정에서 데이터에 기반을 두고 객관적 사실을 보여 주고자 하는 저널리즘의 새 모형이며 '특정 목표를 위해 데이터를 필터링해 시각화함으로써 기사를 완성하는 과정'이다. 또한 인터넷 기술에 의존해 데이터 마이닝과 클리닝을 통해 방대한 양의 데이터에서 유용한 데이터 정보를 추출하고, 데이터 통계와 분석을 통해 저널리즘 사건에 관련된 변수의 변화추이를 밝히고 각 변수 간의 관계를 확인해 저널리즘 스토리를 시각화해 보여 주는 저널리즘 보도 방식이라고 정의된다(조세웅, 2023). 이처럼 데이터 저널리즘의 핵심에는 바로 데이터가 있고 데이터를 처리하는 기술이 포함되어 있다.

이로 인해 기존에 인터넷의 발전에 따라 나타났던 몇몇 보도 방식과 혼용되기도 한다. 즉, 컴퓨터 활용 보도는 일반적으로 탐사보도 등에서 보도를 강화하기 위해 데이터를 수집하고 분석하는 것인 반면에, 데이터 저널리즘은 모든 저널리즘 업무 과정에서 데이터 자체에 관심을 기울인다는 점에서 차이를 보인다. 데이터 저널리즘은 뉴스 자료를 찾고, 그 결과물을 분석하는 데 있어 컴퓨터를 그 전제조건으로 한다는 점에서 빅데이터의 개념 이전에 등장했던 온라인 저널리즘, 인터넷 저널리즘, 디지털 저널리즘, 사이버 저널리즘 등의 용어와 혼용되고 있다. 그러나 기존의 저널리즘이 뉴스 콘텐츠를 텍스트나 영상으로 전달했다면 데이터 저널리즘은 뉴스 앱을 통해 전달하는 것이며, 뉴스 콘텐츠의 원자료에 대한 수용자의 접근과 탐색을 보장하는 저널리즘이라는 점에서 기존의 저널리즘과 차이를 보인다(정동우, 2016). 데이터 저널리즘의 특성은 데이터 시각화, 콘텐츠 상호작용, 공개 및 참여의 투명성이라는 특성을 가지며, 데이터 저널리즘의 제작과정에는 데이터 수집, 데이터 처리, 데이터 제시라는 세 가지 과정이 포함되어 있다.

참고문헌

정동우(2016). 빅데이터 시대의 데이터 저널리즘 전개방향에 대한 모색. **한국출판학 연구**, 42(2), 165-207.

조세웅(2023). 사용자 경험에 기반한 데이터 저널리즘의 내러티브 시각화 연구. 성균관대학교 일반대학원 박사학위논문.

165 떼거리 취재관행 Pack Journalism

떼거리 취재관행은 취재 방법이나 시각 등이 독창성이 없고 획일적이어서 개성이 없는 저널리즘을 말한다(두산백과사전, 2024). 일반적으로 팩저널리즘은 언론의 선거보도에서 기자들이 한 무리(pack)가 되어 취재하고 보도하는 행태를 가리키는 것으로 기사 획일화의 주범으로 지목되고 있다. 이에 '무리 저널리즘' '패거리 저널리즘' '떼거리 저널리즘'으로도 불린다(강준만, 2013). 미국의 사진기자 유진 스미스(Eugene W. Smith)는 전깃줄에 앉아 있던 새 무리 중 한 마리가 날아오르면 모두 뒤이어 날아오르고 다시 한 마리가 돌아와 앉으면 모두 돌아와 앉는 모습을 매스미디어의 모습에 비유했는데, 이는 팩 저널리즘에 대한 매우 적절한 표현이다(유일상, 2004). 획일적인 언론보도로 개성이 부족하고 다양성이 결여된 언론의 단점을 지적하는 것이 떼거리 취재관행의 특성을 잘 표현한다는 것이다. 국내의 출입처 중심의 취재 관행이 청산되지 않은 상태에서 이런 떼거리 취재관행은 미디어의 집단적 획일화를 경계하게 하며, 획일적 언론이 만들어 내는 대중문화의 획일화에 대한 제어 장치도 필요하다는 시사점을 제공하고 있다(유일상, 2004).

참고문헌

강준만(2013). 교양영어사전 2. 서울: 인물과 사상사.

두산백과사전(2024. 7. 1.). 팩저널리즘. https://www.doopedia.co.kr/search/encyber/new_totalSearch.jsp?WT.ac=search

유일상(2004). 신문독자불만처리제도에 관한 일 고찰. 사회과학연구, 24, 31-51.

166 레거시 미디어 Legacy Media

레거시(legacy)는 유산, 유증을 뜻하는 단어라는 점에서 유추해 볼 수 있듯이 레거시 미디어는 전통적인 언론의 유산을 물려받은 매체이며 과거에 개발되어 언론의 중심축을 형성하고 있던 전통적인 매체를 의미한다. 이는 정보산업혁명으로 인해 소셜미디어, 포털, 유튜브 같은 뉴미디어가 탄생하면서 신문, 잡지, 라디오 TV 등의 기존 미디어를 통틀어 일컫는 용어이면서 기존에 사용되어 왔던 전통적인 방식으로 정보가 생산되고 배포되는 미디어를 뜻한다. 레거시 미디어를 '과거 정보화시대 이전에 언론 현상을 지배했던 대중매체'(민희식, 2024)라는 의미에서 뉴미디어와 반대되는 개념으로 올드미디어라고 불리기도 하지만, 그 범위에 있어서 좀 더 광범위하다. 뉴미디어라는 용어 자체가 상대적인 개념이기에, 케이블 TV는 기존 지상파 방송과 비교하면 뉴미디어라고 할 수 있지만, 새로운 디지털 기술에 기반해 확산되고 있는 온라인 및 스트리밍 서비스나 유튜브 등과 비교해 보면 케이블 TV나 IPTV는 KBS, MBC, SBS, EBS 등 전통적인 지상파 방송과 함께 레거시 미디어에 속한다.

레거시 미디어와 뉴미디어를 구분하는 몇 가지 특징이 있다. 첫째는 정보접근성이 다르다는 것이다. 신문 분야에서의 레거시 미디어는 조선일보, 중앙일보, 동아일보 등 종이신문의 형태로 정보를 제공하지만, 디지털 기술의 발전으로 오늘날 독자들은 인터넷을 통해 신문기사를 접한다. 이런 상황에서 레거시 미디어 역시 전통적인 방식만을 고집하기보다 디지털 플랫폼을 통해 정보를 제공하는 노력을 보인다. 둘째는 소통 방식 혹은 기술의 차이다. 레거시 미디어는 정보전달의 방향이 일방적인 데 반해, 유튜브, SNS 등 뉴미디어 기술은 상호작용적이고 정보전달 공급 체계가 분산되어 정보를 서로 교환하는 방식이다. 이에 따라 레거시 미디어는 즉각적인 소통에 한계가 있어 독자들은 일방적으로 정보를 수용하는 입장이었다. 반면에 뉴미디어 이용자들은 일방적인 정보전달을 거부하고 자신의 의견을 적극적으로 전달할 수 있는 미디어를 원하며 이로 인해 기존과 달리 실시간 채팅이나 소통이 가능한 방송과 팟캐스트 등이 인기를 얻고 있다.

참고문헌

민희식(2024. 3. 5.). 레거시 미디어의 화려한 부활. 월간 CEO&.

167 레터 헤드 Letter Head

레터 헤드는 '편지(letter)+맨 위(head)'라는 뜻으로 편지 상단에 회사와 관련된 표기를 하는 것을 의미하며, 비즈니스의 중요한 PR 수단 중 하나다. 기업의 브랜드 정체성을 형성하기 위해 책 표지, 명함, 필기구, 스티커 등 맞춤형 판촉물을 제작하는 것은 고객에게 브랜드에 대한 기억을 높이기 위한 방법이다. 레터 헤드 역시 마찬가지다. 주로 회사로고, 전화번호 및 주소와 같은 정보를 그 기업의 정체성을 드러낼 수 있는 색 구성표 및 디자인과 함께 통합해 우편을 통해 서신을 전달할 때 활용하는 효과적인 방식이다. PR 담당자들은 보도자료를 작성해 기자들에게 이메일로 송부하는 경우가 많은데, 이때 잘 디자인된 전문적인 레터 헤드를 제작해 활용한다면 브랜드 정체성을 높이는 데 크게 기여할 수 있다(박준영, 2023). 우편뿐만 아니라 레터 헤드는 비즈니스 공문 및 커뮤니케이션 측면에서도 브랜드에 대한 비즈니스 파트너, 고객, 이해관계자의 인식에 영향을 미친다.

참고문헌

박준영(2023. 8. 14.). Microsoft Word에서 전문 레터헤드를 만드는 방법. All Things N.

168 로드맵 Roadmap

로드맵이란 어떤 프로젝트를 추진하는 과정에서 목표를 설정하고, 그러한 목표를 달성하기 위해 필요한 단계나 마일스톤을 포함한 가이드라인이며 프로젝트 전체를 보여 주는 조감도다. 로드맵이란 기획을 위한 도구로, 프로젝트나 사업을 성공적으로 수행하는 데 필요한 모든 절차를 담아내며, 실행에 소요되는 시간도 함께 포함된다. 상황분석을 통해 문제점을 파악하면 그 문제를 해결하기 위해 달성해야 하는 목표를 열거하고, 우선순위를 정한 뒤 목표 달성까지의 계획을 시간 순서로 표현해 전체 프로젝트의 방향을 한눈에 확인할 수 있도록 한다. 로드맵은 1993년 미국 반도체 기술 로드맵이 성공적으로 자리 잡으면서 관심을 받기 시작해 오늘날에는 다양한 비즈니스 프로젝트에서 효과적인 목표관리를 위한 길라잡이 역할을 하고 있다. 프로젝트 로드맵은 전체 프로젝트 목표, 프로젝트 결과물, 주요 마일스톤에 대한 전반적 개요이며, 이런 로드맵을 출발점으로 삼아 프로젝트 계획 및 일정을 결정한다. 즉, 프로젝트 로드맵은 프로젝트 계획과는 달리 전반적인 개요에만 초점을 맞춘다. 따라서 프로젝트 로드맵을 작성할 때 너무 많은 세부사항에 얽매여 초점이 흐려지지 않도록 주의해야 한다.

로드맵은 주요 의사결정자들 간 전략적 합의를 효율적으로 달성할 수 있다는 점과 시각화의 활용에 따라 프로젝트에 대한 이해도를 향상시킬 수 있다는 장점을 가진다. 로드맵은 프로젝트 팀 구성원들에게 프로젝트의 목표와 전략을 전달하는 도구로 사용할 수 있고, 팀이 프로젝트 진행 과정에서 궤도를 벗어나지 않게 하는 지침으로 활용된다. 로드맵의 작성은 현재상황의 파악, 궁극적인 목표 제시, 프로젝트 일정 요약, 결과물 및 마일스톤 설정, 잠재적 리스크 도출, 이해관계자와 공유 등의 형태로 진행된다. PR 실무자들도 조직의 PR 목표를 설정하고 목표를 달성하기 위한 각 단계별 과제를 정하고 이를 시간 순서로 배열해 PR 로드맵을 작성한다. 기간이라는 측면에서 단기간의 목적 달성을 위한 로드맵을 작성하기도 하지만, 중장기 PR 로드맵을 작성하기도 한다. 중장기 PR 로드맵에는 각 단계별 PR 목표와 과제들을 작성하고, 이를 해결하기 위한 다양한 실행 프로그램이 개발된다.

참고문헌

Martins, J. (2024. 2. 27.). 프로젝트 로드맵: 정의 및 필요한 이유. Asana.

169 로드쇼 Roadshow

로드쇼란 고객의 프레젠테이션, 제품 설명, 이벤트 등에 대한 주목을 끌기 위해 사전 예약된 장소를 순회적으로 방문해 행사를 진행하는 마케팅 전략이다. 로드쇼의 어원은 미국 영화업자가 신작의 인기를 테스트하고자 특정 지역에서 시험적으로 행했던 단기흥행에서 비롯되었다. 즉, 로드쇼라는 말은 영화의 개봉 방식들 중 몇몇 소수의 극장에서 상영하는 것을 뜻한다. 와이드 릴리즈(전국의 많은 스크린에서 동시에 일제히 개봉하는 방식)가 정착하면서 로드쇼를 의미하는 소수의 프리미엄 상영은 의미 없게 되었다. 이런 영향으로 일본에서는 로드쇼가 '개봉'이라는 의미로 사용되고 있다(서울경제, 2002). 국내에서는 경제적 용어로, 기업들이 회사의 전반적인 경영상황이나 이미 발행한 주식 등 유가증권에 대한 정보를 제공하기 위해 주요 도시를 순회하며 개최하는 투자설명회의 의미로 사용되기 시작했다. 최근에는 기업이나 기관이 새롭게 개발한 사업이나 기술을 홍보하기 위한 행사로 활용되고 있다.

예를 들어, 한화비전에서는 'AI지능형 솔루션 로드쇼'를 개최해 지능형 CCTV에 대한 인식을 제고했다. 즉, AI엔진을 기반으로 작동하는 보안 카메라의 감지 정확도, 이로 인한 오알람률 개선 등 AI 탑재로 발전한 최신 CCTV 성능을 시연하고 인지도를 형성하고자 했다(한상용, 2024). 또 다른 예로 문화체육관광부는 한국관광공사와 함께 미국 뉴욕시 맨해튼의 유명행사 공간 치프리아니(Cipriani)에서 미국인 방한객을 유치하기 위해 K-관광 로드쇼를 개최했다(진정호, 2024). 이처럼 로드쇼는 다양한 장소들에서 일어나는 일련의 이벤트로 기업과 제품 등에 대한 공적 정보를 제공하기 위해 홍미 유발을 목적으로 진행하는 행사다. 이런 행사는 잠재적인 투자자, 고객, 파트너와 개인적인 수준에서 접촉함으로써 인지도 상승은 물론 기사의 리드를 형성하는 것을 목적으로 한다. 로드쇼 이벤트를 기획하는 과정은 목표 설정, 타깃 공중 선정, 장소 선정으로 이루어지며, 소셜미디어 마케팅, 이메일 마케팅, 보도자료 작성 등 로드쇼를 촉진할 수 있는 다양한 방법을 활용한다.

참고문헌

서울경제(2002. 10. 9.). 로드쇼.

진정호(2024. 4. 24.). 한국관광공사, 美서 'K-관광로드쇼' 개최…방한객 증대

노린다. 연합인포맥스.
한상용(2024. 5. 10.). 한화비전, 지능형 CCTV로드쇼 개최… 최신AI 보안카메라 시연. 연합뉴스.

170 로비활동 Lobbing

로비활동은 기업이나 각종 사회단체들이 자신의 이익을 보호하기 위해 주로 입법 과정에 영향력을 행사하는 행위를 말한다. 로비(lobby)의 사전적 의미는 복도나 대합실을 뜻한다. 로비스트가 미국 의회의 복도에서 의원을 만나 법안 상정이나 예산 편성에 대해 청탁하거나 압력을 행사했던 데에서 로비활동이란 말이 생겨났다(오창우, 2015). 현대 자본주의 사회에서는 정부의 입법이나 예산 편성이 경제사회 전반 및 국민생활 각 부문에 막강한 영향을 미치므로 국회나 정부를 대상으로 로비활동을 벌이게 된다. 우리나라에서는 로비를 일종의 뇌물수수 행위로 인식하는 부정적인 뉘앙스가 강하다. 그러나 외국에서는 로비스트가 합법적인 직업이며, 어떤 사안의 관계자끼리 연결해 주고 문제 해결에 도움을 주는 중간의 매개자 역할을 한다. 로비스트는 여러 이해관계자와 개인적으로 만날 정도로 발이 넓기 때문에, 이익단체에서는 능력 있는 로비스트를 확보하기 위해 많은 비용을 지출하기도 한다.

참고문헌

오창우(2015). 로빙. 서울: 커뮤니케이션북스.

171 리드 Lead

신문기사는 대체로 세 부분, 즉 제목(headline), 전문(lead), 본문(body)으로 구성되며, PR 실무자가 작성하는 보도자료 역시 같은 형태로 구성된다. 전문이라고도 불리는 리드는 기사의 핵심을 포함하는 기사 첫머리의 도입 구절(opening paragraph)로서 본문에서 주장하는 바를 함축적으로 표현하고 있는 문장이다. 이에 리드는 '기사 전체를 요약하고 압축해 기사의 성격과 방향을 제일 앞의 문장 속에 담은 것'으로도 정의될 수 있다. 또한 리드는 바쁜 독자로 하여금 기사 전체를 읽지 않고서도 그 기사의 핵심을 1~2분 내에 파악할 수 있게 하며, 독자의 호기심을 유발시켜 기사의 본문을 읽도록 유도한다. 이런 맥락에서 리드는 '기사 제목과 본문 사이에 위치하는 연결체로서 독자의 호감을 사고 관심을 끌어 독자가 기사를 끝까지 읽고 싶은 마음이 생기도록 하는 핵심문장'으로 정의되기도 한다(이재원, 2010).

리드는 여러 가지 유형이 있다. 단순도입형 리드는 단지 본문을 시작하는 첫 문장에 불과할 뿐 주제문과 같은 성격을 가지지 않는 형태로 전체 내용을 한 문장으로 표현하기 어려운 경우에 사용된다. 본문요약형 리드는 한 문장만으로 기사 내용 전체의 개요를 파악할 수 있는 전형적인 리드 형태이며, 결과제시형 리드는 사건이나 사고의 결과를 먼저 제시하는 리드다. 즉, 사건이나 사고의 발생원인과 과정에 대한 설명은 제외하고 우선적으로 결과를 제시함으로써 보도자료 이용자의 흥미를 유발하고자 하는 리드 유형이다. 마지막으로 가치판단형 리드는 특정한 사안에 대한 가치판단을 먼저 제시하는 유형의 리드로 사안의 경과나 결과 등 구체적인 내용을 전달하기보다 그러한 내용에 대한 가치

판단이 더 중요하다고 생각되는 경우에 쓰이는 리드 유형이다. 이처럼 리드의 유형은 매우 다양하지만, 작성 시에 누가, 무엇을, 언제, 어디서, 왜, 어떻게 했느냐 같은 육하원칙이 반드시 포함되어야 한다.

참고문헌

이재원(2010). 고전수사학의 서론에 기댄 신문기사 리드의 유형 분류. 수사학, 12, 207-234.

172 | 리테이너 Retainer

리테이너란 PR 회사의 업무 수행 방식의 하나로 고객사의 홍보팀 역할을 맡아 진행하며, 홍보전략 수립과 실행을 비롯해 보도자료 개발·작성·배포, 기자 미팅, 인터뷰 주선, 기자 간담회, 경쟁업체 클리핑 서비스 등 일정 기간 동안 고객사의 홍보업무 전반을 관리하는 활동을 말한다. PR 회사의 계약은 지속적인 매출이 창출되는 리테이너 업무와 일시적으로 매출이 발생하는 프로젝트 업무라는 두 가지 방식으로 구분된다(김진환, 2019). 리테인(retain)은 우리말로 '유지하다'라는 의미로, 연간 지속적으로 일정하게 유지되는 관리업무라는 의미에서 리테이너라는 용어를 쓰고 있으며, PR 회사 담당자들이 해당 PR주를 위해서 매월 꾸준하게 제공하는 서비스를 의미한다. 리테이너 서비스에는 미디어 모니터링, 보도자료 배포, 기획기사 작성, 위기관리, 언론관계 지원, PR 전략 개발 등이 포함되며, 리테이너 서비스에 포함되지 않는 신제품 발표회, 기자 회견, 미디어 팸투어, 자료 번역, 홍보물 제작, 컨설팅 등 부정기적으로 발생하는 PR 서비스는 프로젝트 형태로 PR 의뢰 조직과 PR 회사가 사전 동의를 거쳐 결정한다.

리테이너 업무는 단기 홍보계약 방식으로 진행되는 프로젝트 업무와 달리 주로 연간 에이전시(agency) 계약방식으로 진행된다. 보상방식에 있어서도 프로젝트 업무와 달리 책정된다. 즉, PR 서비스가 필요할 때마다 서비스 단위별로 피(fee)를 산정하는 프로젝트 피(project fee) 방식과 달리, 리테이너 피(retainer fee) 방식은 PR 서비스의 범위를 정해 놓고 매월 일정액을 산정하는 방식을 따른다. PR 회사의 리테이너 피의 산출은 PR 회사 담당 직원들의 직급별 타임 피(time fee)를 합산해 월정액인 리테이너 피를 결정한 다음, 여기에 리테이너 피와 프로젝트 피와는 별도로 고객사의 업무를 원활히 수행하기 위해 PR 회사에서 먼저 비용을 쓰고 나중에 PR 의뢰 조직에게 청구하는 사후청구경비(Out-of-Pocket Expenses: OOPs)를 추가하는 방식이다. PR 회사가 정기적으로 제공하는 서비스가 여러 항목일 때에는 리테이너 피를 책정하고, 서비스 항목이 많지 않을 경우에는 일이 있을 때 피를 기준으로 프로젝트 피 방식으로 계약하는 것이 일반적이다. 그러나 PR 회사들은 리테이너 피 방식으로 계약을 할 경우 이 피(fee)를 근거로 매월 안정적으로 수입을 확보할 수 있다는 점에서 연간 또는 6개월 이상을 계약 단위로 월별로 리테이너 피를 지급받는 방식을 선호한다(유선욱, 김장열, 2015).

참고문헌

김진환(2019. 7. 31.). 홍보라는 Two side Business를 팝니다. 매일경제.

유선욱, 김장열(2015). PR 회사 보상제도에 대한 탐색적 연구: 대리이론 접근을 중심으로. PR연구, 19(1), 122-161.

173 마스터 플랜 Master Plan

마스터 플랜이란 기본계획 혹은 종합계획이라고 정의할 수 있으며, 주로 건축설계나 도시설계에서 사용되는 개념이다. 도시 마스터 플랜은 도시의 각 구역에 대한 미래의 모습을 보다 구체적으로 계획하고 명시하는 프로젝트 추진 계획이다. 여기에는 추진 내용, 추진 방법, 추진 일정을 포함하며, 프로젝트의 성공적 수행을 위해 각 단계별로 해야 할 일과 주요 점검사항 및 중간 결과물을 한눈에 보여 주는 실천 계획서이면서 특정 목표를 달성하기 위한 종합적인 계획을 의미한다(이동철, 이형석, 김도년, 2015). 도시나 건축에서 사용되던 마스터 플랜의 개념은 현재는 개인적 차원, 기업이나 조직 차원, 국가 차원 등 다양한 차원에서 활용되고 있는데, 특히 기업이나 기관의 홍보 계획을 수립하는 데 있어서도 적용된다.

도시설계에서 알 수 있듯이 마스터 플랜은 단순히 계획을 세우는 것을 넘어서 목표를 정하고 이를 향해 나아가는 여정 전체를 설계하는 과정이다. 이를 위해서는 명확하고 구체적인 목표설정이 선행되어야 하며, 현재에 대한 분석, 구체적인 실행계획 수립, 평가 및 피드백 계획까지도 포함한다. 마스터 플랜은 목표설정의 명확화, 우선순위의 결정, 자원의 효율적 활용, 리스크 관리, 동기부여 및 성취감 고취 등의 이점을 제공한다. 기업이나 공공기관 등의 조직에서는 PR 회사에 대해 PR 마스터 플랜을 요구하는데, PR 마스터 플랜에는 환경조직과 해당 조직의 현황 분석에서부터 시사점의 도출, 타깃 선정, 핵심 메시지 선정, 전략 수립과 전략을 실행하기 위한 구체적인 실행 프로그램 맵까지 모두 포함되어야 한다. 뿐만 아니라 각각의 실행 프로그램에 대한 일정까지 포함함으로써 전체적인 PR 계획을 한눈에 파악할 수 있도록 한다.

참고문헌

이동철, 이형석, 김도년(2015). 마스터 플랜의 의미와 역할 정립에 관한 기초연구. 한국도시설계학회 춘계학술발표대회 논문집, 4, 123-128.

174 마이크로 사이트 Micro Site

미니 사이트라고도 하는 마이크로 사이트는 대형 웹사이트의 일부로 객체를 분리하기 위해 사용되며, 홈페이지처럼 별도의 웹 주소를 갖는다. 대형 웹사이트에서 분리된 사이트이지만 동일한 서버를 사용하는 마이크로 사이트는 개인의 웹페이지나 여러 페이지의 소규모 집단으로, 기존의 웹사이트 내에서 개개의 실체로 기능하거나 오프라인 활동을 보완하기 위해 사용한다(최원재, 2006). 마이크로 사이트의 주요 랜딩 페이지는 자체 도메인을 갖지만 경우에 따라서는 하위 도메인을 보유할 수도 있다. 일반적인 웹사이트가 주요 메뉴의 하단에 2단계 수준의 메뉴를 갖추고 게시판이나 페이지를 아주 많이 가지고 있는 것을 말한다면, 마이크로 사이트는 메뉴와 페이지 수가 적고 심지어 단일 페이지(one page)로 구성되는 경우도 많다. 예를 들어, 마이크로 사이트는 단일 페이지에 '메인화면 + 개인 소개 + 연락처 + 이력 정보 + 간단한 게시판' 등이 모두 포함되어 있다. 모든 콘텐츠는 페이지를 이동하지 않고 스크롤바를 올리고 내려 확인할 수 있다는 점이 특징이다. 콘텐츠가 많지 않고 단순하다는 특성상 모바일에서 나타나는 사이트의 모습과 PC에서 보이는 사이트의 모습이 거의 비슷한 경우도 많다.

참고문헌

최원재(2006). 마이크로사이트의 모션 그래픽 활용에 관한 연구: 국내 휴대전자제품 마이크로사이트를 중심으로. **기초조형학연구**, 7(3), 475-483.

175 메세나 Mecenat

메세나는 기업들이 사회공헌활동의 일환으로 문화예술을 후원하는 활동을 의미한다. 메세나는 문화예술가들에게 지원을 아끼지 않았던 고대 로마제국 시대의 문화예술 운동가이자 정치가였던 가이우스 마에케나스(Caius Cilinius Maecenas)라는 인물에서 유래되어 발전된 용어로, 문화예술 활동을 하기 위해 재정적 지원이 절대적으로 필요한 예술가를 지원한 활동을 일컫는다. 그러나 메세나가 실제로 '기업의 문화예술 활동 후원'이라는 뜻으로 사용된 것은 시간적으로 훨씬 지난 뒤였다. 1966년 미국 체이스맨해튼은행의 회장이던 데이비드 록펠러가 기업의 사회공헌 예산의 일부를 문화예술 활동에 할당하자고 건의하면서 다음해에 '기업예술후원회'가 발족되었고, 이때부터 기업들의 예술 및 문화 후원 활동을 메세나로 통일해서 쓰고 있다. 이렇게 미국에서 시작된 메세나 활동은 각국으로 확산돼 현재 17개국에서 20개의 메세나 기구들이 자국의 문화예술 발전을 위해 운영되고 있다. 국내에서는 1994년 한국메세나협의회가 발족되어 현재 220개 기업체가 참여해 기업의 문화예술에 대한 지원의 토대를 마련하고 있다. 기업이 메세나 활동에 참여하는 근본적인 이유는 메세나 활동을 통해 자사의 긍정적인 이미지를 제고하기 위해서이며, 이는 단순한 사회적 공헌사업보다 문화예술분야에 지원하는 것이 기업의 평판 제고에 더 효과적이라고 판단하기 때문이다(박재진, 박영근, 정미경, 2021).

기업이 메세나 활동에 참여하는 방법은 다양한데, 공연과 전시에 직접 후원금을 내거나 관람권을 사서 고객들에게 나눠 주는 것이 가장 전형적인 메세나 활동 형태다. 이외에도 공연장이나 전시장과 같은 시설물을 건립해 문화예술가에게 저렴한 가격이나 무료로 빌려주는 것도 메세나 활동의 또 다른 형태다. 기업의 메세나 활동은 단순히 후원(Patronage)의 의미만을 지니는 것이 아니라 자선(Philanthropy), 협찬(Sponsorship), 파트너십(Partnership) 같은 의미까지도 포함한다(이삼호, 백용재, 2006). 자선은 인도주의적 정신에 근거해 관대하게 베푸는 행위를 의미하며, 협찬은 마케팅 전략 혹은 문화적 투자의 의미를 지닌다. 파트너십은 상호 이익을 위한 호혜주의에 입각한 개념이다. 이처럼 기업의 메세나는 사회공헌활동 혹은 사회적 환원이라는 인식하에 진행되었으나 점차 경영 전략으로 인식하는 사고의 변화에 따라 메세나 활동을 이윤 추구라는 기업 본연의 내적 활동으로 인식하려는 경향이 높아지고 있다(박민생, 2009)

참고문헌

박민생(2009). 기업 메세나 활동의 동기와 효과에 관한 고찰. **경영과정보연구**, 28(3), 117-140.

박재진, 박영근, 정미경(2021). 메세나 활동의 진정성이 기업의 평판과 태도에 미치는 조절효과. **유통물류연구**, 8(1), 43-58.

이삼호, 백용재(2006). 기업이미지 제고를 위한 문화마케팅 활성화 방안에 관한 연구. **디지털디자인연구**, 11, 408-410.

176 모션 그래픽 Motion Graphic

모션 인포그래픽이란 움직임을 뜻하는 모션(Motion)과 디자인을 뜻하는 그래픽(Graphic)의 합성어로 정보를 그래픽으로 표현한 인포그래픽에 시간의 개념을 포함해 애니메이션 형식으로 보이도록 만든 것이다(이윤정, 2012). 즉, 모션이라는 개념은 실질적인 움직임 자체를 일컫는 행위이므로, 정지된 한 장의 사진 또는 그림이라는 그래픽 요소에 움직임이라는 시간적 요소와 청각적 요소가 더해진 것으로 전달하려는 정보를 보다 명확하고 구체적으로 표현한다는 특성이 있다. 시각정보와 청각정보의 공감각을 통한 정보전달은 사용자의 집중력을 높이며, 시공간을 통한 움직임은 주목성을 높여 시간의 흐름에 따라 자연스럽게 정보전달이 가능하다는 것이 장점이다.

모션 그래픽의 구성요소에는 이미지, 사운드, 레이아웃, 컬러, 동영상, 움직임, 공간, 시간, 음향요소 등이 포함된다. 이런 요소는 크게 형태적 측면과 커뮤니케이션 측면의 표현 요소로 구분할 수 있다. 형태적 측면에 공통적으로 들어가는 요소에는 시간, 움직임, 사운드, 그래픽 요소가 포함된다. 이와 더불어 형태, 배경, 색이 시각적 표현 요소에 추가적으로 분류된다. 커뮤니케이션적 표현 요소에는 기호(sign)와 내러티브(narrative)가 포함되며, 상호작용(interactive), 수사(rhetoric), 메타포(metapho) 등이 추가요소로 분류된다(나재민, 황진도, 2021). 커뮤니케이션 표현을 구성하는 요소는 시각적 표현 요소처럼 바로 눈에 띄지는 않지만, 대중과의 소통을 이끌어 내는 데 중요한 역할을 하며 비가시적인 요소들로 구성되어 메시지 전달에 중요하다(강태임, 2013). 특히 주제에 맞게 정보를 효과적으로 전달하기 위해서 분류와 조직화를 통해 설득력 있는 스토리를 만들어 내는 것이 매우 중요하다. 대부분의 홍보 영상이 이제는 모션 그래픽으로 제공되고 있어 공중의 흥미를 유발하고 있으며, 복잡하거나 어려운 정보를 쉽고 정확하게 전달하고 있다(박은영, 2017).

참고문헌

강태임(2013). 시각 커뮤니케이션 요소로 분석한 모션 그래픽 광고사례연구. 디자인 지식저널, 26, 301-310.

나재민, 황진도(2021). 건강증진 정보 모션 그래픽의 구성요소 분석 연구: 국민건강증진법에 따른 교육·홍보 콘텐츠를 중심으로. 기초조형학연구, 22(6), 149-160.

박은영(2017). 효율적인 정보제공을 위한 공공기관의 모션 인포그래픽 연구: 국내 공공기관 모션 인포그래픽 사례분석을 중심으로. 한국디자인문화학회지, 33(4), 447-455.

이윤정(2012). 모션 그래픽의 구성요소에 따른 표현분석. 디자인지식저널, 22. 139-148.

177 무차별적 정보배포자 Polispamer

무차별적 정보배포자인 폴리스패머(Polispamer)는 정치(politics)와 스패머(spamer)의 합성어로 정치적 호소나 선동을 위해 인터넷과 소셜 미디어 등에서 무차별적으로 정보를 배포하는 사람을 말한다(김환표, 2013). 폴리스패머는 단순 메시지, 욕설, 동영상, 패러디 등 다양한 정보와 콘텐츠를 노골적으로 게시하면서 정치인을 알리거나 정치인에 대한 비난, 정부에 대한 비난 등을 자행하는 이들로도 인식된다(김난도, 이준영, 권혜진, 전미영, 이향은, 김서영, 2011). 특히 긍정적인 콘텐츠보다 부정적이거나 욕설, 비난, 유언비어 같은 부정적 정보를 배포해 여론을 왜곡하거나 편향된 시각을 조장해 상대편에 대한 정치적 혐오를 통해 정치적 지지자를 확보하고자 하는 이들로 알려져 있다. 따라서 이를 무차별적 정보배포자 혹은 폴리스패머라고 한다. 무차별적 정보배포자의 출현은 공중의 바른 견해와 합의적 여론을 위한 PR의 역할과 윤리에 대한 필요와 가치의 중요성을 제고하게 하고 있다.

참고문헌

김난도, 이준영, 권혜진, 전미영, 이향은, 김서영(2011). **트렌드 코리아 2012**. 서울: 미래의 창.

김환표(2013). **트렌드 지식 사전**. 서울: 인물과 사상사.

178 미디어 응대 Media Engagement

미디어 응대란 어떤 사안에 대해 언론사에서 공식 입장을 요청할 때 전문 지식을 바탕으로 신속하게 응답하고 대응하는 방법을 의미한다. 이 과정은 기업이나 기관이 미디어와의 관계를 관리하고 효과적으로 메시지를 전달하는 데 있어서 매우 중요하다. 언론사에 소속된 기자로부터 질문을 받거나 어떤 요청 사항이 있다면 구체적인 요청 내용을 확인하고 관심을 표현하는 동시에 더욱 세부적인 질문 내용을 확인해야 한다(CP Communications, 2024). 언론사의 요청에 전문적인 방식으로 적시에 응답하려면, 해당 언론의 성향을 파악하고, 신속하고 정중하게 답변하며, 핵심적인 답변을 준비해야 한다. 그리고 주제에 충실하게 답변하고, 후속 조치와 모니터링을 실행해야 한다. 정부 관료와 비영리 단체의 지도자나 기업의 홍보실 관계자는 기자들의 질문과 요청을 피할 수 없다. PR 담당자가 그들에게 어떻게 대응하느냐에 따라 PR 주체의 평판이나 언론과의 관계가 달라진다. 따라서 미디어 환경을 이해하고, PR의 목표와 핵심 메시지를 결정하고, 신속하고 전문적으로 대응해야 한다. 그리고 필요할 경우에는 후속 조치와 모니터링을 해야 한다. PR 담당자가 전문 지식을 바탕으로 기자들의 요청 사항에 적절히 대응하면 상호간에 신뢰를 구축할 수 있는 좋은 기회가 되기도 한다.

참고문헌

CP Communications (2024). How to Follow Up with the Media. https://publicrelationssydney.com.au/how-to-follow-up-with-the-media/

179 미디어 인터뷰 Media Interview

인터뷰란 기자와 직간접적으로 접촉해 대화 형식으로 진행하는 커뮤니케이션 활동을 말한다. 미디어 담당자가 인터뷰를 요청할 경우에는 반드시 다음 사항을 확인해야 한다. 인터뷰의 목적, 인터뷰를 위해 준비해야 할 내용, 사진 촬영의 필요성, 관련자료 준비의 필요성이다. 인터뷰는 이미 정보 제공 의사가 있음을 전제로 한 것이다. 따라서 소극적인 자세로 임하기보다 되도록 적극적이고 능동적으로 정보를 제공하는 것이 좋다. 인터뷰 당사자가 주제의 주도권을 잡고 능동적으로 풀어나가는 것이 서로에게 도움이 될 수도 있으므로 만약 기자의 질문이 빗나가고 있다고 생각되면 스스로 초점을 잡아 가도 된다. 잘 모르는 질문을 할 경우 즉시 답하는 것은 피해야 한다. 섣불리 아는 체해 불리한 기사를 초래하지 않도록, 잘 모르는 문제는 나중에 사실을 좀 더 조사해 알려 준다고 답변하며 넘어가는 것이 좋다. '노코멘트'라는 말은 금물이다. 차라리 솔직하게 말하고 싶지 않다고 말하는 것이 좋다.

인터뷰의 종류에는 진행방식에 따라 대면인터뷰, 전화인터뷰, 서면인터뷰, 이메일인터뷰 등이 있다. 대면인터뷰는 미디어 구성원과 직접 만나서 하는 인터뷰로서 장소와 시간 등 환경적 요소가 영향을 주 수 있으며, 분위기, 말하는 자세, 표정, 몸짓 등 비언어적 커뮤니케이션도 기사에 반영될 수 있으므로 세심한 준비가 필요하다. 전화인터뷰는 전화를 통해 상대와 대화를 나누는 방법으로서 장소와 시간에 제약을 받지 않는 장점이 있으나, 상대방의 모습을 보지 못하고 정보를 목소리에 의존해야 하므로 진실성 파악에 어려움이 있고 심층취재에는 한계가 있다. 서면인터뷰는 물리적으로 면담이 불가능한 경우에 시도하는 인터뷰로서, 미리 질문서를 보내 답하게 하고 만나서 그중 몇 가지 직접 물어보는 식으로 진행된다. 이메일 인터뷰는 직접 만나거나 전화통화가 불가능한 경우에 사용되며, 시간적 공간적 제약은 덜 받지만 당사자의 답변에 대한 신뢰도를 확보하기 어려운 제한점이 있다. 미디어 인터뷰에 응할 시 준비해야 할 내용은 아래와 같다. 인터뷰를 요청한 기자가 작성한 기사를 사전에 검색해 보고 평소 관심 있게 다루는 주제, 평소의 어투 등을 파악할 것, 인터뷰 답변은 한 질문당 10초 내외로 해 말하고자 하는 내용을 명확하게 전달할 것, 난감한 질문이나 정보를 제공할 수 없는 질문을 받을 시 질문에 답할 수 없는 이유를 기자에게 이해시킬 것, 유도질문 시 추측성 답변을 하지 않도록 주의할 것, 경쟁사에 대해서는 최대한 언급하지 않도록 할 것, 부정적인 질문이 왔을 때도 부정적인 단어로 답변하기보다 긍정적으로 순화해 긍정적인 단어로 답변할 것 등이다.

참고문헌

김주환(2010). PR이론과 실제. 서울: 학현사.

뉴스와이어(2016. 6. 13.). 어려운 질문에 대응하는 미디어 인터뷰 7가지 요령. 홍보의 모든 것.

180 미디어 후속조치 Media Inquiry Follow-up

미디어 문의(Media Inquiry)란 언론인, 블로거, 인플루언서 등이 특정 조직의 제품 혹은 주제나 쟁점에 관련된 글을 작성하는 과정에서 도움이 되는 정보를 얻기 위해 PR 담당자에게 추가적인 정보를 문의하는 것을 의미한다. 경고(Alert)란 '머지않아 일어날 일이면서도 중대한 영향을 미칠 우려가 있는 위험한 일에 대한 경고'를 의미하는데 이런 경고의 내용에 대한 글을 작성하고자 할 때, 언론인들은 경고에서 기재된 연락 정보를 이용해서 특정 주제에 맞는 제품 이미지, 구체적인 주제에 대한 전문가 정보, 리뷰를 위한 제품 샘플, 촬영을 위한 제품 등을 요청한다. 미디어 후속조치란 미디어의 요청에 대한 조치를 의미한다. 언론인들의 요청에 대한 조치를 취하는 데 있어서 6가지 정도를 고려해야 한다. 첫째는 요청 내용을 주의 깊게 읽어 봐야 한다는 것이다. 이를 통해 언론인들이 요청하는 것이 무엇인지 정확하게 이해하고, 해당 조직체의 제품 정보와 직접적으로 연관성이 있을 경우에는 적극적으로 요청에 반응하지만, 요청이 고객사의 비즈니스와 관련이 없다면 응답하지 않는 것이 좋다.

요청서를 읽을 때는 다음 내용을 반드시 알아야 한다. 언론인들이 어떤 종류의 이미지를 필요로 하는지, 언론인이 필요로 하는 이미지가 저해상도인지 고해상도인지, 마감은 언제인지 등이다. 둘째는 조사를 해야 한다. 요청한 언론인이 어떤 간행물에서 일하는지 그 간행물이나 블로그에 대한 조사를 온라인을 통해 진행하고, 아이디어를 제공하기 전에 고객사의 제품이 언론인이 요구하는 내용과 일치하고 잠재력을 가지는지 확인해야 한다. 셋째는 가능한 한 빠르게 응답해야 한다는 것이다. 넷째는 언론인이 요청하는 것에 일치하는 이미지가 있다면 관련 이미지를 보내야 한다. 가능하면 최대 5장 정도의 관련 이미지를 보내는 것이 좋다. 다섯째는 이메일을 보내되 언론인들이 읽기 쉽도록 짧게 작성해야 한다. 또한 언론인들이 알아야 할 중요한 정보를 추가하는 것이 좋으며, 주제를 바로 다루기보다 브리프(Brief)를 통해 인터뷰 대상자에게 친근감을 느낄 수 있도록 하고, 여섯째는 언론인의 활동에 도움이 될 만한 어떤 것이 있는지 질문함으로써 이메일을 완료하는 것이 좋다. 마지막으로 언론인들은 바쁘기 때문에 PR 실무자가 제공한 정보들이 다루어졌는지 지속적으로 질문할 경우 귀찮게 여길 수 있으므로 채근하지 않는 것이 좋다. 그리고 언론인을 채근하는 것이 언론 관계에 크게 도움이 되지 않음에 유념할 필요가 있다.

참고문헌

Press Loft (2020). 6 Tips for Responding to Press Inquiries. https://blog.pressloft.com/2020/12/6-tips-for-responding-to-press-inquiries/

181 미디어 훈련 Media Training

미디어 훈련이란 미디어를 통해 전달하고자 하는 핵심 메시지를 효과적으로 전달할 수 있도록 기업의 최고경영진 등을 훈련시키는 프로그램이다. 기업의 최고경영진을 비롯해 스타트업 대표나 인플루언서, 더 나아가 기관장 등은 미디어 취재의 대상이 되는 상황에 놓이게 된다. 그 과정에서 제대로 대응하지 못할 경우 상당히 곤혹스러운 상황에 직면할 수도 있다. 이에 미디어 훈련은 언론의 취재보도 과정과 특성에 대한 이해를 토대로 언론취재 대상자들이 효율적으로 상황에 대처하는 방법을 연습하도록 하는 데 중점을 두고 진행된다. 미디어 훈련의 대부분은 언론과의 전략적 대화방식과 메시지 구성에 대한 내용을 다룬다. 즉, 미디어 훈련은 전략적 대언론 커뮤니케이션 방식을 습득하기 위한 트레이닝이다. 그리고 CEO가 전달해야 하는 메시지의 품질과 신뢰도를 강화할 방법 위주로 한다. 메시지 전달방법과 관련해서는 명확하고 간결하며, 다른 사람들과 공감할 수 있는 의사소통 방법을 훈련시킨다.

공적인 자리에서 성공적인 인터뷰를 진행하기 위해서는 관련 쟁점에 대응하는 핵심 메시지를 전달하기 위한 브릿징 스킬 훈련, 예상질문에 대한 답변 훈련 등이 이루어진다. 미디어 훈련은 적극적으로 경청하고, 명확하게 질문하고, 적절한 신체언어를 사용하는 등 효과적인 의사소통 기술을 토대로 성공적인 비즈니스 관계를 구축하도록 하는 데도 도움이 된다. 또한 위기와 같은 부정적인 상황에 닥쳤을 때 적절하게 대응할 수 있도록 해 부정적 영향을 완화시키도록 하는 데도 도움이 된다. 미디어 훈련에 포함된 주요 내용은 홍보의 이해, 미디어에 대한 이해, 메시지 작성 요령, 인터뷰 실습, 브리핑 실습 등이다. 특히 훈련 참가자는 1차 인터뷰 후 촬영된 TV 화면 속에 비친 자신의 모습과 메시지 전달방식에 대한 피드백을 받고 이를 토대로 커뮤니케이션 방식을 개선시켜 2차 인터뷰를 진행하면서 메시지 전달 능력을 향상하게 된다.

참고문헌

문형진(2012. 11. 6.). 미디어 트레이닝 왜 필요한가? PRONE.
정용민(2014. 10. 5.). 미디어트레이닝에 대한 10가지 오해. VENTURE SQUARE.
정용민(2015. 8. 10.). 미디어 트레이닝이 뭔데요? 이코노믹 리뷰.

182 바르셀로나 원칙 3.0 Barcelona Principle 3.0

효과 측정 문제는 PR 업계의 오랜 숙제였다. 바르셀로나 원칙 3.0은 지난 2010년 6월 스페인 바르셀로나에서 33개국의 PR 전문가 200명이 참여해 이틀간의 회의를 거쳐 그해 7월 19일 발표된 '바르셀로나 측정 원칙 선언(Barcelona Declaration of Measurement Principles)'을 개선한 것이다. 원칙 제정에는 커뮤니케이션측정평가국제협회(International Association of Measurement and Evaluation of Communications: AMEC), PR 커뮤니케이션관리글로벌연합(Global Alliance of Public Relations and Communication Management), 미국PR연구소측정위원회(Institute for Public Relations-Measurement Commission), 미국PR협회(Public Relations Society of America: PRSA), 국제커뮤니케이션자문기구(International Communications Consultancy Organization: ICCO) 같은 5개의 국제 단체가 참여했다(신인섭, 2012). 바르셀로나 측정 원칙의 선언은 PR 산업의 당면 과제였던 PR 효과의 측정 방법을 구체적으로 논의했다는 의의가 있었다.

커뮤니케이션측정평가국제협회(International Association for the Measurement and Evaluation of Communication: AMEC)는 2020년 7월에 대표자 회의를 열어 2010년에 발표된 '바르셀로나 측정 원칙 선언'의 7가지 원칙을 보완하고, 바르셀로나 원칙 3.0을 발표했다. 커뮤니케이션 환경이 급변함에 따라 커뮤니케이션 활동의 효과 측정 기준을 변화 추세를 반영해 보다 포괄적인 내용으로 개선한 것이다. 새로 발표된 7가지 원칙은 다음과 같다(한국PR기업협회, 2020; AMEC, 2024). ① 측정 가능한 목표 설정은 커뮤니케이션 기획, 효과 측정 및 평가에서 절대적인 전제조건이 되어야 하고, ② 효과 측정 및 평가는 미디어 노출(outputs)과 커뮤니케이션 성과(outcomes) 및 잠재적인 영향까지 확인해야 하며, ③ 커뮤니케이션 성과와 그 영향의 평가는 이해관계자와 사회 전반 그리고 조직 자체까지 대상으로 삼아야 하며, ④ 커뮤니케이션 효과 측정과 평가는 질적 분석과 양적 분석 모두를 포함해야 하고, ⑤ 광고환산가치(Advertising Value Equivalency: AVE)는 커뮤니케이션의 가치 기준이 아니며, ⑥ 커뮤니케이션 효과 측정과 평가는 관련 온라인 및 오프라인 채널 모두를 망라해야 하며, ⑦ 커뮤니케이션 효과 측정과 평가는 향후의 개선점과 통찰력을 도출할 수 있도록 정직하고 투명하게 이루어져야 한다는 것이다.

참고문헌

신인섭(2012. 5. 21.). PR 효과 국제적 기준 마련돼야: 바르셀로나 측정 원칙 선언'을 통해 바라본 PR 성과 측정의 중요성. The PR. https://www.the-pr.co.kr/news/articleView.html?idxno=5597

한국PR기업협회(2020). 바르셀로나 원칙 3.0. PR용어사전(pp. 65-66). 경기: 한울엠플러스.

AMEC(2024). Barcelona Principles 3.0. https://amecorg.com/resources/barcelona-principles-3-0/

183 바이라인 Byline

바이라인이란 신문과 잡지 또는 온라인 매체에서 기사의 제목 아래나 첫 문장 위에 기자의 이름을 명시한 것을 의미한다. 필자의 이름은 취재 기사나 기고문에 들어가며, 보도자료를 바탕으로 작성된 기사의 경우에도 작성한 기자 이름이 기사 끝머리에 들어간다. 기자 이름이 없는 익명의 기사는 그 출처를 알 수 없지만, 기명 기사는 확실한 출처가 있기 때문에 기사에 대한 신뢰를 높인다. 종종 바이라인에는 기사를 작성한 장소나 날짜와 같은 추가 정보도 포함될 수 있다. 1990년대 이후 대부분의 국내 언론에서는 기자 이름과 기자 개인의 인격과 품위를 걸고 진실을 보도하겠다는 취지에서 바이라인 제도를 도입했다(노형신, 신호창, 허종욱, 박성화, 2012). 바이라인이 없는 기사는 대체로 통신사나 다른 매체의 기사를 인용한 기사라고 보면 된다.

바이라인의 효과는 다음과 같다. 기사를 작성한 기자의 이름을 명시함으로써 그 기자가 해당 기사에 대한 책임을 지게 되어 기사 내용의 신뢰성을 높이는 데 도움이 된다는 책임 명확화, 독자들이 특정 기자의 이름을 보고 기사의 신뢰도를 판단하는 신뢰의 구축, 기자의 이름이 계속해서 양질의 기사에 나타나면 그 기자는 자신의 명성을 쌓고 개인 브랜드를 구축할 수 있다는 기자의 명성 및 인지도의 향상, 특정 주제나 분야에서 꾸준히 활동하는 기자는 독자들 사이에서 전문가로 인식될 수 있는 전문성 인정, 특정 기자의 글을 선호하는 독자들은 그 기자의 다른 기사도 찾아보게 되어 독자의 충성도가 높아질 수 있다는 독자 충성도의 제고, 기사의 저작권자가 누구인지 명확히 함으로써 무단 복제나 도용을 방지하는 데 도움이 된다는 저작권 보호 등이 바이라인의 효과다.

참고문헌

노형신, 신호창, 허종욱, 박성화(2012). 해외 언론의 한국에 대한 취재보도특성과 반영된 한국 이미지: 2006-2009년 6개국 7개 언론사 보도에 대한 내용분석. PR연구, 16(3), 208-249.

184 바이럴 마케팅 Viral Marketing

바이럴 마케팅은 마치 바이러스가 전염되듯이 홍보성 콘텐츠가 사람들 사이에서 끊임없이 자연스럽게 전달되고 전파되도록 유도하는 마케팅 전략의 일종이다. 마케팅의 주체가 확산될 만한 콘텐츠를 만들어 그것이 입소문을 타기 시작한다면, 빠르게 널리 확산되면 기대 이상의 효과를 발휘한다. 기업이나 공공 기관은 확산될 만한 PR 콘텐츠를 만든 이후에 적극적으로 관여하지 않아도 저절로 확산되는 경우가 많기 때문에 비용 대비 효과가 높다(조승호, 조상훈, 2013). 바이럴 마케팅은 전통적인 일방향 마케팅 기법과는 달리 양방향의 상호작용이 가능하다. 어떤 홍보 콘텐츠나 브랜드에 대해 소비자가 기업에 바로 의견을 나타내기 어려웠던 전통적 마케팅에 비해, 바이럴 마케팅에서는 소비자의 구전 메시지를 기업이 곧바로 모니터링할 수 있기 때문에 피드백이 빠르다(최강준, 김순평, 이재영, 표태형, 2020). 바이럴 마케팅의 특징은 사람들이 자발적으로 콘텐츠를 공유해 타인에게 전파하는 자발적 확산, 초기의 투자비용은 들지만 콘텐츠가 확산된 이후에는 추가 비용이 적다는 저비용, 소비자 네트워크를 통해 빠르게 퍼지는 높은 확산력, 유익하고 감동적인 콘텐츠로 소비자의 참여를 유도하는 참여 권고를 들 수 있다.

바이럴 마케팅의 종류에는 틱톡과 유튜브 등에 올릴 비디오 콘텐츠를 제작하는 비디오 바이럴 마케팅, 메타와 인스타그램 및 트위터 등을 활용하는 소셜미디어 캠페인, 오프라인이나 온라인 이벤트를 개최해 참여를 유도하는 이벤트 마케팅, 이메일을 통해 흥미로운 정보를 제공하는 이메일 마케팅, 퀴즈와 게임 및 챌린지 등을 통해 참여를 유도하는 인터랙티브 콘텐츠가 있다. 바이럴 마케팅의 장점은 넓은 범위에 빠르게 메시지를 전파하는 높은 도달 범위와 주변의 추천을 통해 신뢰성을 높일 수 있다는 점이다. 그리고 소비자의 정보 탐색에 도움이 될 만한 정보를 제공함으로써 소비자의 구매 결정을 돕는다는 점도 장점이다. 반면에 단점은 어떤 반응을 불러일으킬지 예측하거나 통제하기 어렵고, 일시적인 유행으로 끝날 수 있으며 장기적인 효과를 보장하지 않는다는 점이다. 바이럴 마케팅의 폐해는 홍보성 콘텐츠가 공중과 소비자를 기만할 가능성이 있다는 점이기 때문에, 바이럴 마케팅의 장단점을 충분히 고려해서 마케팅 활동을 전개해야 한다.

참고문헌

조승호, 조상훈(2013). 페이스북에서 효과적인 바이럴 마케팅을 위한 영향력 있는 의견지도자의 커뮤니케이션 패턴 연구. **디지털융복합연구**, 11(5), 201-209.

최강준, 김순평, 이재영, 표태형(2020). 네트워크 허브를 이용한 바이럴 마케팅 시딩 전략: 네트워크 밀도가 미치는 조절 효과 중심으로. **소비자학연구**, 31(5), 231-247.

185 배경 설명 Background Briefing

배경설명은 줄여서 백브리핑이라고 하는데, 이는 정부 관계자가 취재원을 밝히지 않는 조건으로 상황이나 배경 같은 구체적인 사항을 설명하는 방식을 의미한다(조미현, 2022). 대체로 기자 회견 시 마이크를 켜면 브리핑, 마이크를 끄면 백브리핑이라는 식으로 구분된다. 이를테면 정부부처의 장관이 마이크를 켜고 브리핑을 한 뒤 마이크를 끄고 백브리핑을 하게 될 경우, 브리핑에서 한 이야기는 장관의 실명을 거론하고 백브리핑에서 한 이야기는 '당국자'라고 기사에 등장한다. 마이크 온오프 유무와 상관없이 취재원이 기자들에게 익명을 요구하면 백브리핑이 성립되기도 한다. 취재원이 아예 인용하지 말라고 할 때도 있다. 이는 편한 마음으로 이야기하자는 의도가 깔린 이른바 '딥 백(Deep Background의 줄임말)'이다. 이때 딥백브리핑에서 발표한 내용은 "~로 알려졌다."는 식으로 기사에 등장하게 된다(김외현, 2014).

참고문헌

김외현(2014. 3. 12.). 정치인의 익명발언. '백브리핑'의 윤리와 정치가 충돌할 때. 한겨레 21.

조미현(2022. 10. 6.). 한국은행, 사상 처음 외환보유액 '백브리핑' 나선 이유. 한국경제.

186 배경 해설기사 Backgrounder

배경 해설기사는 신문이나 잡지에서 기업과 관련된 현재 쟁점이나 이벤트 혹은 특정 주제에 대한 배경정보를 제공해 주는 3~5페이지의 기사를 의미한다. 또한 배경 해설기사는 기업이 만들고 유지하는 웹사이트에서 볼 수 있는 기업 정보를 요약해 짧게 구성된 기사로, 대개 엄격하게 정보를 제공하며 미사여구를 사용하지 않는다는 특징이 있다(Indeed, 2024). 이런 배경 해설기사는 기자에게 제공되는 보도자료와 함께 포함되어 전달된다. 보도자료는 대체로 기업에서 새로운 제품 및 서비스를 발표하거나, 어떤 쟁점을 제기하기 위해서 이용하는 한 페이지의 진술문이라면, 배경 해설기사는 진술문을 제공하는 기업에 대한 필요한 정보를 제공함으로써 쟁점이나 주제를 이해하는 데 도움이 되는 맥락을 제공한다(Graham, 2019). 기자들은 배경 해설기사를 읽고 그 기업에 대해 알 수 있으며, 기업과 주제에 대해 광범위한 조사를 수행하지 않고도 정확하고 빠르게 기사를 쓸 수 있다. 배경 해설기사의 또 다른 이점은 미디어가 기업의 세부사항과 연락정보에 정확하게 접근할 수 있도록 하며, 기업의 보도자료가 기사로 선정될 가능성을 높이는 데 기여한다. 보도자료가 새로운 제품에 초점을 두고 강조한다면 배경 해설기사는 기업 내에서 그 제품의 역사와 제조과정에 중점을 두고 설명한다. 배경 해설기사에 포함되어야 할 내용으로는 다음과 같은 것이 포함된다. 기업의 역사, 기업의 설립자, 기업의 목적, 기업의 미션 진술, 기업의 고객 및 판매와 관련된 양적 데이터 등이다.

참고문헌

Indeed(2024). What is a Backgrounder? EmployerResource Library. Retrieved from https://www.indeed.com/hire/c/info/backgrounder

Graham, G. (2019). How to Plan a Product Backgrounder. What Whitepaperguy.com. Retrieved from https://thatwhitepaperguy.com/how-to-plan-a-product-backgrounder/

187 버즈 마케팅 Buzz Marketing

버즈 마케팅은 입소문 마케팅의 하나로 기업이 오프라인 또는 온라인 환경에서 소비자에게 제품이나 서비스에 대한 경험을 타인에게 전달하게 하는 활동이다. 버즈 마케팅은 벌이나 기계 등의 윙윙거리는 소리에서 가져온 말로 대규모의 매스마케팅을 이용하지 않고 개개인의 인적 인프라를 통해 정보가 전달되는 마케팅이다(편집부, 2005). 즉, 버즈 마케팅은 인적 네트워크를 통해 소비자가 자발적으로 메시지를 전달하게 해 상품에 대한 긍정적인 입소문을 내게 하는 마케팅의 한 기법이다. 따라서 버즈 마케팅은 일반인을 입소문의 발원지로 만들어 제품의 우수성을 알리면서 브랜드화해 나가는 방법이다. 버즈 마케팅의 특징은 매체를 통한 마케팅 기법에 비해 저렴하고 기존 채널의 한계를 쉽게 넘어 다양한 사람들에게 전할 수 있다는 점이다(김정상, 2006).

입소문 마케팅의 또 다른 하나는 바이럴 마케팅이다. 바이럴 마케팅은 주로 SNS를 활용해 회사의 이미지를 전달하는 전략으로, 바이럴 마케팅을 통해 캠페인의 점유율과 조회수가 크게 증가될 수 있고, 브랜드 인지도 및 고객의 참여도 높일 수 있다. 바이럴 마케팅과 버즈 마케팅의 주요 차이점은 메시지가 대상 고객에게 도달하는 방식에 있다. 바이럴 마케팅에서 메시지가 사람들에게 점진적으로 전달되며 천천히 추진되는 반면, 버즈 마케팅은 메시지가 한 번에 많은 청중에게 폭발적으로 도달한다. 메시지를 보내는 방법도, 바이럴 마케팅은 주로 SNS에 의존하지만 버즈 마케팅 캠페인은 일반적으로 메시지가 수백만 명의 사람들에게 즉시 전달될 수 있는 이벤트에 중점을 둔다. 버즈 마케팅은 일반적인 구전과도 차이를 보인다. 구전이란 사람들이 제품이나 서비스에 대한 경험이나 의견을 제3자의 관여 없이 의사소통할 때 발생하는 현상인 반면, 버즈 마케팅은 다수의 소비자가 기업과의 제휴를 통해 제품을 광고하는 상업적 목적이 분명한 활동이다(Walter, 2006).

참고문헌

김정상(2006). 21세기 키워드-소비자가 홍보하고 찾아주는 버즈 마케팅. **프린팅코리아**, 5(12), 168-169.

이상종(2022). 소셜미디어에서 버즈 마케팅의 속성이 구매 및 정보확산 의도에 미치는 영향에 관한 연구. 경희대학교 대학원 박사학위논문.

편집부(2005). 버즈 마케팅의 유형과 특징. **한국마케팅연구원**. 85-87.

Walter, J. C. (2006). What's All the Buzz About? Everyday Communication and the Relational Basis Word-of-Mouth and Buzz Marketing Practices. *Management Communication Quarterly, 19*(4), 610-634.

188 벤치마킹 Benchmarking

벤치마킹이란 하나의 조직에서 업무 수행방식을 개선하기 위한 방법을 찾아내 높은 성과를 달성할 수 있도록 측정하고 비교하는 과정을 통해 최상의 업무수행 방법을 식별해 도입하는 과정을 의미한다. 벤치마킹의 시작은 1800년대 후반 미국의 테일러의 과학적 관리법에 대한 연구로 인해 각 부문 간의 작업과정을 비교하는 활동이 활발하게 진행되면서 이루어졌다. 즉, 기업은 작업에 대한 표준화를 통해 다른 기업의 작업수준을 검토하는 것이 보편화되었다. 일본 도요타의 생산 담당 부사장을 지낸 오노 박사는 미국식 슈퍼마켓의 재고 보충 방식을 주의 깊게 관찰해 자동차 제조공장 내에 재고를 최소화할 목적으로 새로운 방식을 탄생시켰는데 이것이 일종의 벤치마킹이라 할 수 있다(곽태열, 이시화, 김상대, 1996). 벤치마킹의 핵심요소는 성과측정과 최상의 업무방식이다. 기업에서 최상의 업무방식을 식별하기 위해서는 반드시 거쳐야 하는 것이 있는데, 그것은 바로 조직 업무 수행도에 대한 이해다. 즉, 조직이 지금 잘하고 있는가 하는 질문과 자사보다 나은 조직은 어디인가에 대한 답을 찾는 것으로, 이에 대한 대답은 성과측정으로부터 나올 수 있으며, 성과측정을 위해서는 성과표준(standard of performance)이 마련되어야 한다.

벤치마크란 원래 지형탐사 활동에서 측량할 때 쓰이는 표준점으로 성과표준으로서 기능한다. 따라서 벤치마킹은 다른 조직의 높은 성과 수준을 찾아서 어떻게 높은 성과수준을 달성하게 되었는지 충분히 숙지해 그러한 성과를 산출하는 업무수행 방법이나 과정을 자신이 속한 조직에 적용하는 과정이다(윤경준, 최신융, 강정석, 2004). 예를 들어, PR 분야에는 각 조직에서 PR 성과를 측정할 수 있는 지표를 마련해 PR 활동에 대해 진단하고, 다른 기업이나 기관의 성공적인 PR 사례들의 성과를 측정해 자사 조직에서 최상의 PR 업무를 수행할 수 있도록 성공적인 PR 실행 방법을 도입할 수 있다. 이것이 바로 PR 분야에서의 벤치마킹이다.

참고문헌

곽태열, 이시화, 김상대(1996). 지방자치단체의 관광사업 벤치마킹: 주제공원을 중심으로. **경남연구원**, 1-119.
윤경준, 최신융, 강정석(2004). 벤치마킹을 통한 공공부문 생산성 향상 방안. **한국행정연구원**. 1-147.

189 보도사진 News Picture

보도사진이란 신문이나 잡지 등 언론매체에 게재되거나 보도를 목적으로 취재된 사진을 의미하며, 사건 현장 같이 독자들이 직접 접할 수 없는 곳에서 발생한 사건에 대해 독자에게 알려 주는 역할을 한다. 보도사진이 갖추어야 하는 구성요소에는 뉴스가치, 사진적 가치, 즉각적인 전달효과, 관점 등이 있다. 첫째, 뉴스가치란 뉴스를 보는 기자의 관점, 데스크의 판단, 언론사의 방침, 국가의 언론정책 등이며 뉴스를 평가하는 기준을 의미한다. 둘째, 사진적 가치란 이미지 자체가 가진 함축적 의미로서의 가치와 관련된다. 셋째, 즉각적인 전달효과란 이미지

자체가 독자에게 전달하고자 하는 메시지를 전달했을 때 즉각적인 효과를 얻을 수 있는지의 문제다. 넷째, 관점의 제시로 특정 사건에 대한 해석적 측면과 관련되어 있다(이병훈, 2009). 보도사진은 독자들에게 제한된 지면에 글로는 전달하기 어려운 상황을 한눈에 빠르게 설명해 줄 수 있는 정보전달 방식으로 독자들에게 기사를 읽는 데 많은 시간을 들이지 않고도 사건을 이해할 수 있도록 한다.

독자들은 신문을 볼 때 가장 먼저 사진으로 시선이 가기 때문에 특정 기사가 보도사진과 함께 실릴 경우 독자들은 그 사건을 다른 사건들보다 더 중요하다고 인식하게 된다. 특히 영상세대를 살아가는 독자들은 문자적 정보보다 시각적 정보를 더 쉽게 처리하고 기억하는 경향이 있기 때문에 사진은 기사와 함께 중요한 신문 콘텐츠의 하나다(오종택, 김춘식, 김대욱, 이주연, 2015). 또한 보도사진은 특정 정보를 기억하고 회상하는 능력을 강화시키며 사진의 형태나 크기, 게재 위치에 따라 독자에게 상이한 영향을 미치게 된다. 따라서 기사와 사진이 동시에 실리거나 1면에 실리거나, 혹은 게재된 사진의 크기가 클수록 관련된 이슈를 더 중시하는 경향이 있다(Wanta, 1988). 보도사진의 또 다른 특성으로는 사진이 현실을 재구성한다는 점이다. 즉, 사진은 현실을 있는 그대로 보여 주는 것이 아니라 기자의 시각으로 선택과 배제의 공정을 거쳐 수용자에게 전달함으로써, 기자가 전달하는 사진 이미지에는 독자에게 전달하려는 메시지가 프레임의 형태로 독자에게 영향을 미치게 된다. 그럼에도 보도사진은 언어보다 현실과 더 밀접하고, 텍스트보다 더 친근하고 개방적인 특성이 있어 뉴스 수용자들은 보도사진도 사회적 구성물이라는 사실을 인식하지 못한다(양영유, 2020).

참고문헌

양영유(2020). 정치이벤트에 대한 신문보도사진 연구: 역대 남북정상회담 최고 통치자 사진을 중심으로. **현대사진영상학회논문집**, 23(3), 131-149.
오종택, 김춘식, 김대욱, 이주연(2015). 세월호 침몰사고 보도에 관한 신문 보도사진 비주얼 프레임 연구. **현대사진영상학회논문집**, 18(2), 5-37.
이병훈(2009). **포토저널리즘**. 경기: 나남. 245-260.
Wanta, W. (1988). The Effects of Dominant Photographs: An Agenda Setting Experiment. *Journalism Quarterly, 65*, 107-111.

190 보도자료 Press Release

보도자료는 가장 중요하고도 일반적이며 오랫동안 사용되어 온 퍼블리시티 방법으로, 사람들에게 알리고자 하는 정책이나 행사에 대해 보도해 달라고 언론기관에 제공하는 기사문 형태의 글이다. 즉, 보도자료는 정부, 단체, 기업 등이 뉴스가 될 만한 내용 혹은 언론을 통해 호의적으로 보도되기를 원하는 내용을 담아 TV, 라디오, 신문, 잡지, 인터넷, CATV 등에 기사용 자료로 제공하는 것이다. 보도자료의 유형에는 스트레이트 기사, 기획해설 기사, 피처 스토리, 캡션 기사가 있다. 스트레이트 기사는 기자의 시각을 반영하지 않은 채 사실만 가지고 육하원칙에 맞춰 작성된 기사이며 수식어나 단어의 중복을 피하고 간결함을 생명으로 하는 기사유형이다. 기획해설 기사는 주로 스트레이트 기사의 배경이나 원인, 뒷얘기 등을 해설하는 기사이다. 스트레이트 기사에 비해 부드러운 문체로 작성된 기사유형이다. 해설기사의 경우에는 전문가의 의견을 포함해 주장을 전개하는 것도 가능하다. 피처 스토리(feature story)는 '읽을거리 기사'라고 불리는데, 사실 그 자체에 대한 전달보다도 이면에 숨어 있는 이야기나 화젯거리를 중심으로 써서 공중에게 흥미를 제공하는 데 목적이 있는 기사유형이다. 캡션 기사는 사진을 개제함으로써 전달효과를 높이기 위해 사용된다.

보도자료를 작성하기 위해서는 다음과 같은 형식에 의해 작성되어야 한다. 보도자료의 출처 혹은 뉴스원을 밝힐 것, 보도자료는 가능한 한 한 장으로 정리할 것, 보도자료는 사실을 요점 위주로 작성할 것, 부가적인 정보는 말미에 추가할 것, 보도자료는 전국지, 지방지, 전문지 등을 별도로 다르게 작성할 것, 보도자료는 보도기관과 청중의 연관성을 가지고 작성할 것, 전파매체와 인쇄매체 및 뉴미디어에 따라 상이하게 작성할 것이다. 보도자료를 작성하는 것만으로 일이 완료되는 것이 아니다. 보도자료는 게재하고자 하는 매체의 담당 부서 또는 담당자에게 정확하게 도달했을 때 비로소 기사화의 가능성이 생긴다. 일반적으로 보도자료는 전화, 팩스 및 이메일을 동시에 이용하는 것이 좋다. 사진을 첨부해 보도자료나 기획기사 등 며칠간의 보도 여유를 필요로 하는 자료는 직접 전달 방식을 택한다.

참고문헌

김주환(2010). PR이론과 실제. 서울: 학현사.

191 보일러 플레이트 Boilerplate

보일러 플레이트는 원래 철강 제조 분야에서 유래되었는데, PR 분야에서는 보도 자료, 기업이나 기관의 소개서, 뉴스레터 같은 다양한 공식 문서에서 반복적으로 되풀이해서 사용하는 표준화된 관용구를 의미한다(한국PR기업협회, 2020). 보일러 플레이트에는 기업이나 기관의 기본 정보, 사명, 비전, 역사에 대한 내용을 몇 문장으로 축약해, 공식 문서의 끝부분에 위치하는 경우가 일반적이다. 보일러 플레이트는 모든 공식 문서에 동일한 메시지를 포함해 기업이나 기관의 브랜드 일관성을 유지하고, 표준화된 텍스트를 사용함으로써 정확한 정보 전달을 하는 데 도움을 준다. 또한 보일러 플레이트에 기업이나 기관의 비전과 가치를 강조함으로써, 장기적으로 기업이나 기관의 브랜드 인지도를 높이는 데 기여한다. 보일러 플레이트는 다음과 같은 형태로 작성할 수 있다. "○○○○은 ○○○○년에 창립한 이후 (공공 또는 산업 분야)를 선도하고 있습니다. 우리는 (핵심 정책이나 브랜드)를 통해 ○○○○을 제공하며, (기업이나 기관의 비전과 사명)을 실현하고자 합니다. (주요 성과 및 역사)를 바탕으로 ○○○○은 지속적인 혁신과 성장을 추구하고 있습니다. 더 많은 정보는 ○○○○의 웹사이트에서 확인하실 수 있습니다."

참고문헌

한국PR기업협회(2020). 보일러 플레이트. PR용어사전(p. 71). 경기: 한울엠플러스.

192 본문 Body

본문은 보도자료에서 상세 내용이 작성되는 부분이다. 보도자료의 기본 구성은 제목(headline), 전문(lead), 본문(body), 첨부자료다. 제목(headline)은 글 전체의 포인트를 명확히 전달할 수 있도록 작성되어야 하며, 전문(lead)은 본문이 주장하는 바를 함축적으로 표현할 수 있는 하나의 문장이다. 본문(body)은 리드문 다음으로 중요한 정보를 배치하며 사실을 열거하거나 배경을 설명하는 영역이다. 보도자료의 본문을 작성하는 원칙에는 독창성, 충실성, 진실성, 명료성, 정확성, 흥미성,

객관성 등이 있다.

독창성이란 소재의 독창성과 시각의 독창성, 표현의 독창성으로 구분해 볼 수 있지만 특히 본문에서는 상투적이고 관습적인 표현에서 벗어나 참신하고 개성적인 표현이 필요하다. 충실성이란 내용의 충실성으로, 내용이 충실하지 못한 글은 독자들에게 흥미롭게 읽게 할 수 없으므로 내용을 충실하게 담아내야 한다. 진실성은 과장된 글이나 거짓된 기사를 피하는 것으로 미사여구만 많은 보도자료의 경우 막상 기사화하려면 내용이 부실해 단신으로만 취급될 가능성이 높다. 명료성이란 글이 독자들에게 잘 이해되도록 하는 것으로, 글의 명료성을 높이려면 간결한 문장 사용이 필수적이며 문장구조가 복잡하면 문장의 독이성을 해칠 수 있으므로 최대한 문장구조를 단순화하고 모호한 단어나 문장은 피하도록 해야 한다. 한 문장에는 하나의 의미만을 담아내도록 하며, 중요한 사항은 최고경영자, 마케팅 담당 임원, 상품 개발 책임자 등의 코멘트를 포함해 자료의 신뢰성을 담보해 기사화될 가능성을 높이는 것이 중요하다. 정확성이란 논리에 맞는 문장과 어법에 맞는 문장을 써야 한다는 것이며, 매끄러운 문장보다 정확한 사실과 논리를 담아내는 것이 중요한데 이를 위해서는 수식어 표현보다 사실을 더 많이 알리고 정확한 용어를 고르며, 숫자, 대화, 증언이나 평론 등을 인용하고, 논리적 일관성과 관찰자의 입장에서 객관성을 유지할 필요가 있다.

참고문헌

김덕만(2007). **언론홍보기법**. 서울: 매스컴출판사.

193 부정청탁금지법 Improper Solicitation and Graft Act

2016년 9월 28일부터 시행된 대한민국의 반부패 법률이다. 공식 명칭은 「부정청탁 및 금품수수 금지에 관한 법률」이며 이 법은 공직자, 언론인, 그리고 사립학교 교직원을 포함한 특정 직업군이 부정 청탁을 받거나 금품을 수수하는 것을 방지하기 위해 제정됐다. 법안을 처음 발의한 김영란 전 국민권익위원장의 이름을 따서 '김영란법'으로 불리기도 한다. 공직자 등이 직무와 관련해 일정 금액 이상의 금품을 받는 것을 금지하며 금전, 선물, 접대 등의 형태로 1회 100만 원 이상, 연간 300만 원 이상의 금품을 받을 수 없다(2024년 현재 기준). 이 법은 공공의 이익에 영향을 미칠 수 있는 직업군을 대상으로 청렴성을 강화하기 위한 목적에서 제정되었으며, 위반자는 과태료를 부과받거나 심각한 경우에는 형사처벌을 받을 수 있다. 언론인을 대상으로 활동을 벌이는 PR 커뮤니케이션 영역은 이 법의 제정으로 큰 영향을 받았다. 과거 PR 영역에 존재하던 기자의 촌지 관행이나 과도한 취재지원, 선물, 향응, 접대에 대한 윤리성 문제는 고질적이었다. 그러나 김영란법의 제정은 언론 관계가 더 투명하고 전문적인 영역으로 변모할 수밖에 없는 계기를 제공했다(허주현, 김수연, 2015). 즉, 기자를 대상으로 하는 언론 관계가 기존의 접대나 향응이 아닌, 우수한 기획력과 전략을 기반으로 소구하는 활동이 된 것이다. 이런 면에서 김영란법은 사회적 신뢰뿐 아니라 PR 영역에 대한 신뢰도를 높이는 데도 기여했다.

참고문헌

허주현, 김수연(2015). 김영란법 제정을 통해 본 언론 관계의 PR 윤리 및 준법성에 대한 PR 실무자 인식 연구: 실제적인 윤리적 갈등 상황과 향후 변화 전망을 중심으로. PR 연구, 19(4), 175-213.

194 브랜드 저널리즘 Brand Journalism

브랜드 저널리즘이란 '브랜드 스토리텔링(brand storytelling)'과 '저널리즘(journalism)'이 결합된 용어로, 언론이 기사를 생산하는 방식을 차용해 브랜드 콘텐츠를 생산하는 활동을 의미한다. 다시 말하면, 전통적 저널리즘에서 기사를 생산, 편집, 출판하는 것과 유사한 방식으로 브랜드에 대한 콘텐츠를 뉴스 스토리로 기획하고 제작하는 과정이며, 브랜드는 물론 업계의 다양한 스토리를 전략적으로 기획, 생산, 관리하는 활동이다(박하영, 2016). 이는 광고와 뉴스의 중간에 위치하며 소비자에게 유용하고 맞춤화된 기사식 콘텐츠로 다가가는 새로운 형태의 기사식 광고로 알려져 있다(남인용, 정승혜, 2016). 고객 콘텐츠, 혹은 고객 출판으로도 불리며(Cole & Greer, 2013), 읽을 만한 가치가 있어야 하고 독자의 관심을 이끌어 내는 주제와 시사성이 요구된다. 브랜드 저널리즘이란 용어는 맥도날드의 글로벌 마케터 래리 라이트(Larry Light)가 2004년 뉴욕 콘퍼런스에서 "모바일, 디지털, 멀티플랫폼, 멀티유저 시대에서, 브랜드 저널리즘은 10년 전보다 훨씬 더 관련성이 높은 의사소통 방식"이라고 언급하면서 시작되었으며(Bull, 2013, p. 27), 최근에는 기업의 PR 활동에서 널리 활용되는 브랜드 PR의 하나가 되고 있다. 즉, 브랜드 저널리즘은 기업이 언론사와 같이 자체적으로 미디어 플랫폼을 갖추고 이를 통해 스스로 콘텐츠를 생산하고 확산시키는 활동이며(문장호, 최세정, 2017), 기업들이 PR에 저널리즘 방식을 도입하는 형식을 취하고 있는 융합적 커뮤니케이션 방식으로 발전하고 있다. 브랜드 저널리즘으로 가장 잘 알려진 코카콜라는 2012년부터 누구나 참여하고 공유할 수 있는 스토리텔링 중심의 미디어 플랫폼이라고 할 수 있는 '코카콜라 저니(Coca-Cola Journey)'를 통해 '콘텐츠 엑셀런스'라는 개념으로 차별적이고 독특한 브랜드 콘텐츠를 생산하고 다변화된 매체를 통해 유통시키고 있다. 코카콜라 저니는 코카콜라에 관한 모든 스토리가 뉴스가 되는 공간이며, 일반 신문사 사이트와 유사하게 소비자가 흥미를 가질 수 있는 다양한 스토리로 구성되어 있다. '코카콜라 저니'는 전 세계 코카콜라 직원들과 편집국에 모여 매일 회의하는 40여 명의 전문 프리랜서 작가들, 그리고 오프너(The Opener)라는 파워 블로그 등으로 구성된 350여 명의 외부 집필진을 꾸리고 다양한 이야기를 콘텐츠로 제공하며, 브랜드에 대한 부정적 쟁점에 대응하는 창구역할도 병행하고 있다.

코카콜라에 대해 『에드버타이징 에이지』에서 오보한 적이 있었는데, 코카콜라는 저니를 통해 즉각적으로 대응문을 발표했고 이틀 만에 정정보도가 이루어졌다(강준만, 전상민, 2019). 기본적으로 조직에서는 보도자료를 통해 조직의 정보를 전달하며 블로그, 온라인 기사, 웹사이트, 이메일과 소셜 미디어를 사용해, 조직의 정보를 공유하는 구조를 가지고 있다. 이때 보도자료의 양식은 주로 스트레이트 기사의 형식을 띠고 언론을 통해 간접적으로 정보를 전달한다. 이에 반해 브랜드 저널리즘은 피처기사 형태의 스토리텔링을 주로 사용하며 간접 전달 형식인 언론을 거치지 않고도 고객에게 직접 의사소통할 새로운 기회를 갖는 것을 의미한다. 따라서 브랜드 저널리즘은 PR, 마케팅, 커뮤니케이션, PA(Public Affairs), 저널리즘 등의 자체 도구와 기술을 통합하는 접근 방식이다(Yarnykh, 2019). 특히 언론이 아닌 소유 미디어(조직의 소셜 미디어나 웹사이트 등)를 활용하면서 기사를 완전히 자유롭게 통제하고 관리할 수 있다는 장점이 있다. 따라서 브랜드 저널리즘은 공중과의 상호작용을 위한 새로운 공간을 형성하며 브랜드 이미지의 형성과 유지, 브랜드 가치의 창출, 브랜드 충성도의 제고, 이해 관계자 사이에 브랜드에 대한 커뮤니티 조직이나 아이디어를 창출해(Yarnykh, 2019), 보다 광범위하고 다채로운 브랜드 소통 활동을 가능하게 한다.

참고문헌

강준만, 전상민(2019). 모든 기업은 미디어 기업이다: 브랜드 저널리즘이 강요하는 언론개혁의 전망. **커뮤니케이션 이론**, 15(1), 5-56.

남인용, 정승혜(2016). **이성 설득 전략**. 서울: 커뮤니케이션북스.

문장호, 최세정(2017). 브랜드 저널리즘의 이해: 브랜디드 콘텐츠와 콘텐츠 마케팅. 2017해외미디어 동향. **한국언론진흥재단**, 125-163.

박하영(2016). 브랜드의 '매체 게이트키핑' 뛰어넘기 전략. **신문과 방송**, 550, 54-59.

Bull, A. (2013). *Brand Journalism*. London: Routledge.

Cole, J., & Greer, J. (2013). Audience Response to Brand Journalism. *Journalism & Mass Communication Quarterly, 90*, 673-690.

Yarnykh, V. (2019). Brand Journalism Approach in the Integrated Model of Information Influence. *Mediální studia, 13*(2), 160-171.

195 블랙 저널리즘 Black Journalism

블랙 저널리즘은 국내와 미국에서 사용되는 의미가 다르다. 국내에서는 주로 "조직이나 개인의 약점을 취재해 협박하거나, 특정 집단의 이익을 도모할 목적으로 신문이나 잡지를 발행하는 저널리즘"으로 정의된다(고려대 민족문화연구원, 2009). 더불어 저널리즘이 그 역할을 제대로 하지 못할 때 정보활동을 영위하는 저널리즘으로도 인식된다(남보수, 2021). 어떤 회사나 조직 및 개인이 가지고 있는 약점들을 알아내거나 취재해 공개 보도하는 것인데 그러다 보니 부당한 위협을 가하거나, 이익을 목적으로 조직이나 개인의 약점을 취재 보도하는 것들도 포함한다. 이와 관련해 한국사회에서는 '기레기'라는 의미와도 상통하는 용어로 이해되고 있지만, 때로는 조직이나 개인의 비리를 폭로하거나 고발하는 측면에서 사회비판이나 고발을 위한 긍정적 언론의 역할을 의미하기도 한다. 다만 "정당한 재정적 뒷받침이 부족해 정당이나 재벌들에게 이용당하기 쉽다."는 측면에서(두산백과, 2024), 옳지 않은 언론의 행동을 일컫는 용어로 인식되고 있다. 또한 정당한 재정적 뒷받침이 부족해 정당이나 재벌들에게 이용당하기도 하고 이익을 위해 특정 조직이나 개인의 약점을 확보하고 위협하는 등 여러 가지 윤리적인 문제가 제기되기도 한다(한국경제30년사, 2024).

부정적 의미의 블랙 저널리즘이라는 용어는 1830년대 프랑스에서 처음 시작되었다. 정치적 격변기였던 프랑스에서는 당시 정부의 검열을 피하기 위해 일부러 모호하거나 과장된 표현을 사용해 기사를 작성하는 관행이 있었다. 이런 보도 방식이 이후 블랙 저널리즘으로 불리게 된 것이다. 이후 전 세계적으로 확산되었고 시대마다 다양한 형태로 발전하며 현재까지도 이어지고 있다. 예를 들어, 20세기 초반 미국에서는 황색 저널리즘과의 구분이 모호해지면서 둘 다 비슷한 의미로 쓰이기도 했으나 1960년대 이후부터는 탐사보도나 심층취재와도 유사한 개념으로 인식되기 시작했다. 일부 기자들은 자신들의 보도를 블랙 저널리즘이라고 부르기도 했다. 또한 중국에서는 블랙 저널리즘이 공공연히 취재한 정보를 돈을 주고 파는 행위인 체크북 저널리즘(Check Journalism)과 같은 용어로도 이해된다. 많은 기자가 돈을 받고 취재한 정보를 제공하거나 아예 언론에 취재한 뉴스를 보도하지 않기도 하면서 부정적 의미로 사용되는 것이다. 이에 따라 중국의 기자들은 대표적인 블랙 저널리스트로 분류되기도 하는데, 스촨성 지진 당시 사망한 사람들을 취재하러 간 중국 기자가 당시에 뉴스를 보도하지 않은 사례에 대해 『포브스』 지는 해당 중국 기자를 블랙 저널리스트로 묘사하기도 했다(Wei, 2008).

이와 달리 미국에서는 블랙 저널리즘을 흑인 기자정신이라며 흑인 기자들의 인권이나 인종문제와 연계해 주로 다룬다. 따라서 미국에서의 블랙 저널리즘은 프랑스에서 시작된 블랙 저널리즘과는 의미와 성격이 아예 다르다. 즉, 아프리카계 미국인 언론인들의 저널리즘 활동을 부르는 용어가 블랙 저널리즘이다(Zelizer, Boczkowski, & Anderson, 2024). 미국의 언론 역사에서 오랫동안 배제되어 온 아프리카계 언론인들의 목소리와 그들의 언론사는 시작부터 사회운동과 관계가 깊었다. 이런 사회운동의 추진력을 미국의 주류 언론은 노골적으로 불쾌하게 여겨 왔으며 미국 사회가 주변화해 온 아프리카계 미국인들의 미디어와 저널리즘 기술을 활용하는 것들이 사실상 미국 사회의 진보에 기여해 왔다고 보고 이에 대한 사실을 입증하는 연구들도 있다(Zelizer et al., 2024).

국내에서는 블랙 저널리즘을 주로 부정적 의미로 파악해 조직이나 조직의 CEO는 물론이고 유명인에 대한 루머나 확인되지 않은 사건 혹은 일부 조직의 실수를 과장 취재하는 등의 보도를 빌미로 거대한 금액을 요구하거나 협박하는 양상으로 이해하고 있다. 또는 정보 수집 과정에서 불법적으로 정보를 수집해 개인의 인격권이나 사생활 보호가 문제시되는 경우, 혹은 취재원 보호를 위해 익명이나 이니셜로만 표기하는 경우들도 블랙 저널리즘의 일환이다. 블랙 저널리즘은 사실 확인보다 대중의 호기심이나 관심을 자극하는 데 초점을 맞춘 보도 방식으로 종종 논란의 중심이 되거나 사회적 약자나 소수자 집단을 대상으로 한 차별이나 혐오 발언 등 인권 침해 요소도 포함될 수 있어 윤리적 문제가 제기되는데, PR의 관점에서 블랙 저널리즘을 경계하는 이유도 이와 다르지 않다. 조직의 실수나 기업 CEO의 문제들, 혹은 취재 과정에서 알게 된 비밀들을 폭로하는 경우들이 조직이나 기업의 위기를 가져올 수 있기에 PR의 주요 활동인 언론 관계에서는 주의해야 한다.

참고문헌

고려대 민족문화연구원(2009). 블랙 저널리즘. **고려대 한국어대사전**. 서울: 고려대 민족문화연구원.

남보수(2021. 1. 24.). 저널리즘과 먹고 살리즘 사이 고민하는 기자와 기레기들. 경북탑뉴스. https://www.ktn1.net/news/articleView.html?idxno=11381

두산백과사전(2024. 7. 1.). 블랙 저널리즘. https://www.doopedia.co.kr/search/encyber/new_totalSearch.jsp?WT.ac=search

한국경제30년사(2024. 3. 30.). 진실보다 빠른 특종 블랙 저널리즘. https://blog.naver.com/relate14255/223399885212

Wei, Q. (2008. 7. 11.). Dark Journalism. Forbes. https://www.forbes.com/global/2008/0721/018.html?sh=36a80cc247a1

Zelizer, B., Boczkowski, P. J. & Anderson, C. W. (2024). **저널리즘 선언: 개혁이냐, 혁명이냐** (*The Journalism Manifesto*). (신우열, 김창욱 역). 서울: 오월의 봄. (원저는 2021년에 출판).

196 비공식적 커뮤니케이션 Informal Communication

비공식적 커뮤니케이션은 딱딱한 권위 관계를 파괴한 커뮤니케이션이다. 직무 이외에 개인적 혹은 사회적 친분에 의해 자발적으로 이루어지는 의사소통으로 조직에서 행하는 공식적 커뮤니케이션의 반대를 의미한다(고지효, 2002). 비공식적 커뮤니케이션을 '포도 넝쿨(grapevine)'

이라고도 하는데, 이는 공식적 커뮤니케이션 채널인 전선이나 전화선에 포도 넝쿨이 어지럽게 얽혀 있음을 비유한 말이다(Davis, 1977, p.278.) 특히 메시지가 오도되어 사실과 다른 정보나 소문과 같은 의미로도 사용된다. 과거에는 주로 이런 비공식적 커뮤니케이션이 조직이나 조직 정책에 불만이나 불평을 초래하고, 우리나라처럼 혈연과 지연 및 학연을 강조하는 사회에서 집단 간의 벽을 높이고 조직구성원들 간의 관계를 훼손시키며 조직의 안정을 저해하고 분위기를 해치는 요인으로 이해되기도 했다. 비공식적 커뮤니케이션은 대인간 커뮤니케이션 형태로 이루어지는 활동으로 매체를 통하지 않고 면대면으로 이루어지는 상호소통을 의미한다. 경영진은 구성원에게 접근성과 정보투명성을 강화시키는 것이 구성원들의 만족도를 높이는 원칙이라고 생각하고 접근성을 높이기 위해 직원간담회, 현장라인 방문, 호프데이 이벤트 등을 진행한다(조삼섭, 2021). 이런 비공식적 커뮤니케이션은 조직에서 공식적 커뮤니케이션만으로 제공되지 않는 정보를 획득하는 데 기여하며 공식적인 커뮤니케이션에서 다루지 못한 정보나 아이디어를 발굴할 수 있는 유용한 통로가 될 수 있다(김지영, 류호창, 2009).

조직구성원은 특히 조직에서 규정한 공식적 의사소통 외에도 여러 사람과 대화를 나누고 인간적인 유대관계를 맺기 때문에 조직구성원 의사소통에서 상당 부분이 비공식적 의사소통으로 이루어진다(유시정, 양태식, 양경미, 2006). 하지만 복잡한 조직구조와 환경 속에서 유연한 흐름을 지닌 비공식적인 커뮤니케이션은 효과적인 과업 수행을 위한 중요 요소로 평가받는다. 따라서 최근에는 비공식적인 커뮤니케이션을 활성화하는 방법으로 사내에 오픈된 공간을 만들고 그곳에서 자유롭게 차와 다과를 즐기면서 업무에 관련된 비공식적 커뮤니케이션을 나눌 수 있도록 장려하고 있는 추세다. 이런 오픈된 공간에서의 비공식적 커뮤케이션을 통해 보다 창의로운 발상과 아이디어가 도출되도록 업무의 연장선에서 비공식적 커뮤니케이션이 활성화되도록 한다. 또한 오프라인 커뮤니케이션 이외에도 카카오톡 같은 온라인 커뮤니케이션에서의 조직 내 인원 간 비공식적 커뮤니케이션이 긍정적 효과가 있다고 알려지면서 이와 관련한 연구들도 다수 이루어지고 있다.

참고문헌

고지효(2002). 조직내 커뮤니케이션이 직무만족에 미치는 영향에 관한 실증적 연구: 전국 교육대학교 관리직원을 대상으로. 제주대 행정학박사논문.

김지영, 류호창(2009). 업무환경에서 비공식적 커뮤니케이션 활성화를 위한 공간적 요소에 관한 연구. **한국실내디자인학회 춘계학술대회논문집**, 48-53.

서재원, 김진성(2013). 변혁적, 거래적 리더십이 패밀리레스토랑 종사원의 직무태도에 미치는 영향: 비공식적 커뮤니케이션의 조절변수효과 분석. Tourism Research, 38(3), 75-98.

유시정, 양태식, 양경미(2006). 조직내 의사소통 환경이 직무만족과 몰입에 미치는 영향: 서비스 기업의 CEO리더십 유형을 중심으로. **서비스경영학회지**, 7(2), 31-56.

조삼섭(2021). 사내 커뮤니케이션, 왜 조직에게 중요한가?. 김현정, 정원준, 이유나, 이철한, 정현주, 김수연, 오현정, 백혜진, 최홍림, 조삼섭, 조재형, 김동성, 이형민, 김활빈. **디지털 시대의 PR학신론**(pp. 239-260). 서울: 학지사.

Davis, K. (1977). *Human Behavior at Work* (5th ed.). New York, N. Y.: McGraw-Hill.

197 비전 Vision

비전은 앞으로 내다보이는 전망이나 계획을 말한다. 표준국어사전에서는 비전을 내다보이는 장래의 상황이라고 표현하기도 하지만 일반적으로 PR에서는 비전을 조직이나 기업의 장래 계획 혹은 조직이 향후에 나아가고자 하는 방향이라는 의미로 주로 사용한다(국립국어원, 2024). 특히 장기적인 조직의 발전 방향을 시사하는 경우에 조직 단독의 미래 전망이나 계획보다 공중과 함께 설계하는 미래의 전망이나 계획으로, 포괄적인 의미로 이해된다. 비전은 보통 한 조직의 경영철학이나 핵심가치와 함께 공중에게 제시된다. 따라서 조직의 비전에는 공중과 함께하는 가치 있는 미래의 전망을 담아내는 경우가 많다. 예를 들어, 현대자동차는 자사 홈페이지(www.hyundai.com)에서 기업이념을 경영철학, 핵심가치, 비전으로 나누어 제시하고 있는데, 그중 비전은 "휴머니티를 향한 진보(Progress for Humanity)"다(현대자동차 홈페이지, 2024). 이런 비전 사례만 보아도 조직의 비전은 단순히 한 조직만의 기업 가치를 담는 것으로만 이해되지 않으며 사회적 의미를 담아내는 것으로 이해된다. 조직과 공중이 함께 만들어 가는 미래 지향적인 계획으로 표현되는 것이다. 따라서 보다 가치 있는 미래 사회를 향한 조직의 강력한 의지가 비전에 담기게 되며 평판 PR의 일환으로도 해석된다.

참고문헌

국립국어원(2024). 비전. **표준국어대사전**. (2024. 7. 1. 검색)

현대자동차 홈페이지(2024). 비전. (2024. 7. 1. 검색) https://www.hyundai.com/kr/ko/info/ideology/vision

198 비전 정체성 Vision Identity (VI)

비전 정체성이란 기업의 비전에 대한 통일된 이미지의 집합체를 의미한다. 한 기업의 주도적 원칙과 지침은 비전과 미션으로 표현된다.

여기서 미션은 기업이 존재하는 이유와 관련된 것으로 기업이 기업 활동을 하는 근본적인 목적을 가리키는 반면, 비전은 기업이 달성하고자 하는 목표이자 이상적이고 바람직한 상을 의미한다. 기업이나 조직에서 많이 사용하는 기업 정체성(Corporate Idneity), 조직 정체성(Organization Identity), 브랜드 정체성(Brand Identity) 등은 모두 타지펠과 터너(Tajfel & Turner, 1986)가 제안한 사회적 정체성 이론에 기반한다. 그들의 주장에 따르면 사람들은 자신이 속한 사회집단의 구성원으로서 자아개념(self-concept)을 형성하는데, 여기서 유래된 정체성 개념은 상당 기간 일관되게 유지되는 고유한 실체로 다른 존재와의 관계 속에서 본질적 특성을 구별하고 그에 대해 지속적으로 공유하는 주관적 경험을 뜻한다. 기업 정체성(CI)이 기업이 추구하는 가치를 통합해 사람들에게 특정 이미지의 경험을 공유하게 하려는 작업이라면, 조직 정체성(OI)은 조직구성원이 어떤 동일한 속성으로 조직을 연상하도록 하는 작업이다(Dutton, Dukerich, & Harguail, 1994). 또한 브랜드 정체성은 특정 브랜드가 바라는 이미지를 소비자에게 전달하고 마음속에 심어주며, 나아가 기억 속에 각인시키는 독특하고 바람직한 연상 이미지의 집합체다(Aaker, 1996). 이런 맥락에서 비전 정체성(VI)이란 소비자나 조직구성원에게 한 조직이 달성하고자 하는 바람직한 상과 관련된 특정 이미지를 전달하고 공유할 수 있게 하는 연상 이미지의 집합체이다.

참고문헌

Aaker, D. A. (1996). Measuring Brand Equity Across Products and Markets. *California Management Review, 38*(3), 102-120.

Dutton, J. E., Dukerich, J. M., & Harquail, C. V. (1994). Organizational Images and Member Identification. *Administrative Science Quarterly, 39*(2), 239-263.

Tajfel, H., & Turner, J. C. (1986). The Social Dientity Theory of Intergroup

Behavior. In S. Worchel & W. G. Audstin (Eds.), *Psychology of Intergroup Relations*, 7-24.

199 빙글 Bingle

빙글이란 관심사를 바탕으로 자신과 취향이 비슷한 사람을 만날 수 있는 커뮤니티를 통해 정보를 공유하는 소셜 네트워크 서비스를 의미한다. 사용자가 특정 콘텐츠나 다른 사용자와의 상호작용을 통해 더 깊이 연결되도록 돕는 빙글은 소셜 네트워크 서비스의 여러 기능의 하나로, 사용자 경험을 향상시키고 사용자가 플랫폼에 더 오래 머물게 하는 데 기여한다(한국PR기업협회, 2020). 뉴스, 스포츠, IT, 음식 같은 다양한 관심사를 보여 주는 커뮤니티가 있으며, 관심사와 관련된 정보를 받을 수 있기 때문에 자신이 원하는 정보를 확보하기 위해 빙글을 활용한다. 예를 들어, 자신처럼 영화 보기를 좋아하는 사람, 자신처럼 필라테스를 좋아하는 사람, 자신처럼 요리하기를 좋아하는 사람들이 만나 정보를 공유한다. 사용자는 빙글을 통해 다른 사용자와 더 쉽게 소통할 수 있으며, 특정 관심사나 주제에 따라 커뮤니티 형성을 촉진해 전체 플랫폼의 가치를 높이게 된다. 사용자는 빙글을 통해 보다 다양한 사람들과 연결하며, 사용자 수가 많아질수록 콘텐츠의 다양성과 질이 향상되고 새로운 사용자의 유입을 촉진한다. 빙글은 사용자가 많아질수록 서비스의 가치가 증가하는 네트워크 효과를 유발하기도 한다. 그러나 빙글을 통해 많은 사용자들이 서로 연결될 경우에 프라이버시 문제가 발생할 수 있고, 개인 정보가 의도치 않게 노출되거나 악용될 가능성이 있으며, 다양한 사용자가 자유롭게 상호작용하면서 잘못된 정보나 가짜

뉴스가 확산되어 플랫폼의 신뢰를 떨어뜨릴 수 있다는 한계점도 있다.

참고문헌

한국PR기업협회(2020). 빙글(p. 79). PR용어사전. 경기: 한울엠플러스.

200 사과문 Apology Statements

사과문은 실수, 오류 또는 문제를 일으킨 점에 대해 사죄하는 글이다. 조직의 입장에서는 조직 운영과정 등에서의 실수나 오류, 공중에게 피해를 끼친 문제 사항 등에 대해서 공중에게 사죄와 유감을 표명하고 문제의 원인을 밝히며 잘못을 돌이켜 반성하는 한편, 각오를 다지고 해당 문제로 일어난 피해에 대한 적극적 보상에 대해 구체적으로 표명하는 글이다. 따라서 조직 위기 시의 사과문은 가장 보편적인 위기 커뮤니케이션 수단이 된다. 무엇보다 위기의 피해자에 대한 공감의 수단으로써 사과문이 주로 활용되고 있다. 쿰즈(Coombs, 1999)는 상황적 위기 커뮤니케이션 이론에서 위기관리 단계를 사전 위기, 위기중, 사후 위기의 3단계로 구분하는데, 이 중에서 사과문은 위기 발생 직후와 위기가 진행되는 위기의 중간단계에서 가장 중요한 위기 커뮤니케이션 수단이다. 현대 사회가 복잡해지면서 예상할 수 없는 위기 재난들은 더욱 늘어나고 있다. 이에 따라 위기 상황에서 위기 피해를 최소화하는 공개적이고 상호적인 위기 커뮤니케이션 전략은 위기관리의 핵심 요소가 된다. 사과는 문제에 대해 전적으로 사과하고 책임을 지는 노력으로, 이미지를 회복할 수 있는 중요 전략이다(Benoit, 1995). 또한 사과는 위기 시에 기업 명성을 보호하는 데 중요한 역할을 하며(Dionisopolous & Vibbert, 1988), 사회적 정당성(social legitimacy)에 위협이 되는 위기 상황에서의 사과는 정당성을 회복하는 데 효과적인 것으로 밝혀져 있다. 2000년대 10년간의 기업 사과문 분석을 통해 우리나라 사람들이 어떤 위기 커뮤니케이션 전략을 사용하고 있는지 실제적인 상황 진단을 내린 김영욱과 양정은(2012)에 의하면 우리나라 사과문에서는 사과 전략과 수정행위 전략이 가장 많이 사용되고 있다고 한다. 또한 언론 등에 발표된 기업 사과문 224개를 분석한 연구에서는 한국의 사과문에 사과와 개선 등의 순응 전략이 가장 많이 사용되었다(민지선, 최성락, 2015).

사과문은 크게 두 가지 유형으로도 구분된다. 하나는 잘못을 인정하고, 피해자가 가진 부정적 정서를 공감하며 용서를 구하는 사과라면 다른 하나는 경제적, 행동적 책임을 강조하는 사과다. 후자는 피해보상, 사건에 대한 대응, 재발 방지 대책에 초점을 맞추기 때문에 기업에서 투입하게 되는 인력과 비용은 크지만 정서적인 요소가 배제되어 소비자가 사과를 받았다는 느낌은 부족할 수 있다. 전자의 경우는 정서적 사과로 기업이 부담해야 할 인력이나 비용의 언급은 거의 없지만 잘못의 인정, 공감, 용서 구하기와 같은 소비자와 여론의 정서를 반영해 '사과했다'는 인상을 강하게 줄 수 있다(김재휘, 오성호, 2016). 무엇보다 효과적인 사과문의 필수조건은 'C.A.P'라고 할 수 있다. C는 관심과 걱정(Care & Concern), A는 행동 조치(Action), P는 예방 또는 방지(Prevention)에 대한 약속을 의미하는 것으로 이런 내용이 사과문에는 반드시 포함되어야 한다는 것이다. 필수 조건들이 잘 반영된 사과문으로 이재용 삼성전자 회장의 삼성서울병원의 메르스 확산에 대한 사과문이 꼽히기도 했다(기정아, 2020). 오늘날 사과문은 공공조직에서부터 사기업 혹은 유명인 개인에 이르기까지 다양한 측면에서 활용되며 사과문을 발표하는 것이 위기관리의 기본 순서로 일반화되고 있다. 따라서 얼마나 신속하게 사과문을 발표하느냐가 위기 극복의 중요 요인이다. 온라인을 통해 공중들이 자발적으로 사과문 자체를 다시 재전달하고 공유할 수 있는 상황에서 위기관리에서 사과문의 역할은 앞으로도 조직의 평판관리와 위기관리에서 더 강조될 것이다.

참고문헌

기정아(2020. 4. 24.). 자필이 다가 아닙니다…올바른 사과문 쓰는 법. 이투데이. https://www.etoday.co.kr/news/view/1887872

김영욱, 양정은(2012). 한국인의 사과 지형: 지난 10년간 사과문의 조직 및 유형별 분석. **한국언론정보학보**, 59, 180-210.

김재휘, 오성호(2016). 기업의 사과문 유형과 소비자의 사과 수용 의도: 위기사건의 책임 귀인의 영향. **광고학연구**, 29(5), 57-79.

민지선, 최성락(2015). 위기 유형별 위기 대응 커뮤니케이션 전략 실태 연구. **한국콘텐츠학회 논문지**, 15(12), 471-482.

Benoit, W. (1995). *Accounts, Excuses, and Apologies: A Theory of Image Restoratio*. New York; State University of New York Press.

Coombs, W.T., & Holladay, S. J. (2004). *Resoned Action in Crisis Communication: An Attribution Theory-Based Approach to Crisis Management*. NJ: Lawrence Erlbaum Associates.

Dionisopoulos, G., & Vibbert, S. L. (1988). CBS vs. Mobil Oil: Charges of Creative Bookkeeping in 1979. In H. R. Ryan(Ed.), *Oratorical Encounters* (pp. 241-251). New York, NY: Greenwood Press.

201 사보 House Organ

사보는 조직에서 발행하는 간행물을 말한다. 사내보와 사외보가 있으며, 사내보는 조직(회사) 내 의사소통을 원활하게 하고 일체감을 높이는 동시에, 회사의 활동 사항을 알리기 위해 발행하는 정기적 또는 부정기적인 간행물이다(국립국어원, 2024). 반면에 사외보는 조직이 대외 공중에게 조직에 대한 호의도를 높이거나 조직에 대한 이해를 높이기 위한 목적으로 발간, 제작해 무료로 배포하는 간행물이다. 최근에는 종이로 된 사보가 아닌 인터넷을 통한 전자사보가 널리 활용되고 있으며 사외보의 경우 뉴스레터나 이메일 등을 통해 전자문서 형태로 배포되는 사외보가 늘고 있다. 사보 중에서도 사내보의 경우는 사보를 통해 조직원의 커뮤니케이션을 유도하고 조직 몰입을 강화할 때 활용되며 조직의 경영 이념, 달성할 목표 등을 제시하는 한편, 임직원과 경영 목표 실행을 위한 공감대를 형성하고, 구성원끼리는 같은 조직의 일원이라는 연대감을 강화해 조직 몰입을 촉진시킨다고 보고된다(조갑호, 2009). 아서 페이지 재단의 발표에 의하면 PR의 일곱 가지 원칙 가운데 하나가 조직의 말, 행동으로, 전체의 90%를 차지한다고 하는데, 이를 사내 커뮤니케이션에 적용한다면 사보, 사내방송 인트라넷 이메일을 통한 경영진의 솔선수범, 실천, 실행 노력 등을 인식하는 데 사내보는 매우 유용한 도구가 된다(조삼섭, 2021).

사외보의 경우는 한때 외부 공중을 대상으로 해 생활정보, 독자투고, 문화예술계 소식을 주로 다루며 소개나 자사제품 광고 등 직접적 PR을 자제하고 기업에서 펴내는 것이라는 인상을 주지 않는 특성을 보이면서 고급잡지 형태로 발간되기도 했다(최윤희, 1998). 또한 공공기관 사외보를 구독하는 대부분의 이용자는 사외보를 사업(정책) 홍보용으로 인식하고, 내용 만족도에 따라서 정책평가에서도 긍정적인 반응을 나타냈다(박애순, 2018). 최근의 사외보는 점차 하나의 플랫폼이나 사이트를 구축해 조직 뉴스 및 관련 뉴스를 다양하게 전달하는 뉴스 플랫폼 양식으로 변화했다. 마치 언론이 자사의 플랫폼이나 사이트를 통해 뉴스를 배포하는 것과 같은 방식으로 조직이나 기업의 뉴스 혹은 관련 정보를 공중들에게 배포하는 것이다. 대표적인 플랫폼형 사외보로는 삼성전자 뉴스룸(https://news.samsung.com/kr)이 있다. 이 사이트는 추천뉴스, 해외뉴스, 최신기사, 뉴스 더보기 등의 메뉴를 통해 마치 언론 뉴스 사이트를 보는 듯하다. 또한 내용 면에서도 삼성전자 제품 및 기업 뉴스 이외에 최신의 디지털 관련 뉴스나 기술 변화 등의 정보가 다양하게 소개되어 기술 관련 트렌드나 디지털의 새로운 흐름을 접할 수 있다. 때문에 일반 정치적인 뉴스를 다루는 실제 언론 사이트보다 디지털이나 기술 면에서 더 다양하고 가치 있는 정보를 얻을 수 있는 사이트로도 정평이 높다. 이 때문에 대중의 자발적 구독률도 매우 높게 나타나며 기업의 평판을 강화하는 효율적인 도구가 되고 있다.

참고문헌

국립국어원(2024). 사보. **표준국어대사전**. (2024. 7. 1. 검색) https://stdict.korean.go.kr/search/searchResult.do?pageSize=10&searchKeyword=%EC%82%AC%EB%82%B4%EB%B3%B4

박애순(2018). 공공기관 사외보의 구독 동기와 만족도가 기관 인지도 및 평가에 미치는 영향: 제주시 사외보 '열린 제주시'를 중심으로. 제주대학교 행정대학원 석사학위논문.

조갑호(2009). LG화학 사보를 매개로 한 사내 커뮤니케이션 특성 연구. 한양대 언론정보대학원 석사학위논문.

조삼섭(2022). 사내 커뮤니케이션, 왜 조직에게 중요한가?. 김현정, 정원준, 이유나, 이철한, 정현주, 김수연, 오현정, 백혜진, 최홍림, 조삼섭, 조재형, 김동성, 이형민, 김활빈. **디지털 시대의 PR학신론**(pp. 239-260). 서울: 학지사.

최윤희(1998). **현대 PR론**. 경기: 나남출판.

202 상황 분석 Situational Analysis

상황 분석이란 PR 캠페인의 기획과 전략의 수립 및 프로그램의 개발에 앞서 어떤 기업이나 조직이 직면해 있는 상황과 환경을 이해하기 위해 해당 기업과 조직이 당면한 내적 요인과 외적 요인을 상세하게 파악하는 것을 말한다. PR 캠페인을 전개하기 위한 첫 번째 단계인 상황 분석은 PR 프로그램을 수행하는 조직, PR 문제의 판단, PR 프로그램이 목표로 하는 수용자에 관한 분석으로 구성된다. 상황 분석은 조직의 대내외 상황에 대한 분석, 문제와 관련된 공중의 파악, 전략개발을 위한 조사연구를 포함한 조직에 대한 분석으로(배지양, 호정화, 양승준, 2021), PR 기획자는 조직의 명성, 조직의 목적, 업무 내용, 조직구성원의 상황, 이해 관계자(stakeholder)의 상황, 언론과의 관계를 점검해 이런 상황이 PR 문제와 어떻게 관련되는지 밝혀내야 한다. PR 기획에서 상황 분석을 실시하면 PR 실행 과정에서 현실적으로 유용한 구체적인 가이드라인을 얻을 수 있다(최준혁, 2014). PR 기획자는 상황 분석을 통해 공중이 정보를 얼마나 이용하는지, 공중이 어떤 종류의 정보를 이용하는지, 공중이 정보를 어떻게 이용하는지, 공중의 정보 이용을 예측해 주는 것은 무엇인지, 그 내용을 구체적으로 파악해야 한다. PR 실행을 위한 상황 분석을 하는 데 있어서 스왓(SWOT) 분석, 5C 분석, 역장(力場) 분석이 주로 활용된다.

스왓(SWOT) 분석에서는 내부요인인 강점(Strength)과 약점(Weakness) 요인과, 외부요인인 기회(Opportunity)와 위협(Threat) 요인을 분석해 PR 전략을 도출하게 된다. 분석 결과를 바탕으로, 시장의 기회를 활용하기 위해 강점을 사용하는 강점-기회(SO) 전략, 시장의 위협을 회피하기 위해 강점을 사용하는 강점-위협(ST) 전략, 약점을 극복함으로써 시장의 기회를 활용하는 약점-기회(WO) 전략, 시장의 위협을 회피하고 약점을 최소화하는 약점-위협(WT) 전략을 선택할 수 있다. 또한 5C 분석은 기존의 3C 요인에 두 요인을 추가해 상황 분석을 시도하는 기법이다. 자사의 내부 사정인 기업(Company) 요인, 자사에 관계되는 고객(Customers) 요인, 자사와 경쟁하는 경쟁사(Competitors) 요인이 기존의 3C 요인이다. 여기에 자사와 관계하는 협력자(Collaborators)와 사회문화적 분위기(Climate)라는 두 가지 외부요인이 추가되었다. 5C 분석은 기업의 내·외부요인을 고려해 PR 실행에 필요한 상황을 종합적으로 판단하는 데 도움이 된다. 마지막으로, 역장 분석(Force Field Analysis)이란 조직의 문제 해결에 영향을 미치는 긍정적 영향력과 부정적 영향력에 대해 브레인스토밍 과정을 거쳐 파악하는 것이다. 이 방법은 부정적 영향력을 최소화하거나 중화시켜 긍정적 영향력을 강화하는 데 기여한다. 어떤 상황에서 긍정적-부정적 영향력의 균형 관계를 분석해 조직을 변화시키고자 하면, 기존의 균형을 깨고 새로운 균형을 제시함으로써 조직의 문제를 해결하는 데도 역장 분석을 활용할 수 있다.

참고문헌

배지양, 호정화, 양승준(2021). PR 이론의 발전 양상 분석: 국내 공중·문제해결 상황 이론, 공중 관계성 이론, 우수 이론, 정황적 수용 이론, 상황적 위기 커뮤니케이션 이론을 활용한 논문을 중심으로. **PR연구**, 25(1), 150-184.

최준혁(2014). 혼합적 연구방법을 활용한 상황분석의 일례. **PR연구**, 18(4), 169-186.

203 생활접점 매체 Ambient Media

생활접점 매체는 보통 옥외광고의 한 형태로 이해된다. 아파트나 건물의 엘리베이터, 건물의 입구 등에 설치되어 있는 대형 동영상 매체를 주로 언급하기 때문이다. 아파트나 빌딩의 승강기 안은 그 아파트나 건물을 드나드는 사람들이 모두 주목하는 매체이기에 거주자의 90% 이상(일반적으로 아파트의 경우)이 시청하는 주목도가 높은 매체로 인식되고 있다. 또한 캠페인의 목적에 따라 해당 지역에만 메시지를 노출할 수 있는 지역 특화 캠페인이 가능하다. 즉, PR 활동에서는 지역 공동체를 대상으로 하는 지역 PR 캠페인을 수행하기에 매우 유리한 매체다. 지역 공동체를 대상으로 하는 지역사회 관계 PR의 경우, 지역이라고 하는 일정 범주의 집단을 대상으로 그 지역과 관련된 조직의 이미지나 평판을 구축하는 것이 목적이다(김현정, 2021).

따라서 지역사회 관계 PR 활동을 전개할 경우, 일정 지역의 생활접점 매체를 대상으로 해당 지역민들의 정서와 문화에 맞춤화하는 PR 메시지를 노출하는 방식이 효과적인 PR 방안이 될 수 있다. 지자체에서는 이와 같은 효과성을 인식하고 생활접점 매체를 활용하는 공익적 PR 활동을 적극적으로 전개하고 있다. 특히 논산소방서는 노약자나 고령자가 다수 거주하는 지역에서의 화재 발생 시, 대피가 쉽지 않고 소방서가 원거리에 위치해 초기 대응이 쉽지 않다는 점을 인식하고, 대형마트나 가전 쇼핑몰 같은 대중이 많이 드나드는 건물 내부의 대형화면을 활용해 주택용 소방시설 설치 촉진 공공 PR 캠페인을 전개했다(최창열, 2020). 생활접점 매체를 활용하는 PR 캠페인을 통해 지역에 특화한 PR 활동을 실행한 사례다.

참고문헌

김현정(2021). 지역사회, 어떻게 조직의 선택된 이웃이 되는가?. 김현정, 정원준, 이유나, 이철한, 정현주, 김수연, 오현정, 백혜진, 최홍림, 조삼섭, 조재형, 김동성, 이형민, 김활빈. 디지털 시대의 PR학신론(pp.291-324). 서울: 학지사.

최창열(2020. 6. 4.). 논산소방서, 생활접점 매체 홍보를 통한 주택용 소방시설 설치 촉진 홍보. 충청24시뉴스. http://www.cc24news.kr/m/page/view.php?no=10025

204 선제적 관리 Primitive Management

PR 활동은 기본적으로 선제적 관리와 연계된다. '선제적'의 개념은 불확실성을 통제하고 예측해 이로움을 생산하는 것을 말한다(김원기, 조민상, 2017, p.52). 선제적 관리는 결국 문제의 요소를 분석하고 발생에 대한 위험성을 미리 예측하고 대비책을 마련하는 것이 핵심이다. PR 활동에서 주로 다루는 선제적 관리는 선제적 위기관리, 선제적 쟁점 관리, 선제적 갈등 관리 등이 있다. 선제적 위기관리, 선제적 갈등 관리, 선제적 쟁점 관리 등 어떤 조직 경영과 조직활동 과정에서 일어날 수 있는 위기, 쟁점, 갈등과 관련된 부정적 결과들이나 일을 예측하고, 사전에 문제를 파악해 대비하고 관리하는 것이다. 특히 무엇보다 조직의 위기, 쟁점, 갈등이 일어날 수 있는 상황이나 환경을 분석하고 그에 맞는 사전적 PR 활동을 시행하는 것이 선제적 관리의 핵심이다.

개별적으로 살펴보면 선제적 위기관리의 경우, 위기에 대비하기 위한 위기 매뉴얼 마련과 위기 시의 커뮤니케이션의 원칙과 방향을 정하고 위기에 대비해야 한다. 또한 공중의 특성을 파악하고 관계 관리 PR

활동을 진행하는 과정에서 일어날 수 있는 갈등 상황을 사전에 예방하고 공중과의 지속적 관계강화를 모색해 긍정적이고 호의적인 관계로 변화시키는 것이 선제적 관리다. 선제적 쟁점 관리의 경우에는 상시 모니터링을 통해 일어날 수 있는 쟁점을 찾아내고 분석해 선제적으로 쟁점이 위기로 변하는 것에 대비하는 것이다. 결국 PR에서는 모든 위험하고 예측불가한 부정적 일을 사전 관리 PR을 통해 예방하거나 다른 기회로 바꾸어 가는 활동이 중요한데 바로 이런 사전 관리 활동의 연장선상에서 각종 PR 캠페인이 진행된다.

참고문헌

김원기, 조민상(2017). 선제적 위기관리를 위한 시민참여 활성화 방안: 제공 포털 서비스를 중심으로. Crisisonomy, 13(12), 51-61.

205 섬리 Summly

섬리는 영국 런던의 고등학생인 닉 댈로이시오(Nick D'Aloisio)가 17세이던 2012년에 개발했던 뉴스를 압축하고 요약하는 애플리케이션이다(김세웅, 2013). 섬리는 '애플 최고의 앱 어워드'를 수상했으며, 320억 원에 야후(YAHOO)에 판매되면서 화제가 되었다. 사용자가 선호하는 분야의 뉴스만을 선별해 보여 주는 서비스를 뉴스 큐레이션이라고 하는데 대표적인 뉴스 큐레이션 앱이 바로 '섬리' 서비스다. 언론매체를 설정하면 자동으로 뉴스를 선별하고 요약해 보여 주는 섬리는 사용자 맞춤형이라는 특성을 지니고 있어 많은 이용자를 확보할 수 있다. 즉, 맞춤형 큐레이션 뉴스를 400~800자로 요약해 한눈에 알 수 있도록 보여 주는데 인공기술을 바탕으로 순식간에 수백 개의 주요 언론사 뉴스를 검색해 자연어를 처리하는 방식으로 되어 있다.

기본적으로 뉴스 분석은 우선 뉴스를 찾아내야 하고 내용을 읽고 파악하는 데 많은 시간이 필요한 작업이다. 뉴스 분석의 단점을 해결해 준 것이 섬리 앱이며, 디지털화로 정보의 확산이 급속도로 이루어지면서 그 가치가 높아졌지만 섬리 같은 뉴스 큐레이션은 최근 저작권과 관련한 논쟁의 중심에 있다. 웹상의 뉴스 큐레이션이 자신들이 생산하지 않았거나, 이용 권한이 없는 콘텐츠를 한곳에 끌어모아 두고 원작자의 허락이 없는 경우부터 출처를 밝히지 않은 경우, 비용을 지불하지 않은 경우 등 무분별하게 취합된 뉴스 정보를 제공하는 곳들이 생겼기 때문이다(한국저작권보호권, 2024). 글, 사진, 동영상 등의 다양한 뉴스를 무분별하게 수집하는 양상으로 이어지면서 문제가 된 것이다. 이런 가운데 자신들이 직접 취재하지 않는 내용을 끌어다 보도하는 기생 언론의 기사 문제도 섬리와 관련된 논쟁의 중심이 되고 있어, PR 분야에서 뉴스를 클리핑할 때 섬리를 활용한다면 이런 문제에 대한 대책 마련이 필요하다.

참고문헌

김세웅(2013. 3. 27.). 17세 고교생, 요약정리만으로 330억 대박. 매일경제. https://www.mk.co.kr/news/business/5494441

김환표(2013). 섬리. **트렌드 지식사전**. 서울: 인물과사상사.

한국저작권보호권(2024). 섬리. 한국저작권보호권 공식블로그. (2024. 7. 1. 검색) https://m.blog.naver.com/kcopastory/221718645187

206 성과 목표 Outcome Objective

성과 목표란 정해진 기간 동안의 PR 활동을 통해 달성하기를 기대하는 구체적인 성과를 의미한다. PR 활동을 크게 캠페인과 프로그램으로 대별할 수 있듯이 PR 활동의 평가도 개별 PR 프로그램의 단기적인 효과를 의미하는 결과(output)와 어떤 PR 캠페인의 장기적이고 거시적인 효과를 의미하는 성과(outcome)로 구분할 수 있다. 성과 목표는 상품 판매율의 신장이나 시장 점유율의 확대 같은 마케팅 목표와는 다르다. PR 메시지의 효과 과정에서 상품 품질, 유통 경로, 가격 정책, 판촉 활동 같은 마케팅 믹스 요소의 영향을 배제할 수 없으므로 어디까지가 순수한 PR의 효과인지 측정하기 어렵다. 따라서 성과 목표는 일정 기간 동안에 달성할 목표를 커뮤니케이션의 관점에서 측정 가능한 수준에서 명확히 설정해야 한다(차희원, 김영욱, 신호창, 2005). 브랜드 인지도를 높이기 위해 PR 활동을 전개할 것인지, 아니면 공중에게 어떤 정책을 설명하기 위해 PR 활동을 전개할 것인지, 구체적인 성과 목표에 따라 PR의 메시지 전략이 달라져야 한다. 성과 목표가 브랜드 인지도를 높이는 데 있다면, PR 메시지에서는 브랜드의 이름, 로고, 슬로건, 제품, 서비스를 강조해야 한다. 성과 목표가 PR 캠페인에 대한 호감도를 높이는 데 있다면, PR 기획자는 PR 캠페인의 가치를 강조하는 메시지를 작성해야 한다. 성과 목표가 공중의 참여를 유도하는 데 있다면, PR 기획자는 공중이 참여할 방법을 제시하는 PR 메시지를 작성해야 성과 목표를 높이는 데 기여할 수 있다.

참고문헌

차희원, 김영욱, 신호창(2005). 정책 PR의 평가 지표 개발에 관한 연구: 국정

홍보처 실무자와 외부 전문가 의견 비교를 중심으로. PR연구(홍보학연구), 9(1), 126-169.

207 성과 평가 Outcome Evaluation

어떤 PR 프로그램의 성공 여부는 미리 설정한 목표의 달성 여부에 따라 결정되며, PR 메시지의 전달 여부나 공중의 태도 변화나 행동 유발 여부에 따라 성과를 평가할 수 있다. 목표 설정 단계에서 측정 가능한 목표만 수립했다면 PR 캠페인의 성과를 측정하기란 어렵지 않다. 평가란 처음의 목표가 실제로 달성되었는지 확인하는 과정이므로 목표기반 평가(Evaluation by Objectives: EBO)를 하면 된다. PR 전문가들은 PR 활동의 목표와 PR 활동의 결과를 비교하는 것 외에는 별다른 평가 방법이 없다고 주장했지만(최준혁, 2008; Watson & Noble, 2005), 실무적 차원에서 다양한 평가를 시도할 수 있다. PR 과정의 일반적인 모형으로 널리 알려진 4단계의 ROPE 모형에서도 조사(Research)와 목표(Objective)와 실행(Practice)에 이어 네 번째 단계가 평가(Evaluation) 단계다. 가장 보편적으로 활용되는 PR의 평가 방법은 PR 메시지가 미디어에 얼마나 노출되었는지 알아보는 단기적인 결과 평가(output evaluation), 공중에게 기억되거나 관심을 끄는 정도를 알아보는 중간 평가(outgrowth), 공중의 태도와 행동 변화에 미친 영향을 알아보는 장기적인 성과 평가(outcome evaluation)가 있다. 단기적인 결과 평가는 미디어 모니터링, 미디어 내용분석, 인터넷 댓글 분석, 불만사항 분석 등을 통해 알 수 있으며, 장기적인 성과 평가는 서베이, 심층면접, 초점집단면접(FGI), 실험 연구를 통해 시도할 수 있다. 또한 PR 캠페인을 실제로 주도하는 PR

회사에 대한 성과 평가는 타깃 일치, 예산 일치, 예산 배분의 적절성, 메시지 일치, 메시지 콘셉트의 일관성, 매체 일치, 활용 매체 수에 따라 평가할 수 있다(이명천, 김정현, 김요한, 김지혜, 2008).

참고문헌

이명천, 김정현, 김요한, 김지혜(2008). 정부 정책 홍보 사업의 효율성 제고를 위한 분석 연구. **한국언론학보**, 52(3), 277-297.

최준혁(2008). **실행이 탄탄해지는 PR 기획**. 서울: 청년정신.

Watson, T., & Noble, P. (2005). **PR의 평가** (*Evaluating Public Relations: A Best Practice Guide to Public Relations Planning, Research & Evaluation*). (김현희, 김효순, 최준혁 역). 서울: 커뮤니케이션북스. (원저는 2005년에 출판).

208 성명문 Statement

『표준국어대사전』에서는 성명문을 "정치적 사회적 단체나 그 책임자가 일정한 사항에 대한 방침이나 견해를 공표하는 글이나 문서를 말한다."고 하며(국립국어원, 2024), 고려대 한국어대사전에서는 "공적 기관이나 단체 등이 일정 사항에 대한 방침이나 견해를 공표하는 문서"라고 하고, "신문 따위의 보도 기관이나 그 밖의 방법으로 발표한다"고 설명했다(고려대 민족문화연구원, 2009). 실제로는 많은 기업이나 조직에서 성명문이나 성명서를 발표하는 경우는 잘못된 정보가 유포되어 기업이나 조직 평판의 손실을 가져오거나 책임자 등 개인의 명예를 훼손할 것으로 판단되는 문제가 발생한 경우다. 그러한 문제나 문제 상황 등에 대해 정확한 사실을 발표함으로써 문제를 벗어나고자 하는 목적으로 활용된다.

잘못된 소문과 정보는 조직이나 단체 및 기업의 위기로까지 번질 수 있는 위기의 원인이 되기도 한다. 따라서 위기 확산의 가능성이 높은 사안에 대해서 정치적 관점이나 견해의 차이를 분명하게 표명함으로써, 위기 위험을 낮출 수 있을 것으로 판단되는 경우에 성명서가 많이 활용된다. 하나의 조직이나 일개 단체가 독립적으로 발표하는 경우 외에도 다양한 여러 기관으로 구성된 협의체나 공동 단체들이 함께 모여서 공동의 입장이나 견해를 발표하는 성명문도 있다. PR과 관련해서는 무엇보다 조직의 위기나 쟁점과 연계될 수 있는 쟁점이나 문제 사항들에 대해서 정확한 입장을 표명하는 것이 성명서 발표의 목적이다. 따라서 위기관리 PR이나 쟁점 관리 PR 활동에 속하는 기능적 활동으로 이해해 볼 수 있다. 특히 사회적으로 공식적인 의견이나 견해를 표명함으로써 기업이나 조직에게 미칠 문제를 예방하고 해결하는 사전적 · 사후적 PR의 기능을 모두 수행하는 것이 성명서다.

참고문헌

고려대 민족문화연구원(2009). 성명문. **고려대 한국어대사전**. 서울: 고려대학교 민족문화연구원.

국립국어원(2024). 성명문. **표준국어대사전**.

209 소극적 행동주의 Slacktivism

소극적 행동주의인 슬랙티비즘(Slacktivism)은 '태만하다'는 뜻의 슬랙(slack)과 '행동주의'를 의미하는 액티비즘(activism)의 합성어다. 사회 현안에 대해 찬성이나 반대의 의견을 갖고 있지만 이를 실제 행동으로 옮기는 데에는 적극적으로 행동하기보다 소셜미디어에 글을 쓴다거나 댓글을 다는 등의 보다 소극적인 행동으로 사회 참여 활동에 동참하는 것을 말한다. 옥스포드 영어사전에서는 소극적 행동주의를 “정치적 또는 사회적 명분(예: 온라인 청원서 서명)을 지원하기 위해 인터넷을 통해 수행되는 작업으로, 시간, 노력 또는 헌신이 거의 필요하지 않거나 대중에게 미치는 영향보다 개인적인 만족을 위한 목적이 더 큰 것이 특징”이라고 정의하고 있다(Oxford English Dictionary, 2024). 개인의 만족이 목적이라는 슬랙티비즘과 관련한 주목할 만한 국내 사례로 2022년 6월 12일에 배우 이엘의 트윗글로 촉발된 사례가 있다. 당시 이엘은 “워터밤 콘서트 물 3천 톤 소양강에 뿌려 주었으면 좋겠다.”는 글을 트윗에 올렸는데, 이를 두고 “작가 이선옥이 이엘의 트윗은 실제 행동이 아닌 ‘소셜미디어에 한마디 쓰기’ 정도로 가뭄을 극복하려 하는 것이며 이는 PC(Political Corretness, 정치적 올바름)주의자의 엘리트 의식이자 편협한 태도라고 비판”(김진경, 2022)했다. 이런 비판은 이른바 이엘의 태도가 바로 슬랙티비즘의 전형이었다는 것으로, 이후 슬랙티비즘에 대한 시시비비 논쟁을 불러왔다. 이엘이 당시 트윗터에 올린 글은 당시 가뭄이었는데도 불구하고 가수 싸이의 워터밤 콘서트가 단 몇 시간의 쇼를 위해 총 7회의 쇼에서 4만 2천 톤의 식수를 뿌리면서 식수를 마구 썼다는 것을 비판한 글이었다. 즉, 가뭄의 피해를 염두에 두지 않은 행동에 일격을 날린 것으로 가뭄으로 힘들어하는 이들을 위해 아무것도 하지 않는 무관심한 공중(어떻게 보면 비공중)보다 사회적 쟁점에 대해서 소극적이지만 동참의 목소리를 소셜미디어에 올리는 공중이 지금 우리 사회에는 더 필요한 공중이 아닌가 하는 등 여러 의견이 분분했다.

PR의 대표적 이론인 상황이론에서는 공중을 문제 인식, 제약 인식, 관여도에 따라 활동공중, 자각공중, 잠재공중, 비공중으로 나누고 있다(Grunig & Hunt, 1984). 문제 인식이 높지만 제약 인식도 높아 실제적으로 사회적 행동에서는 앞장서서 동참하지 못하는 공중이 자각공중(aware puplic)이다. 결국 소극적 행동주의 슬랙티비즘은 이런 자각공중의 대표적 모습이다. 즉, 사회적으로 앞장서서 참여 행동에 나서지는 못하지만 중요한 이슈에 대해서는 소셜미디어에서라도 자신들의 목소리를 내는 보다 깨어 있는 소셜미디어상의 공중의 행동을 정의하는 용어로 해석해 볼 수도 있다. 아울러 PR 실무자들은 소셜미디어에서 소극적으로 글쓰기와 댓글로 동참하는 이들이 만들어 내는 여론에 보다 주목할 필요가 있다. 어쩌면 절대 다수의 깨어 있는 행동에는 소심한 공중들이 내는 가장 진솔한 메시지가 중요할 수 있기 때문이다. 결국 슬랙티비즘 행동을 보이는 자각공중과 적극적으로 커뮤니케이션하는 것은 PR 캠페인의 성공을 위한 핵심 요인이다.

참고문헌

김진경(2022. 7. 9.). 물・식량 낭비 지적 '슬랙티비즘'은 사회 참여 첫걸음. 중앙일보. https://www.joongang.co.kr/article/25085543

Oxford University Press(2024). Slacktivism. *Oxford English Dictionary*. (2024. 7. 1. 검색) https://www.oed.com/dictionary/slacktivism_n?tl=true

Grunig, J., & Hunt, T. (1984). *Managing Public Relations*. New York, NY: Holt, Rinehart and Winston.

210 숏폼 콘텐츠 Short Form Contents

흔히 숏폼 콘텐츠란 길이가 15초에서 최대 10분을 넘기지 않는 짧은 영상으로 제작된 콘텐츠를 말한다. 숏이라는 말에서처럼 짧은 영상을 의미하지만 영상의 길이가 정확하게 규정된 바는 없다. 초기 틱톡은 업로드 가능한 영상 길이를 15초에서 60초로 확대한 적이 있다. 이후 3분, 10분으로 각각 확장되었다가, 현재 가장 많이 이용하는 동영상 플랫폼인 유튜브의 쇼츠는 업로드 영상 길이를 60초로 제한하고 있다. 이에 따라 최근엔 숏폼을 대체로 60초 이내로 보는 경향이 있다(최진호, 이정기, 김익현, 2023). 숏폼 동영상이 이렇게 유행한 것은 틱톡(Tiktok)에 의해서다. 2016년에 처음 등장한 틱톡은 음악을 곁들인 짧은 영상을 즐기는 플랫폼이었으며, 짧은 동영상을 계속해서 보여 주는 틱톡 특유의 알고리즘은 젊은 세대의 열광으로 번졌다(최진호 외, 2023). 최근에는 스마트폰을 통해 모든 이들이 널리 활용하는 영상으로 숏폼 콘텐츠가 일반화되고 있는 추세여서 PR의 중요 도구로 부상하고 있다. 로이터저널리즘연구소가 세계 46개국을 조사한 보고서에 따르면 주요 언론사의 49%도 틱톡에 정기적으로 뉴스를 올리는 것으로 나타나고 있으며(Newman, Fletcher, Robertson, Eddy, & Nielsen, 2022) 국내에서도 언론사의 뉴스 영상들이 숏폼 형태로 재구성되어 활용되고 있다. 특히 폭발적으로 증가하는 숏폼 동영상 소비 방식은 전통적 소셜미디어의 방식과 다른데, 팔로워 · 팔로잉 관계보다 인공지능 추천에 기초하고 있기 때문이다. 이런 특성은 소셜과 미디어를 분리하고 있으며, 미디어 엔터테인먼트에서 미디어의 성격을 강화한다(강정수, 2024). 또한 이용자가 짧은 동영상을 많이 소비할수록, 틱톡 알고리즘은 더 효과적으로 이용자의 취향을 분석할 수 있다(강정수, 2024).

틱톡의 성공 요인은 틱톡 이용자의 참여인데, 팔로워가 없거나 매우 작은 이용자에게도 도전 동기를 제공할 수 있다는 점이 이용자의 참여를 독려한다. 결국 이용자의 참여 활동이 자유롭고 쉬운 이런 숏폼 콘텐츠의 특성은 공중관계를 목적으로 하는 PR 활동에서 공중의 참여를 독려하기에 매우 용이한 방식을 갖고 있다. 이런 점에서 공중들의 자발적 참여를 독려하는 PR 캠페인을 기획할 때 다른 매체를 활용하는 경우보다 숏폼 콘텐츠를 활용한 경우, PR 캠페인의 효과를 더욱 높일 수 있다. 숏폼 동영상에서 콘텐츠 이용자들 특히 공중들의 참여(engagement) 행태의 변화는 매우 고무적이다. 단순한 참여가 아니라 특정 숏폼 동영상에 대한 반응으로 이용자 스스로가 다시 숏폼 콘텐츠 동영상을 생산하기 때문이다. 또한 틱톡에서는 댓글에 동영상을 첨부할 수 있어서 자신들의 즐거움을 재공유하는 형태를 띤다. 그러한 재공유 생산의 틱톡 중 최근 가장 눈에 띄는 사례가 BookTok 사례다. 한국을 포함해 전 세계에서 틱톡 이용자가 자신에게 감동을 주었던 책 구절을 읽으며, 이를 영상에 담아 BookTok 해시태그(https://www.tiktok.com/tag/booktok) 커뮤니티에 참여하는 것인데 2024년 1월 기준 BookTok 해시태그 관련 영상은 총 2,134억 뷰를 기록했다. 이런 이용자들의 놀라운 참여 수는 서점 비즈니스와 문학계를 바뀌게 했다(강정수, 2024). BookTok에서 많이 인용된 책들이 베스트셀러가 되고 있으며 다양한 작가에 대한 팬덤 현상이 숏폼 영상을 중심으로 발생하고 있다. 쉽게 따라 찍을 수 있어, 폭발적으로 참여가 증가하는 숏폼의 방식으로, 이런 방식은 결국 공중과의 쌍방향적 공중관계활동을 목표로 하는 PR에게는 고무적인 매체 방식이기에 틱톡과 같은 숏폼 콘텐츠에 더욱 주목하게 하고 있다.

참고문헌

강정수(2024). 숏폼 시대, 디지털 미디어 작동 방식의 변화. Media Issue and Trend(한국방송통신전파진흥원), 60, 59-70. https://www.kca.kr/Media_Issue_Trend/vol60/KCA60_23_trend.html

최진호, 이정기, 김익현(2023). 언론사의 숏폼 콘텐츠 전략 사례와 이용 연구. 서울: 한국언론진흥재단.

Newman, N., Fletcher, R., Robertson, C. T., Eddy, K., & Nielsen, R. K.

(2022). *Reuters Institute Digital News Report 2022*. London: Reuters Institute for the Study of Journalism.

211 수용격차 Chasm

기획재정부가 발행한 시사용어사전에서는 캐즘(Chasm)을 소수의 혁신적 성향의 소비자가 지배하는 초기 시장에서 첨단 기술 제품이 일반인들이 널리 사용하는 단계에 이르기 전까지 일시적으로 수요가 정체하거나 후퇴하는 현상이라고 정의한다(기획재정부, 2020). 원래 의미는 지리학적으로 지각변동에 의해서 생기는 균열로 인한 단절을 말한다. 캐즘을 넘어서는 제품은 대중화되지만 그렇지 못한 제품은 일부 초기 채택자들의 전유물로 남게 된다고 해서(기획재정부, 2020), 마케팅에서 보다 주목하는 현상이다. 이에 따라 기술적 제품이 수용되는 과정에서 초기 채택자(early adopters)와 초기 대다수(early majority) 간에 존재하는 불연속 현상을 종종 '캐즘'이라는 개념으로 설명하기도 한다(정병호, 권태형, 2014). 캐즘 현상은 신기술 제품 구매에 대한 저항과 정보의 단절로 발생되는 현상으로 이용자들의 신기술 제품의 정보 부족으로 인해 주로 발생된다고 한다(Moore, 2002). 이런 개념에 따르면 캐즘을 '수용격차'라고 해석해도 무방하다.

특히 디지털이 발전한 최근의 PR환경에서 플랫폼 자체를 PR의 수단으로 이용하거나(기업 뉴스룸, 메타버스 PR) 플랫폼에서의 다양한 체험의 기회를 만들거나(숏폼챌린지), 앱을 제작해 앱 안에서의 체험을 강화하는 PR(각종 브랜드 활용 앱, AR앱) 등은 PR 수용자들이 해당 디지털 기술을 활용하지 못할 경우에는 의미 없는 PR 활동이 된다. 예를 들어, 전자 기업 뉴스룸에서 언론보도에서 하지 못하는 AI를 활용한 간단한 유튜브 썸네일 만들기 같은 정보를 올릴 경우에 대해 이미 정보화된 수용자만이 뉴스룸의 해당 기사를 클릭해 보거나 직접 정보를 활용한 행동을 할 수 있다. 따라서 어떠한 새로운 방식의 디지털 PR을 실행해 해당 부분을 선점하고 디지털 첨단 조직의 이미지를 선도하고자 할 경우, 수용자들의 수용격차를 정확하게 진단하고 실행할 필요가 있다. 수용격차는 하나의 쟁점이 될 수 있기에 디지털 기술 기업이라면 수용격차를 줄이는 교육 등에 대한 CSR도 고려해 볼 만하다.

참고문헌

기획재정부(2020). 캐즘. 시사경제용어사전. (2024. 7. 1. 검색) https://www.moef.go.kr/sisa/dictionary/detail?idx=2540

정병호, 권태형(2014). 소셜미디어는 캐즘(Chasm)과 구매 가치에 얼마나 영향을 미치는가?: 채택 집단 간 정보력 및 신뢰도 효과. **한국IT서비스학회지**, 13(1), 221-251.

Moore, G. A. (2002). *Crossing the Chasm: Marketing and Selling High-Tech Products to Mainstream Customer*. New York: Harper Business.

212 수직적 SNS Vertical SNS

수직적 SNS란 기존의 수평적이고 나열식의 정보 공유에서 벗어나 사진이나 동영상, 게임 및 책 등 특정 분야에 대한 관심사만을 토대로 사용자가 관계망을 형성할 수 있는 SNS를 지칭한다. 버티컬(vertical)이라는 용어의 사전적 의미는 '수직적인'이란 뜻인데 마케팅 분야에서는 특정 고객군에 집중하지 않고 다양한 고객군에게 맞춰진 제품을 기반으로 하는 수평적 시장(horizontal market)과 달리 전문적인 고객 맞춤화를 통해 특정 요구를 지닌 소비자를 상대로 특화된 상품이나 서비스를 제공할 수 있게 형성된 시장을 수직적 시장(vertical market)이라고 한다. 이와 유사한 맥락에서 특화된 또는 특정 정보에 대한 관심사를 중심으로 형성되는 SNS를 수직적 SNS라고 한다. 한 분야를 집중적으로 파고드는 전문 SNS를 활용할 경우, 이용자는 특별히 관심 있고 원하는 정보만 볼 수 있을 뿐만 아니라 해당 분야에 대한 인사이트도 효과적으로 확장할 수 있다(신주희 2022). 대표적인 수직적 SNS인 폴라(Pholar)와 핀터레스트(Pinterest)에서는 사용자의 페르소나가 관심사에 따라 다양하게 분화되며 한 사용자가 복수의 계정을 생성해 각각의 페르소나를 달리 지정할 수 있다(조민선, 한혜원, 2019).

수직적 SNS의 등장 배경에는 데이터 관리와 클라우드 기술의 발전에 따라 데이터의 공유, 관리, 해석을 기반으로 공통의 실마리를 찾아내고 선별된 정보를 필요로 하는 사용자에게 소개하고 공유하는 소셜 큐레이션(social curation) 기능의 발전이 있다. 이는 사용자들이 SNS의 인터페이스를 통해 각자 선호하는 기호에 따라 관심 있는 온라인 콘텐츠를 자동으로 분류하고 수집하는 기능이다. 비슷한 취향과 선호를 가진 사용자들은 유사한 콘텐츠 분류에 따라 네트워킹을 하는 구조를 가지고 있으며, 수직적 SNS는 이런 소셜큐레이션 기능을 활용하고 있다. 수직적 SNS가 주목받는 이유는 이렇듯 큐레이션 기능이 최적화되어 있다는 점 때문이다. 수집한 사진이나 이미지를 범주별로 분류하는 과정에서 이미지가 구체적인 상품소개와 판매정보에 대한 경로를 포함한 채 전파되어 상품판매를 위한 프로모션을 특별히 드러내지 않더라도 자연스럽게 구매를 유도하여 사용자가 소비자로 발전할 수 있도록 도와주는 기능을 한다(신인준, 이규혜, 2015).

참고문헌

신인준, 이규혜(2015). 소셜 큐레이션과 광고: 버티컬 SNS에서 표현된 패션브랜드 이미지의 메시지 전략. 복식문화연구, 23(3), 498-511.

신주희(2022. 5. 31.). 인스타그램 · 페이스북 가고 '버티컬 SNS' 온다. 디지털인사이트.

조민선, 한혜원(2019). 버티컬 SNS의 관심사 기반 계정과 놀이 공동체: 인스타그램을 중심으로. 예술인문사회 융합멀티미디어논문지, 9(7), 351-363.

213 스폰서십 Sponsorship

스폰서(Sponsor)란 라틴어의 'spondre(보증인, 후원자)'에서 유래된 말로, 스폰서십은 "사람 또는 조직 활동을 지원하기 위해 보통 회사에 의해 주어지는 돈" 혹은 "누군가 또는 무언가를 후원하거나 후원받는 행위"(Camgridge dictionary, 2024)라고 정의된다. 주로 기업이 자사의 이익을 위해 행하는 후원 활동으로 재정적 지원을 하거나 특정 주체를 도와주는 모든 행위를 의미한다(김병희, 2014). 쉽게 후원 활동 또는 후원금으로도 해석된다. 오늘날 스폰서십은 기업이 상업적인 이익을 목적으로 비즈니스와 직접적인 관련이 있는 분야(스포츠, 이벤트, 문화행사 등)에 자금, 자원, 서비스를 제공하는 뜻으로 사용되고 있다. 스포츠나 문화예술과 같은 분야에서 특히 많이 활용되는 이유는 광고와 같이 메시지를 직접적으로 드러내는 것보다 비영리 활동인 스포츠, 문화예술에 대한 간접 형태의 후원이 소비자의 긍정적인 이미지나 호감도를 보다 쉽게 유발할 수 있기 때문이다. 실제적으로도 스폰서십이 광고보다 기업의 이미지나 브랜드 등을 자연스럽게 노출할 수 있고, 기업 이미지를 높이면서 구매의도까지 높일 수 있는 것으로 보고된다(김요한, 이명천, 송병원, 2018).

또한 스폰서십이 단순히 자금을 후원하는 것을 넘어 실제적으로 사회캠페인으로 연계될 때 더욱더 긍정적 이미지를 형성할 수 있다. 예를 들어, 환경 NGO가 진행하는 폐플라스틱 줍기 이벤트나 나무심기 등과 같은 공중 참여형의 PR 캠페인 활동에 대해 조직이 스폰서십으로 참여 후원할 때 기업의 환경보호 연관성을 높이면서, 높은 호감도를 유발할 수 있다. 기업들의 스폰서십은 점차 증가 추세다. 특히 스포츠 스폰서십은 가장 다양한 형태로 늘어나고 있으며 가장 일반적인 형태는 올림픽 등과 같이 큰 스포츠 대회를 후원하는 것이다(김주호, 2015). 또한 메세나처럼 기업과 문화예술 단체를 서로 연결시켜 기업의 CSR 활동의 일환으로 행하는 스폰서십 활동들도 늘고 있다. 결국 CSR의 많은 영역은 후원으로 되어 있기에 스폰서십이라는 것이 공중관계를 강화하고 조직이나 기업의 평판을 높이는 데 가장 영향력 있는 PR 활동이 되기도 한다. 따라서 스폰서십은 기본적으로 기업과 공중이 관계를 맺고 지속적으로 사회적 책임이나 사회적 역할을 다하기 위한 중요한 활동이다.

참고문헌

김병희(2014). 이벤트와 스폰서십. 한정호, 김병희, 김장열, 김찬아, 박노일, 박동진, 박종민, 배지양, 오창우, 유선욱, 이유나, 이제영, 전형준, 정지연, 조삼섭, 최준혁, 탁재택, 황성욱. **PR학원론**(pp. 251-260). 서울: 커뮤니케이션북스.

김요한, 이명천, 송병원(2018). **PR입문**. 서울: 커뮤니케이션북스.

김주호(2015). **세계 10대 메가스포츠 이벤트와 스폰서십**. 서울: 커뮤니케이션북스.

Camgridge Dictionary Org(2024). Sponsorship. (2024. 7. 1 검색) https://dictionary.cambridge.org/dictionary/english/sponsorship

214 스핀닥터 Spin Doctor

스핀닥터는 스핀(spin, 회전)을 만들어 내는 사람이라는 의미로 해석된다. 즉, 긍정적인 부분만을 드러내고 부정적인 내용은 Spin(비틀다, 돌리다)해서 언론 등에서 여론을 통제하려고 하는 사람을 가리키는 용어다. 이 용어의 출발은 1984년 미국 대통령 후보들의 TV 토론에서 처음 활용되면서 시작되었다(이종혁, 2013). 정치권에서 등장한 스핀닥터의 개념은 정책을 설득시키기 위해 국민들이 납득할 만한 관점 또는 정보를 가공해서 전하는 자를 의미한다(이종혁, 2013). 브리태니커 백과사전(Britannica, 2024)에서는 스핀닥터를 '중요한 사건 같은 어떤 것에 대한 사람들의 생각에 영향을 미치기 위해 그 사건이 대중에게 묘사되는 방식을 통제하려는 사람'이라고 정의한다. 이런 통제나 정보의 가공은 결국 기업과 관련한 쟁점에 있어 쟁점을 관리하기 위한 논리를 개발하거나 쟁점 관리 메시지 전략을 수립하는 업무를 하는 PR 전문가를 스핀닥터로 오해받게 한다는 지적도 있다.

실제로 자신들이 속한 조직의 이해관계에만 집중해 공중의 생각이나 여론을 바꾸려고 하는 경우에 PR 전문가를 스핀닥터라고 비난하기도 한다. 즉, "진실 중 클라이언트 조직에 유리한 부분만을 강조하는 행위나 고용된 총기(hired gun)라 해서 클라이언트의 목적 달성을 위한 커뮤니케이션이라면 무엇이든 서슴지 않고 실행하는 직업"(Hayes, Jendrix, & Kumar, 2013: 이철한, 2021, pp. 86-87에서 재인용)이라는 의미가 스핀닥터다. 하지만 이런 부정적 명칭에 대해 다르게 생각해 보면 스핀닥터는 PR 전문가가 윤리적인 측면에서 더욱 진정성을 가지고 자신이 속한 조직의 이해관계를 관리해야 한다는 사명감과 공정성을 암시하는 용어

일 수도 있다. 결국 PR의 명성을 보호하고 사회적으로 필요한 역할을 계속하기 위해서는 PR인이 PR 윤리와 가치를 잘 지켜야 한다(이철한, 2021).

참고문헌

이종혁(2013). PR을 알면 세상이 보인다. 서울: 커뮤니케이션북스

이철한(2021). PR은 어떻게 작동하는가. 김현정, 정원준, 이유나, 이철한, 정현주, 김수연, 오현정, 백혜진, 최홍림, 조삼섭, 조재형, 김동성, 이형민, 김활빈. 디지털 시대의 PR학신론(pp. 70-98). 서울: 학지사.

Britannica (2024). Spin Doctor. (2024. 7. 1. 접속) https://www.britannica.com/dictionary/spin-doctor.

Hayes, D. C., Jendrix, J. A., & Kumar, P. D. (2013). *Public Relations Cases.* Boston, MA: Wadsworth.

215 슬쩍 찌르기 Nudge

넛지(Nudge)는 원래 '팔꿈치로 슬쩍 찌르다.' '주의를 환기시키다.'라는 뜻이다. 미국의 행동경제학자 리처드 세일러(Richard H. Thaler)와 법률 전문가 캐스 선스타인(Cass R. Sunstein)의 저서 『넛지』에서는 넛지를 '사람들의 선택을 유도하는 부드러운 개입'이라는 의미로 새롭게 정의했다. 넛지의 배경이 된 행동경제학은 경제학에 심리학이 결합된 학문으로서 인간은 언제나 합리적인 선택을 한다는 전통적인 경제학의 기본 전제를 부정하고, 심리적 · 사회적 상황에 따라 비합리적으로 행동하기도 한다는 것을 주장하며, '인간은 이성적으로 판단하고 행동하지 않는다.'라는 새로운 시각을 제시했다(심재현, 2020). 이에 따라 넛지는 사람들이 결정을 내리게 되는 배경의 역할을 하는 '상황이나 맥락'을

만드는 선택설계(choice architect)의 방식에 따라 명령이나 지시가 아닌 방법으로 사람들에게 어떤 선택을 금지하거나 어떤 행동을 촉진시키는 방향으로 변화시키게 된다. 세일러와 선스타인은 이를 '타인의 선택을 유도하는 부드러운 개입'이라고 정의했는데, 이것이 바로 넛지의 개념이며 이런 간접적인 개입법은 특정한 방향의 선택을 금지하거나 특정한 방향으로 반응할 때 인센티브를 제공하는 직접적인 개입 방식과 구별된다. 즉, 넛지의 개념은 '타인의 선택을 유도'하는 목적성을 가지고 있으며, 사용자의 선택과 행위를 강요하기보다 존중하며 시각적으로 재미를 추구한다(변민주, 2017).

넛지는 개인의 선택을 유도하되 개인에게 선택의 자유를 보다 많이 부여한다는 특성이 있다. 이처럼 당사자의 자발적인 행동을 이끄는 넛지 효과는 강요에 의하지 않고 자연스럽게 선택할 수 있도록 이끄는 힘이 생각보다 큰 효과를 가져올 수 있음에 주목한다. 대표적인 예로 한 학교 영양사가 교내 식당에서 음식의 위치를 바꾸자 특정 음식의 소비가 25% 이상 증가한 결과를 보여 준 사례와 네덜란드 암스테르담의 스키폴공항의 남자 소변기 중앙에 그려진 파리로 인해 소변을 볼 때 집중력 향상으로 변기 밖으로 튀는 소변의 양이 80% 감소한 사례가 있다. 당사자의 자발적인 행동을 유도하는 넛지 효과는 정책분야뿐 아니라 사회 공익적인 요소, 디자인, 마케팅, PR 등 다양한 분야에서 활용되고 있다. 피아노 소리가 나는 계단을 설치해 계단 이용률을 높인 폭스바겐의 'The Fun Theory' 캠페인은 넛지 효과를 활용한 마케팅 사례로 유명하다. 농구 골대 모양의 휴지통을 활용해 주변 쓰레기 수거율을 높인 나이키의 노력은 일상생활 속에 스포츠가 항상 함께 있다는 메시지를 전달해 나이키에 대한 호감을 형성한 대표적인 사례다. '타인의 선택을 유도하는 부드러운 개입'이라는 의미인 넛지는 '자유주의적 개입주의

(libertarian paternalism)'의 실천방안을 만들었는 데, 그 본질은 현대 PR의 아버지로 불리는 에드워드 버네이즈(Edward L. Bernays)가 역설했던 '간접적 수단의 매력(appeals of indirection)'이라는 개념과 맥을 같이한다(강준만, 2016).

참고문헌

강준만(2016). 넛지 커뮤니케이션의 방법론적 유형 분류. 한국언론학보, 60(6), 7-35.

변민주(2017). 기능적 스토리텔링 효과로서의 넛지 커뮤니케이션 디자인 연구. 커뮤니케이션디자인학연구, 61, 34-44.

심재현(2020). 인간적 추구성향에 따른 넛지 커뮤니케이션을 활용한 어촌환경 개선 공공디자인 제안 연구. 한국디자인리서치학회, 5(1), 100-110.

216 시연회 Trial Performance

시연회는 원래 무용이나 연극 등을 일반에게 공개하기 전에 시험적으로 상연하기 위해 이루어지는 모임이다(국립국어원, 2024). 하지만 PR 활동에서 시연회는 신기술, 새로운 서비스나 신제품 등과 같이 새로운 기술, 제품 등이 등장했을 때 시판에 앞서 사전에 미리 체험해 보거나 작동 등을 위해 시험적으로 미리 개최하는 이벤트를 말한다. 예를 들어, 현대건설은 '혁신 R&D 건설 로봇 기술 시연회'를 개최했다(이강진, 2024). 이런 시연회를 통해 건설현장의 무인화를 앞당길 첨단 로봇을 소개하고자 했다. 이처럼 한 번의 시연회를 통해 얻을 수 있는 다양한 이점이 PR 활동에서 기대할 수 있기에 시연회는 PR 현장에서 자주 활용되고 있다.

참고문헌

이강진(2024. 6. 30.). 현대건설, 혁신 R&D 건설로봇 기술 시연회. 세계일보. https://www.segye.com/newsView/20240630508192?OutUrl=naver

국립국어원(2024). 시연회. 표준국어사전. (2024. 7. 1. 접속) https://stdict.korean.go.kr/search/searchResult.do

217 실시간 의견표출 시청자 Viewertariat

실시간 의견 표출 시청자, 일명 뷰어태리어트는 시청자(viewer)와 독일어로 무산계급을 뜻하는 프롤레타리아트(Proletariat)의 합성어로 정치적 담론을 다룬 TV 프로그램을 시청하는 가운데 SNS를 통해 실시간으로 의견을 표출하는 행위자를 일컫는 말이다. 이 개념을 처음 제안했던 안스테드와 오로린(Anstead & O'Loughlin, 2009)은 2009년 10월 22일에 BBC에서 방송된 인기 토론 프로그램인 퀘스천 타임(Question Tiem)에 관한 연구를 진행했는데 그 과정에서 극우 정당인 영국 국민당(British National Party)의 당수 닉 그리핀(Nick Griffin)이 최초로 TV 토론에 출연하자 방송 중 시청자들이 트위터를 통해 실시간으로 의견을 교환하며 토론을 벌이는 것을 보고, 이를 지칭하기 위해 고안했던 개념이 뷰어태리어트였다.

뷰어태리어트는 전통적인 의견선도자나 온라인 의견선도자와 뚜렷한 차이를 보인다. 첫째, 전통적인 미디어 환경에서는 의견선도자들의 의견이 유포되고 확산되기 위해서는 일정한 시간 간격이 필요한 데 반해 뷰어태리어트의 경우 특정한 사안에 대해 실시간으로 반응을 보인다는 점이다. 둘째, 기존의 의견 선도자 집단은 주로 높은 교육수준과 사회경제적 위치를 지니고 있었던 데 반해 이들 뷰어태리어트는 매우 비균질적인 특성을 지닌다. 셋째, 2단계 혹은 다단계 정보유통 모형에서는 영향을 주는 쪽과 받는 쪽이 확실하게 구별이 가능하지만 SNS의 특성상 뷰어태리어트 간에는 영향을 주는 사람과 받는 사람 간의 경계가 모호하고 구분이 절대적이지 않다. 넷째, 뷰어태리어트는 매스미디어가 제공하는 이슈에 대해 단순히 능동적인 해석을 하는 것을 넘어 이슈에 직접적으로 참여한다는 점에서 해석 집단인 동시에 행위 집단이다(허윤철, 김지영, 박한우, 2012).

참고문헌

허윤철, 김지영, 박한우(2012). 한국의 뷰어태리어트: 트위터, 페이스북, 블로그에 나타난 서울시장 보궐선거 토론회. **한국언론학회 심포지움 및 세미나 자료**, 6, 151-172.

Anstead, N., & O'Loughlin, B. (2011). The Emerging Viewertariat and BBC Question Time: Television Debate and Real-Time Commenting Online. *The International Journal of Press/Politics*, *16*(4), 1-23.

218 얌체 이용자 Cherry Picker

밭에서 신 포도는 먹지 않고 달콤한 체리만 따 먹는 사람을 빗댄 말이 체리피커인데, 얌체 이용자로 번역할 수 있다. 특히 PR을 위한 소셜미디어 수 늘리기나 각종 PR 캠페인에서 이벤트를 위한 경품이나 선물 제공 시, 해당 경품과 선물을 받은 이후에는 해당 조직의 소셜미디어를 '언팔'하거나 회원을 끊어 버리는 사람을 부르는 용어이기도 하다. 얌체 이용자 체리피커는 마케팅에서의 얌체 소비자인 체리피커와는 구분할 필요가 있다. 일반적으로 마케팅에서는 할인, 즉 값싼 소비에 집중하는 소비자를 체리피커라고 부르기 때문이다(Quelch, 2006, p.186). 얍체 소비자의 경우는 타임세일이나 시즌세일 같이 시장이 문 닫을 시간이 되어서야 가격이 가장 싼 시간에 마켓을 이용하거나 시즌세일이 되기 전에는 구매를 보류하는 소비자를 의미한다. 즉, 제품을 값싸게 구입하는데 몰입하는 소비자를 지칭하는 말이 체리피커다. 하지만 PR에서는 주로 조직의 소셜미디어 등의 회원 가입자를 늘리거나 핵심 정보를 알리기 위해 소셜미디어에서 시행하는 다양한 이벤트 PR 활동에서 이벤트에 참여한 다음에는 회원 가입이나 소셜미디어의 팔로우를 끊어 버리는 수용자를 지칭하기에 의미의 구분이 필요하며 PR 실행에서 주의할 필요가 있다.

참고문헌

Quelch, J. A. (2006) *Readings in Modern Marketing*. Hong Kong: Chinese University Press.

219 언론 브리핑 Media Briefing

언론 브리핑은 기자들에게 요점을 간추려 보도하고자 하는 조직의 사실이나 내용을 간단히 설명하는 것을 말한다. 일반적으로 정부, 공공기관 등에서 국민의 생활과 관련된 정책이나 주요 현안을 직접 요약해 설명하고 기자의 질의응답을 진행하는 활동을 의미한다. 일반적으로 언론 브리핑을 하는 경우는 그만큼 해당 사안이 중요하거나 심각한 문제일 경우다. 즉, 특정 부처나 특정 사안에 대해 언론 기자들에게 직접 설명하는 활동으로 기자 회견이 있는데 기자 회견이 형식화되고 공식적인 방식으로 사전에 계획된 활동이라면, 대표자나 PR 담당자가 해당 문제 내용을 설명하고 기자들이 질문하는 형식으로 이루어지는 언론 브리핑은 보다 간단하게 이루어지는 경향이 있다. 따라서 기자 회견은 확대된 언론 브리핑이다. 특히 공공기관이나 부처에서 행해지는 언론 브리핑은 여러 부처가 합동으로 정부 대책안이나 추진 계획을 발표하는 경우도 있다. 그러한 경우에는 합동 언론 브리핑 자료를 만들어 배포한다. 공공기관이나 비영리단체 또는 기업이 언론에 적극적으로 보도되기를 원하는 사안이 있을 때에도 언론 브리핑을 활용하는 경우가 많다. 나아가 정보 과잉 혹은 정보 부족으로 인해 유언비어가 발생할 가능성이 있을 때에도 이를 억제하는 수단으로 언론 브리핑이 활용될 수 있다(최진봉, 2016). 한편, 언론 브리핑 자료는 서두–본문–마무리의 순서로 구성되며 브리핑 사전에 배포된다.

참고문헌

최진봉(2016). **재난 관리 커뮤니케이션**. 서울: 커뮤니케이션북스.

220 엠바고 Embargo

취재 대상이 기자를 상대로 보도 자제를 요청하거나 기자실에서 기자들 사이 합의에 따라 일정 시점까지 보도를 자제하겠다는 약속이 엠바고다. 엠바고의 원래 뜻은 스페인어 'embargar'에서 유래된 것으로, 자국에 정박 중인 상선의 출항 금지, 선적 금지를 의미하는 것이었다. 이런 선적 금지가 언론으로 와서는 '보도시점 유예' 혹은 '시한부 보도 중지' 의미로 사용되었다. 엠바고는 기자들끼리 또는 기자들과 취재원이 정해진 기간까지 어떤 사안을 보도하지 않고 보류하기로 합의하면서 성립되며 그 목적은 국민의 권익을 보호하기 위해서다. 국민의 알

권리가 다소 침해되더라도 더 큰 권익을 보호하기 위해 불가피하게 보도를 통제하는 것에 대해 취재 기자들이 예외적으로 인정하기로 하는 약속이다(송승환, 2022). 기간의 유예와 관련해 PR인들은 엠바고를 뉴스의 간격을 통제하는 방식으로 활용하기도 한다(Alexander & Stewart, 2016, p.84). 즉, 선거나 올림픽 같이 뉴스거리가 많을 때는 엠바고 날짜를 뒤로 미루거나 혹은 미리 앞당겨서 배포함으로써 더 많은 해당 조직의 기사가 게재될 수 있도록 한다.

국내 PR에서는 언론 관계 활동의 일환으로 조직이나 기업에서 배포하는 보도자료에 엠바고 날짜를 기재한다. 이는 해당 보도자료가 모든 언론에서 동일한 시점에 보도되도록 한다는 보도 게재 시점을 의미한다. 다른 뜻으로는 어느 특정 언론에 독점 제공된 정보가 아니고 모든 언론에 동일하게 배포된 정보임을 의미하기도 한다. 따라서 언론매체는 보도자료에 게재된 시점에 동시에 해당 정보(보도자료)를 보도할 것을 암묵적으로 동의한다. 제공된 보도자료의 정보가 매우 높은 뉴스 가치가 있다고 판단된다 해도 엠바고 날짜를 어기지 않고, 먼저 보도하지 않겠다는 암묵적인 승인을 의미한다. 만약 엠바고 날짜를 어기고 먼저 보도할 경우 해당 기자는 출입처 제한 같은 제재를 받기도 한다. 또한 엠바고 날짜가 없는 보도자료의 경우에는 특정 언론매체에만 배포된 것으로 시점에 상관없이 해당 매체가 알아서 보도해도 되는 것으로 오인될 수도 있다. 따라서 기업이나 조직의 PR 관련 부서에서 배포하는 보도자료에서 엠바고 시점은 매우 중요한 표기 사항이 된다.

참고문헌

송승환(2022). 엠바고 대신 보도유예라고 불러봅시다. 한국기자협회보(2022. 11. 3.). https://journalist.or.kr/m/m_article.html?no=52442)

Alexander, R. & Stewart, P. (2016). *Broadcast Journalism: Techniques of Radio and Television News* (3rd ed.). New York: Taylor & Francis.

221 여론 선도자 Opinion Leader

여론 선도자는 여론을 선도하는 사람 혹은 의견을 통해 영향을 미치는 사람으로 의견 지도자로도 부른다. 대중매체의 정보를 수용자에게 적극적으로 전달하고 매개함으로써 사회구성원의 행동과 의사결정에 영향을 미치는 인물이다. 카츠와 라자스펠트는 1940년대 여론 선도자의 개념을 처음 제시했다(Katz & Lazarsfeld, 1955). 유권자에 대한 미디어의 영향력을 측정하던 중 대중매체의 정보를 수용자에게 적극적으로 전달하고 매개함으로써 사회구성원의 행동과 의사결정에 영향을 미치는 인물로 여론선도자(의견지도자) 개념을 제안했던 것이다(김지희, 2021). 하지만 최근에는 디지털 매체가 다양화하고 상호적인 커뮤니케이션이 일상화되면서 사회구성원의 소통 양식과 여론에 영향을 끼치는 방식도 달라졌으며 여론 선도자의 양상도 매우 변화했다. 과거 여론선도자는 일반인들보다 높은 전문적 지식을 가지고 있고 어느 정도 미디어 선택에 앞서가며 정보화된 인물이라는 것이 전통적인 개념이었다. 하지만 소셜미디어를 통한 참여와 공유의 방식은 여론선도자의 개념을 변화시키고 있다. 따라서 오늘날에는 전통적 개념의 여론선도자와는 다른 다양한 인물들이 여론선도자로도 활동하고 있다.

예를 들어, 팬덤문화의 선도자로 유명한 BTS 팬모임 아미(Army)의 경우 전 세계 여론을 선도하는 유력한 여론선도자가 되었다. 아미들은 정치, 환경, 차별 등 여러 문제에 대해 사회적 여론을 선도한다. 그중 하나가 브라질의 Army Help The Planet(AHTP)이다. 2019년 화재로 아마존 열대 우림의 황폐화에 직면한 브라질의 아미들은 #ArmyHelpPlanet이라는 해시태그를 달고 트위터를 통해 이 같은 사실을 전 세계에 알렸다. 이를 계기로 아미 활동을 계속하기 위한 다양한 아이디어가 모이기 시작했다(조유빈, 2022). 특히 아미의 기부를 조직화하는 대표적인 단체인 '원인언아미(OIAA)'는 2022년 '글로벌 선을 위해 집단적 힘을 이용한다.'는 목표 아래 인종차별 반대 운동 단체를 지원하기 위한 페이지를 개설하고 #MatchAMillion 해시태그 운동을 시작했다. 모금 시작 후 24시간이 채 되지 않았을 때 100만 달러가 넘는 모금이 되었으며 모금 기간 3일 동안 최종적으로 200만 달러의 기부금을 모아, 추진력 높은 여론선도의 힘을 보여 주기도 했다(조유빈, 2022).

참고문헌

김지희(2021). 매체 환경의 변화에 따른 의견지도자(Opinion Leader) 연구: 1990~2019년 연구에 대한 메타분석. **언론과학연구, 21**(1), 87-118.

조유빈(2022. 07. 22.). BTS와 아미는 세상을 어떻게 바꿨나. 시사저널. https://www.sisajournal.com/news/articleView.html?idxno=242570

Katz, E., & Lazarsfeld, P. F. (1955). *Personal Influence: The Part Played by People in the Flow of Mass Communication*. Glencoe, IL: Free Press.

222 연성 뉴스 Soft News

연성 뉴스는 말 그대로 부드러운 뉴스다. 사람의 오락적 욕구를 만족시키는 뉴스라고도 한다. 예를 들어, 연예, 교육 등을 포함하는 뉴스로 딱딱한 뉴스인 정치, 사고, 쟁점 등을 포함하는 경성 뉴스와 구분되는 뉴스다(Shoemaker & Cohen, 2006). 연성 뉴스를 많이 이용하면 미디어에 대한 신뢰도가 떨어질 수 있다고도 하는데(하승태, 이정교, 2012), 오늘날에는 인터넷 또는 디지털 미디어 플랫폼에서 두드러지고 있는 상황에서 뉴스의 연성화 현상이 두드러지고 있는 것으로 이해된다(왕이, 지앙슈에진, 주유존, 김용환, 2021). 뉴스 연성화 현상은 단지 보도 뉴스 내용의 연성화뿐만 아니라, 이용자의 뉴스 소비에 대한 연성화 현상을 의미하기도 한다. 즉, 보도의 연성화에서는 경제, 정치 등 경성 뉴스가 아닌, 흥미에 초점에 두는 연성 뉴스에 더 관심을 많이 갖는 현상이 나타나고 있다. 특히 게이트 키핑(gatekeeping) 과정이 없거나 매우 약한 온라인 뉴스에 있어서는 전통 미디어 뉴스보다 연성 뉴스의 비중이 더 높은 경우가 자주 나타난다. 한편, 한국언론진흥재단의 〈디지털 뉴스 리포트 2017〉에 따르면 한국에서 경성 뉴스보다 연성 뉴스에 관심이 더 많은 이용자의 비율이 40%로 나타났는데, 이는 조사 대상 36개국 중에서 4위를 차지한 것이다(한국언론진흥재단, 2017). 결국 국내에서는 뉴스 보도뿐만 아니라 뉴스 이용자의 뉴스 소비 측면에서 뉴스의 연성화가 두드러지게 나타나고 있기에 보도자료의 기획과 작성에서도 연성 뉴스를 위한 다양한 노력이 필요하다.

참고문헌

왕이, 지앙슈에진, 주유존, 김용환(2021). 메신저와 SNS를 통한 경성·연성 뉴스 이용이 매체별 뉴스 신뢰도에 미치는 영향: 출처지각의 조절 효과를 중심으로. **사회과학연구, 28**(3), 89-112.

하승태, 이정교(2011). 미디어 이용량과 선호 콘텐츠 유형이 미디어 신뢰도에 미치는 영향. **한국언론학보, 55**(1), 413-434.

한국언론진흥재단(2019). **디지털 뉴스 리포트 2017**. 서울: 언론진흥재단

Shoemaker, P. J., & Cohen, A. A. (2006). *News Around the World: Content, Practitioners, and the Public*. Routledge.

223 영상 보도자료 Video News Release (VNR)

영상 보도자료는 일반적인 텍스트 형태의 보도자료가 아니라 새롭게 발표하려는 보도자료 내용을 뉴스보도처럼 보이도록 하기 위해 영상으로 제작된 보도자료로 PR의 주요 수단 중 하나다. 주로 PR 회사, 기업, 정부기관 등에 의해서 제작되며, 여론 형성, 제품 및 서비스의 촉진, 개인에 대한 홍보 등을 목적으로 TV 뉴스보도룸으로 제공된다. 이 과정에서 뉴스 제작자들은 영상 보도자료가 하나의 이야깃거리로 적합하다거나 시청자들에게 흥미를 줄 수 있는 가치 있는 정보를 포함하고 있다고 판단할 경우 이를 전체 혹은 일부분만 방송으로 내보낸다. 영상보도자료는 완성형 VNR과 B-Roll 두 가지 종류가 있는 데, 완성형 VNR은 스토리가 전개되면서 뉴스형식으로 동영상이 제작돼 시청자는 마치 한 편의 뉴스를 보는 것처럼 인식하게 된다.

비롤(B-Roll)은 스토리 전개 없이 녹화한 영상 여러 개를 모아 놓은 것으로 기존에 촬영했던 내용 중에서 쓸 만한 부분을 골라내 여러 개의 장면을 이어 붙인 것이며, 방송사나 온라인 매체에서는 이들 화면 중에서 마음에 드는 영상을 선택해 활용하게 된다. 즉, B-Roll은 방송사가 뉴스 프로그램을 편집할 때 자료화면으로 사용하게 되므로 VNR처럼 스토리 전개에 맞추어 편집을 할 필요가 없다. 일반적으로 완성형 VNR은 2분 이내로 제작되고 길어도 5분을 넘기지 않는다. 그리고 화면에 설명이 필요하면 내레이션이나 자막을 넣기도 하지만 내레이션 없이 인터뷰나 현장의 상황을 있는 그대로 보여 주기에 영상의 활용도가 더 높다. 혹자는 이런 영상 보도자료에 대해 비판적인 입장을 가지기도 한다. 즉, 영상 보도자료에 대한 비판가들은 이런 관행을 기만적인 선전기법이라고 비판한다. 왜냐하면 영상 보도자료의 콘텐츠들이 여전히 언론인의 손에 남겨져 있어 편집부의 판단에 의해서 선별되는 과정을 거치기 때문이다.

참고문헌

국제언론인클럽(2020). 동영상 보도자료 제작. https://blog.newswire.co.kr/?p=5307

224 영향력자 Influencer

인플루언서란 영향력 있는 사람이란 뜻으로, 인스타그램, 유튜브 등 SNS에서 수십만 명의 구독자(팔로워)를 보유한 'SNS 유명인'을 말한다. 영향력자라는 말처럼 소셜미디어에서의 인플루언서의 영향력은 날로 증가하고 있으며 특히 1인 미디어를 통한 인플루언서 마케팅이 인기를 끌고 있다. 이런 인기의 요인에 대해 과거와 다른 체계적인 시스템 환경에서 개인 방송 제작자이면서 동시에 연출가, 정보원 등의 다양한 역할을 수행한다는 점과 매스미디어에서 실현 불가능했던 창의적인 아이디어와 자유로운 포맷 구성이 주목성을 높인다는 점이 거론된다. 광고 영상을 시청하는 소비자의 주요 광고 회피 원인이었던 상업성을 보완하는 기능을 이런 인플루언서 영상이 실현하고 있다는 것이다(최지윤, 정윤재, 2017). 마케팅에 있어서 인플루언서의 인기는 기업이나 조직 MPR의 필수 요소로 인플루언서 PR을 우선 고려하게 하고 있다. 실제로 문화체육관광부 산하 한국인플루언서산업협회가 인플루언서 플랫폼 '레뷰(REVU)'를 이용 중인 121개 기업을 대상으로 '인플루언서 마케팅 현황 설문조사'를 실시한 결과, 인플루언서(온라인에서 영향력이 큰 사람) 광고를 진행하고 있는 광고주의 88%가 이를 지속할 계획인 것으로 나타나기도 했다(장우정, 2024).

참고문헌

장우정(2024. 3. 19.). 인플루언서 마케팅 효과 좋아, 88%는 광고 계속하겠다. 조선일보.

최지윤, 정윤재(2017). 뷰티 인플루언서 마케팅 활용 전략: 매스미디어와 소셜미디어의 비교를 중심으로. **광고학연구**, 28(4), 47-72.

225 웹진 Webzine

웹진은 인터넷을 통해 발간되는 잡지를 말한다. 흔히 인터넷의 웹(web)과 매거진(Magazine)의 합성어이기에 인터넷상의 잡지라고 한다. 인터넷의 보관과 디지털 기술의 발전으로 출판 형식인 잡지가 PC 기반의 웹진을 넘어 다양한 스마트 디바이스에서 구현되는 모바일 웹진의 형태로 대체됐다(장효정, 이용재, 김나경, 정진경, 2021). 기관 웹진은 기관 내부 종업원을 위한 사보에서부터 외부 공중이나 기관 이용자나 소비자를 대상으로 하는 구독형 기관 잡지에까지 매우 다양하며, 기존의 인쇄 사보를 대치하고 내외부 공중이나 소비자와의 관계를 강화하는 PR의 중요한 툴로서 활용되고 있다. 특히 정부, 공공기관, 정책결정권자, 정책연구자 등이 필요로 하는 정책정보 서비스 기관의 웹진은 상호작용성, 하이퍼텍스트성, 멀티미디어성, 업데이트의 신속성 같은 웹진의 특징(김주연, 2002)으로 보다 수용자 친화적인 매체로서, 디지털 세대에게 활용되는 조직의 온드미디어로 주목받고 있다. 또한 공공기관이나 대기업 등이 여러 가지 목적을 위해 정기적으로 발행하는 웹진은 때로는 언론기사보다 더욱 전문적인 정보로 인해 공중이 자발적으로 구독하는 매체가 되고 있기도 하다. 예를 들어, 게임 관련 회사의 웹진에는 언론 기사에서는 찾을 수 없는 전문적인 게임 관련 트렌드나 정보가 담기기에 언론 기사를 잘 보지 않는 1020 세대의 높은 구독수를 확보할 수 있다.

참고문헌

김주연(2002). 청소년 웹진의 기능에 관한 연구. 우석대학교 교육대학원 석사 학위논문.

장효정, 이용재, 김나경, 정진경(2021). 대통령기록관 마케팅을 위한 웹진(WebZine)의 설계 제안: 대통령기록관 '온기(On-記)'를 기반으로. **한국비블리아학회지, 33**(3), 267-293.

226 위기관리 매뉴얼 Crisis Management Manual

위기관리 매뉴얼은 조직에서 발생할 수 있는 위기에 대비해 실제 위기가 일어난 상황에서 어떻게 대응할지에 대해 미리 짜 두는 위기 대비 방안이다. 물론 모든 위기에 대해서 매뉴얼대로 완벽하게 대응하기는 어렵지만 적어도 위기 매뉴얼을 마련해 두고 그러한 대응 방안대로 미리 대응책대로 연습해 둔다면 실제 위기가 발생했을 때 위기 피해를 최소화할 수 있다. 즉, 위기를 예견할 수는 없지만 최선의 노력을 기울여 대비한다면 발생한 위기를 효과적으로 관리할 수 있어 위기 피해를 최소화할 수 있다는 것이 기본 전제다. 이에 위기에 대비하기 위한 매뉴얼은 조직에게는 필수적이며 모든 조직은 각각의 위험군이나 유형별로 적어도 한 가지 정도의 위기 대비책을 미리 마련해 두어야 한다(Mitroff

& Anagnos, 2012). 계획과 준비가 잘 된 위기관리팀은 위기가 발발하면 더 빠르게 대응할 수 있고 의사결정을 내릴 수 있다. 따라서 조직에서는 위기에 대비해 평상시에 위기 대응 체계를 구축하고 매뉴얼을 정비하는 일은 필수적이다(백혜진, 2021). 더불어 만들어진 위기관리 매뉴얼에는 단계별 조치사항 및 소통 내용, 역할과 기능 등을 상세하게 기술해 두어야 하며 매년 정비하고 모의훈련을 통해 담당자들이 숙지하도록 해야 한다(백혜진, 2021).

참고문헌

백혜진(2021). 위기는 예측할 수 있는가?: 디지털 시대의 위기관리와 소통. 김현정, 정원준, 이유나, 이철한, 정현주, 김수연, 오현정, 백혜진, 최홍림, 조삼섭, 조재형, 김동성, 이형민, 김활빈. 디지털 시대의 PR학신론(pp. 187-213). 서울: 학지사.

Mitroff, I., & Anagnos, G. (2012). 위기, 관리와 예방 (*Managing Crises Before They Happen: What Every Executive and Manager Needs ot Know About Crisis Management*). (김영욱, 김희라 역). 서울: 커뮤니케이션북스. (원저는 2000년에 출판).

227 위기 시나리오 Crisis Scenario

위기 시나리오란 결국 앞으로 발생하게 될 생각지도 못한 위기 상황에 조직이 어떻게 대처해 나갈 것인가에 대한 계획서다. 즉, 위기 상황에 대해서 다양한 상황을 가상할 수 있어야 하며 그러한 각각의 상황에 따라 대비할 다른 시나리오를 준비하고 있어야 한다. 또한 위기 시나리오는 결국 위기에 대한 여러 가지 대응을 짜 두는 것을 말한다. 좋은 위기 시나리오는 그래서 "위기가 조직에 어떠한 영향을 미칠 것인가 하는 점을 염두에 두고 짠 최선의 경우와 최악의 경우 모두에 대비한 것이다."(Mitroff & Anagnos, 2012, p.49). 위기 극복은 조직의 역사성에서 단순히 위기를 극복했다는 의미에 머물지 않는다. 과거의 위기 역사는 조직의 브랜드 가치나 조직의 진정성 인식에 영향을 미치는 유의미한 요인으로 작용하기 때문이다(김현정, 조재형, 2016). 따라서 위기의 요인이 조직의 경영 문제에서 비롯됐을 때는 이를 어떻게 극복하느냐가 매우 중요한 공중의 인식요인이다.

따라서 조직 PR 활동에서 다양한 위기 상황을 가정하고 해당 위기를 극복하기 위한 다양한 시나리오를 마련해 준비한다는 것은 위기관리PR의 핵심이 된다. 특히 위기 시나리오는 조직의 특성에 따라 다양한 방식으로 준비할 필요가 있다. 단순한 종업원의 실수나 제품의 리콜과 같은 조직 내부에서 비롯되는 상황은 물론이고 자연재해나 돌발사고 같은 조직 외부요인에서 파생되는 상황, 대표자나 임직원의 개인 루머나 의도적 위반, 범죄 등과 같은 기타 위기 상황 등 가능한 모든 상황들에 대비하는 여러 가지 위기 시나리오를 구축해 둘 필요가 있다. 예를 들어, 항공사의 경우 홍수나 태풍 같은 자연재해 관련 결항이나 피해에 대비한 위기 시나리오, 비행기 납치나 테러 같은 돌발사고 대비 위기 시나리오, 기체 결함이나 고장 등으로 인한 위기 시나리오, 대표자나 임원의 범죄나 위반으로 인한 위기 시나리오 등 매우 다양한 위기 시나리오를 준비할 수 있다. 결국 위기 시나리오는 하나가 아니라 상황별로 가능한 모든 위기 상황을 예상해 다양하게 준비되어야 한다.

참고문헌

김현정, 조재형(2016). 기업 가치 PR 활동의 시간성이 브랜드 태도와 브랜드 충성도에 미치는 영향에 대한 탐색적 연구. PR연구, 20(2), 28-60.

Mitroff, I., & Anagnos, G. (2012). 위기, 관리와 예방 (*Managing Crises Before they Happen: What Every Executive and Manager Needs ot Know*

About Crisis Management). (김영욱, 김희라 역). 서울: 커뮤니케이션북스. (원저는 2000년에 출판).

228 윤리 경영 Ethical Management

윤리 경영은 경영 활동의 규범적 기준을 사회의 윤리적 가치 체계에 두는 전반적인 경영 활동을 뜻한다. 윤리 경영의 목적은 최고 경영자와 종업원의 윤리적 신념과 수준을 실천하는 데 있다. 윤리 경영을 실천하려면 먼저 기업 경영을 위한 윤리 기준을 마련해야 하며, 윤리적 사고와 가치 규범을 따르는 경영 활동이 뒷받침되어야 한다. 기업의 윤리 경영 활동은 생산성 향상, 기업 이미지의 제고, 투명성 강화, 지배구조의 건전성, 사회공헌, 고객만족에 긍정적인 영향을 미치는 것으로 알려져 있다. 기업 윤리에 대한 입장에 따라 윤리 경영 방식을 3가지로 구분할 수 있다. 이윤 추구를 위해 기업 윤리는 물론 법과 제도를 장애물로 간주하는 비윤리 경영, 경영과 윤리를 별개 영역으로 간주해 합법적 테두리에서는 어떤 행동을 해도 된다는 초윤리 경영, 기업의 적법성 여부는 물론 입법의 취지나 사회통념까지 감안해 기업 윤리를 추구하는 도덕 경영이 그것이다.

윤리 경영 활동(윤리 방침, 윤리 시스템, 윤리 문화)이 조직 유효성(조직 몰입, 조직 시민행동)에 미치는 영향을 분석한 연구에서는 윤리 경영 활동의 하위 요소인 윤리 방침, 윤리 시스템 및 윤리 문화는 모두 조직 몰입에 긍정적인 영향을 미치고, 윤리문화는 조직 시민행동에 긍정적인 영향을 미치고, 조직몰입은 조직 시민행동에 긍정적인 영향을 미쳤다(이욱진, 조동혁, 2019). 윤리 경영은 기업의 지속가능한 발전을 위한 핵심 요소이기도 하다. 윤리 경영에 대한 평가 척도는 영국의 BITC(Business In The Community)의 평가 척도를 비롯해 우리나라의 산업정책연구원에서 2003년에 개발한 코백스(KoBex) 또는 전경련이 2007년에 개발한 윤리경영자율진단지표(FKI-BEX)가 대표적이다.

참고문헌

이욱진, 조동혁(2019). 공기업의 윤리경영이 조직유효성에 미치는 영향에 관한 연구. **글로벌경영학회지**, 16(2), 165-184.

229 의사사건 Pseudo-Event

의사사건은 언론의 관심과 뉴스 가치를 높이기 위한 목적으로 PR 커뮤니케이터가 기획해 만들어 내는 창의적 사건이나 이벤트를 말한다. 즉, 조직이 특정한 정보를 언론을 통해 전달하기 위해 의도적으로 가공한 일련의 활동을 의미한다(이종혁, 2010). 기본적으로 조직에서 일어나는 일들은 보도거리로서의 뉴스가치가 떨어지는 경우가 많다. 이에 따라서 PR 실무자는 부족한 뉴스가치를 보다 강화하기 위해 일반적인 조직의 업무를 보다 높은 뉴스가치를 지닌 하나의 이벤트로 만들어 내는 경우가 많은데, 이를 의사사건 혹은 의사 이벤트(Pseudo-event)라고 부른다. 이에 영국 브리태니커 백과사전에서는 의사사건을 언론 보도의 주제가 되는 홍보 전략이라고 정의했다(Britannica, 2024).

의사사건(pseudo-event)이라는 용어는 1961년에 부어스틴(Boorstin)이 쓴 『The Image: A Guide to Pseudo-Events in America』에서 처음 사용되었다. 그 책에서는 의사사건을 정보를 얻으려는 사람들의 욕구에 호소하는 진실로 정의했다(Boorstin, 1992). 저자는 언론의 주목을 받는 것은 유명 인사들이 인위적 이벤트를 벌이는 강력한 인센티브가 되며, 이는 언론보도를 통해 검증되면 하나의 사건도 현실적인 사건으로써 보다 중요해지게 된다고 주장했다(Boorstin, 1992). 즉, 의사사건을 프로파간다(선전)의 반대라고 설명했지만, 의사사건이 프로파간다(선전)처럼 대중에게 잘못된 정보를 초래하는 측면이 있다는 비판을 받기도 했다. 그러한 비판처럼 과거의 의사사건은 인위적으로 만든 가짜사건의 의미로 이해되거나, 이해관계 집단들의 PR 활동이 의사사건을 양산해 낸다는 비판을 받은 것도 사실이다(이종혁, 2021). 하지만 이런 비판을 오늘날에 수용하기는 어렵다. 우선 프로파간다(선전)는 대중이 진실을 알지 못하도록 사실을 왜곡하는 면에서 의사사건과 다르고, 과거의 의사사건과 오늘날의 의사사건은 접근 차원이 다르다. 즉, 오늘날 PR 현장에서 행해지는 의사사건은 조직의 일을 새로운 이벤트로 새롭게 창조함으로써, 공중들이 보다 흥미와 관심을 가질 수 있게 구성하는 창의적인 PR 활동을 기획하는 측면으로 수용되기 때문이다. 특히 대중들에게 적합한 콘텐츠를 활용하고 그에 맞게 최대한 인위적 부분을 줄이고 동질감을 느끼도록 소셜 네트워킹을 활용하는 PR 활동에서 기획의 핵심은 인위적이 아닌 창의적인 의사사건이다.

참고문헌

이종혁(2010). **PR을 알면 세상이 보인다**. 서울: 커뮤니케이션북스.

Boorstin, D. J. (1992). *The Image: A Guide to Pseudo-Events in America*. (50TH Anniversery ed.; Duglas Lushkoff에 의한 1961년 초판의 복사판). New York: Vintage books, A Division of Landom House Inc.

Britannica (2024). Pseudo-Event. (2024. 7. 1 접속) https://www.britannica.com/topic/pseudo-event

230 인상적 콘텐츠 Killer Contents

우리말샘 국어사전에서는 인상적 콘텐츠(Killer Contents)를 특정 미디어가 폭발적으로 보급되는 계기가 된 콘텐츠라고 설명한다(국립국어원, 2024). 한경 경제용어사전에서는 등장하자마자 경쟁제품을 몰아내고 시장을 지배하는 상품이나 서비스를 일컫는 킬러 애플리케이션(killer application)을 문화 콘텐츠 분야에 적용한 것이라고 설명했다(한국경제신문, 2024). 이런 의미를 종합하면, 킬러 콘텐츠를 인상적 콘텐츠로 번역해도 무방하다. 즉, 만화, 애니메이션, 캐릭터, 국제적인 스타 등 문화상품으로서 시장에 큰 영향을 미칠 수 있는 콘텐츠가 인상적 콘텐츠다. 미국의 할리우드와 디즈니, 일본의 온라인 게임과 망가(漫畵), 프랑스의 와인과 향수 같은 사치재 산업은 대표적인 인상적 콘텐츠의 예로 설명할 수 있다.

참고문헌

국립국어원(2024). 킬러 콘텐츠. 우리말샘. (2024. 7. 1. 접속) https://opendict.korean.go.kr/main

한국경제신문(2024). 킬러 콘텐츠. 한경용어사전. (2024. 7. 1. 접속) https://dic.hankyung.com

231 인스타툰 Instartoon

인스타툰이란 소셜미디어 '인스타그램(Instagram)'과 '웹툰(Webtoon)'의 합성어로 웹툰 플랫폼이 아닌 인스타그램을 통해 웹툰을 연재하는 것을 의미한다. 60컷이 넘는 일반 웹툰과 달리 인스타툰은 10컷으로 제한되어 있다(표지희, 2020). 즉, 최대 10개 이미지를 한꺼번에 다 보이도록 올리는 것이다. 이런 특성은 단번에 전체 내용을 모두 파악할 수 있게 하는 장점을 갖고 있다. 시간적인 장점은 단시간을 선호하는 MZ세대의 특성과도 일치한다. 또한 이런 특징은 PR을 위한 수단으로서 인스타툰의 가능성을 기대하게 한다. 조직이 전달하고자 하는 메시지를 한꺼번에 10개 이미지를 통해 일시에 보여 주고 전달할 수 있기에 단시간에 공중의 이해와 공감을 넓힐 수 있는 PR 수단으로 기대를 갖게 한다. 인스타툰은 업로드 주기를 작가의 일정에 따라 자유롭게 할 수 있고 누구나 이미지를 올릴 수 있다는 것이 장점이다. 주제는 일상툰이 가장 많은 비율을 차지한다. 예를 들어, 〈토덩일기〉라는 유명 인스타툰의 경우 토끼 캐릭터를 통해 제과학원 일상, 회사 에피소드 등등 일상의 이야기를 간결하고 귀여운 이미지로 전달해 유저 1만 5천여 명의 팔로워를 가지고 있다(표지희, 2020). 이처럼 MZ세대들이 공감하기 쉬운 일상 주제를 공유하는 측면에서 일상 밀접 마케팅이나 PR 수단으로 주목되는 것이다. 또한 인스타툰 자체에 광고 결제를 통한 콘텐츠 광고를 할 수 있어 공중들이 스스로 인스타툰의 작가가 되기를 바라는 경우도 늘고 있다. 한국만이 아니라 미국, 일본 등에도 인스타툰 작가들은 다수 존재하기에 세계 여러 나라의 공중들과 이미지를 통한 글로벌 소통에도 활용도가 높을 것이다.

참고문헌

표지희(2020). SNS 웹툰 무작정 따라하기. 서울: 길벗.

232 인포그래픽 Infographics

인포그래픽은 정보를 뜻하는 정보(Information)와 그래픽(Graphic)의 합성어다. 보여 주고자 하는 정보를 시각적으로 만든 이미지를 의미한다. 정보를 빠르고 분명하게 표현하기 위해 정보, 자료, 지식을 그래픽 시각적으로 표현한 것이다(Newsom & Haynes, 2015). 데이비드 맥캔들스는 인포그래픽을 하나의 '정보 지도'라고 말하기도 한다(McCandless, 2012). 정보를 비주얼화함으로써, 정보 지도의 일종처럼 눈으로 정보를 한눈에 조망할 수 있게 하기 때문이라는 것이다. 인포그래픽의 또 다른 특징은 비주얼로 데이터를 보여 준다는 점이다. 비주얼화된 정보만이 아닌 비주얼화된 데이터가 핵심이기에 차트, 그림, 모형, 비주얼적 은유나 비유가 가능하고 인포그래픽을 통한 학습은 학습 효과가 높다.

참고문헌

McCandless, D. (2012) *Information is Beautiful* (New ed.). Milton Keynes, United Kingdom: Collins Publishers.

Newsom, D., & Haynes, J. (2015). *Public Relations Writing: Form and Style* (11th ed.). Boston, MA: Cengage Learning.

233 일원다용 One Source Multi Use

일원다용(一源多用)은 문화 콘텐츠 분야에서 하나의 원천 콘텐츠를 여러 미디어에 다양한 형태로 확장한다는 전략적 개념인데, PR 활동에서도 널리 쓰이고 있다. 1980년대에 일본의 전자 공학계에서 이 용어를 처음 사용한 이후, 우리나라에서는 2000년부터 문화 콘텐츠 산업 분야에서 유행하기 시작했다(최정일, 2008). 한국문화콘텐츠진흥원의 2003년 연차보고서에서는 OSMU를 "우수한 기획을 통해 제작된 1차 콘텐츠를 시장에 성장시킨 후 재투자 및 라이선스를 통해 2차, 3차 콘텐츠로 발전시키는 전략"으로 정의했다. 콘텐츠의 가치를 극대화하고 다양한 시장에서 수익을 창출하려는 목적이 있기 때문에 OSMU를 일거다득(一擧多得) 전략이라고도 한다. 문화 콘텐츠 분야에서 OSMU를 창구효과로 번역하는 사례도 있지만 의미가 다르다. 창구효과(window effect)가 원본과 아무 차이가 없는 같은 콘텐츠를 수직적으로 유통하는 개념이라면, OSMU는 원천 콘텐츠를 원본과 다른 형태로 변용해 다양하게 확장시킨다는 개념이다.

하나의 원천 콘텐츠를 영화, 게임, 음반, 애니메이션, 캐릭터 상품, 장난감, 출판 같은 여러 장르로 변용해 부가가치를 극대화하는 것이 일원다용(OSMU) 전략이다. 하나의 원작(one source)을 미디어의 특성에 맞춰 다양하게 활용하면(multi use) 시너지 효과가 나타난다. 하나의 인기 콘텐츠만 있으면 추가적인 비용 부담을 최소화하며 2차 콘텐츠를 개발해 높은 부가 가치를 창출할 수 있다. 이 전략을 성공적으로 실행하려면 강력하고 매력적인 원천 콘텐츠를 다양한 미디어로 확장해 그 가치를 유지해야 하고(고품질의 원천 콘텐츠), 원천 콘텐츠의 특성과 장르를 고려해 가장 적합한 미디어를 선택해야 한다(적절한 매체 선택). 그리고 다양한 미디어에서 일관되고 통합된 이야기 구조를 유지해야 하며(통합된 스토리텔링), 다양하게 확장시켜 브랜드 인지도를 높이면서도 일관된 브랜드 이미지를 관리해야 한다(브랜드 인지도 관리). 일원다용(OSMU) 전략은 원천 콘텐츠의 가치를 다양한 방식으로 확산하기 때문에 원천 콘텐츠의 가치는 눈덩이처럼 커지게 마련이다(김병희, 2024).

참고문헌

김병희(2024). 문화산업 마케팅 이론. 안채린, 김병희, 강소영, 강혜원, 이재원. **문화산업 마케팅 전략의 이론과 실제**(pp. 135-170). 서울: 학지사비즈.

최정일(2008). 디지털 영상콘텐츠의 원소스 멀티유스(One-Source Multi-Use) 제작방식 비교 연구. **디지털콘텐츠학회논문지**, 9(4), 551-560.

234 임플로이언서 Employencer

임플로이언서는 직원(Employee)과 영향력자(Influencer)의 합성어로 최근 등장한 신조어다.[1] 한마디로 영향력이 큰 직원을 일컫는 말이다. 자신이 근무하는 기업의 근무 환경, 복지, 임금 등을 외부에 공유하며 자사의 제품을 알리는 데도 자발적으로 참여하는 이들이다. 이들의 영향력이 날도 커지면서 인플루언서와 또 다른 영향력자로서 조직의 PR이나 마케팅 활동에서 널리 활용되고 있다. 이런 추세에 따라 조직이나 기업들은 직접 자사의 임플로이언서를 양성해 기업이나 조직 PR과 마케팅에 적극 활용하는 추세다(백지혜, 2022). 많은 사람이 임플로이언서 콘텐츠에 활발하게 호응하면서 임플로이언서가 기업 브랜딩의 새로운 방법으로도 인식되고 있는 것이다. 임플로이언서는 보편적으로 특정 기업이나 브랜드에 소속된 직원임을 드러내면서, 개인 계정이나 브랜드 계정을 통해 활동한다(이주희, 2023).

충주시 홍보맨으로 유명한 충주시 김선태 주무관의 경우도 임플로이

---

1) 사내 외부 영향력자로도 해석되나 이 용어보다 영어발음인 임플로이언서(employencer)가 더 잘 이해된다고 판단되어 본 용어집에서는 '임플로이언서'로 표기했다.

언서로, 충주시의 유튜브 채널 개설자 겸 운영자로서 충주시에서의 자신의 일상을 공유하면서 자연스럽게 충주시를 홍보해 유명인이 되었다. 그 외 유명세와 인기에 덩달아서 충주시에 대한 일반 공중들의 호감도도 높아진 것으로 평가된다. 직원을 고용해 아예 임플로이언서 브이로그를 제작하는 기업들도 있는데, 대표적인 기업이 올리브영, CU 등이다. 이 기업들은 자사 유튜브 채널에 임플로이언서를 등장시켜 마케팅에 적극 활용하고 있다. 일례로 올리브영이 직접 운영하는 올영TV, CU가 직접 운영하는 씨유튜브 등은 이미 자사 콘텐츠에 직원들이 출연하는 직원 브이로그를 찍어 올리면서 알고 싶거나 관심 있는 조직의 문화 등을 간접적으로 체험하도록 하며, 조직에 관한 여러 가지 정보를 전달하고 있다. 특히 직원이 자사 제품을 사용하는 브이로그 등은 직원의 메시지를 통해 해당 제품 정보를 얻을 수 있어 높은 신뢰도를 확보할 수 있다는 점에서 활용도가 높다.

참고문헌

박지혜(2022. 9. 26.). 이제는 직원도 마케팅이다, 임플로이언서의 등장. 사례뉴스. https://www.casenews.co.kr/news/articleView.html?idxno=12189

이주희(2023. 12. 23.). 내가 회사다…기업 브랜드보다 떠버린 '임플로이언서'. The PR. https://www.the-pr.co.kr/news/articleView.html?idxno=51002

235 입장문 Position Paper

입장문은 입장 문서나 토론 자료용 문서라고 해석되는데, 어떤 문제에 대해 논쟁의 여지가 있는 의견에 대해 자신의 입장이나 주장을 제시하는 것을 말한다. 따라서 토론 자료라기보다 입장문으로 해석하는 것이 이해하기 쉬우며 어느 한쪽의 지지 입장을 주장하는 글이다. 입장문의 목표는 청중에게 의견이 타당하고 경청할 가치가 있다고 확신시키는 것이기에 청중이 이해하기 쉽게 문제를 제시해야 한다. 아울러 입장을 밝히고 주장하기 위한 뒷받침을 위해 통계자료나 데이터 같은 구체적 근거를 활용하며 객관적 참고자료와 인용구 등을 적절히 사용해 주장의 타당성과 입장을 잘 보여 주면서 현실적으로 실현 가능한 해결책과 대안을 제시해야 한다(Courtesy of University of Hawaii, WO Writing Center, 1998). 입장문은 학술논문 작성과 출판 이외에도 다양한 분야에서 활용할 수 있다. 예를 들어, 여러 국가에 영향을 미치는 국제 과제에 대한 논의와 문제를 해결하기 위한 정책 수립 같은 다양한 현안에 대해 작성할 수 있다. 유엔(UN)에서 지구온난화 같은 환경문제에 대해 조직이나 정부가 국제정책을 수립하는 경우 회의 전에 양쪽 구성원들로부터 입장문을 전달받아 토론의 방향이 정해질 수도 있다. 또한 정부기관에서 하는 다양한 회의의 경우 각 조직에 영향을 미치는 여러 가지 문제들이 편견으로 치우칠 수 있는데, 어느 한쪽의 아이디어뿐만 아니라 양쪽 방향으로 서로의 주장을 펼치고 첨예한 토론을 통해 정책이 수립되는 데 기여할 수 있다(Enago Academy, 2021).

참고문헌

Courtesy of University of Hawaii, WO Writing Center(1998). Writing a Position Paper. http://homepages.uhwo.hawaii.edu/~writing/position.htm.

Enago Academy(2021. 4. 6.). 설득력 있는 포지션 페이퍼(position paper) 작성 방법. https://www.enago.co.kr/academy/top-tips-writing-position-paper/

236 자선활동 Philantrophy

국어사전에서는 자선활동을 자선, 나눔, 기부처럼 대가를 바라지 않고 남에게 베푸는 행위라고 설명한다. 영미권의 '채러티(charity)'나 '필란트로피(philanthropy)' 같은 용어는 자선활동을 의미한다. 비슷해 보이는 두 용어는 문화적 전통에 따라 각각 구별해 쓰이고 있다. 주변의 가난한 사람들에게 조건 없이 도움을 주는 개인적 차원의 동정심과 자비심에 따른 행위가 '채러티'라면, '필란트로피'는 개인적 차원이 아니라 집단적 차원에서 인류의 발전과 사회 전체를 위한 대규모의 기관이나 조직화된 기구에 기부하는 보다 적극적인 행위다. 결국 자선활동이란 사회적 약자와 소외 계층의 삶의 질을 향상하고 공익성을 증진하기 위해 자발적으로 행동하고 기부하는 의도적이고 계획된 과정이다. 코틀러와 리도 자선활동을 기업의 사회적 책임(CSR)의 6가지 유형의 하나로 적시했다(Kotler & Lee, 2005). 현대 사회에서는 '필란트로피'가 '채러티'를 대체하고 있다. 그 이유는 이 용어에 함축된 자조(self-help)와 기회 창출(opportunity creation)이라는 원칙은 물론 절망과 빈곤의 완화가 아닌 근본 원인의 제거가 중요하다는 사회문화적 가치가 영향을 미쳤기 때문이다.

참고문헌

Kotler, P., & Lee, N. (2005). *Corporate Social Responsibility: Doing the Most Good for Your Company and Your Cause*. John Wiley & Sons.

237 정밀 표적화 Pinpoint Targeting

정밀 표적화는 핀으로 점을 찍듯이 개인의 특성과 취향을 고려해 마케팅과 PR의 목표 대상을 설정하는 표적화 전략을 의미하며, PR 업계에서는 원어 그대로 '핀포인트 타깃팅'이란 용어를 쓰기도 한다. 표적 대상으로 삼는 고객과 공중을 구체적으로 특정해 그들에게 필요한 메시지를 전달함으로써, 기존의 타깃 마케팅에 비해 보다 구체화된 대상을 공략하는 것이 정밀 표적화의 목표다. 이른바 '스프레이 앤 프레이(spray and pray)'라고 하는 불특정 다수를 향한 마케팅의 시대는 끝났다. 인공지능 기술이 급격히 발전함에 따라 보다 구체적이고 정교한 타깃 마케팅이 가능해진 상황에서, 정밀 표적화 기법이 여러 플랫폼에 다수 등장했다. 마케팅 전문가들은 정밀 표적화를 전통적인 표적화를 넘어서는 방법으로 인식하며, 소비자 개인과 직접 소통하며 기업의 브랜드 자산을 전달하려고 한다(Christoff, 2024). 자료를 신속히 분석하고 트렌드를 파악해 정밀 표적을 설정해 메시지 전달을 최적화하면 PR의 성과가 높아진다.

참고문헌

Christoff, C. (2024). 5 Simple Ways to Pinpoint Your Brand's Target Audience: When You Start a Business, You Need to Understand Your Target Market at a Fundamental Level at the Very Beginning. Business.com. https://www.business.com/articles/pinpoint-target-audience/

238 조직 뉴스룸 Organizational News Room

조직의 뉴스룸은 조직이나 기업이 자사와 관련된 뉴스를 배포하는 하나의 온라인 플랫폼을 구축하고, 지속적으로 조직과 관련된 뉴스를 배포하는 것을 말한다. 오늘날에는 언론에 보도자료를 배포하는 것과 함께 공중과의 관계를 높이는 또 다른 보도형 PR 활동으로 인식되기도 한다. 예를 들어, SK하이닉스는 "We Do Technology(news.skhynix.co.kr)"라는 이름으로 플랫폼을 구축하고 Tech/AI/Sustainability/press/Media Library라는 하부 메뉴를 만들고 다양한 첨단 기술과 관련된 정보 및 자사의 뉴스들을 게재하고 있다. 조직의 뉴스룸은 일반 언론이 만드는 뉴스 홈페이지보다 다양하고 전문적인 뉴스나 정보를 배포하는 온라인 공간으로, 많은 자발적 구독자를 보유한다. 조직의 뉴스룸 플랫폼에서는 해당 조직의 보도자료는 물론 기획특집, 칼럼, 현장 스토리, 유튜브, 인터뷰 등 다양한 형식의 콘텐츠를 만들어 언론사와 같은 정보형 조직의 기사를 노출하는데 특히 SK 하이닉스처럼 여러 조직이나 기업에서는 AI기술과 뉴미디어 첨단 기술에 관련된 뉴스나 최신 정보를 노출함으로써 다양한 공중과의 커뮤니케이션을 확대하는 방식으로 활용하고 있다.

특히 언론 플랫폼에서의 뉴스기사들이 스트레이트 기사나 시사성의 짧은 기사가 많은 데 비해 조직의 뉴스룸의 기사들은 보다 전문적이고 상세한 내용을 다루는 기사들이 많아서 첨단의 전문 정보를 필요로 하는 공중이나 수용자들의 자발적 구독을 이끌어 내고 있다. 국내에서는 삼성전자 뉴스룸이 2015년 기업 블로그를 확대 개편해 처음 출범하면서 조직 뉴스룸 시대를 열었다. 삼성전자 뉴스룸은 인포그래픽과 카드뉴스 그리고 유튜브를 적극 활용한다는 것이 특징이다(뉴스와이어, 2021). 삼성 뉴스룸(https://news.samsung.com/global)은 무엇보다 삼성 전자의 공식 홍보 · 소통 채널로서 제품이나 서비스에 대한 정보를 전달하는 것을 넘어 삼성이 전달하고자 하는 메시지와 뉴스를 전 세계 미디어와 독자들에게 신속하게 전달할 수 있는 플랫폼으로 점차 진화해 왔다고 평가된다(에델만, 2024)

참고문헌

뉴스와이어(2021. 2. 23.). 기업 뉴스룸 사례 6개. 뉴스와이어 블로그. https://blog.newswire.co.kr/?p=12151

에델만(2024). Samsung Global Newsroom, 브랜드 저널리즘 우수사례. 에델만 코리아 홈페이지(www.edelman.kr). (2024. 7. 1. 접속) https://www.edelman.kr/expertise/work/samsung-global-newsroom

239 준법 경영 Compliance Management

기업 경영에서 ESG(환경 · 사회 · 거버넌스) 경영이 필수적인 상황에서 기업이 그에 앞서 법규를 준수하며 경영 활동을 수행해야 한다는 철학이 준법 경영이다. 2021년 4월, 국제표준화기구(ISO)는 조직의 준법 경영 여부를 확인할 수 있는 인증 기준을 제정했다. 'ISO 37301'로 명명된 준법 시스템(compliance system)은 조직의 유형과 규모나 성격에 관계없이 모든 유형의 조직에 적용되며 공공과 민간은 물론 비영리 부문에도 적용된다. 국제표준화기구는 모든 조직이 사회의 지속가능발전에 기여하려면 법 준수가 조직의 근본 의무이고 사회적 책임의 핵심 요소임을 강조하며 준법 경영의 인증 제도를 만들었다. 부패와 관련된 최초의 국제법은 워터게이트 사건 이후 1977년 12월에 미국 연방법으로 제정된 「해외부패방지법(Foreign Corrupt Practices Act: FCPA)」이다. 해외부패방지법의 양형 기준에서는 법을 위반한 기업이 준법 프로그램(Compliance Programs: CP)을 운영했는지 판단하기를 권고하며, 효과적으로 운영했을 경우에는 기소가 아닌 벌금 부과 등의 감경 조치가 가능하도록 규정했다.

예를 들어, 삼성SDI의 준법통제 기준은 준법 경영과 관련된 기본적인 절차와 제반 사항을 정한 최상위 규정이다. 준법감시 운영규정은 직원의 직무 수행에 필요한 사항 및 임직원이 준법통제 기준을 준수함에 있어 필요한 구체적인 절차와 기준을 정하고 있다. 임직원 행동규범(Code of Conduct)은 준법통제 기준, 준법감시 운영규정을 기반으로 임직원이 준수해야 할 업무 수행의 지침을 제시하고 있다. 분야별 세부 지침서는 삼성SDI의 사업 활동과 밀접한 6개 분야(카르텔, 내부거래, 영업 비밀, 부패 방지, 개인 정보, 하도급)에 대한 관련 법률의 해설 및 각 분야의 업무 수행과 관련한 체크리스트를 포함하고 있다. ESG 경영에서도 법적인 요구사항을 준수하고 기업의 전략적 위험까지도 포함해 관리해야 하며(Pollman, 2019), 기업이 준법 경영의 행동강령을 준수하지 않고 겉치레 포장으로 위장하는 것이 가장 심각한 문제다.

참고문헌

Pollman, E. (2019). *Corporate Social Responsibility, ESG, and Compliance*. Loyola Law School, Los Angeles Legal Studies Research Paper, No. 2019-35.

240 지지 클릭행동 Clicktivism

지지 클릭행동은 디지털 행동주의(혹은 디지털 사회운동)의 범주 안에서 대의명분을 지지하거나 사회적 인식을 높이기 위해 청원서에 서명하거나 콘텐츠를 공유하는 등의 온라인 행동을 하는 등의 일련의 사회행동을 의미한다. 즉, 디지털 감시자들의 활동 혹은 디지털 사회운동이 클릭티비즘이다(George & Leidner, 2019). 지지 클릭행동은 개인이 사회적 또는 정치적 문제에 대한 지지를 표시하기 위해 온라인에서 쉽게 수행할 수 있는 낮은 장벽의 행동을 포함한다. 예를 들면, '좋아요' '찬성' '팔로우'(Liking, Voting, or Following) 같은 것을 누르는 클릭 행동이다. 익명적이고 비인격적이기 때문에 조직 차원에서는 규모가 큰 참여 행동이 가능하고, 클릭 수와 좋아요 수가 행동 명분에 정당성, 검증 및 권한을 부여할 수 있다는 특징이 있다(George & Leidner, 2019).

지지 클릭행동은 디지털 기술을 활용해 온라인 시위 및 각종 인원 동원을 위한 온라인 도구를 활용하는 것으로 시민 사회가들에게 행동의 투명성을 부과하고 조직의 행동에 대한 책임을 질 것을 주장하는 등 온라인에서의 시민 감시자 역할을 한 것으로 평가된다(Lyon & Montgomery, 2013), 이런 시민 감시는 권력 관계의 변화, 즉 시민들이 조직의 어떠한 활동에 대해 사실을 확인하고 모니터링하고 면밀히 조사해 기업의 책임성에 대해 기업을 압박할 수 있는 일종의 힘을 갖게 된 것을 의미한다. 하지만 클릭만 하고 노력과 헌신이 거의 필요하지 않은 논쟁적인 온라인 활동(예: 온라인 청원 서명, 다른 사람 리트윗, 해시태그 주변 동원)에 참여하는 것을 설명하는 '슬랙티비즘'(Skoric, 2012)은 클릭티비즘과는 다른 것으로 구분된다. 즉, 슬랙티비즘(Slactivism)이 행동의 실질적인 변화를 촉진하지 않는 사회운동이라고 지칭되는 경향이 높은 데 비해 지지 클릭 행동인 클릭티비즘(Clicktivism)은 대중의 담론을 변화시키고 사회적 변화를 일으킨다는 주장들이 있다(Li, Bernard, Luczak-Roesch, 2021). 대표적인 예시로는 'Sleeping Giants' 사례가 연구되기도 했다(Li et al., 2021).

참고문헌

George, J. J., & Leidner, D.E. (2019). From Clicktivism to Hacktivism: Understanding Digital Activism. *Information and Organization, 29*(3). www.sciencedirect.com/science/article/abs/pii/S1471772717303470

Li, Y., Bernard, J. G., & Luczak-Roesch, M. (2021). Beyond Clicktivism: What Makes Digitally Native Activism Effective? An Exploration of the Sleeping Giants Movement. *Social Media + Society, 7*(3). https://doi-org.virtual.seowon.ac.kr/10.1177/20563051211035357

Lyon, T. P., & Montgomery, A. W. (2013). Tweetjacked: The Impact of Social Media on Corporate Greenwash, *Journal of Business Ethics, 118*, 747-757, (2013)

Skoric, M. M. (2012). What is Slack about Slacktivism?. *Working Paper, Inter-Asia Roundtable 2012: Methodological and Conceptual Issues in Cyberactivism Research, Asia Research Institution (ARI)*(pp.77-92.). National University of Singapore. https://ari.nus.edu.sg/wp-content/uploads/2018/10/InterAsiaRoundtable-2012.pdf#page=83

241 촉발 이벤트 Trigger Event

촉발 사건은 일단 위반되거나 충족되면 다른 사건이 발생되게 하는 유무형의 사건을 말한다. 제1차 세계대전을 촉발했던 헝가리 황제 페르

디난트에 대한 보스니아 청년의 황제 암살사건 '사라예보 사건'은 대표적인 촉발 사건(Triggering Event)이다. 또한 1992년 '로드니 킹 사건' 역시, 당시 흑인 로드니 킹이 백인 경찰로부터 집단 구타를 당하는 장면을 비디오 카메라로 찍어 경찰의 잔혹 행위를 세상에 고발한 사건으로, 미국 LA 폭동을 촉발한 촉발 사건이다. 촉발 이벤트(Trigger Event) 역시 이처럼 어떠한 다른 큰 사건이나 퍼포먼스로 확대되는 이벤트다. 하지만 기본적으로 '촉발 이벤트'가 이런 '촉발 사건'과 다른 점은 조직이나 기업이 다분히 의도를 가지고 '촉발 이벤트'를 기획함으로써 더 큰 목적의 퍼포먼스나 PR 캠페인에 대한 공중의 관심을 불러일으키고자 하는 의도를 가지고 기획된다는 점이다. 즉, 촉발 사건은 우연히 일어난 작은 사고가 더 큰 우연한 사고의 원인이 되기에 고의성이 없는 우연성에서 출발해 우연히 일어나는 더 큰 사고의 원인으로 작용하는 것을 말한다.

하지만 촉발 이벤트는 조직이나 기업이 고의성, 의도성을 가지고 계획적으로 만들어 냄으로써 더 큰 PR 캠페인이나 퍼포먼스 혹은 조직의 이미지를 높이고자 하는 쟁점을 창출하고자 하는 것으로 고의적으로 작동한다. 이외에도 심리학에서는 촉발 사건을 어떤 정서나 행동을 촉발하는 외부자극, 예를 들면 시험낙방, 실직 같은 것들이라고 말하고 있는데, 촉발 사건은 촉발을 준 대상에게 공격성을 전위하게 하는 약한 수준의 자극을 의미한다고도 한다(이윤선, 김근향, 2021). 또한 마케팅에서는 판매 기회를 새롭게 유도하는 이벤트를 트리거 이벤트 또는 판매 촉발 이벤트라고 한다. 무엇보다 PR에서는 사업을 변환하기 위한 대부분의 변화를 촉발 이벤트라고 본다. 산업 변화, 경쟁사 조정, 제품이나 사업 관련 수상 또는 특별한 이벤트 개최 등은 모두 촉발 이벤트에 해당된다고 본다(Robinson, 2020). 특히 조직과 고객의 상호 작용 방식을 변화시키는 디지털 판매 기술 도입 또한 중요한 판매 촉발 이벤트다(Fischer,

Seidenstricker, & Poeppelbuss, 2023).

참고문헌

이윤선, 김근향(2021). 인지적 정서조절 방략과 촉발사건이 전위된 공격성에 미치는 영향. Korean Journal of Clinical Psychology, 40(3), 269-279.

Robinson, J. (2020. 12. 6.). What is a Sales Trigger Event and Why It's Important to Close More Deals. https://about.crunchbase.com/blog/sales-trigger-event/

Fischer, H., Seidenstricker, S., & Poeppelbuss, J. (2023). The Triggers and Consequences of Digital Sales: A Systematic Literature Review. *Journal of Personal Selling & Sales Management, 43*(1), 5-23.

242 추문폭로자 Muckraker

추문폭로자는 사업가의 문제나 비리를 폭로하는 사람을 지칭하는 말로 낙엽을 긁어내는 갈퀴에서 따온 말이다. 루스벨트 대통령에 의해 처음 명명되었으며 낙엽을 긁어내듯이 기업가나 기업의 비리를 폭로한다는 의미에서 등장했다. 추문폭로자들이 처음 등장했을 당시 그들은 대부분 저널리스트로 대기업과 정부의 횡포를 폭로했으며 그들의 노력으로 「독점금지법」과 같은 여러 가지 법안이 제정되었다(김요한, 이명천, 송병원, 2018). 미국에서 일간지가 가장 많이 발행되었던 시기인 1909년은 추문폭로자들이 가장 활발하게 활동한 시기로 당시 추문폭로는 2,600개로 정점에 달했다고 한다(강준만, 2018). 추문폭로자들이 PR의 역사에서 중요한 점은 그들이 PR 활동의 중요성을 깨달았기 때문이다(김요한 외, 2018). 즉, 20세기 들어서면서 미국에서는 철도부설, 전기와 석유 공급 등으로 산업이 발달했다.

하지만 그러한 과정에서 양산된 노동자에 대해 부를 축적한 산업자본가들은 노동자의 요구를 무시했고 심지어 부의 분배를 제대로 하지 않았으며 당시의 정부 또한 이에 동조했다. 그 당시 거대 자본에 대한 비판적 언론, 정부 제재, 노동자 파업 등 어려운 환경에 직면하게 된 자본가들은 돌파구가 필요했다. 무엇보다 당시 기업 자본가들은 자본가의 비리와 문제를 지적하는 추문폭로자들인 비판적 언론에 대한 대응이 시급했다(최홍림, 2018). 이런 과정에서 비판적 환경에 대응할 PR의 필요성이 인식되었고 당시의 시대적 요구에 부응하며 미국 동부 대도시를 중심으로 PR 대행업이 성행하면서 PR 산업이 태동하게 되었다고도 본다(최홍림, 2018). 하지만 오늘날에도 추문폭로자 같은 언론의 역할은 여전히 PR에 양날의 칼로 작용한다. 기업의 윤리에 대한 PR의 노력을 일깨우는 것이 그 하나이며 다른 한편으로는 디지털 시대에 가짜뉴스와 같은 수많은 거짓 정보 혹은 추문폭로와 같은 거짓 언론들이 난무하는 현실이 그것이다. 이에 거짓정보에 대한 대응 또한 디지털 시대 PR이 공중을 위해 반드시 해야 하는 중요한 임무이며 역할임을 추문폭로자들의 PR역사는 일깨우고 있다.

참고문헌

강준만(2017). **교양영어사전**. 서울: 인물과 사상사.

김요한, 이명천, 송병원(2018). **PR 입문**. 서울: 커뮤니케이션북스.

최홍림(2018). PR 전문가 윤리: 윤리적 커뮤니케이션의 이론적 출발. 김영욱, 김장열, 유선욱, 이유나, 조삼섭, 정원준, 최지현, 최홍림, 홍문기. **디지털 시대와 PR 윤리**(pp. 10-65). 서울: 커뮤니케이션북스.

243 추세 Trend

『표준국어대사전』에서는 추세를 어떤 현상이 일정한 방향으로 나아가는 경향이라고 정의하고 있다(국립국어원, 2024). 유사한 말로 추이가 있지만 추세와 추이는 구분해야 한다. '추세(趨勢)'는 어떤 현상이 일정한 방향으로 나아가는 경향을, '추이(推移)'는 형편이 시간의 경과에 따라 변해 나가는 경향을 이르는 말이다. 쓰임이 비슷한 것 같지만 추세가 '일정한 방향으로'에 방점을 찍고 있다면, 추이는 '시간의 경과에 따른 변화'에 주안점을 두고 있다. 공중과의 관계나 다른 이해관계자와의 관계성을 구축하기 위한 활동인 PR을 수행하기 위해서는 조직 및 대상인 공중이나 이해관계자를 둘러싼 쟁점을 분석하는 것이 기본이 된다. 이때 쟁점 분석은 추세 분석을 포함한다. 추세를 확인함으로써 어떻게 쟁점이 생성·변화되는지에 대한 과정 및 향후 쟁점과 쟁점에 대한 여론의 방향을 예측할 수 있기 때문이다. 추세 분석은 과거의 추세치가 앞으로도 계속되리라는 가정하에 과거의 시계열 자료를 분석해 그 변화 방향을 탐색하는 미래 예측 방법을 말한다. 추세분석 방법으로는 투사법(projection) 또는 외삽법(extrapolation)이 흔히 이용된다. 추세분석 자료는 정책결정자에게 필수불가결한 정보가 된다(이종수, 2009).

참고문헌

국립국어원(2024). 추세. 표준국어대사전. (2024. 7. 1. 검색) https://ko.dict.naver.com

이종수(2009). 행정학사전. 서울: 대영문화사.

244 출입기자 Press Corp

출입기자는 우리나라만의 독특한 취재처의 관리 제도로, 출입 기관을 정해 그곳만을 취재하도록 취재 구역을 구분하는 것이다. 해당 출입처가 정해지면 해당 기관만 출입하고 그곳의 기사만을 취재한다고 해서 출입기자라고 한다. 공공기관이나 정부 혹은 기업을 출입하는 기자들의 경우 언론사의 소속 부서에 따라 출입처가 정해진다. 예를 들어, 정치부 기자는 보통 정당출입자, 대통령실 출입기자 등 정치 관련 기관을 출입하며 사회부 기자는 경찰청이나 일선 경찰서가 출입처로 정해진다. 하지만 같은 정치부 기자라고 해도 청와대 출입, 총리실 출입, 행정 부처 출입 기자들과 정당 출입 기자는 취재 영역이 다르다(서상현, 2013). 즉, 언론사의 소속 부서가 아닌 출입처에 따라 출입기자의 취재 영역이 달라진다. 기업의 경우는 보통 산업부 기자들이 기업을 나누어서 출입처를 정하고 해당 기업에서 배포되는 기사들이나 해당 기업 보도자료를 수집하고 집중 취재한다. 하지만 출입처가 고정되지는 않는다. 국내 언론사가 대부분 부서 순환 근무제를 택하고 있어 짧게는 몇 개월 사이에 부서 이동이 이루어지기 때문이다. 언론사나 부서마다 특징은 있지만 길어도 3년 이상 한 부서에 배치되지 않는 경향성이 크다. 국내 각 언론사가 순환 근무제를 채택하고 있는 것은 오랜 출입처 보도로 인한 출입처 동조화 현상을 막고 한 부서에 오래 근무하면서 초래할 수 있는 매너리즘을 해소하기 위한 방안이다(서상현, 2013, p.26).

기관을 출입하는 출입기자 집단을 기자단이라고 한다. 기자단은 해당 기관을 취재하는 출입기자들이 모여 만든 임의 단체다(윤유경, 2022). 따라서 법원, 검찰, 정부기관, 기업 등에는 기자실이 따로 있고,

그곳에 상주하는 기자단이 있다. 출입기자단 가입 여부는 기자단 자율에 맡기는데, 기자단 운영의 폐쇄성에 대한 문제가 꾸준히 제기되어 왔다. 예를 들어, 서울시 출입기자단에 속하지 못한 '비출입' 기자가 서울시 출입 기자단에 들어가려면 기자들 앞에서 프레젠테이션을 하는 절차를 거친다. 신규로 들어올 기자를 기자단에서 결정하기도 한다(윤유경, 2022). 이런 일은 출입기자와 비출입기자의 차별적이고 폐쇄적인 양상을 반영하는 것으로 비난받고 있다. 실제로 서울시의 경우 비출입기자들은 취재에 일부 제약을 받는다. 우선 서울시청을 출입할 수 있는 시간과 공간이 제한적이다. 일례로 비출입기자의 경우, 평일 오전 8시 반에서 오후 6시 반까지만 출입할 수 있다. 출입기자의 경우는 서울시 보도자료를 먼저 제공받으며 시장 간담회 등의 큰 이벤트나 행사에도 출입기자단만 참석할 수 있다(윤유경, 2022). 이처럼 출입기자 제도로 인해 공공기관은 물론 기업의 홍보실에서는 언론사의 기자를 모두 관리하지 않고 주로 출입기자단을 관리하기 때문에 편리한 점도 있다. 하지만 출입기자단의 단체 행동이나 압력에 휘둘리거나 좌우된다는 단점도 있기에 보다 개방성을 가져야 한다는 지적도 많다.

참고문헌

서상현(2013). 가차 저널리즘에 관한 인식과 확산 원인 분석: 정당 출입기자 심층인터뷰를 중심으로. 연세대 언론홍보대학원 석사학위논문.

윤유경(2022. 6. 1.). 출입기자단 들어가기 위해 기자들 앞에서 PT하는 기자들. 미디어오늘. https://www.mediatoday.co.kr/news/articleView.html?idxno=304261

245 카드뉴스 Card News

카드뉴스는 여러 장의 이미지를 연결해 효과적으로 정보를 전달하는 새로운 유형의 PR 콘텐츠를 말한다. 카드뉴스는 한눈에 정보를 파악하고 이해할 수 있도록 만드는 것이 특징이다. 정보를 어떻게 담느냐에 따라 텍스트 중심의 카드뉴스와 비주얼 중심의 카드뉴스로 구분된다(장재섭, 2023). 카드뉴스는 배너 형태로 만들어진 '배너형 기사'로 압축된 텍스트와 간단한 이미지를 구성해 보도 형식을 따라 배포된다. 모바일 환경에 적합하며 파급력 확산에 가장 효과적인 콘텐츠로 알려져 있다. 카드뉴스가 유행하게 된 것은 2014년경부터이며 지금은 국내 SNS 상에서 가장 쉽게 볼 수 있는 조직 생산 콘텐츠의 하나가 되었다. 소셜 마케팅 기술회사인 키네틱(Kinetic Social)은 카드뉴스를 통한 웹사이트 트래픽이 기존 광고 대비 10배의 효과가 있다는 조사 결과를 발표하기도 했다(하혜민, 2017). 더불어 최근에는 모든 기업이나 공공기관 등에서 카드뉴스를 발행해 핵심 정보에 이미지를 더한 방식으로 전달함으로써 공중의 이해도를 높이고자 하고 있어, 새로운 PR 방법으로 주목받고 있다.

참고문헌

장재섭(2023). **당장 써먹는 온라인 콘텐츠**. 서울: 이은북.

하혜민(2017. 10. 17.). 콘텐츠 마케팅의 핵심 주자, '카드뉴스'. 소비자평가. http://www.iconsumer.or.kr/news/articleView.html?idxno=4335

246 타운홀 미팅 Town Hall Meeting

타운홀 미팅은 구성원 모두가 참여해 자유롭게 토론하는 형식을 의미한다. 이는 원래 의회 정치인들이 특정 정치적 쟁점 등에 대해 시청사(city hall)인 타운홀을 대화의 장으로 활용해 주민들과 자유롭게 이야기를 나누고 의사 결정을 하는 제도를 의미했다(장수찬, 2011). 타운홀 미팅은 대표 연설이나 설명회 같은 전통적인 일방향적 정보 전달형을 지양하고, 토론과 담론의 형식을 강조한다. 이런 전통에서 주민 참여 형식의 타운홀 미팅이 발전해 왔다. 2011년 재선에 나선 오바마 대통령은 유권자들과 이민 정책과 의료보험 같은 현안을 토론하기 위해 페이스북과 링크드인을 활용한 '가상의 타운홀 미팅'을 시도하기도 했다. 최근 수평적 조직문화와 구성원 참여의 중요성이 강조되면서, 조직 내부의 소통 방법으로 타운홀 미팅이 도입되고 있다. 조직은 타운홀 미팅을 통하여 자유롭게 의견을 나누며 조직의 비전이나 발전 방안을 모색할 수 있다. 이 때문에 국내뿐만 아니라 세계적인 기업과 정부 기관들도 구성원 참여와 만족도 제고를 위해 타운홀 미팅을 내부 커뮤니케이션 채널로 활용하고 있다. 이들 기업은 기업 전체 또는 소단위 그리고 온오프라인 형식을 활용한 타운홀 미팅을 활성화하며 임직원들의 참여와 의견 개진의 기회를 확대하고 있다.

참고문헌

장수찬(2011). 지방정부와 심의(審議) 민주주의의 실험: '타운 홀 미팅' 사례연구. 경제와사회, 90, 39-69.

247 테크니션 역할 Technician Function

PR의 역할은 크게 매니저(manager)의 역할과 테크니션(technician)의 역할로 나뉠 수 있다(Culberston, 1985). 조직 커뮤니케이션을 주도하며, 주어진 상황에 대한 문제를 해결하며 전략의 효율성을 강조하는 것은 매니저 역할에 해당한다. 반대로 테크니션 역할은 보도자료 작성이나 웹사이트 관리, 다양한 콘텐츠 제작 등 전술 집행 역할을 하게 된다. 이는 주로 PR 업무를 처음 접하는 단계이며, 매니저로부터 주어진 업무를 수행한다. 하지만 매니저의 위치에 있어도 테크니션 역할에 대한 이해와 집행은 중요하다. PR 실무자로 입문하는 과정에 기본적인 테크니션 역할은 중요하다. 테크니션 역할에 그쳐서는 전략적인 커뮤니케이션을 통해 문제에 해결을 지향하는 PR 전문가에 대한 기대치는 충족할 수 없다. 현장 PR 실무자 대상으로 조사한 2017년 미국 남가주대학(USC Annenberg School for Communication and Journalism, 2017)의 글로벌 커뮤니케이션 보고서(Global communication report)에 따르면, PR 전문가들은 대학에서 무엇보다 중요한 교육이 매니저 역할의 핵심인 '전략 기획'이라고 답했다. PR 실무자는 테크니션 역할에 더해 매니저 역할에 대한 이해와 실천을 통해 전문가로 인정받을 수 있다.

참고문헌

Culberston, H. M. (1985). Practitioner Roles: Their Meaning for Educators. *Public Relations Review, 11*(4), 5-21.

USC Annenberg School for Communication and Journalism (2017). Global Communication Report 2017.

248 통합 커뮤니케이션 Integrated Communication

통합 커뮤니케이션은 다양한 이해관계자 집단을 대상으로, 다양한 커뮤니케이션 영역을 모두 고려하고, 모든 커뮤니케이션 접촉점(brand contact point)을 고려한다. 단순히 소비자의 상표 인지도나 이미지 또는 태도에만 영향을 미치기보다 구체적인 행동 반응에 영향을 미치도록 고려함으로써 결국 관계성의 구축을 지향한다. 통합 커뮤니케이션의 핵심은 제품이나 브랜드를 알리기 위해 다양한 소통 수단을 통합적으로 활용해 최대의 효율성을 얻는 데 있다.

따라서 상호관련성을 기반으로 소통 채널이나 도구의 기능과 장점을 동시다발적으로 활용해 시너지 효과를 창출하는 것이 중요하다(Harris, 1999). 통합 커뮤니케이션은 PR의 관점을 포함해 기업의 내외부 커뮤니케이션을 통합해서 사회적 가치를 구현하는 커뮤니케이션 프로그램의 기획, 개발, 실행, 평가하는 전략적 과정이다(Schultz & Kitchen, 2000). 기업의 사회적 지위와 가치를 구현하는 통합 커뮤니케이션에서는 기업의 내 · 외부 이해관계자 모두에게 명확하고 일관성 있는 하나의 메시지를 전달하는 것이 중요하다. 기업 중심이 아닌 소비자 중심에서 출발하는 것이 통합 커뮤니케이션의 핵심 지향점이다. 따라서 독립된 영역으로 발달해 온 광고, 마케팅, SP, PR 분야의 커뮤니케이션 전문가들이 통합 커뮤니케이션을 전개하려면 각 분야를 초월한 교차 훈련(cross-training)이 필요하다.

참고문헌

Harris, T. L. (1999). *Value Added Public Relations: The Secret Weapon of Integrated Marketing*. NTC Business Books.

Schultz, D., & Kitchen, E. (2000). *Communicating Globally: An Integrated Marketing Approach*. McGraw-Hill, New York.

249 트리플 미디어 Triple Media

트리플 미디어는 유료(paid), 소유(owned), 획득(earned) 미디어로 미디어를 3가지로 구분한 것을 말한다. 트리플 미디어라는 용어는 2009년 미국 IT 사이트인 CNET에 「멀티미디어 2.0(multimedia 2.0)」이라는 논문에서 처음 등장해 큰 반향을 일으켰다(와이스톤즈, 2013). 트리플 미디어 각각을 설명하면, 유료(페이드) 미디어는 기존의 TV나 신문, 옥외광고 등과 같이 대가를 치르는 미디어를 말한다. 자사의 웹사이트와 같이 기업이 자체적으로 보유하고 콘텐츠를 생산하는 미디어는 소유(온드) 미디어라고 하며 소셜 네트워크 등을 통해 소비자의 신뢰와 평판을 얻는 미디어를 획득(언드) 미디어라고 한다. 무엇보다 트리플 미디어는 단순히 미디어 3개를 가르키는 것이 아니라 빠르게 변화하고 있는 미디어 환경에 적합한 새로운 커뮤니케이션 모형이다(임재식, 2020). 특히 조직이 제공하는 정보를 수동적으로 수용하는 공중이 아니라 공중이 먼저 조직과 다양한 네트워킹을 통해 활발하게 상호작용하거나 때로는 당당한 요구를 하기도 하고 조직이 만든 메시지를 스스로 널리 배포하기도 하는 이 시대의 공중과의 조직 관계성을 강화하기 위한 PR 방식에 적합한 미디어 전략이 트리플 미디어 전략이다. 즉, 값을 지불하고 매체를 구매하는 형식의 유료(페이드) 미디어만을 위주로 하는 과거의 PR 방식이 아니라, 보다 주도적인 활동을 하는 공중을 위한 소유(온드) 미디어나 획득(언드) 미디어를 더욱 적극적으로 활용하는 트리플 미디어 전략의 활용이 더 효과적인 PR 전략이 되기 때문이다.

참고문헌

와이스톤즈(2013). 트리플 미디어 활용 방안 연구: 언드 미디어 활용 사례 중심으로. 서울: 기획재정부.

임재식(2020). 대학선택, 대학만족도 및 학업지속 의향에 관한 연구: 인간생태학 이론과 트리플 미디어 전략을 중심으로. 원광대 언론학 박사학위논문.

250 트윗 확산 정치인 Politterian

트윗 확산 정치인(폴리터리안, Politterian)은 트위터 등 SNS에서 정치 현안이나 정치인에게 자신의 의견을 적어 영향력을 행사하는 사람을 말한다(중앙선거관리위원회, 2022). 자신이 옳다고 믿는 정치 성향에 대해 적극적으로 의견을 주장하며 어떠한 특정 후보를 지지하거나 비난하는 경우가 많은 것으로도 인식된다. 한국의 폴리터리안들은 최근 「공직선거법」 개정으로 인해 인터넷 선거운동이 전면 허용된 이후에 많은 활동을 하고 있는 것으로 알려져 있다(중앙선거관리위원회, 2022). 특히 폴리터리안은 SNS 시대의 산물로, 한국의 폴리터리안들은 2012년 1월 13일 중앙선거관리위원회가 인터넷 선거 운동을 전면 허용한 이후 맹활약하기 시작했다고 보고 있다(이영준, 2012). 『서울신문』과 빅데이터 분석업체인 그루터가 2012년 2월 1일부터 3월 21일까지 공동으로 19대 총선 후보 등 정치인 1,200명과 해당 기간 게시된 730만 3,383건의 총선 트위트와 리트위트 현황을 분석한 결과로, 이른바 '파워 폴리터리안'의 표준 모델은 '야당 성향의 40~50대 중년 남성'이었으며, 상위 31명 가운데 40~50대가 20명으로 압도적 다수를 차지했다(김환표, 2013).

참고문헌

김환표(2013). **트렌드 지식사전**. 서울: 인물과 사상사.

중앙선거관리위원회(2022. 10. 04.). 영어단어로 알아보는 정치용어 알아보기(폴리터리안). 중앙선거관리위원회 자료공간. http://nec.go.kr/site/nec/ex/bbs/View.do?cbIdx=1147&bcIdx=189080

이영준(2012. 1. 18.). 폴리터리안 날개 달았다. 서울신문.

251 팝업 스토어 Pop-Up Store

팝업 스토어란 어원 그대로 해석하면, '팝업(Pop-up)'이라는 잠시 세워졌다가 사라진다는 의미와 '스토어(Store)'라는 매장의 합성어다(사영재, 2015). 특히 팝업 스토어는 오감을 통한 체험을 기반으로 친근함과 유사함을 제공하며 브랜드 확장을 목표로 신제품 체험을 통한 MPR이나 인식 변화를 위한 PR의 방안으로 자주 활용되고 있다. 브랜드와의 관계 구축 및 자신의 정체성 구축을 위한 디자인 및 사회적 차원으로 구성된 판매 시점 위주의 팝업 스토어다. 따라서 팝업 스토어의 공간은 일시적인 관계의 구축과 교류가 이루어지는 인지적이고 감성적인 장소가 된다(Boustani & Lemoine, 2021). 즉, 조직이나 브랜드에 대한 긍정적 감정을 불러일으키기 위해 개발된 다양한 감각적인 흥분과 즐거움을 선보이는 주제를 가지고 드라마화시킨 장소다(Boustani & Lemoine, 2021).

다른 스토어들과의 차별성을 형성하는 핵심 특성은 물리적이든 디지털적이든 간에 기대하지 않은 나타남과 사라짐을 통해 짧은 시기만 존재한다는 인식을 만들어 주는 것이다(Boustani, 2019). 즉, 소비자가 싫증을 느끼기 전에 철수해 팝업 스토어가 주는 다양한 편익의 경험 활동을, 지금 바로 누려야 한다는 인식을 갖게 하는 것이 핵심이다. 이런 팝업 스토어의 전략은 사람들에게 놀라움을 주며 사라지기 전에 빨리 방문해야 한다는 인식을 주는 것인데 이처럼 짧게 나타났다 사라지는 팝업 스토어의 패러다임은 일시적 성격에도 불구하고 점점 더 많은 인기를 얻게 하는 핵심 요인이 되고 있다(Dean, 2012). 또한 팝업 스토어는 인습적이지 않고 혁신적인 형태를 취한다. 무료 혹은 저렴한 비용으로 브랜드를 즐기는 형태로 되어 있고, 대부분 이벤트와 더불어 의미 있는 활동을 제공하는 공간으로 만들어져 있어 수용자의 참여와 체험을 독려한다. 팝업 스토어를 방문하는 이들이 구매는 물론이고 즐기기, 방문하기, 경험하기, 시간 소요하기를 하도록 한다. 그러한 다양한 체험을 통해 누구나 팝업 스토어의 혁신성과 매력성을 느끼도록 해야만 브랜드 인지도 확보도 가능하다. 즉, 색다른 경험을 제공함으로써 공간적 역할을 다하게 된다(Boustani, 2019). 따라서 팝업 스토어의 디자인에서부터 수용자나 소비자가 기대하는 콘셉트를 제공하면서, 주제를 반영하는 적당한 배치와 영역을 만들어 상호작용하게 하는 포인트를 주는 방식으로 구성해야 효과가 있다(Boustani, 2019).

참고문헌

사영재(2015). 팝업스토어 마케팅의 분류 및 특성에 관한 연구: 브랜드 매트릭스 모형에 따른 체험적 분류를 중심으로. **브랜드디자인학연구**, 13(2), 157-166.

Boustani, G. (2019). *Ephemeral Retailing: Pop-up Stores in a Postmodern Consumption Era*. New York: Routledge.

Boustani, G., & Lemoine, J. (2021). The Influence of a Retail Store's Atmosphere on Consumer's Reactions: The Case of Ephemeral Stores. *Management Studies, 9*(6), 473-480.

Dean, W. (2012). Independent.co.uk. [Online] Available at: http://www.independent.co.uk/news/uk/this-britain/the-pop-upparadigmthey-may-not-last-for-long-but-temporary-shops-are-here-to-stay-6294576.html [Accessed on 14 Mars 2016].

252 팩트 체크 저널리즘 Fact Check Journalism

팩트 체크 저널리즘은 인터넷과 소셜 네트워킹 서비스가 일반화되면서 등장한 거짓, 가짜 뉴스에 대항하는 사실적 근거에 기반한 언론기사 작성을 말한다. 팩트를 체크한 기사에 대해서만 언론에 게재한다는 원칙을 지키는 것인데 한국에서 팩트 체크 저널리즘은 2012년 오마이뉴스가 대통령 선거 공약을 검증하는 코너인 '오마이팩트'를 신설하면서 선보였다(정은령, 2018). 출범 당시 오마이뉴스는 미국의 팩트 체크 검증기관인 폴리티팩트의 진실검증기(Truth-O-Meter)를 변형한 판정표를 선보였으며 이후 2014년 9월 JTBC의 메인뉴스인 JTBC뉴스룸이 팩트 체크를 고정 코너로 신설해 주 4회 방송하면서 팩트 체크의 대중화가 이루어지기 시작했다(문용필, 2017). 특히 2017년은 한국 언론사에서 '팩트 체크 저널리즘의 원년'(김선호, 김위근, 2017)으로 평가된다(정은령, 2018).

대통령선거 기간 각 언론사가 보도한 팩트 체크 결과를 별도 섹션으로 운영한 포털사이트 네이버의 팩트 체크 코너에는 20여 개 언론사의 대선 관련 후보자 발언 공약 검증 내용이 게시되기도 했다. 후보자의 발언이 갖는 사회적 파장과 정치에 미칠 영향력에 대해서 인지하는 공중들의 정확한 사실을 담은 기사에 대한 욕구가 매우 높았고 언론사 스스로도 공정성과 객관성을 담보하는 사실 전달에 대한 언론의 사명 지키기에 관심이 높은 시기였다고 평가된다. 최근에는 챗GPT가 일반적으로 사용되기 시작하면서 팩트 체크 저널리즘의 중요성이 더욱 부각되고 있다. 특히 PR 실무자에게는 기업의 루머나 조직의 명성에 영향을 미칠 수 있는 거짓정보나 가짜 뉴스에 대한 주의를 기울일 필요가 높기에 관심을 가져야 하는 영역이다. 특히 언론과의 상보적 관계에 있는 PR인은 언론 관계 활동시 언론에게 팩트 체크할 것을 요청하기보다 PR인 스스로가 먼저 거짓과 사실 뉴스를 구분할 수 있는 힘을 기르는 일도 중요하다.

참고문헌

김선호, 김위근(2017). 팩트 체크를 체크한다. **미디어이슈**, 3(7). 서울: 한국언론진흥재단

문용필(2017. 1. 26.). '가성비' 떨어지는 팩트 체크의 하루. **더피알뉴스**. http://www.the-pr.co.kr/news/articleView.html?idxno=16016

정은령(2018). 한국 팩트 체크 저널리즘의 특징: 팩트 체크 언론인들의 사실 인식과 사실 검증과정 탐색을 중심으로. **언론정보연구**, 55(4), 5-53.

253 팸투어 Fam Tour

우리말샘 사전에서는 '팸투어'를 지방 자치 단체나 여행업체 등이 지역별 관광지나 여행 상품 따위를 홍보하기 위해 사진작가나 여행 전문 기고가, 기자, 블로거, 협력 업체 등을 초청해 설명회를 하고 관광, 숙박 등을 제공하는 일이라고 하고 있다. 실제로 관광지나 행사 PR을 하는 현장에서는 기자들이나 전문 기고가, 블로거를 초청하는 팸투어가 PR 방법으로 자주 활용된다. 해당 관광지에서의 숙박과 볼거리를 제공하면 투어를 다녀온 기자들이나 전문기고가, 블로거들이 체험 기사를 써주게 되는 데 그러한 여행 후기 등의 기사에서 나타나는 입소문 효과가

높은 것으로 판단되고 있기 때문이다. 아울러 팸투어는 실제 관광지나 행사를 알리는 비교적 저렴한 방식이면서도 효과성이 높은 PR 방법으로 인식되면서 장소를 활용하는 공공 캠페인에서 자주 활용되고 있다. 일례로 2012년 세계자연보존총회는 한국에서 처음으로 개최되었을 당시 수차례의 총회 현장에 대한 팸투어를 통해 총회 규모와 주제, 세부 의제별 중요성, 한국의 녹생 성장 정책 등을 알리면서 성공적인 행사를 치를 수 있었다고 보고했다(박경희, 2015).

참고문헌

박경희(2015). 언론대상 정책PR 방법과 사례. 박종민, 배지양, 임종섭, 박경희, 최준혁, 정주용, 유영석, 황성욱, 정원준, 남태우, 전형준, 장지호, 조승호. 정책 PR론(pp. 204-226). 서울: 커뮤니케이션북스.

254 퍼포먼스 PR Performance PR

퍼포먼스 PR은 브랜드 웹사이트의 웹 트래픽과 판매를 가속화하는 동시에 추천 수수료를 통해 퍼블리셔에게 의미 있는 수익원을 창출하는 새로운 형태의 PR과 제휴된 마케팅을 말한다. 소비자는 기존의 판매 제안이나 촉진, 혹은 기존 광고와 같이 기업이 직접적으로 제품의 혜택을 알리는 형식을 회피하는 경향이 있으며 구매를 검증할 수 있는 보다 신뢰할 만한 출처나 정보원을 찾게 되었다. 즉, 입증할 수 없는 제품 혜택은 진정한 혜택이 아니며, 가격 충성도에 의한 구매도 실제적으로는 효과적 구매를 유발한 것이 아니라는 것이다. 따라서 퍼포먼스 PR은 고객이 신뢰할 수 있는 게시자를 통해 원하는 검증을 해 주는 방식을 취한다. 동시에 클릭 몇 번으로 제품을 거래할 수 있도록 도와주는 방식을 취하고 있다. 퍼포먼스 PR의 이점은 인스타그램이나 스냅챗 광고가 몇 주 만에 효과를 잃을 수 있는 것과 달리, 한번 좋은 평가를 받으면 그 가치는 사실상 무한하다(Realmuto, 2022). 따라서 잘 실행된 퍼포먼스 PR 전략은 비용과 노력의 일부만으로 마케팅에서 달성하고자 하는 것과 유사한 목표를 달성할 수 있다. 예를 들어, 기사를 활용하는 퍼포먼스 PR의 경우에 하나의 브랜드에 담긴 서사를 잘 발전시키고, 유리한 제품 리뷰를 얻어 내는 특징을 발휘할 수 있다. 특히 제휴사 링크를 포함시킨 잘 배치된 퍼포먼스 PR기사는 해당 채널에서만이 아닌 다른 유료 채널에도 공유되면서 매우 가치 있게 활용될 수 있다(Realmuto, 2022).

참고문헌

Realmuto, A. (2022. 5. 12.). Performance PR: What Is It and Why Should You Include It in Your Marketing Mix. https://www.getampla.com/post/performance-pr-what-is-it-and-why-should-you-include-it-in-your-marketing-mix

255 페소 미디어 PESO Media

페소 미디어는 유료(Paid), 획득(Earned), 공유(Shared), 소유(Owned) 미디어의 앞 글자 P.E.S.O를 따서 부르는 최근의 미디어들이다. 소셜 미디어의 성장과 함께 미디어 관행이 바꾸면서 나타난 미디어의 새로운 양상은 유료 미디어(paid media)만이 아닌 획득(earned), 공유(shared) 미디어다(Luttrell, 2014). 이런 변화에 앞서 닐과 슈아스터(Neill & Schauster, 2015)는 미국 광고 및 PR 회사의 뉴미디어 활용 관련 연구에서 광고와 PR의 전통적인 경계가 모호해지고 있다는 것을 발견한 바 있다. PR 회사가 네이티브 광고, 유료 인플루언서 등 유료 미디어 서비스를 제공하고, 동시에 광고 대행사는 온라인 소셜미디어 관리 서비스를 제공하는 등의 혼재를 보이고 있다는 지적이었다(Neill & Schauster, 2015). 결국 PR에서도 유료(Paid) 미디어를 다루는 영역이 중요하게 되었고 그에 못지않게 획득(Earned), 공유(Shared) 미디어를 통한 PR 영역의 확장이 보다 강화되어 조직의 미디어 관계 관리가 PR 활동에서 보다 중요한 의미를 갖게 되었다. 이런 PESO 미디어 모형은 버처가 '미디어 삼위일체'라고 언급한 기존의 'Paid, Owned, Earned'로 분류되었던 트리플 미디어 3개 영역이 더욱 세분화되면서(Burcher, 2012, p.4), 공유(Shared)의 중요성이 확대되고, 공중 중심으로 미디어가 더욱 진화한 것을 의미한다.

참고문헌

Burcher, N. (2012). *Paid, Owned, Earned: Maximizing Marketing Returns in a Socially Connected World*. Philadepia, PA; Kogan Page Publishers.

Luttrell, R. (2014). *Social Media: How to Engage, Share, and Connect Will Help Readers Understand and Successfully Use Social Media Tools through*, London; Rowman & Littlefield.

Neill, M. S., & Schauster, E. (2015). Fierce Competition while Playing Nice in the Sandbox: Trends in Advertising & Publicrelations Agencies. Paper Presented at Association for the Education of Journalism and Mass Communication Annual Conference, San Francisco, CA.

Xiea,Q., Neillb, M. S., & Schauster, E. (2018). Paid, Earned, Shared and Owned Media From the Perspective of Advertising and Public Relations Agencies: Comparing China and the United States. *International Journal of Strategic Communication, 12*(2), 160-179.

256 폐쇄적 조직문화 Closed Organizational Culture

조직은 하나의 유기체로서 다른 조직과 구별되는 독특한 특성을 가지고 있다. "모든 조직에는 그러한 조직 고유의 특성이 반영된 분위기와 고유한 철학이 있으며 조직구성원은 그에 준하는 행동을 취는데, 그것이 바로 조직의 문화다(김현정, 손영곤, 2012, p.23). 리더십 유형으로부터, 언어와 상징, 절차와 일상생활, 성공의 척도 등 조직원들에게 가치 있다고 여겨지는 것들의 총체가 조직문화인데(Cameron & Quinn, 1999), 조직문화는 크게 개방적 조직문화(opened organizational culture)와 폐쇄적 조직문화(closed organizational culture)로 나뉜다. 조직문화가 개방적인지, 폐쇄적인지는 업무처리 과정이 얼마나 개방(폐쇄)적인지, 조직구성원들 간의 사적 대화가 얼마나 빈번하게 일어나는지, 조직의 분위기가 어떠한지에 대한 조직구성원의 생각이나 태도를 측정함으로써 파악할 수 있다(황윤정, 2010).

조직문화가 개방적인가, 폐쇄적인가에 따라 조직구성원의 가치관은 달라지며, 조직구성원의 가치관은 조직의 구조나 정책, 절차 등에 반영된다(김구, 2007; Amabile, 1998). 일반적으로 개방적 조직문화가 폐쇄적 조직문화에 비해서 다양한 장점을 갖는 것으로 알려져 있다. 실제로 개방적 조직문화는 조직 내 기업가정신에 긍정적으로 유의한 영향을 미치며, 개방적 조직문화와 더불어 수평적 조직문화 또한 중소기업 중간관리자들의 혁신적 업무 행동에 긍정적으로 유의한 영향을 미치는 것으로 나타났다(장수덕, 최석봉, 2013). 즉, 조직문화는 조직구성원의 행동과 태도 및 경영목표 달성에 긍정적인 영향을 미치며(김문준, 2015), 무엇보다 폐쇄적 조직문화보다 개방적 조직문화가 조직 내에 원활하게 형성될 때 조직발전에 긍정적 효과가 발생하는 것으로 평가된다. 이에 많은 조직은 자발적으로 개방적 조직문화가 형성되도록 장려하는 사내 PR을 실행하고자 노력하고 있다.

참고문헌

김구(2007). 지방행정기관의 혁신을 위한 조직문화 개선방안. **한국정책과학학회보**, 11(3), 153-177.

김문준(2015). 조직문화가 조직유효성과 경영성과에 미치는 영향: 부천지역 기업을 중심으로. **경영컨설팅 리뷰**, 6(2), 154-178.

김현정, 손영곤(2012). 콜센터 종업원의 커뮤니케이션 만족 및 조직풍토 인식이 조직평판에 미치는 영향: 파견회사 콜센터 종업원의 근무회사에 대한 지각을 중심으로. **PR연구**, 16(3), 5-61.

장수덕, 최석봉(2013). 중소기업 중간관리자들의 조직 내 기업가정신 인식과 혁신적 업무행동 간의 관계. **인적자원관리연구**, 20(2), 27-54.

황윤정(2010). 조직문화의 개방성이 지식공유를 통해 조직몰입과 직무만족에 미치는 영향. 이화여자대학교 석사학위논문.

Amabile, T. M. (1998) A Model of Creativity and Innovation in Organizations. *Research in Organizational Behavior*, *10*, 123-167.

Cameron, K. S & Quinn, R. E. (1999). *Diagnosing and Changing Organizational Culture*. New York: Addison-Wesley.

257 포미족 For Me Group

가격이 비싸더라도 작은 사치를 즐기며 제품에 과감하게 투자하는 사람을 부르는 용어가 포미(for me)족(族)이다. 포미(FOR ME)란 건강(For Health), 싱글족(One), 여가(Recreation), 편의(More Convenient), 고가(Expensive)의 알파벳 앞 글자를 따서 만든 신조어로 자신이 가치를 두는 제품에 과감히 투자하는 소비 형태를 말한다(방용성, 2024). 포미족은 개인적이고 자기만족적인 성향이 강하기 때문에 이들에게 있어서 소비의 목적은 개인의 만족과 행복이며 다른 사람들의 시선을 중요하게 생각하지 않는다는 특징을 가지고 있다. 소비 가치를 중시하기 때문에 주로 고가 제품이나 명품에 대한 관심이 크지만 남들의 시선이나 일반적 가치를 고려하지 않고 오로지 '나'에 집중한다는 점에서 독특한 소비문화를 만들고 있다. 재력이나 귀중품 등을 자랑하는 행위를 뜻하는 '플렉스' 문화가 남들에게 자신을 과시하는 것이 목적인 데 반해 '포미족'의 소비는 자신의 만족을 위한 것이라는 점에서 차이가 있다고 할 수 있다(박현욱, 2021). 이러한 자기중심의 가치소비는 결국 MPR을 위한 중요한 가치를 제공한다고 볼 수 있다.

참고문헌

박현욱(2021. 2. 4.). 신조어 사전: 포미족. 서울경제신문. https://www.sedaily.com/NewsView/22IEG2HMF4

방용성(2024. 3. 3.). 가치 소비 추구 포미족 대상 창업 전략. M-이코노미 뉴스. https://www.m-economynews.com/mobile/article.html?no=41510

258 표적 전략 Target Strategy

마케팅에서의 표적 시장 전략을 PR에서는 대상을 정하고 그들의 태도와 행동을 바꾸기 위한 방법으로 표적 전략을 활용한다. 특히 PR 전략의 수립에서의 첫 단계는 공중관계와 관련된 문제를 파악하고 그 영향 정도를 분석하는 것이며, 이때 문제를 파악하기 위해서는 추세, 정책, 쟁점 등을 조사 분석하는 것이 표적전략의 핵심이다. 마케팅의 IMC

전략 수립에서는 자료의 수집과 분석을 주로 잠재고객에 초점을 맞추는 반면에 PR 전략 수립에서는 잠재고객을 포함한 다양한 이해관계자에 관한 자료의 수집분석에 초점을 둔다. 특히 기업 PR 광고와 관련해서는 일반 공중을 표적 대상으로 삼는 경우도 있지만 때로는 투자자나 다른 회사의 경영자를 대상으로 삼아 광고를 하기도 하는데 이처럼 표적전략은 주로 MPR에서 다루어지는 개념으로, 다양한 공중에서도 특히 표적 소비자라는 특정 공중에 초점을 맞추고 기업과 소비자 간의 상호작용을 다루는 마케팅 지향적 측면에서의 전략을 강조하는 용어로 설명된다(김요한, 이명천, 송병원, 2018). 즉, 마케팅을 지원하는 MPR 활동의 일환으로 제품이나 브랜드의 표적 소비자와의 관계를 구축하는 PR 전략도 표적 전략이다.

참고문헌

김요한, 이명천, 송병원(2018). PR입문. 서울: 커뮤니케이션북스.

259 PR 교육 PR Education

우리나라 PR 교육의 경우, 미국대학의 커리큘럼을 도입한 경우가 대부분이다. 또한 과거에는 독립적인 PR학과에서 개설되는 경우보다 커뮤니케이션 학과나 신문방송학과 내에 위치한 PR 전공에서 개설되는 경우가 많았다. 그러나 점점 독립 광고PR학과 혹은 전공영역으로 개편되는 추세가 증가함에 따라, 교과과정 디자인에 있어서의 자율성도 늘어났다. 미국PR협회(Public Relations Society of America: PRSA)나 언론 및 대중매체 교육연합(Association for Education in Journalism and Mass Communication: AEJMC) 등의 전문협회들이 각각 교육위원회를 구성해 이상적인 학부 커리큘럼에 대한 청사진을 제공하고자 지속적인 노력을 해 왔다. 그러나 우리나라 대학들의 무분별한 미국 PR 커리큘럼의 도입은 지양해야 한다. 미국의 커리큘럼이 보편적인 기준이 될 수는 있지만, 한국의 경우 자국 문화나 국가의 특수한 상황들에 대한 고려가 부족하기 때문이다.

또한 언론 대행에 치중돼 있는 현재의 교과목 디자인에서 탈피해, 새로운 매체환경에 대한 적극적인 대책을 제시할 수 있는 PR 교과과정의 재구성이 필요하며, 인문학적 소양에 대한 교육을 통해 통합적인 사고가 가능한 인재를 양성할 필요가 있다(이유나, 2017). 응용학문인 PR 교육에서 업계의 기대에 부응하는 인재를 배출해야 하지만 PR 현장의 기능적 역할만을 지나치게 강조하면 인간과 사회 전반에 대한 통합적 이해가 약해질 수 있다는 점을 항상 고려해야 한다. 우리나라 여러 대학에서도 PR 교육을 실시하고 있지만, 일반인 대상의 PR 전문가 교육 과정도 있다. 한국PR협회의 PR 전문가 자격증(Korean Accredited in Public Relations: KAPR)은 국내 유일의 PR관련 민간자격 제도로(등록번호: 2008-0051), PR 활동의 다양화와 전문화에 효과적으로 대응할 PR 전문인 양성을 목표로 도입되었다. 지난 2005년 11월 26일에 첫 시험이 시작되었던 현재까지 1,000여 명의 합격자를 배출해 왔다.

참고문헌

이유나(2017). PR 교육. 김병희, 김찬석, 김효규, 이유나, 이희복, 최세정. 100개의 키워드로 읽는 광고와 PR(pp. 337-340). 경기: 한울엠플러스.

260 PR 단체 PR Organizations

「민법」 제32조에 근거해 설립된 우리나라의 PR 단체는 우리나라의 PR 산업을 발전시키는 구심점 역할을 수행해 왔다. 「민법」 제32조(비영리법인의 설립과 허가)에는 "학술, 종교, 자선, 기예, 사교 기타 영리 아닌 사업을 목적으로 하는 사단 또는 재단은 주무관청의 허가를 얻어 이를 법인으로 할 수 있다."라고 명시되어 있다(법무부, 2024). 주무부처는 이를 근거로 별도의 "소관 비영리법인의 설립 및 감독에 관한 규칙"을 제정해 소관 비영리법인의 설립을 허가하고 감독한다. PR 단체는 PR주와 PR 회사의 PR 활동을 전문적으로 도와주는 기관이다. PR 전문가들은 회원사 공동의 문제점을 논의하기 위해 필요한 PR 단체를 조직하며, 우리나라의 대표적인 주요 PR 단체에는 한국PR협회와 한국PR기업협회가 있다.

한국PR협회(KPRA)는 1989년 8월 22일 한국PR 산업과 PR학의 건전한 발전과 회원들의 친선을 도모하기 위해 13명의 창립 발기인에 의해 설립되었다. 지금까지 PR 활동의 효율적인 운용과 이에 관한 연구 토론, PR 윤리를 위한 캠페인 전개, PR관련 국내외 단체들과의 연락 및 협조 등 다양한 사업을 전개해 왔다. 한국PR협회는 한국PR대상 개최, PR 전문가 인증 교육 및 시험, PR 전문인력 양성과정 프로그램(취업특강), PR인 토크(PR People Talk), 예비 PR인을 위한 한국PR협회 멤버십 같은 사업을 통해 PR의 가치를 알리고 PR인이 교류할 수 있는 플랫폼 역할을 해 왔다(한국PR협회 홈페이지, 2024). 한국PR협회의 「PR 윤리강령」에서는 ① 공익, ② 전문성, ③ 신용과 정보 보호, ④ 투명성, ⑤ 정직, ⑥ 공정 경쟁, ⑦ 이해충돌 방지, ⑧ 권리보호, ⑨ 책임, ⑩ 사적 이익 금지를 천명함으로써, 우리나라 PR인들이 높은 윤리의식을 바탕으로 PR 업무를 수행하도록 하는 데 결정적인 영향을 미치고 있다(1999. 12. 1. 제정, 2022. 10. 24. 개정). 또한 한국PR기업협회(KPRCA)는 PR 기업에 대한 신뢰와 위상을 제고하고 한국 PR 산업 발전에 이바지하는 PR인의 자질과 의식 고양을 목적으로 국내의 17개 PR 회사가 발기해 2000년 12월 1일 창립됐다. 한국PR기업협회는 PR 업계의 권익 보호를 위한 사업, PR인의 수준 향상과 PR 기업의 이미지 제고를 위한 사업, 자율적인 윤리규범 준수를 위한 사업, 회원사 상호간의 친목을 도모하기 위한 행사, 회원사의 직원과 PR인을 위한 교육 사업, PR 컨설팅 사업, 기업의 PR 교육 위탁사업, PR 관련 산업조사 업무대행 사업, PR 관련 전문서적 간행 사업을 수행해왔다(한국PR기업협회 홈페이지, 2024). 한국PR기업협회의 회원사들은 1999년에 채택된 한국PR협회 윤리강령의 기본 정신을 지지하며, 회원들이 PR 업무를 수행할 때 반드시 지켜야 할 13조항의 「실천윤리강령」을 제정했다.

참고문헌

법무부(2024). 찾기 쉬운 생활법령정보. http://easylaw.go.kr/CSP/Main.laf
한국PR기업협회 홈페이지(2024). 한국PR기업협회. http://kprca.or.kr/
한국PR협회 홈페이지(2024). 한국PR협회. https://www.koreapr.org/

261 PR 매체 전략 PR Media Strategies

PR에서 RACE 모형은 상황분석−수행계획−커뮤니케이션실행−평가 등의 요소를 포함하는데, 이 중 수행계획에는 조사결과를 바탕으로 PR프로그램의 목표와 전략, 세부방법이 제시되어야 하며, 커뮤니케이션 실행에서는 구체적인 주제 및 슬로건을 전달하되 다양한 매체를 활용해 전달될 수 있도록 해야 한다. 전통적으로 PR프로그램 수행 과정에서 필요한 PR 미디어 전략은 통제가능 미디어와 통제불가능 미디어로 나눠서 진행된다(Gregory, 2015). 통제가능 미디어는 조직이 보유한 매체 또는 광고로 지면이나 방송시간을 구매할 수 있는 매체를 말하는 것이고, 예로 팸플릿이나 리플릿 등 인쇄커뮤니케이션이나 시청각 커뮤니케이션, 대인관계 커뮤니케이션 등이 포함된다. 반면에 통제불가능한 미디어는 조직이 게재나 편집에 대해 전혀 개입할 수 없는 미디어를 의미하며, 대표적인 것이 바로 뉴스 보도자료다. 또 다른 PR 미디어 전략의 프레임워크로 PESO 모형이 있다. 이는 미디어를 유료(Paid) 미디어, 획득(Earned) 미디어, 공유(Shared) 미디어, 소유(Owned) 미디어 등 4가지 유형으로 구분하고 이들의 적절한 활용 전략이 필요함을 제안하고 있다(Thabit, 2015). 유료 미디어란 광고, 협찬, 네이티브 광고 등 돈을 지불하고 사용하는 미디어를 의미하며, 획득 미디어란 언론보도, 블로그 게시글, 리뷰 등 PR 담당자가 직접적으로 획득한 언론 및 소비자의 관심에 기반한 미디어를 의미한다. 그리고 공유 미디어란 소셜미디어, 온라인 커뮤니티 등 소비자가 직접적으로 콘텐츠를 공유하고 참여하는 미디어이며, 소유 미디어란 기업 자체가 보유한 미디어, 즉 브랜드 웹사이트, 소셜미디어 채널 등 브랜드가 직접 소유하고 운영하는 미디어를 말한다.

참고문헌

Gregory, A. (2015). *Planning and Managing Public Relations: A Strategic Approach*. Philadelphia, PA: Kogan Page.

Thabit, M. (2015). How PESO Makes Sense in Influencer Marketing. Retrieved from http://www.prweek.com/article/1350303/peso-makes-senseinfluencer-marketing

262 PR 메시지 전략 PR Message Strategies

메시지 전략이란 타깃 공중을 대상으로 무엇을 어떻게 말할 것인가와 관련된 커뮤니케이션 전략을 의미한다. 일반적으로 PR 기획 과정은 상황 및 현황분석 이후에 시사점을 도출하고 이를 토대로 해 타깃을 선정하고, 달성할 필요가 있는 목표를 수립하게 되며, 이런 목표를 달성하기 위한 메시지 전략과 매체전략을 수립하게 된다. 여기서 어떠한 다양한 매체를 활용하느냐가 매체 전략이라면, 메시지 전략은 어떠한 핵심 메시지를 어떻게 전달하느냐의 전략을 수립하는 것이다. 메시지 전략을 작성한다고 하면 세 가지 측면을 고려하게 되는데, 메시지 구조에 대한 전략, 메시지 내용에 대한 전략, 그리고 상대방의 선제적 공격에 대한 대응 메시지 전략이 그것이다. 특히 메시지 구조에 대한 전략은 세 가지 구성요소로 이루어져 있는데, 메시지의 측면성, 결론 제시의 명료성, 핵심 주장의 위치다.

메시지의 측면성은 메시지 구성을 일면적으로 할 것인지 아니면 양면적으로 할 것인지의 문제다. 즉, 어떤 쟁점에 대한 홍보 메시지 전략을 수립할 때 화자에게 유리한 한쪽 측면만을 메시지로 구성하느냐, 혹은 반대의 측면도 함께 제시해 공중으로 하여금 판단을 하도록 하는지의 문제다. 두 번째 구성요소는 메시지를 직접적으로 명료하게 제시하는지, 간접적으로 제시해 타깃 공중이 메시지에 대해 스스로 결론을 도출하도록 하는지의 문제다. 세 번째 구성요소는 핵심 주장의 위치가 메시지의 제일 앞(초두효과, primary effect)이나 제일 뒤(최신효과, recency effect)에 놓일지에 관련된 전략이다. 메시지 내용을 공격적으로 가져가느냐, 수용적으로 가져가느냐, 타협적으로 가져가느냐 등은 메시지 내용 전략과 관련 있다. 마지막으로 상대방의 선제적 공격에 대한 대응 메시지 전략은 자신과 상대방에 대한 고려(concern) 여부가 작동하게 된다. 즉, 자신에 대한 고려도 낮고 상대방에 대한 고려도 낮은 경우 '회피전략'을, 자신에 대한 고려는 높은 데 반해 상대방에 대해서는 고려하지 않는 경우 '경쟁전략'을 펼친다. 자신에 대한 고려는 낮고 상대방에 대해서는 많이 고려할 때 '순응전략'을 선택하는가 하면, 상대방에 대해서도 어느 정도 고려하고, 자신에 대해서도 어느 정도 고려하는 경우 양쪽이 절반씩 양보하는 것이 이에 해당된다.

참고문헌

전형준, 김학린(2013). 언론보도 대응에 있어서 정부의 메시지 전략: 4대강 정책 해명자료를 중심으로. PR연구, 17(1), 217-251.

263 PR 목적 PR Goal

PR 목적이란 PR 프로젝트의 존재 이유와 함께 제반 PR 활동을 통해 궁극적으로 달성하고자 하는 가치중심적인 지향점을 의미한다. PR 목적은 개념적으로는 매우 광범위하고 추상적이며 직접 검증하는 것이 어렵다. PR의 목적은 세 가지 정도로 요약될 수 있다. 즉, 평판 관리를 위한 목적, 관계 관리의 목적, 단위사안별 관리를 위한 목적으로 구분된다. 첫째, 평판 관리를 위한 목적은 특정 산업 구조 속에서 조직의 위상을 강화한다거나 환경의 변화에 따라 조직의 평판을 관리하고 향상시켜 나가는 것을 목적으로 한다. 둘째, 관계 관리의 목적은 주요 이해관계자들과의 관계를 개선시키거나 향상시키는 것을 의미한다. 셋째, 단위사안별 관리를 위한 목적은 특정 쟁점을 창출하거나 트렌드를 유도하는 등 사회적 변화의 주도를 주요 목적으로 삼고 있다. PR 실무자가 PR 목적을 설정하는 데 유념해야 하는 것은 이 같은 PR 목적이 조직의 전체적인 비전과 커뮤니케이션 방향에 부합해야 하며, 전체 프로그램을 나아가게 하는 핵심적인 동인이 되어야 한다는 것이다. 효과적인 PR 프로그램의 목적이 제시되기 위해서 갖춰야 할 특성으로는 목표 공중이 제시돼야 하고, 구체적인 결과물이 있어야 하며, 변화에 대한 정도를 측정할 수 있어야 하며, 가능하면 기간이 제시되어야 한다(Hayes, Hendrix, & Kumar, 2013).

참고문헌

Hayes, D. C., Hendrix, J. A., & Kumar, P. D. (2013). *Public Relations Cases*. Boston, MA: Wadsworth.

264 PR 목표 PR Objective

PR 목표는 PR 기획자가 환경 분석과 조사를 실시하고 난 후에 설정하는 PR 기획의 핵심이다. PR 목표는 전략적 기획과 연결되며 클라이언트 설득을 위한 도구로 사용되고, PR 캠페인 평가를 위한 기초로 작용한다(Parkinson & Ekachai, 2006/2014). PR 기획의 핵심이 PR 목표를 설정하고 전략을 고안하고 전술을 선택하는 것이라고도 할 만큼 목표 수립은 중요한 과정이다. 훌륭한 목표 창출은 클라이언트의 목표, 문제점, 자원, 공중에 대한 신중한 분석을 필요로 한다. 또한 적절한 매체 자원 분석, 문화에 대한 지식 등을 바탕으로 짧고 명확한 진술로 표현되어야 한다(Parkinson & Ekachai, 2006/2014). PR 캠페인 개발에서 가장 어렵고 중요한 단계인 훌륭한 목표 설정은 PR 캠페인의 성공으로 이어지고 실무자의 자원낭비를 막아 주며 설득과 지지를 얻어 내게 된다 (Parkinson & Ekachai, 2006/2014). 또한 PR 목표는 PR 활동의 지향점 및 프로젝트를 통해 추구하는 가치를 실현하기 위해 일정기간 동안 조직이 달성해야 할 계량적이고 구체적인 설정치를 의미한다. PR 프로그램 수행 목표를 설정하는 데 고려해야 할 5가지 기준은 SMART로 요약할 수 있다. S(Specific)는 목표란 구체적으로 작성되어야 함을 의미하며, M(Measurable)은 목표란 측정 가능하도록 작성되어야 한다는 것이다. 가령 금연캠페인을 통해 남녀 청소년 흡연율을 15%, 여성 흡연율을 10% 이하로 감소시키겠다와 같이 캠페인이 완료되고 난 후 성과를 측정할 수 있도록 목표가 설정되어야 한다. A(Achievable)는 목표란 실제적으로 성취 가능해야 하도록 작성되어야 한다는 것이며, R(Realistic)은 목표란 현실적인 선에서 작성되어야 한다는 것이다. 마지막으로 T(Timed)는 목표는 시의성을 고려해 작성되어야 한다는 것을 표현하고 있다.

PR 목표는 크게 효과(impact) 목표와 산출(output) 목표로 구분해 볼 수 있다. 산출 목표는 제작물을 얼마나 많이 만들 것인지 혹은 제작물을 얼마나 많이 배포할 것인지 등 계량적인 달성 여부가 측정 가능하다는 것이 장점이지만, 산출 목표만으로는 목표 공중들이 해당 PR 캠페인에 의해 얼마나 영향을 받았는지 전혀 알 수 없으며, 이에 PR의 성과를 정확하게 충분히 밝혀내는 데 한계가 있다. 효과 목표는 PR 활동을 통해 얻고자 하는 구체적인 효과로서 이는 다시 정보목표, 태도목표, 행동목표로 나뉜다. 정보목표란 공중에 대한 메시지 노출이나 공중의 메시지 인지도를 증진시키는 것을 목표로 하는 것으로, 가령 시에서 진행하는 재활용캠페인에 대한 지역주민의 인지도를 작년 대비 10% 향상 또는 제품이 주는 혜택을 이해하는 공중을 15% 증가시키겠다는 방식으로 설정될 수 있다. 태도목표는 조직의 제품이나 서비스에 대해 느끼고 있는 공중의 태도변화를 목표로 하는 것으로 여기에는 새로운 태도형성, 기존의 태도의 보강이나 강화, 공중들의 기존태도 변화 등을 모두 포함한다. 예를 들어, 시에서 새롭게 실시하는 쓰레기 종량제 쟁점과 관련해 6개월 내에 50퍼센트 이상의 시민들이 호의적인 태도를 가지게 한다와 같이 목표를 설정할 수 있다. 마지막으로 행동차원의 목표는 PR 활동을 통해 특정 쟁점에 참여하거나 캠페인에 참여한 공중들의 수를 증가시키는 것을 포함하며, 예를 들어, 기업에서 실시하는 어스아워 캠페인에 참여자 수를 20% 증가시키겠다 등의 형태로 목표를 설정할 수 있다. 목표는 조사단계에서 발견된 데이터를 기반으로 해 설정되는 경우가 많다. 즉 환경분석단계에서 기존의 공중에 대해 얻게 된 정보는 목표설정과 커뮤니케이션 계획을 수립하는데 유용하게 활용된다(Page & Parnell, 2019).

결국 PR 기획에서는 어떻게 PR 목표(PR Objective)에 도달할 것인지, 그 목표를 위한 전략은 무엇으로 하고 그 전략을 실행한 전술을 어떻게 할 것인지의 3가지가 PR 기획의 주요 단계다. 즉, 목표, 전략, 전술은 PR을 기획할 때 거쳐야 하는 3단계 핵심 과정이므로 목표를 설정하는데 있어서 목표공중과 목표 사이의 균형을 유지하기 위한 방법이 중요하다. 따라서 PR 기획 방법으로는 목표에 의한 관리 MBO(Management by Objectives) 방법이 제시된다(Nager & Allen, 1984). 이때 목표를 위한 10가지 질문이 필요한데 이는 다음과 같다. ① PR주의 목표는 무엇인가? 클라이언트가 원하는 것은 무엇인가? ② 목표공중은 누구인가? 클라이언트의 목표를 달성할 수 있게 하는 집단은 누구인가? ③ 목표공중의 특징은 무엇인가? ④ 목표공중의 목표는 무엇인가? 목표공중이 원하는 것은 무엇이며 가치 있다고 생각하는 것은 무엇인가? ⑤ 어떤 매체가 목표공중에 도달할 수 있는가? ⑥ 매체의 목표는 무엇인가? ⑦ 어떤 정보원이 이용가능한가? ⑧ 어떤 종류의 메시지가 목표공중에 도달할 것인가? ⑨ 어떤 종류의 메시지 또는 커뮤니케이션이 목표공중에 영향을 미칠 것인가? ⑩ 어떤 종류의 비언어적 지원이 필요한가?

참고문헌

Nager, N. R., & Allen, T. H. (1984). *Public Relations: Management by Objectives*. Liverpool UK: Longman Publishing Group.

Page, J. T., & Parnell, I. J. (2019). *An Introduction to Strategic Public Relations*. Thousand Oaks, CA: Sage.

Parkinson, M. C., & Ekachai, D. (2014). **국제 PR 기획과 사례** (*International and Intercultual Public Relations: A Campaign case approach*). (오창우 역). 서울: 커뮤니케이션북스. (원저는 2006년에 출판).

265 PR 미디어킷 PR Media Kit

PR 미디어킷은 프레스킷이라고도 하는데, 이는 PR 담당자가 신문을 비롯한 출판물에 자신의 고객사 혹은 자신이 속한 기업을 소개할 수 있도록 회사와 관련된 사실적 자료를 포함해 제작한 패키지다. 달리 말하면 미디어킷은 회사 및 제품에 대한 정보를 제공하기 위해 미디어 구성원에게 배포되는 홍보자료 세트이며, 조직 및 제품 홍보를 위한 브로셔와 같은 역할을 한다. 즉, 기업의 필수적인 정보를 하나의 묶음 형식으로 제작한 자료집으로 주로 기자 간담회, 기자 회견, 제품시연회 등 기업과 관련된 보도자료를 배포하거나 이외에 소개 자료를 전달할 때 함께 배포되는 정보자료 세트다. 프레스킷을 사전에 미리 잘 만들어 둔다면 회사 또는 제품 홍보기회가 왔을 때 매우 유용하게 활용할 수 있다.

미디어킷은 브랜드와 관련된 커뮤니케이션의 기준점이 될 수 있다. 이는 핵심 메시지에 대한 일관성을 유지하는 데 효율적이기 때문이며, 미디어 담당자와 타깃 고객이 완벽하게 소화할 수 있는 방식으로 제공된다. 따라서 미디어킷은 비즈니스를 소개하는 가장 효과적인 방법 중 하나로 비즈니스에 대한 가장 정확한 정보를 제공하고, 새로운 고객을 유치하는 데 도움이 된다.

미디어킷에 포함돼야 할 내용으로는 회사와 제품 및 서비스 소개 자료, 보도자료, 회사와 제품 및 서비스 관련 사진 및 동영상, 연락 정보 등이 대표적이다. 특히 회사와 제품 및 서비스 소개 자료에는 회사소개, 제품 및 서비스 소개 자료 등이 필요한데 회사소개의 경우 설립연도, 회사연혁, 설립동기, 미션과 비전, CEO 약력, 회사 웹사이트, 투자규모, 수상경력 등을 포함한다. 특정한 행사가 있거나 알릴 이슈가 있을 경우 이와 관련된 보도자료를 개발해 포함시키는 것이 좋다. 또한 기업의 CEO와 제품 관련 사진을 1~2장 포함해야 하며, 해상도가 높을수록 좋고, 간결한 설명까지 덧붙여야 한다. 전문적인 미디어킷에서 가장 중요한 요소는 로고다. 밝은 배경과 어두운 배경이 모두 있는 두 가지 변형으로 파일을 제공하는 것이 좋으며, 편의를 위해 품질에 대한 손질 없이 다양한 크기로 확장 가능한 SVG 파일이나 배경이 투명한 PNG 파일을 보내는 것이 좋다. 이와 더불어 보도범위를 늘리기 위해서 비디오와 오디오 콘텐츠를 함께 포함해야 한다. 연락정보에는 담당자의 이메일 주소와 직통 전화번호, 여기에 소셜링크를 포함하는 것이 좋다.

참고문헌

Nigmatulin, A. (2023. 3. 26.). 완벽한 보도자료를 만드는 방법에 대한 자세한 가이드. PRNEWS.IO. https://prnews.io/ko/blog/press-kit.html

266 PR 백서 PR White Paper

백서(white paper)란 정부가 정치, 경제, 외교 등 각 분야에 대해 현상을 분석하고, 미래를 분석해 미래에 대한 전망을 국민들에게 설명하기 위해 만든 보고서다. 원래는 영국 정부의 공식보고서 명칭으로서 표지가 백색이었기 때문에 백서라는 명칭이 붙었다. 영국정부가 외교상황을 일반 국민들에게 알리기 위한 공식보고서가 백서였는데, 일명 '행정백서'라고도 불렸다. 이런 영국의 관행이 각국에 널리 퍼져 공식문서의 명칭으로 사용하게 되었다. 가령 경제와 관련된 정부의 공식 보고서를 '경제백서'라 하고 노동문제에 대한 공식 보고서를 '노동백서'라 부른다. 이외에도 산업백서, 국방백서, 국가정보보호백서 등 정부가 특정사안이나 주제에 대해 조사한 결과를 정리해 보고하는 책이기도 하다. 그러나 그 개념이 확장되어 기업이나 연구소 등에서 특정 주제에 대해 연구하고 조사한 결과를 정리해 발표하는 문서도 백서라고 표현하며, 이에 따라 백서의 의미가 보다 넓은 의미로 종합적인 조사보고서라는 의미를 갖게 되었다. 기업에서는 PR적 차원에서 백서를 발간하고 있는데, KB국민은행은 한 해 동안 추진한 사회공헌활동의 성과를 담아 『사회공헌백서』를 발간했다(구현주, 2024). 또한 IBK 기업은행은 디지털 전환 계획을 담아 『IBK DT(디지털 전환)백서』를 편찬했다(김규희, 2022).

참고문헌

구현주(2024. 7. 1.). 국민은행, '2023 사회공헌백서' 발간. 마이데일리.
김규희(2022. 3. 16.). IBK 기업은행, '디지털 전환백서' 만든다. the bell.

267 PR 스왓 분석 PR SWOT Analysis

스왓(SWOT) 분석은 강점(Strength), 약점(Weakness), 기회(Opportunity), 위협(Threat)의 첫 글자로 만든 분석 용어로, PR 스왓 분석은 PR 분야에서 전략 수립을 위해 반드시 필요한 과정이다. 스왓 분석에서는 기업 내부요인으로서 기업이 가진 강점과 약점뿐만 아니라, 기업 외부요인으로서 기회와 위협이 되는 사항들이 정리되어 전략 수립을 위한 함의점을 제공해 준다. 일반적으로 체계적이고 효율적인 경영 전략을 수립하기 위한 방법으로 제안된 스왓 분석은 전략 수립을 필요로 하는 PR 분야에서도 중요하게 고려되는 방법이다. PR의 RACE(Research, Action, Communication, Evaluation) 모형에서 R은 상황분석을 의미하며, 기업의 내적 환경분석과 외적 환경분석을 포함한다. 기업 외적 환경분석이란 정치, 경제, 사회문화, 기술적 차원에서의 분석을 의미하며, PEST 분석이라고도 일컬어진다. 정치적 차원에서는 정치적 체제, 법안의 변화, 특정 이슈에 대한 정부의 입장, 현재의 규제체계, 규제개혁의 방향성을 분석하는가 하면, 경제적 차원에서는 물가지수의 변화, 금리의 변화, 과세의 변화, 환율의 변화 등을 분석한다. 또한 사회문화적 차원에서는 생활양식의 변화, 의식주의 변화 등을 분석하며, 기술적 차원에서는 신기술 트렌드나 기술 혁신이 가져오는 미래 전망을 분석한다(김환표, 2013). 이와 같은 분석을 토대로 해당 PR 클라이언트의 PR 활동에 기회요인으로 작용하는 점은 무엇인지, 혹은 위협요인으로 작용하는 점은 무엇인지 정리한다. 여기서 기회요인이란 기업에게 유리하거나 도움이 되는 상황을 의미하는 반면, 위협요인이란 기업에게 불리하게 작용하는 상황을 뜻한다. 그리고 기업 내적 환경분석으로는 기업의 문화, 경영이념이나 목표, 시장점유율, 기업의 이미지, 현재의 성과를 분석해 해당 기업에서 어떤 부분을 가장 잘 하고 있고, 어떤 부분이 가장 미흡한지를 파악해 기업의 강점과 약점을 정리한다. 기업의 강점은 특정 기업이 시장 상황에서 우위에 있는 요소나 기업 활동에 긍정적인 효과를 가져다줄 장점을 의미하는 반면, 약점이란 상대적으로 열위에 있는 요소를 의미한다(Park, Chen, & Cheng, 2021). 스왓 분석은 이 같은 네 가지 요인들로 구성되며, 그 분석 결과는 PR 전략을 수립하는 데 유용하게 활용된다. 가령 WO 전략이란 기업이 가진 약점을 기회요인을 활용해 극복하는 전략이며, ST 전략은 기업이 가진 강점요인을 활용해 외부의 위협요인을 극복하는 전략이다.

참고문헌

김환표(2013). **트렌드 지식사전**. 서울: 인물과사상사.

Park, G., Chen, F., & Cheng, L. (2021). A Study on the Millennials Usage Behavior of Social Network Services: Effects of Motivation, Density, and Centrality on Continuous Intention to Use. *Sustainability, 13*(5), 1-19.

268 PR 슬로건 PR Slogan

2012년 올림픽유치에 성공한 런던의 유치 슬로건은 "Back the Bid!"(유치를 지원하라!)였다. 또한 밴쿠버 2010의 동계올림픽 유치 슬로건은 "Sea To Sky"(바다에서 하늘까지)였다. 정말 간결성도 높고 발음도 쉬우며 기억하기도 용이한 슬로건(Slogan)들이었다. 흔히 슬로건 하면 브랜드 슬로건을 가장 먼저 떠올리지만 올림픽이나 월드컵 같은 스포츠 대회의 슬로건은 물론이고 엑스포, 컨벤션 등의 대형 이벤트나 행사 슬로건에서부터 "우리강산 푸르게 푸르게" 같은 캠페인 슬로건과 "사랑해요 LG" 같은 기업 슬로건, "I 서울 U" 같은 도시 브랜드 슬로건, 선거에서 활용되는 정치 슬로건까지 PR 슬로건(PR Slogan)은 매우 다양한 분야에서 활용된다. 정치, 사업, 문화, 종교, 제품, 행사, 상황 등등에 있어 그러한 환경이나 대상을 알리고 이해시키고 소통하고자 하는 경우에 타깃으로 규정된 대상의 집단을 설득하고자 핵심 아이디어나 목적을 반복적으로 표현하는 방식이 PR 슬로건이다.

따라서 PR 슬로건은 기억에 남는 모토 또는 문구로 이루어져 있다. 슬로건이라는 단어의 어원은 스코틀랜드의 고원민족들이 전쟁이 시작되는 위급 상황 시의 외침에서 비롯되었다고 한다. 전쟁발발 같은 위급 상황에서의 외침은 짧고 간결하게 기억에 남는 외침 혹은 모토가 될 수 밖에 없었을 것이므로 슬로건의 특성을 잘 설명한다. 특히 기업 PR 슬로건은 기업이나 사업의 입장에서는 달성해야 할 목표를 표현하기 위해 단어나 구절로 표현되기도 한다(이문종, 2010). 따라서 PR의 역할에서 기업 슬로건은 공중에게 전하고 싶은 중요하고도 핵심적인 기업 목표를 나타내는 메시지라고도 할 수 있다. 따라서 비전 등을 포함하는 일반적인 기업(혹은 조직) 슬로건과 PR 캠페인 핵심 메시지를 담은 슬로건으로 PR 슬로건을 크게 구분해 볼 수도 있다. 예를 들어, LG 칼텍스의 기업 슬로건인 "I'm Your Energy" 경우는 기업의 정체성이나 비전이 담긴 기업 슬로건이며 소니코리아의 "For the Next Generation"이라는 슬로건은 기업 활동에 있어 사회적 기업으로서 환경과 과학 교육, 임직원 자원봉사, 기타 다양한 사회공헌활동을 진행하고 있다는 것을 나타내는 PR 슬로건이다.

참고문헌

이문종(2010. 8. 13.). 슬로건 보면 기업이 보인다. The PR.

269 PR 실적평가 PR Output

PR 성과(PR Outcome) 평가와 PR 실적(PR Output) 평가는 다르다. 실적을 통해 결과인 성과(outcome)를 평가하기 때문이다. 린덴만은 PR효과 측정 및 평가 시 고려할 사항들을 제시하면서 단기적이고 표면적인 결과물이 PR '아웃풋(output)'이라고 규정했고 장기적이고 더 영향력 있는 성과 결과물은 '아웃컴(outcome)'이라고 하며 두 가지 평가를 구분하기를 권고했다(Lindenmann, 1997). 이후 린덴만은 다시 이전의 모형을 발전시켜 5단계의 PR효과 측정 모형을 제시했는데 그 5단계 중 두 번째 단계는 PR 실적, 즉 아웃풋(output)의 측정이다(Lindenmann, 1997, 2003, 2006). 즉, PR 실적이란 결국 PR 캠페인을 통해 메시지가 얼마나 많이 배포되었는지 평가하면서 매체에 나타난 기사 수나 총 방송횟수, 임프레션(impression) 수, 기사내용, 이벤트나 행사 참여자 수 등을 측정하는 것으로 PR 실적을 규정했다. 또한 세 번째 단계로는 PR 아웃테이크(PR outtakes)에 대한 측정을 제시했는데 타깃 수용자들이 메시지를 받았는지, 메시지에 주목했는지, 메시지를 기억하는지 등 메시지에 대한 반응을 측정하는 것으로 제시했다. 네 번째 단계는 PR 성과(PR outcome)의 측정으로 PR 활동이나 프로그램 결과와 표적 공중의 의견, 태도, 행위가 의도한 대로 변화되었는지 측정하는 것이다. 마지막 5단계에서는 조직PR의 성과(institutional outcome)를 측정하는 것으로 궁극적으로 조직의 달성 목적과 목표와 연결되는지를 측정한다. 결국 PR 성과는 시장성장률, 시장점유율, 조직의 이윤 증가, 주가 상승, 회원 수 증가와 같은 조직의 PR 실행 목적의 달성 결과와 연결해서 평가되어야 한다는 것으로 규정한 것이다.

실제적인 PR 실적평가는 보다 구체적인 산출물을 말하는 것이다. 예를 들면, 미국의 PR실무자인 바네사 애쉬워스(Vanessa Ashworth)는 다음과 같은 것들을 주요 PR 산출물, 즉 PR 실적(PR output)으로 평가한다(Ashworth, 2023). 소셜미디어, 웹사이트, 언론사에 제출된 기사 수(핵심 메시지 포함), 소셜미디어 게시물 수(온라인메시지), 소셜, 웹사이트, 글, 비디오, 팟캐스트에 대한 소셜미디어 및 웹사이트, 동영상 대한 추천 수, 직원 인터뷰 수, 소셜미디어, 웹사이트, 동영상에서의 고객 인터뷰 횟수, 주요 언론 접점에 부문 전문가로 소개된 직원 수, 언론사 방문 횟수다. 이에 반해 PR 성과(PR Outcome) 측정은 일련의 PR 과정을 통해 만들어진 결과물을 말한다(Ashworth, 2023). 구체적으로는 조직의 웹사이트, 플랫폼 방문의 증가, 페이지 뷰 순위 상승, 링크 문의 증가, 매출액 증가, 더 많은 참여 고객(공중의 인식 및 조직 충성도와 점유율은 증가 등), 이벤트 참여와 팔로워 수 증가나 공유 수의 증가, 판매 주기 단축 및 마진율 상승(할인폭 감소), 전자 메일 열기 속도 및 클릭해 열기 속도 증가 등이다. 한편, 국내 PR 기업들에 대한 PR 효과 측정과 관련해 2005년부터 2014년까지 PR협회 PR 대상 수상작들에 대한 내용분석을 실시한 오미영과 백혜진(2015)의 연구는 어떠한 차원에서 국내 PR 프로그램들이 PR 효과 평가를 실시하고 있는지 살펴본 결과, 아웃풋(output) 평가차원과 조직 아웃컴 평가차원이 상대적으로 많이 사용된 반면, 아웃테이크(outtakes)와 프로그램 아웃컴 평가차원은 매우 낮게 사용된 것으로 나타났다.

참고문헌

오미영, 백혜진(2015). 국내 PR효과 측정 및 평가 현황에 관한 연구: 'PR대상 수상작'에 대한 내용분석을 중심으로. PR연구, 19(1), 327-354.

Ashworth, Vanessa (2023). How Measure PR Outcomes-Trust the Process. (Apr, 26, 2023). https://ec-pr.com/trust-the-process-part-two-measuring-pr-outcomes/

Lindenmann, W. K. (1997). *Guidelines and Standards for Measuring and Evaluating PR Effectiveness*. The Institute for Public Relations.

Lindenmann, W. K. (2003). *Guidelines for Measuring the Effectiveness of PR Programs and Activities*. The Institute for Public Relations.

Lindenmann, W. K. (2006). *Public Relations Research for Planning and Evaluation*. The Institute for Public Relations.

270 PR 윤리 PR Ethics

윤리에 대한 문제는 전통적으로 행위의 결과를 놓고 옳고 그름을 판단하는 목적론(teleology)의 관점과 보편적으로 적용할 수 있는 도덕 원리를 강조하는 의무론(deontology)의 관점에서 접근해 왔다. PR 영역에서도 PR 전문가의 윤리적 관점을 목적론 대 의무론, 배려의 윤리, 교화된 자기 이익, 공공 서비스, 커뮤니티 구축이라는 5가지 관점에서 다양한 논의가 진행되어 왔다(최홍림, 2018). 그렇지만 목적론과 의무론 중에서 어느 한 가지에 따라 의사결정을 하면 주관적 결정에 빠질 우려가 있다. 이에 따라 PR 실무자들은 보편적으로 적용할 수 있는 PR 윤리강령의 준수가 더 중요할 수밖에 없다. 미국PR협회(Public Relations Society of America: PRSA)에서 PR 실무자의 윤리의식을 고취하기 위해

17개조의 윤리강령을 정해 PR 윤리의 지침을 제시한 것도 목적론과 의무론 중에서 어느 한 가지를 강조하기보다 PR 윤리강령의 준수가 더 중요하다는 취지였다. 이 윤리강령은 전체 사회와 고객 중에서 어디에 우선순위를 두어야 하는지에 대한 갈등 요인을 명확히 해소하려는 목적이 있다. 한국PR협회도 민주사회의 지속가능한 발전을 견인하는 PR의 산업적 위상을 강화하고 사회로부터 존경받는 PR 전문인의 역할을 환기하기 위해 PR 윤리강령을 제정하고 선포했다(1999. 12. 1.). 사회 환경 변화에 발맞춰 PR 윤리강령은 다시 개정되었으며(2022. 10. 24.), 개정된 강령에서는 한국 PR인들이 고도의 윤리의식을 가지고 PR업무를 수행하기를 권고했다. 한국PR협회의 PR 윤리강령은 다음과 같다(한국PR협회 홈페이지, 2024).

① (공익) PR인의 업무수행 중 최고의 가치는 공익에 두어야 하고 기본적 인권과 개인의 존엄을 존중해야 하며 정확성과 진실성, 투명성에 입각해 업무를 수행해야 한다. ② (전문성) PR인은 전문적 지식과 경험을 책임감 있게 사용하고 커리어 개발과 교육 등을 통해 전문성을 향상시키며 이를 기반으로 다양한 조직과 공중 간 상호이해와 신뢰관계를 형성한다. ③ (신용과 정보 보호) PR인은 외부적으로 명시된 업무내용과 다른 실제적으로 밝히지 못할 이익을 추구하는 어떤 개인이나 조직을 위해 PR업무를 수행해서는 안 되며 고객이나 고용주의 비밀과 개인의 프라이버시와 관련된 사항은 철저히 보호해 주어야 한다. ④ (투명성) PR인은 공중에 대한 정보의 투명성을 준수해야 하며, 공공 미디어와 디지털 미디어의 공공적 환경을 저해하는 어떠한 행동도 해서는 안 된다. 특히 PR하는 제품이나 서비스의 협찬 여부 등을 명확하게 밝혀야 하며 부당한 금전적인 제공이나 혜택을 금하며, 능력 밖의 어떤 결과도 보장해서는 안 된다. ⑤ (정직) PR인은 잘못된 허위정보라는 것을 알면

서 그것을 언론을 포함한 다양한 미디어를 통해 배포하거나 업무에 절대 활용하지 않는다. 만약 잘못된 커뮤니케이션이 이루어졌다면 이를 즉각 시정할 책임을 갖는다. ⑥ (공정 경쟁) PR인은 건강하고 공정한 경쟁을 해야 하며 다른 PR인의 고객 또는 비즈니스, 제품과 서비스를 훼손하는 어떤 행동도 해서는 안 된다. 또한 특별한 사정이 있지 않는 한, PR 활동에 관련된 고객이나 고용주의 이름을 언제나 공개적으로 밝힐 준비가 돼 있어야 한다. ⑦ (이해충돌 방지) PR인은 경쟁사나 이해관계가 상충되는 조직의 일을 할 경우 모든 사실을 기존 고객에게 설명한 후 관련 당사자들의 확실한 동의를 얻은 연후에만 새로운 일을 맡을 수 있다. 또한 PR인 개인의 이해관계가 고용주나 고객의 이해관계와 상충될 경우 모든 당사자들에게 관련 사실을 모두 설명한 후 동의를 얻지 못하는 경우 새로운 업무에 개입해서는 안 된다. ⑧ (권리보호) PR인은 신규 업무를 담당하거나 새로운 고객을 위해 업무를 수행할 시 사업 성격이 사회 정의에 어긋난다고 판단할 때 해당 업무나 고객을 맡지 않겠다는 입장을 표시할 수 있으며, 이것과 관련해 어떠한 불이익도 받아서는 안 된다. ⑨ (책임) PR인은 현재 일하고 있는 직장에서 다른 직장으로 옮길 때는 법령이나 근로계약서 상의 사전 통보 기한을 준수해야 하며 철저한 업무 인계인수를 통해 현재 소속된 조직의 업무수행에 한 치의 차질도 없게 해야 한다. 또한 옮기는 과정에서 PR인이 담당한 고객을 새로운 직장의 고객으로 만드는 어떤 노력도 해서는 안 된다. ⑩ (사적 이익 금지) PR인은 업무상 획득한 정보를 개인적 이익을 위해 사용하거나 유출하지 않으며, PR인의 윤리의식 강화와 PR 산업의 지속 가능한 발전을 위해 노력하고 상호 협조해야 한다.

참고문헌

최홍림(2018). PR 전문가 윤리: 윤리적 커뮤니케이션의 이론적 출발. 김영욱,

김장열, 유선욱, 이유나, 조삼섭, 정원준, 최지현, 최홍림, 홍문기. 디지털 사회와 PR 윤리(pp. 1-47). 서울: 커뮤니케이션북스.
한국PR협회 홈페이지(2024). PR 윤리강령. https://www.koreapr.org/library_ethics

271 PR 전략 PR Strategy

전략이란 목표를 달성하기 위한 구체적 방법을 말한다. PR 프로그램을 실행하기 위한 PR 기획에서의 PR 전략은 해당 PR 프로그램의 목표를 실행하기 위한 구체적 방안이다. 일단 목표가 정해지면 그 PR 목표를 충족시키는 전략적 계획을 개발해야 하는데 전략적 계획은 행동 요소(공중과 PR 실무자가 반드시 해야 하는 일들)와 커뮤니케이션 메시지 요소(PR 실무자가 목표 공중과 반드시 커뮤니케이션 해야 하는 아이디어 또는 정보)를 포함해야 한다(Parkins & Ekachai, 2006/2014). 즉, 전략을 다양하게 구상해야 하는데 PR 전략을 실행하기 위해서는 예산이 많이 소요되므로 가장 현실적이면서 달성 가능한 전략을 선택하는 일이 중요하다. 특히 PR 전략은 대상 공중에 따라서 다른 커뮤니케이션 전략을 활용하는 것이 PR 기획에서 중요하다.

PR 전략은 상황에 따라 다르게 사용되어야 한다는 것이 많은 학자들의 주장인데, '지식'과 '관여도'에 따라 공중의 유형을 4가지로 나누고 그에 따라 다른 대응 전략을 PR 목표 달성의 방안으로 제시한 연구도 있다(Hallahan, 2000). 지식과 관여도가 모두 낮은 비활동 공중에게는 예방 전략을, 지식은 낮지만 관여도가 높은 환기 공중(aroused public)에게는 개입(intervention) 전략을, 지식과 관여도가 모두 높은 활동 공중(active public)에게는 협상(negotiation) 전략을, 그리고 지식은 높지만 관여도가 낮은 인지공중(awared public)에게는 교육(education) 전략을 추천했다(Hallahan, 2001). 또한, 스미스(Smith, 2013)는 조직행동과 관련해 PR 전략을 다음과 같은 5가지로 제시했다. 조직성과 전략(organizational performance), 공중 참여(audience participation) 전략, 특별 이벤트(special event) 전략, 연대와 연합(coalition & allicace) 전략 및 스폰서십(sponsoship) 전략, 전략적 자선활동(strategic philanthropy)과 행동주의(activism) 전략이다.

참고문헌

Hallahan, K. (2000). Inactive Publics: The Forgotten Publics in Public Relations. *Public Relations Review, 26*(4), 499-515.

Hallahan, K. (2001). The Dynamics of Issues Activation and Response: An Issue Process Model. *Journal of Publie Research, 13*(1), 27-59.

Smith, R. D. (2013). *Strategic Planning for Public Relations* (4th ed.). New York: Routledge.

Parkinson, M. C., & Ekachai, D. (2014). 국제 PR 기획과 사례 (*International and Intercultual Public Relations: A Campaign Case Approach*). (오창우 역). 서울: 커뮤니케이션북스. (원저는 2006년에 출판).

272 PR 전술 PR Tactic

PR 전술은 말 그대로 PR 목표를 달성하기 위해 사용하는 PR 전략의 하부 개념으로 보다 구체적인 세부 프로그램을 말한다. 전술을 결정하기 위한 방법은 매우 다양하다. 무엇보다 매체를 가지고 전술을 구분하는 경우가 많다. 예를 들어, 통제가능한 매체와 통제불가능한 매체로 구분해 매체별로 구분하는 전술 방식이 주로 사용되어 왔다. 예를 들면, 통제가능한 매체는 조직의 홈페이지나 조직 블로그, 조직 SNS나 조직 이벤트처럼 조직이 전체적으로 매체를 통해 통제할 수 있는 경우다. 반면에 언론보도나 개인 SNS, 입소문 같이 조직이 커뮤니케이션을 하고자 하지만 그 결과를 통제할 수 없는 경우는 통제불가능한 매체로 나누어 매체별 전술을 구분해 시행한다. PR 전술에서는 무엇보다 조사 결과를 바탕으로 면밀한 상황분석을 통해 PR 전략을 최적화할 수 있는 계획된 PR 전술 프로그램의 설계와 실행 및 평가에 이르는 과학적 PR 과정이 중요하다(박경희, 2015). 하지만 PR 전술에서 모든 경우에 적용되는 단일한 접근 방식은 없으므로 브랜드와 타깃 공중에게 가장 적합한 방식의 전술을 선택해야 한다(Ereziwosa, 2023).

참고문헌

박경희(2015). 언론 대상 정책 PR 방법과 사례. 박종민, 배지양, 임종섭, 박경희, 최준혁, 정주용, 유영석, 황성욱, 정원준, 남태우, 전형준, 장지호, 조승호. **정책 PR론**(pp. 204-226). 서울: 커뮤니케이션북스.

Ereziwosa, B. S. (2023). *PR Power Play: Why Brands Need Public Relations (PR) for Their Businesses*. E-Book: Lulu.com

273 PR 콘셉트 PR Concept

PR 콘셉트는 PR(홍보) 활동을 기획하고 실행할 때 핵심적으로 작용하는 주제나 메시지를 의미한다. 기업이나 기관의 PR 콘셉트는 기업, 정책, 브랜드, 제품, 서비스의 이미지를 형성하고 메시지를 효과적으로 전달하기 위한 전략적 요소로 활용된다. PR 콘셉트를 잘 설정했느냐 그렇지 않았느냐에 따라 PR 활동의 성공 여부가 결정된다(김병희, 이종혁, 2009). PR 활동을 통해 달성하고자 하는 목표가 명확히 설정되고, PR 활동의 집중 대상인 타깃 공중이 정해졌다면, 타깃 공중에게 전달하고자 하는 핵심 메시지를 정해야 하는데, 이 메시지는 보통 PR 콘셉트에 따라 결정된다. 핵심 메시지는 타깃 공중이 쉽게 이해하고 공감할 수 있도록 간단명료하게 작성해야 한다. 핵심 메시지가 정해진 다음에는 핵심 메시지를 전달하기 위해 흥미롭고 감동적인 스토리를 만들어야 하며, 메시지를 전달할 수 있는 커뮤니케이션의 채널과 도구를 선택해야 한다. 이렇게 하면 PR 콘셉트를 실행할 준비를 마쳤다고 할 수 있다. PR 콘셉트는 여러 요소를 종합적으로 고려해서 도출해야 한다. 좋은 PR 콘셉트는 PR 기획 방향에 맞춰 간명하게 제시되어야 하며(단순성, simplicity), 경쟁사에서 모방할 수 없을 정도로 고유하고 독특해야 한다(고유성, uniqueness). 또한 좋은 PR 콘셉트는 전반적인 PR 기획 과정과 조화를 이루어야 하며(적합성, appropriateness), 기업이나 기관의 경영 철학과 가치와 관련성이 높아야 한다(상관성, relevance). 그리고 PR 콘셉트는 수시로 바꾸지 말고 같은 콘셉트를 오래오래 지속해야 하며(지속성, continuity), PR 메시지에 접하는 공중과 소비자에게 기관이나 기업에 대한 믿음을 주어야 한다(신뢰성, credibility).

참고문헌

김병희, 이종혁 편(2009). 한국 PR 기업의 역사와 사례. 경기: 나남출판.

274 | PR 핵심 메시지 PR Key Message

PR 핵심 메시지란 조직이 자신 또는 자신의 의제에 대해 전달하고 싶어 하고, 공중이 이해하고, 수용하고, 행동하기를 바라는 메시지다(Carroll, Huang-Horowitz, McKeever, & Williams, 2014). 또한, PR 핵심 메시지는 조직이 개입하는 대중 또는 정보 중개자 역할을 하는 제3자가 수용자에게 전달하기를 원하는 내용을 반영한다(Carroll, Huang-Horowitz, McKeever, & Williams, 2014). 즉, PR 활동을 수행할 때 공중에게 전달하고자 하는 정보를 한마디로 간단하게 요약해 핵심만을 전달하는 것이다. 따라서 PR 핵심 메시지는 PR 활동의 분야별로 가장 핵심이 되는 내용을 구성해 작성한다. 무엇보다 PR 핵심 메시지는 공중과의 의사소통을 통해 영향력을 달성하는 열쇠가 된다. PR 핵심 메시지는 내용이 용이해 쉽게 관찰할 수 있는 일련의 단어나 구로 표현된 것이 좋다. "기억에 남을 수 있고, 풍부한 내용을 지닌 것"으로 주의를 끄는 영향력 있는 단어이거나(Smith, 2009, p.171), 수신자의 인식을 일깨우거나 행동을 제시하지만 미묘하게 거슬리지 않는 표현 등으로 되어 있어야 한다(Carroll et al., 2014). PR 핵심 메시지는 프레임의 한 유형이기도 하다(Entman, 1993). 프레임은 설명된 상황이나 이슈의 특정 측면을 선택하거나 주의를 끌며, 사실 또는 판단 가능한 내용을 주제적으로 강화하는 특정 키워드나 구문이 포함되기도 한다(Entman, 1993). 또한 인용할 수 있으며(Culbertson & Stempel, 1984), 이상적으로 기억에 남는 메시지가 선호된다.

참고문헌

Carroll, C. E., Huang-Horowitz, N. C., McKeever, B. W., & Williams, N. (2014). Key Messages and Message Integrity as Concepts and Metrics in Communication Evaluation. *Journal of Communication Management; London 18*(4), 386-401.

Culbertson, H. M., & Stempel, G.H. (1984), The Prominence and Dominance of News Sources in Newspaper Medical Coverage. *Journalism Quarterly,*

61(3), 671-676.
Entman, R. M. (1993). Framing: Toward Clarification of a Fractured Paradigm. *Journal of Communication, 43*(4),
Smith, R. (2009), *Strategic Planning for Public Relations* (3rd ed.). New York, NY: Routledge, 51-58.

275 PR 효과 평가 PR Effect Evaluation

PR 효과 평가는 PR 활동을 수행하고 난 후에 그 PR 활동에 대해서 어떠한 인식을 가지고 있는지, 조직에 대한 태도나 이미지가 얼마나 달라졌는지에 대해 평가하는 것이다. 최근의 PR은 단순히 조직에 대한 정보를 언론에 노출시키는 것으로 끝나지 않고 공중과의 커뮤니케이션 과정의 차원에서 접근되고 있어 PR의 개념도 언론홍보를 넘어 '공중과의 커뮤니케이션 관리' 또는 '공중관계 관리'와 같이 좀 더 광범위한 개념으로 확장되었다(오미영, 백혜진, 2015). 따라서 PR 효과 측정도 단순한 광고단가 기준 환산법을 사용한다거나 미디어 노출만을 측정하는 방식이 아닌 좀 더 과학적이고 세련된 다양한 효과측정 방법이 활용되어야 한다. 그러나 PR 효과를 측정할 수 있는 표준화되고 계량화된 적절한 측정방법의 부재는 PR 효과에 대한 과학적인 측정과 평가를 어렵게 함으로써 전문영역으로서 PR의 가치와 능력을 입증하는 데 한계를 보여 준 바 있어 디지털 시대에 맞는 새로운 효과 측정이 필요하다.

참고문헌

오미영, 백혜진(2015). 국내 PR효과 측정 및 평가 현황에 관한 연구: 'PR대상 수상작'에 대한 내용분석을 중심으로. PR연구. 327-354.

276 피처 기사 Feature Stories

일반적으로 뉴스기사는 스트레이트 기사(straight news articles)와 피처 기사(feature stories)로 구분된다. 스트레이트 기사는 사실을 있는 그대로 독자에게 전달해 독자의 정보 욕구를 충족시켜 줄 것을 목적으로, 사건이나 정보를 객관적이고 공정하게 보도하는 기사를 말한다. 이와 달리 피처 기사는 독자나 시청자의 감정을 자극하는 뉴스만을 보도함으로써 인간적 흥미를 유발하는 등 인간의 본능적 관심사에 주안을 두는 뉴스를 의미한다. 즉, 연성 뉴스(soft news)의 하나로, 높은 수준의 전문성보다 오히려 흥밋거리에 초점을 두는 뉴스를 가리키며 스트레이트 뉴스에 비해 덜 객관적이다. 즉, 피처 스토리는 객관적 사실을 보도하되 읽는 이가 재미를 느끼고 감동할 수 있도록 표현방식과 문장구조를 변형시킨다(이현구, 2005). 또한 스트레이트 뉴스에 있어서 시의성이 중요한 과제인 점과는 달리 피처 스토리의 주제는 시간에 민감하지 않다. 피처 스토리에는 뉴스피처(news feature), 심층적 프로파일(in-depth profile), 인간적 흥미 스토리(human interest) 등이 포함된다. 인간적 흥미 스토리는 사람들에 관한 얘기를 소재로 한 것으로, 각계각층 사람들의 다양한 삶을 조명함으로써 수용자들의 관심 욕구에 부응한다. 이외에도 피처 스토리에는 사건을 심층적으로 설명하거나 배경을 알려 주는 해설기사, 기자의 주관이 가미되는 인터뷰 기사, 탐방기사, 사설, 칼럼 등이 포함된다. 최근에는 스트레이트 기사도 독자의 흥미를 끌기 위해 르포나 스케치 등 피처 스토리 형식을 가미해 생생하게 사건을 알리는 경우도 나타나고 있다(더굿북, 2022).

참고문헌

더굿북(2022. 6. 7.). 기사에도 종류가 있다. 자본주의 언론을 위한 경제기사 활용법.

이현구(2005). 세상에서 가장 쉬운 기사작성론. 서울: 커뮤니케이션북스.

277 피칭 Pitching

피칭은 PR 담당자가 기자, 블로거, 인플루언서 등에게 정보를 소개하며 보도를 진행하는 일련의 과정이다. 보도자료 배포로 피칭을 마무리하기도 하지만, 개인적 방식으로 피칭 활동을 하는 경우도 많다. 야구 용어에서 유래한 피칭은 투수(pitcher)가 공을 던지는 것이지만, PR 분야에서의 피칭은 기획 기사나 보도 자료가 매체에 실릴 수 있도록 기자들에게 자료를 제공하고 그들을 설득하는 미디어 제안 과정이다. 문화산업 분야에서의 피칭은 편성, 투자 유치, 공동 제작, 선 판매를 위해 제작사나 투자사에게 작가의 기획 안을 공개하는 설명회를 뜻한다(김환표, 2013). PR 담당자의 핵심 자질의 하나는 매체별 특성에 알맞게 피칭을 잘 하는 것이다. 기자는 하루에 보통 100여 건의 피칭 메일을 받는데, 수많은 메일 중에서 자신이 보낸 메일을 기자가 주목하도록 보내야 한다.

기자가 피칭 메일에 주목하게 하려면, PR 담당자는 핵심 공중이 자주 접하는 미디어를 확인하고, 그 미디어에 적합한 내용을 작성해서 기자에게 개인 맞춤형의 메일을 보내야 한다. 사회적으로 쟁점이 될 만한 뉴스가 있다면 PR 담당자는 뉴스를 납치(hijacking)하듯 자사의 PR 활동에 뉴스를 재빨리 활용하는 뉴스재킹(newsjacking) 방법을 써서 시의

적절한 기획 기사의 앵글을 발굴해야 한다. 기자들은 제목만 보고 피칭 메일을 열어 보기 때문에 흥미롭고 강렬한 제목을 쓰고, 마감 시간에 쫓기는 기자들의 '리드 타임'(기사작성 시간)을 고려해 메일을 보내야 한다. 맞춤형 피칭을 시도하면 목표하는 매체와 기자에게 정확히 도달하기 때문에 전반적으로 PR 전략의 성공률을 높인다(Park, Chen, & Cheng, 2021). 스토리의 개발, 개인화된 접근, 추가 자료의 제공, 충분한 후속 조치는 피칭의 결과에 영향을 미친다. 피칭에 성공하면 미디어 도달률의 확대, 신뢰도의 향상, 네트워크의 구축, 피드백을 통한 개선 같은 효과를 발휘한다.

참고문헌

김환표(2013). **트렌드 지식사전**. 서울: 인물과사상사.

Park, G., Chen, F., & Cheng, L. (2021). A Study on the Millennials Usage Behavior of Social Network Services: Effects of Motivation, Density, and Centrality on Continuous Intention to Use. *Sustainability, 13*(5), 1-19.

278 핫라인 Hotline

핫라인은 뜻하지 않은 사고나 오해로 인한 우발적 충돌을 방지하기 위해 긴급 비상용으로 설치한 직통전화 서비스로, 긴급한 상황에서 신속히 정보를 교환하거나 도움을 주는 것을 목표로 설치한다. 거의 24시간 동안 운영되는 직통전화 서비스는 고객 서비스나 긴급한 민원 해결을 위해 기업, 정부, 비영리 단체, 의료기관 같은 여러 분야에서 활용되고 있다. 핫라인은 1963년 8월에 워싱턴의 백악관과 모스크바의 크렘

린궁 간에 우발적인 전쟁을 막기 위해 처음 개통되었다. 우리나라에서도 2018년 4월에 청와대와 북한의 국무위원회 간에 직통 전화가 설치되어 분단 70년 만에 남북 최고 지도자 사이에 핫라인이 연결됐지만, 2020년 8월 8일부터는 남북 간의 핫라인이 차단된 상태에 있다. 핫라인은 긴급 상황이나 도움이 필요한 사람들에게 즉각적인 지원을 제공하기 때문에 위기 상황에서 필요한 정보를 제공하고 문제를 해결하는 데 결정적으로 도움이 된다.

예를 들어, 2016년의 중동호흡기증후군 코로나바이러스 사태 이후부터 운영된 질병관리청의 '1339 핫라인'은 365일 24시간 연중무휴로 운영되며 신뢰할 수 있는 정보를 국민에게 제공해 왔다. 2019년 이후의 팬데믹 시기에 국민들은 1339 핫라인을 통해 코로나19로부터 자신과 다른 사람을 보호할 수 있는 최신 정보를 받았다(Song, Choi, & Ko, 2020). PR 과정에서 핫라인을 활용하면 조기에 문제를 발견하고 예방할 수 있으며, 특정 쟁점에 대한 인식을 높여 문제의 심각성을 알리고 대응을 촉진할 수 있다. 또한 핫라인을 통해 즉각적이고 신뢰할 만한 지원이 가능해지기 때문에 PR 기업과 기관에 대한 신뢰가 향상된다. PR 활동에서 핫라인을 가동하면 즉각적인 지원, 정보 제공, 문제 해결, 문제 예방, 인식 제고, 자료 수집과 분석, 신뢰 구축 같은 다양한 효과를 기대할 수 있다. PR 활동에서 핫라인을 성공적으로 운영하려면 체계적인 설치와 운영, 직원 교육과 훈련, 명확한 프로토콜과 절차의 준비, 그리고 기술적 지원이 필수적이다.

참고문헌

Song, R., Choi, Y. S., & Ko, J. Y. (2020). Operating a National Hotline in Korea During the COVID-19 Pandemic. *Osong Public Health and Research Perspectives, 11*(6), 380-382.

279 해명서 Explanatory Document

어떤 의혹에 대해 까닭이나 이유를 풀어서 밝힌 글(고려대 민족문화연구원, 2009)이 해명서다. 성명서와 다른 점은 해명서는 말 그대로 의혹이 되는 사항에 대해서 이해할 수 있도록 풀어서 알리는 글이다. PR 활동으로서 해명서는 주로 공공기관이나 정부 기관 등에서 많이 활용된다. 언론의 오보나 이미 보도된 공공과 관련한 정책 등에 대한 잘못된 기사 내용에 대해서 의혹을 풀어 주는 의미로 상세 설명과 함께 의혹을 바로잡는 입장에서 배포한다. 따라서 '해명 보도자료'라고 해 해명서를 발표하는 경우가 많다. '해명 보도자료'는 일반적으로 '○○언론매체의 ○○월 ○○일 ○○보도 내용에 대해 해명한다(또는 바로잡는다).' 혹은 '○○년 ○○일 ○○매체의 ○○보도와 관련해 입장을 밝힘' 등으로 해명하고자 하는 언론기사를 제목에 붙여서 오보 등에 대해서 명확하게 알린다. 성명문과 해명서의 차이는 성명문은 어떠한 사안에 대한 찬성이나 지지, 반대 등의 견해나 입장을 밝히는 글이기에 잘못이나 오류 사항과 관련이 없는 경우도 많지만 해명서는 이미 드러난 정보나 사실에 대해서 그 정보나 사실이 실제와 다르거나 정확하지 않은 정보임을 밝히는 것이기에 오류나 잘못된 사실을 수정하거나 정정하는 성격을 지닌다. 성명문과 해명서의 유사점은 글을 통해 입장을 밝힌다는 것이며 위기관리나 쟁점 관리 PR 활동의 일환이라는 점이다.

참고문헌

고려대 민족문화연구원(2009). 해명서. **고려대 한국어대사전**. 서울: 고려대학교 민족문화연구원.

280 해시태그 PR Hashtag Public Relations

해시태그는 메타, 트위터, 인스타그램 같은 소셜 네트워크 서비스(SNS)나 마이크로블로그 서비스에서 관련된 내용물을 묶어 주는 기능을 하는 메타데이터의 태그다. 해시태그 PR은 해시태그를 활용해서 PR 메시지를 전달하는 PR 활동이다. 해시 기호(#) 뒤에 특정 단어를 쓰면 사용자들이 관심 있는 단어에 대한 글이나 주제의 내용물을 모아 분류해서 쉽게 찾을 수 있도록 도와준다(박현정, 유승철, 2019). 보통 띄어쓰기 없이 단어나 문구를 쓰고 그 앞에 해시 기호(#)를 붙여 넣는다. 이 해시태그를 클릭하면 해당 해시태그가 포함된 내용물이 모두 표시된다. 해시 기호(#)는 처음에 정보통신 업계에서 특별한 의미를 강조할 때 활용되다가 2007년에 트위터에서 정보를 묶는 부호로 해시 기호(#)를 도입해 본격적으로 대중화되었다. 옥스포드 영어사전은 2014년 6월에 해시태그를 사전에 정식으로 등재했다. 해시태그는 해시태그 운동(Hashtag activism)으로도 발전했다. 해시태그 운동이란 단순한 홍보 수단이나 단어와 내용물을 묶어 주는 기능을 넘어 정치사회적 쟁점을 만들어 내는 새로운 사회적 기능이다. 놀이 문화에 활용되던 해시태그는 사회 운동의 수단으로 떠오르며 시민이 여론을 주도하는 집단지성의 공론장 기능을 담당했다.

참고문헌

박현정, 유승철(2019). 이미지 기반 소셜미디어에서 브랜디드 콘텐츠의 전략적 모호성 광고 효과에 관한 연구: 해시태그 유무에 따른 효과, 개념 유창성의 매개 효과, 제품 유형 및 포스팅 주체에 따른 조절 효과를 중심으로. 광고연구, 120, 5-48.

281 행동 요청 Call To Action

『케임브리지 사전(Cambridge Dictoinary)』(2024)에서는 행동 요청(Call To Action: CTA)을 '하나의 문제에 대해서 행동하도록 독려하거나 요청하는 말이나 글 혹은 행동'이라고 정의한다. 온라인 마케팅이나 PR에서 행동 요청(CTA)은 해당 기업의 상품을 구매하게 하거나 서비스를 이용하도록 유도하거나 특별한 행동을 하도록 만드는 장치를 말한다. 즉, 인터넷에서 광고를 클릭하게 하는 장치나 배너, 이메일에서의 전환 버튼 등 다양한 수법이 이에 해당된다. 예를 들어, 일정 제품을 구매한 소비자에게 후속으로 유사 제품 정보나 소비 트렌드를 수시로 알려 주는 뉴스레터를 구독하도록 제안한다거나 '지금 구매 시 10% 할인' 등의 버튼을 누르도록 만드는 것이다. 또는 '자세히 보기'와 같은 문구를 넣어 직접 알아보도록 행동을 이끌어 내는 방식도 해당된다. 이런 '행동 요청'을 보다 효과적으로 하려면 요구하는 행동이 매우 구체적이고 명확하게 제시되어 있어야 하며 요구하는 메시지 뒤에 바로 요구하는 행동이 이어지도록 되어 있어야 한다.

특히 행동 요청(CTA)의 내용이나 성격은 매체에 따라 달라진다. 예를 들어, 유니세프 같은 자선 단체의 TV광고는 사람들에게 "00번호로 지금 전화주세요."라고 하거나 웹페이지를 안내해 가입하게 하는 등의 '행동 요청'의 메시지가 제시되는 반면, 자선 단체가 월간으로 발행해 배포하는 전자 뉴스레터에는 '지금 기부' 같은 버튼만 포함되도록 해 메시지를 읽고 나서 바로 기부 행동을 할 수 있도록 했다(Investopedia, 2024). 네덜란드의 40개 광학 소매업체의 17만 9,525명의 고객에 대해 9년 동안 개별 구매 행동을 분석한 결과 인센티브가 포함된 '행동 요청'

직접 메일(CTA DM)이 인센티브가 없는 경우에 비해 고객의 구매 확률을 더 높이는 데 긍정적 영향을 미쳤다고 한다(Vafainia, Breugelmans, & Bijmolt, 2019). 특히 비금전적 인센티브(예를 들면, 무표 견본 제공이나 낮은 가격 제시, 보상 선물을 제공하는 경우 등) 가운데 실용적 인센티브가 금전적 인센티브(할인, 세일)보다 더 높게 긍정적인 영향을 미친 것으로 나타났다고 한다. 이런 결과는 행동 요청 직접 메일(CTA DM)을 기획할 때도 무조건 가격을 할인해 주는 방식이 아닌 수용자와의 상호성이나 흥미를 높일 수 있는 방식인 '행동 요청'이 더 중요한 역할을 한다는 것을 보여 준다. 즉, 상호적 PR의 관계성에 대한 집중이 필요하다고 할 수 있다.

참고문헌

Cambridge Ditionary Org(2024). Call To Action. Cambridge Dictionary. (2024. 7. 1. 검색) https://dictionary.cambridge.org/dictionary/english/call-to-action

Investopedia(2024). Call To Action. (2024. 7. 1. 검색) https://www.investopedia.com/terms/c/call-action-cta.asp

Vafainia, S., Breugelmans, E., & Bijmolt, T. (2019). Calling Customers to Take Action: The Impact of Incentive and Customer Characteristics on Direct Mailing Effectiveness. *Journal of Interactive Marketing 45*, 62-80.

282 현재예보 Nowcasting

현재예보란 현재를 의미하는 'Now'와 예측을 의미하는 'Forecast'가 결합되어 만들어진 이름으로 현재 혹은 아주 가까운 미래를 실시간으로 예측하고 설명하는 것을 뜻한다. '실황예보' 혹은 '현황예측' 등으로 사용되고 있는 현재예보는 주로 기상을 예측하거나 경제 · 사회적 상황을 이해하는 데 필요한 정보를 제공한다. 가령, 구글의 나우캐스트는 동 단위보다 작은 가로세로 각 1km 내 국지 기상 현상을 최대 3시간 전에 정확히 예측하는 AI 예보 기술인 기상예측 모형 나우캐스트를 개발했다. 구글의 나우캐스트는 미국 기상위성 데이터를 사용해 기상예측을 함으로써 급박한 기상 재난에 대한 위기 대응에 크게 도움이 될 것으로 전망되고 있다. 이와 더불어 현재예보는 국가통계분야에서도 활발하게 사용하고 있는데 GDP 추정에 활용되고 있다. GDP를 활용한 현재예보는 월별, 주별, 혹은 실시간 변수를 활용해 GDP 성장률을 추정할 수 있다(윤지숙, 2020). 금융위기 이후 주요국 중앙은행뿐만 아니라 일부 민간 금융기업도 현재예보 예측방법을 도입하고 있는 추세이며 대표적으로 HSBC는 자체 현재예보 모형을 구축해 전 세계의 주요 국가나 지역별 현재 경기상태를 예측하고 이에 기반해 투자의견을 제시한다(김동우, 2020). 국내 통계청에서는 '나우캐스트 포털'을 개발했는데, 이 사이트는 신용카드 거래정보, 모바일 통신 위치 정보, 주소기업 공제정보, 취업사이트 채용 정보 등 실시간으로 발생되는 '민간데이터'를 활용해, 가계, 사업체, 일자리, 공중보건이라는 4대 부문에서 지표 8개를 주 또는 월 단위로 시의성 있는 정보를 제공한다(정지원, 2022).

참고문헌

김동우(2020). Forecasting에서 Nowcasting으로: Big Data를 이용한 실시간 경제예측. KB지식비타민.

윤지숙(2020). 가까운 미래를 알려주는 나우케스트가 세상을 바꾸고 있다. 통계광장, 2020. Winter.

정지원(2022. 4. 12.). 빅데이터를 활용해 사회 · 경제 정보 한 눈에! '나우캐스트' 포털 오픈. NWN내외방송.

283 협송 Narrowcasting

방송은 다양한 시청각 정보를 익명의 다수에게 전송하는 방법이며, 이와 대응해 나타난 개념이 협송이다. 전파로 전송되는 방송은 건물이나 지형에 따른 제약으로 인해 난시청 지역을 형성할 수 있으며, 이를 극복하기 위해 유선방송인 케이블 TV가 시작되었다. 일반적인 지상파는 주파수 대역의 간섭으로 채널이 제한적인 데 반해, 케이블 TV는 동축케이블이나 광케이블을 사용함으로써 조밀한 주파수 대역을 확보할 수 있어 가용 채널의 수를 증가시킬 수 있어 뉴스, 영화, 종교, 음악, 스포츠 등 전문화된 서비스를 제공할 수 있게 되었다(김도식, 2006). 아울러 수용자를 세분화해 각 세분화된 그룹의 한정된 지역과 계층의 시청자를 대상으로 서비스를 제공했다. 이에 따라 특정 집단의 수용자에게 맞춤화되고 전문화된 방송 정보를 제공할 수 있게 되었으며, 이를 가리켜 협송이라고 한다. 협송은 케이블 TV(CATV)가 한정된 지역을 대상으로 하거나 많은 채널을 수용할 수 있다는 특성을 활용해 각 채널의 서비스 내용을 세분화해 전문화된 채널을 사용하게 된 데서 출발했다. 협송은 지역적, 계층적으로 한정된 특정한 대중을 겨냥해 맞춤화된 정보를 전달하는 서비스로 개념화된다. 마케팅 전문가나 PR 전문가들은 어떤 아이템에 대한 정보를 정확한 소비자에게 확실하게 전달할 수 있다는 점에서 협송을 미디어 믹스 전략으로 활용하기도 한다. 그러나 우려의 목소리도 있다. 즉 협송은 특정 집단에게 지속적으로 유사한 정보를 제공함으로써 그들의 선호, 취향, 신념을 되풀이하는 결과를 초래할 수 있다는 지적도 있다(곽숙철, 2016).

참고문헌

곽숙철(2016. 10. 10.). 내로캐스팅을 경계하라. 콘텐츠 M.

김도식(2006). 협송(Narrowcasting) 채널을 위한 방송그래픽디자인연구: 여성 전문채널의 스테이션 ID(Station Identification)를 중심으로. 디지털디자인학연구, 11, 41-50.

284 협업 Collaboration

협업이란 네트워킹, 조정이나 협력 등을 통해 같이 협력해서 일하는 것을 의미한다(Himmelman, 2002). 계층제적 구조하에서는 통제체제를 가지지 않는 주체들 간의 협력적 관계라고 정의되는데, 사회적으로 용인된 명령 권한을 가지는 합법적 권위(legitimate authority)를 통해 참여자를 통제하는 것이 아니라, 협력 주체들이 자율성을 가지고 행동하는 것을 말한다(Lawrence, Hardy, & Phillips, 2000). 조직과 조직이 서로 협업하는 행위는 상호작용을 통해 소기의 목적을 더욱 효과적으로 달성하기 위해서다. 즉, 상호간에 이익이나 공동의 목적을 달성하기 위해 협업을 한다(이향수, 이성훈, 2016). PR에서는 협업이 다양한 형태로 중요시되며 공중과의 소통을 위해 자주 활용되는 방법이기도 하다. 특히 정부기관이나 공공기관은 국민이나 시민과의 소통을 강화하기 위해 민간 전문기관 및 기업들과의 협업을 정책PR의 방식으로 자주 활용하는데, 예를 들어, 식품의약품안전처와 같은 공공기관은 의사협의회나 제약협회 혹은 난치병 환자협의회 등과의 다양한 협업을 진행함으로써 국민과의 소통을 강화하는 방안을 창출하고 정책의 개선을 모색한다.

역으로 일반 기업의 입장에서는 정부기관이나 지자체와의 협업을 통해 기업에 대한 신뢰도를 높이고 정부 관계 PR 활동을 용이하게 하는 데 협업을 활용한다. 또한 기업은 정부기관 및 지자체와의 협업을 주로 CSR 활동으로 활용한다. 최근에는 특히 디지털 미디어에서 공중과의 소통의 중요성이 높아지면서 공공기관이나 정부기관에서 공중과의 관계를 강화하기 위해 소셜미디어에서 영향력을 발휘하는 인플루언서와 자주 협업한다. 정부PR에서는 인플루언서와 협업을 위한 PR 커뮤니케이션 활동을 '인플루언서 콜라보레이션' 혹은 인플루언서 협업(influencer collaboration)이라고 칭한다(김혜영, 권근혜 2024). 정부가 인플루언서와의 협업을 통해 정부 조직 채널과 인플루언서 채널에 동일한 콘텐츠를 게재한 경우, 인플루언서 채널에서 높은 조회 수와 댓글이 확인되었다(김혜영, 권근혜, 2024).

참고문헌

김혜영, 권근혜(2024). 정부 조직의 디지털 커뮤니케이션 활성화를 위한 인플루언서 협업 PR 커뮤니케이션 탐색 연구: 국내 정부 조직의 유튜브채널 인플루언서 협업 콘텐츠를 중심으로. **PR연구**, 27(2), 53-105.

이향수, 이성훈(2016). 공공부문에서의 협업이 업무성과에 미치는 영향에 대한 연구. **디지털융복합연구**, 14(3), 35-43.

Himmelman, A. T. (2002). *Collaboration for a Change: Definitions, Decision-Making Roles, and Collaboration Process Guide*. Minneapolis: Himmelman Consulting.

Lawrence, T. B., Hardy, C., & Phillips, N. (2002). Institutional Effects of Interorganizational Collaboration: The Emergence of Proto-Institutionsm. *The Academy of Management Journal, 45*(1), 281-290.

285 홍보대사 Honorary Ambassador

홍보대사는 기업이나 공공 기관이 브랜드 이미지나 정책을 널리 알리고, 긍정적인 인식을 확산시키기 위해 임명한 대표 인물이다. 홍보대사는 주로 연예인, 운동선수, 유명 인사 등 대중에게 영향력 있는 인물을 위촉하며, 브랜드나 기관의 메시지를 효과적으로 전달하는 역할을 한다. 홍보대사는 브랜드나 기관의 이미지와 잘 맞는 인물로 선정되는데, 소비자나 공중에게 영향을 미치는 사람이어야 한다. 기업이나 기관에서는 공식적인 임명 절차를 거쳐 보도자료를 통해 홍보대사 임명을 알리고 그 역할을 명확히 해야 한다. 홍보대사는 기업이나 기관을 대표해 소비자와 공중과 소통해야 하며, 다양한 PR 캠페인에 참여해 직접적인 홍보 활동을 수행해야 한다. 기업이나 기관은 다양한 PR 캠페인에 홍보대사를 참여시켜 캠페인의 효과를 극대화할 수 있다.

홍보대사는 광고 모형과 달리 영리적 목적이 아닌 사회공헌 활동으로 지각될 수 있어 비교적 신뢰도가 높지만 홍보대사에게 보수가 주어지는 사례도 있다. 만약 보수가 지불된다면 광고 모형과 다를 바 없으며 홍보대사에 보수를 지급하면 홍보대사의 전반적 효과에 부정적인 영향을 미칠 수 있다(이명천, 2019). 홍보대사의 활동은 캠페인의 주목도를 높이고 소비자와 공중의 더 많은 참여를 유도함으로써, 브랜드나 기관의 긍정적인 이미지를 구축하는 데 기여할 수 있다. 결국 홍보대사는 브랜드 인지도 향상, 신뢰성 증대, 소통 강화, PR 캠페인의 강화, 긍정적인 이미지 제고 같은 효과를 발휘할 수 있다. 홍보대사의 활동을 효과적으로 운영하려면 적합한 인물을 선정해 역할과 책임을 부여하고, 성과 측정과 피드백의 과정을 통해 체계적으로 관리해야 한다. 기업이나 공공기관은 홍보대사를 통해 대중과의 소통을 강화하고 PR 목표를 효과적으로 달성할 수 있다.

참고문헌

이명천(2019). 홍보대사의 진정성에 관한 수용자 인식 연구: 보수 유무별 차이를 중심으로. **광고연구**, 148-169.

286 환경 경영 Environmental Management

환경 경영은 기업의 고유한 제품 생산과 서비스 활동에 따라 필연적으로 발생하는 부정적인 환경 영향을 최소화하면서 환경적으로 건전하고 지속가능한 기업의 발전을 모색하는 경영 전략을 뜻한다. 환경 경영을 추진하려면 기업의 경영진이 '지속가능한 발전'이라는 기업 철학을 바탕으로, 환경과 사업을 동시에 고려해야 한다. 국제표준화기구(ISO)의 환경경영 기술위원회(Technical Committee 207: TC 207)는 1993년에 결성된 이후, 환경경영 분야의 표준화 기준을 마련해 왔다. TC 207은 환경경영 시스템, 감사, 검증 및 확인, 관련 조사, 환경 라벨링, 환경 성능 평가, 수명주기 평가, 기후 변화 및 완화와 적응, 에코 디자인, 재료 효율성 환경 경제, 환경 및 기후 금융 등에 초점을 맞춰 환경 경영을 지원할 수 있는 주제를 제안해 왔다. 기업들은 국제표준화기구의 환경경영시스템(ISO 14001)을 인증받을 필요가 있다.

환경경영시스템(Environmental Management System: EMS)은 기업의 제품과 서비스 및 운영 활동을 관리하는 것으로, 기업의 제품과 서비스 및 운영 활동에 관련된 환경 영향을 체계적으로 관리하기 위한 시스템이다. 1996년에 제정된 ISO14001 표준은 2004년에 1차 개정됐고, 2015

년에 2차 개정되었다. 환경 경영 통제 시스템의 도입과 환경 혁신(친환경 제품 혁신과 과정 혁신) 간의 영향 관계를 규명한 연구에서는 우리나라의 제조업체가 정부 기관의 요구나 압력, 그리고 정책 변화와 정책적 엄격함이 환경 경영에 있어서 가장 중요한 고려 요소라는 사실을 실증적으로 보여 주었다(최종민, 김규철, 2018). 환경 경영은 단순한 환경 보호를 넘어 기업의 경제적 이익과 사회적 가치를 동시에 창출할 수 있는 중요한 경영 전략이다. 기업은 환경 경영을 통해 비용 절감, 법적 위험의 해소, 기업 이미지의 향상, 시장에서의 경쟁력 강화, 직원 만족도와 생산성 향상, 투자 유치 같은 다양한 기대 효과를 통해 지속가능한 성장과 발전을 이룰 수 있다.

참고문헌

최종민, 김규철(2018). 제조기업의 환경경영 전략과 기업전략의 연계가 환경경영 통제시스템 도입에 미치는 영향과 환경혁신. **경영연구**, 33(4), 267-292.

287 황색 저널리즘 Yellow Journalism

황색 저널리즘은 과장되게 선정적인 이야기를 다루는 저널리즘을 말한다(Hand, 2020/2025). 즉, 황색 저널리즘은 독자의 시선을 끌기 위해서 범죄, 희한한 사건, 성적 추문 등을 경쟁적으로 과도하게 취재 보도하는 저널리즘이다(이영돈, 2014). 황색 저널리즘의 탄생은 미국의 신문 경쟁에서 시작되었다. 신문왕으로 불리는 퓰리처(Joseph Pulitzer)는 재미없는 신문은 죄악이라고 생각하고 있었기에 1889년『뉴욕 월드(New York World)』 일요판에 선정적인 이야기를 다루는 만화 “Yellow Kid”를 연재했다. 경쟁신문『허스트(Hearst)』도 이에 질세라 더욱 선정적인 기사로 대응했다. 결국 이들의 선정성 논쟁은 점점 더 자극적이 되었는데 이처럼 독자를 잡기 위해 자극적 표제나 선정적인 주제를 다루는 언론을 황색 저널리즘이라고 부르게 되었다. 당시 황색 저널리즘은 구독률을 높이기 위한 하나의 방안이었으나 역설적으로는 당시는 과도한 경쟁으로 혁신적 저널리즘 기법과 관행들이 발전한 시기였다고도 평가된다(임종수, 2020). 결국 사사로운 경쟁에 몰입해 많은 비난을 받은 언론들은 이후에 자정 노력을 통해 '객관적 저널리즘'으로 전환하게 된다. 즉, 언론인은 오직 사실만을 보도하고 공정하게 다루어야 한다는 개념을 불러오게 되었다(권혁남, 2018).

하지만 이런 객관적 저널리즘이 언론의 기본 사명으로 이해되는 것과 반대로 오늘날의 언론에서는 디지털화가 가속화되면서 언론에 대한 이용자의 외면을 해결하기 위해 무분별한 선정적 과장 기사가 다시 남발되면서 또다른 황색 저널리즘의 행태를 보인다는 지적도 있다. 즉, 영상 매체에게 구독을 빼앗기는 언론이 독자를 다시 불러들이기 위해 언론 기사의 과장, 비틀기, 선정성 혹은 저질, 부실, 왜곡 보도를 여전히 계속하면서 황색 저널리즘의 수준에 머물러 있다는 것이다(문용필, 2021). 이런 지적은 PR 활동에도 경종을 울린다. 황색 저널리즘 언론이라도 언론 노출만 가능하다면 기꺼이 메시지 노출을 위한 수단으로 간주하고자 하는 것이 언론 관계 PR 활동의 목표가 되고 있기 때문이다. 한국의 PR 활동에서 오래된 관행인 언론 보도횟수 늘리기와 보도횟수를 통한 PR효과 측정은 이런 황색 저널리즘의 동조자가 될 수 있음을 재고해 봐야 한다.

참고문헌

권혁남(2018). **미디어 정치 캠페인**. 서울: 커뮤니케이션북스.

문용필(2021. 12. 30.). 제4차 옐로저널리즘 보고서① 저질 · 부실 보도는 여전하다. 더 피알. www.the-pr.co.kr/news/articleView.html?idxno=48151
이영돈(2014). **영상콘텐츠 제작 사전**. 서울: 커뮤니케이션북스.
임종수(2020). **저널리즘 모포비스**. 서울: 팬덤북스.
Hand, D. (2021). **다크 데이터** (*Dark Data*). (노태복 역). 서울: 더퀘스트. (원저는 2020년에 출판).

288 후원 행사 Sponsorship Event

기업이 상업적 목표를 달성할 목적으로 행하는 재정적 지원이자 특정 주체를 도와주는 모든 행위를 후원(sponsorship)이라고 하며, 스폰서(sponsor)는 후원자라는 뜻의 라틴어 스폰데레(spondere)에서 유래했다. 후원 행사는 기업이 일반적인 기업 활동과 직접 관련되지 않는 행사나 사회 활동에 인적, 재정적, 물질적 지원을 제공하며 행사 주체와의 제휴를 통해 기업의 가치를 환기하는 마케팅 PR 활동의 일종이다. 기업이 후원 행사에 참여하는 이유는 내부구성원에게 동기를 부여하고, 기업의 인지도와 신뢰도를 제고하기 위해서다. 후원행사는 기업의 판촉 활동의 일환으로 전개되지만 어떤 행사를 후원할 것인지, 재원을 어떻게 마련할 것인지, 후원에 따른 기대 반응은 무엇인지, 다양한 맥락에서 검토해야 한다. 다양한 후원 행사가 있지만 스포츠 행사의 후원, 문화 예술 공연의 후원, 그리고 사회공헌 활동이 자주 활용되고 있다.

먼저, 스포츠 행사의 후원은 기업의 브랜드를 알리기 위해 시도한다. 스포츠 행사가 성공하면 기업의 브랜드에 대한 평판도 영향을 받게 되고(Speed & Thompson, 2000), 스포츠 행사의 주체도 재정적 부담을 덜게 된다. 다음으로, 문화예술 공연의 후원은 기업이 우호적인 여론을 형성하고 브랜드 커뮤니케이션을 효과적으로 수행하기 위해 시도한다. 기업의 문화예술계 후원을 총칭하는 용어로 처음 실시했던 프랑스의 전통을 존중해서 특별히 '메세나(mecenat)'라는 용어를 쓰기도 한다. 기업이 메세나 활동에 참여하는 본질적인 이유는 경제적으로 어려운 문화 예술계의 발전에 기여하자는 뜻도 있지만 소비자에게 그런 사실을 알려 '착한 기업'이라는 인식을 심어 주기 위해서다(김병희, 2020). 마지막으로, 사회공헌 활동은 기업의 사회적 책임(CSR)을 강조하기 위해 시도한다. 기업의 사회공헌 활동은 기업의 자원을 사회 속으로 분배함으로써 기업과 사회가 우호적인 관계를 형성하는 데 영향을 미친다. 기업 입장에서는 상당한 인력과 비용이 들어가지만 기업에 우호적인 여론을 형성할 수 있어 장기적인 투자의 관점에서 사회공헌 활동을 수행한다.

참고문헌

김병희(2020). 문화예술 마케팅의 정의와 쟁점. **문화예술 마케팅 커뮤니케이션 전략**(pp. 41-62). 서울: 학지사.

Speed, R., & Thompson, P. (2000). Determinants of Sports Sponsorship Responses. *Journal of the Academy of Marketing Science, 29*(2), 226-238.

289 휴대폰 중독 Nomophobia

휴대폰 중독은 신기술 개발이 급속도로 빠르게 진행되면서 나타나는 21세기 장애현상 중 하나로 '휴대전화나 컴퓨터를 사용할 수 없을 때의 불편함이나 불안'으로 정의된다(King, Valenca, & Nradi, 2010). 'No-

Mobile-Phone Phobia'의 약자이자 노(No), 모바일폰(Mobilephone), 포비아(Phobia)가 합쳐진 신조어인 노모포비아는 스마트폰에 접근할 수 없는 상태가 될 때 불안해지고 심할 경우 공포심까지 느끼게 되는 증상을 말한다. 일명 '휴대폰 분리 공포증'으로 알려져 있다. 휴대폰 중독의 수준이 높은 사람은 메시지나 부재중 전화를 확인하기 위해 스마트폰 화면을 지속적으로 확인하는 등 스마트폰을 과도하게 사용하는 것이 특징이며, 통신할 수 없는 상황이 되면 걱정과 불안감에 휩싸이게 된다. 어떤 경우에는 벨소리나 진동이 들리지 않았음에도 마치 소리가 들리는 것과 같은 경험을 하게 된다.

휴대폰 중독은 스마트 기기와 인간의 상호작용으로 나타나는 새로운 현상으로, 이를 경험하게 되는 사람들은 불안감뿐만 아니라, 우울, 빈맥, 호흡 변화, 발한, 공황장애 같은 심리적 · 신체적 변화를 보인다. 더 나아가 사회 및 신체적 증상으로 지시 불순응, 부모와의 갈등 및 다툼, 수면부족, 학업부진이 나타나며 정신병리적 문제까지 야기하기도 한다(최재광, 한지현, 김민범, 송원영, 2023). 노모포비아는 휴대폰의 과이용에 의한 결과이지만, 휴대폰 중독과는 조금 다르게 구별되어 정의되기도 한다. 즉, 휴대폰 중독은 과도한 이용 자체가 큰 문제가 되어 일상적인 삶에 큰 부정적 영향을 주지만, 노모포비아는 휴대폰을 소지하지 않을 때 초조함과 불안감을 느끼고 무의식적이고 습관적으로 이용한다는 점에서 차이를 보인다. 예를 들어, 학교에서 폰을 이용해 영상을 보거나 SNS를 하느라 수업에 집중하지 못하는 경우 휴대폰 중독으로 볼 수 있는 반면, 연락이 오지도 않는데 습관적으로 폰을 확인하고 이로 인해 수업에 집중하지 못하는 경우를 노모포비아로 본다(도현래, 2021). 괴팅겐 사립대학의 괴를리히(Görlich)는 스마트폰 중독은 중독인 반면, 노모포비아는 불안장애라고 설명한다(문광주, 2023).

참고문헌

도현래(2021). 노모포비아가 직장 내 갈등, 직무성과에 미치는 영향: 여행사를 중심으로. **이벤트컨벤션연구**, 17(2), 157-174.

문광주(2023. 3. 23.). 노모포비아(Nomophobia): 새로운 휴대폰 불안 장애. Journal & Essay the Science Plus.

최재광, 한지현, 김민범, 송원영(2023). 한국판 노모포비아 척도 타당화. **한국심리학회지 건강**, 28(2), 581-600.

King, A. L. S., Valenca, A. M., & Nardi, A. E. (2010). Nomophobia: The Mobile Phone in Panic Disorder with Agoraphobia: Reducing Phobia or Worseing of Dependence? *Cognitive and Behavioral Neurology, 23*(1), 52-54.

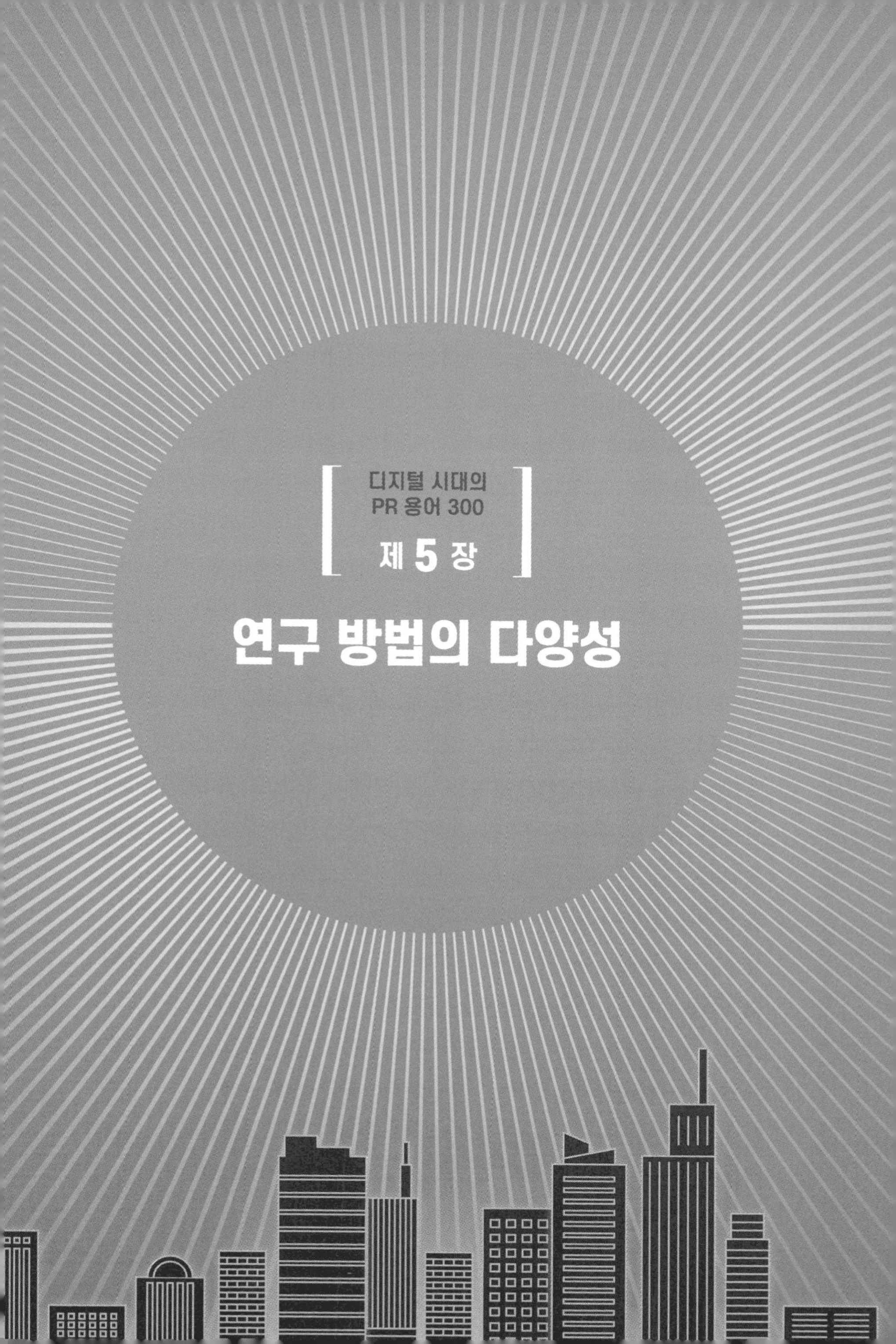
디지털 시대의
PR 용어 300
제 5 장
연구 방법의 다양성

290 데이터 마이닝 Data Mining

데이터 마이닝은 대규모 자료에서 패턴, 규칙, 관계를 발견하고 이를 바탕으로 유용한 정보를 추출하는 과정이다. 마이닝이란 광부가 석탄을 채굴(mining)하듯 방대한 데이터 중에서 의미 있는 자료나 정보를 찾아내는 것을 뜻한다. 데이터 마이닝 기술을 적절히 활용하면 데이터 기반의 광고PR 전략을 실현할 수 있다. 통계학, 기계 학습, 인공지능 기술을 활용해 자료를 분석하는 데이터 마이닝은 의사결정에 필요한 통찰력을 제공한다. 전략적 의사결정의 지원, 비효율적 과정의 식별, 숨겨진 패턴과 트렌드의 발견, 고객 데이터의 분석을 통해 통찰력을 발견하는 것이 데이터 마이닝의 기대 효과다. 빅데이터의 분석은 기존의 양적 분석과 다른 패턴의 분석방법론을 필요로 한다(정원준, 2022a, 2022b).

데이터 마이닝의 일반적 절차는 다음과 같다. 첫째, 데이터 준비(data preparation)다. 다양한 자료를 수집해 결측치를 처리하고 중복 자료를 제거하는 과정을 거쳐 자료를 정제하고 분석에 적합한 형식으로 자료를 변환해야 한다. 둘째, 자료의 탐색(exploratory data analysis)이다. 자료의 기초 통계치를 계산하고 시각화 도구를 활용해 자료의 분포와 패턴 및 이상치를 검토해야 한다. 셋째, 모델링(modeling)이다. 이메일을 스팸과 스팸 아닌 것으로 구분하듯 자료를 특정 범주로 구분하는 분류(classification), 고객을 구매 패턴에 따라 몇몇 집단으로 나누듯 유사한 특성을 지닌 자료끼리 집단으로 나누는 군집화(clustering), 장바구니를 분석해 함께 구매하는 제품을 찾아내듯 자료 항목 간의 연관성을 찾아내는 연관 규칙 학습(association rule learning), 주택의 가격 변동을 예측하듯 변수 간의 관계를 추정하는 회귀분석(regression analysis) 같은 접근 방법이 있다. 넷째, 모형 평가(model evaluation)이다. 정확도, 정밀도, 재현율 같은 지표를 바탕으로 제시된 모형의 영향력과 일반화 가능성을 실증적으로 평가해야 한다. 다섯째, 지식의 표현(knowledge representation)이다. 분석 결과를 누구나 쉽게 이해할 수 있도록 표현해야 한다.

참고문헌

정원준(2022a). **NetMiner를 활용한 소셜미디어 분석 기법과 활용**. 서울: 학지사.
정원준(2022b). **NetMiner를 활용한 빅데이터 텍스트 분석 기법과 활용**. 서울: 학지사.

291 델파이 조사 Delphi Survey

미래 예측에 두루 활용되는 델파이 조사 기법은 전문가들의 경험적 지식과 전문적 견해를 바탕으로 정보적 판단을 체계적으로 유도함으로써, 의견을 종합해 결과를 추출해 내는 기법이다(Gordon, 2007). 이 기법은 1960년대 초반에 미국의 랜드(RAND) 국방연구소에서 개발했다. 무엇이 일어날 것인가, 무엇이어야 하는가, 무엇인가에 대한 정확한 정보가 없을 때, 델파이 조사는 다수의 판단이 소수의 판단보다 정확하다는 민주적 의사결정의 원리에 근거를 두고 있다(이종성, 2001). 따라서 이 기법은 연구 대상에 대한 일반화된 자료가 없을 때 전문가 패널의 직관을 통해 미래의 모습에 대해 합의점을 도출해 가는 연구 방법이다. 델파이 조사에서 전문가 패널(expert panel)이란 조사에 참여하는 전문가 집단을 의미하는데, 일반인보다 전문가의 의견이 더 정확하다고 전제한다(이재신, 2012). 전문성을 갖춘 패널의 선정은 델파이 연구의 신뢰도와 타당도에 영향을 미치기 때문에 성공적인 델파이 연구를 수행하려면 먼저 적합한 전문가를 선정해야 한다. 연구자는 델파이 조사의 관리자(facilitator)가 되어 결과를 취합하고 전문가 패널과 적극적으로 소통해야 한다. 전문가 패널의 의견을 취합하고 최종적인 합의점을 도출하는 과정에서 집단 내 소수가 다수의 의견을 따르도록 압력을 가하는 집단사고(groupthink)가 발생하지 않도록 각별히 신경 써야 하며(이재신, 2012), 미래에 나타날 요인들을 정리해 미래의 경향을 중요도와 시기별로 군집화해서 제시하는 정성적 군집화(qualitative clustering) 방법으로 분석 결과를 제시해야 한다.

한편, 지난 2004년에는 유엔미래포럼과 테드 고든이 공동으로 인터넷을 통해 실시간으로 자료를 수집할 수 있는 '리얼타임 델파이(Real-time Delphi)' 기법을 개발했다. 리얼타임 델파이 기법은 기존의 델파이 기법에서 조사 결과를 얻는 데 너무 많은 시간이 소요된다는 한계점을 극복하려는 차원에서, 인간의 지성은 집단적일 때 더욱 현명해진다는 가정을 바탕으로 지구촌의 최고의 전문가들에게 질문을 던져 수많은 집단지성으로부터 최적의 답을 얻을 수 있다는 것이 이 기법의 핵심 아이디어다(김병희, 2014). 온라인에 접속해 국내외 전문가의 의견을 폭넓게 수집할 수 있다는 점이 리얼타임 델파이 기법이 지닌 매력이다. 전문가들은 자신의 의견을 얼마든지 수정할 수도 있다. 연구자는 전문가에게 질문지를 돌리거나 전화를 걸어 독촉할 필요도 없어졌다. 따라서 리얼타임 델파이 기법은 국내외 여러 방면에서 미래예측 기법으로 두루 활용되고 있다.

참고문헌

김병희(2014). 리얼타임 델파이 기법. 국제미래학회. **전략적 미래예측 방법론 바**

이블(pp. 200-212). 서울: 두남.
이재신(2012). 미래예측과 델파이 방법. 한국언론학회 편 (2012). **융합과 통섭: 다중매체 환경에서의 언론학 연구방법**. 경기: 나남. 323-345.
이종성(2001). **델파이 방법**. 서울: 교육과학사.
Gordon, T. J. (2007). Energy Forecasts Using a 'Roundless' Approach to Running a Delphi Study. *Foresight, 9*(2), 27-35.

292 스냅샷 조사 Snapshot Survey

스냅샷 조사는 특정 시점에서의 정보를 신속하게 수집하기 위해 설계된 짧고 간단한 설문조사 기법이다. 어떤 과제를 수행할 시간이나 조사비가 부족할 때 관련 정보와 지식은 물론 경험이 있는 일반인이나 전문가를 대상으로 간단한 설문조사를 실시해, 특정 주제나 상황에 대한 즉각적인 반응이나 의견을 얻기 위해 스냅샷 조사를 활용한다(한국PR기업협회, 2020). 스냅샷 조사는 대체로 응답 시간이 짧고 응답자의 부담이 적으며, 신속하게 자료를 수집할 수 있다는 특성이 있다. 신속한 자료 수집, 의사결정 지원, 응답자 부담 감소, 비용 효율성 같은 장점이 있는 스냅샷 조사는 다양한 분야에서 효과적으로 활용될 수 있다. 스냅샷 조사를 하려면 먼저 조사의 목표를 명확히 설정해야 한다. 예를 들어, 특정 사안에 대한 즉각적인 반응을 알고 싶거나 초기의 반응을 수집하고자 할 때 스냅샷 조사를 할 수 있다. 설문 문항은 보통 5~10개의 문항으로 객관식 질문 위주로 간결하고 명확하게 작성해야 한다. 그래야 응답자의 부담을 최소화하고 신속한 응답을 유도할 수 있다. 조사 대상인 표본은 대상 집단을 대표할 수 있어야 하며, 필요할 경우에는 임의 추출(random sampling) 방법을 적용한다. 다양한 온라인 플랫폼이나 이메일, 소셜미디어 등을 통해 간편하고 빠른 방법으로 설문을 배포하면 응답률을 높일 수 있다. 자료 분석은 주로 기초 통계 분석이나 빈도 분석을 실시해 결과를 빠르게 도출할 수 있다. 신속한 의사결정이 필요할 때 도움이 되는 스냅샷 조사는 간단한 문항에 설문 시간이 짧기 때문에 응답률을 높이고 다양한 응답을 얻고자 할 때 도움이 된다. 짧은 설문으로 신속하게 자료를 수집할 수 있어 시간과 비용이 절약되므로, 조사비가 부족할 때도 스냅샷 조사를 유용하게 활용할 수 있다.

참고문헌

한국PR기업협회(2020). 스냅샷 서베이. PR용어사전(pp. 90-91). 경기: 한울엠플러스.

293 심층면접 In-Depth Interview

질적 연구 방법의 하나인 심층면접은 연구자와 면접원이 정보 제공자(informant) 한 사람을 대상으로 특정 주제에 대해 깊이 있는 의견을 청취하는 조사 방법이다. 심층면접에서는 사전에 질문지를 준비할 수도 있지만, 대강의 질문 가이드라인만 가지고 자유롭게 질문하며 심층적인 의견을 이끌어 내 녹음하고 해석하는 과정을 거쳐 자료를 수집한다(조용환, 박순용, 염지숙, 서근원, 강대중, 서덕희, 2022). 집단 심층면접에서는 다수를 동시에 한 장소에 불러 모아 면접을 하지만, 개별 심층면접은 정보 제공자 한 명을 대상으로 조사자가 직접 조사 대상자가 있는 곳을 방문해 면접이 이루어진다는 점에서 차이를 보인다.

연구자나 면접원은 사전에 준비된 가이드라인에 따라 질문하지만 일정한 형식이나 규율에 얽매일 필요는 없으며, 응답자(정보 제공자)로부터 깊이 있는 정보를 얻기 위해 연구 문제와 관련된 다양한 질문을 던질 수 있다. 응답자의 이야기 흐름을 가급적 중단하지 않고 자유롭게 이야기하도록 하면서, 이야기가 주제와 너무 동떨어지면 다른 질문으로 유도하며 자연스럽게 진행하는 요령이 필요하다. 응답 내용이 피상적이거나 불충분하다고 판단되면 추가 질문을 통해 깊이 있고 충분한 응답 결과가 도출될 수 있도록 이끌어야 한다. 면접은 보통 1시간 30분 내외로 이루어진다. 심층면접이 끝나면 녹음된 내용을 바탕으로 면접 결과를 해석하고 분석해서 보고서 작업을 마무리한다. 심층면접 결과를 분석하고 해석하는 과정에서는 면접 주제나 연구 문제에 대해 깊이 숙고하면서 분석력과 통찰력을 발휘해야 한다.

참고문헌

조용환, 박순용, 염지숙, 서근원, 강대중, 서덕희(2022). **질적 연구 전통별 접근**(한국교육인류학회 방법론총서1). 서울: 학지사.

294 양적 연구 Quantitative Research

양적 연구는 논리실증주의를 바탕으로 인간의 태도와 속성을 측정함으로써 연구문제나 가설을 검증하는 탐구 방법으로, 객관성을 확보하는 동시에 연구 결과의 일반화 가능성을 높이고자 하는 목적을 가진다. 독립변인, 종속변인, 매개변인, 조절변인을 체계적인 절차에 따라 수량적으로 측정해 연구 가설을 검증하거나 연구 문제에 대한 답을 통계적 언어를 사용해서 표현한다. 양적 연구를 수행하기 위해서 연구자는 기존의 이론과 선행연구를 토대로 연구가설을 설정한 다음, 잘 계획된 연구 설계, 타당하고 신뢰성 있는 자료 수집, 적합한 자료 분석을 통해서 연구 가설을 체계적으로 검증해야 한다(남정민, 유현경, 김수진, 이슬기, 이성호, 2023).

양적 연구는 연구 설계에 따라 실험 연구(experimental research), 전실험 연구(pre-experimental research), 비실험 연구(non-experimental research)로 구분한다. 실험 연구에서는 연구자가 참여자를 처치집단과 통제집단에 무선 할당하고 독립변인을 조작한다. 전 실험 연구는 연구자가 독립변인을 조작하지만 통제집단을 두지 않는 연구이고, 비실험 연구는 연구자가 독립변인을 조작하지 않는 연구다. 비실험 연구는 대개 기술적 연구, 상관적 연구, 또는 비교적 연구로 분류한다.

양적 연구의 절차는 대체로 다음과 같다. 먼저, 선행 연구를 바탕으로 연구 가설을 설정하고, 가설의 경험적 결과를 추론하기 위해 실제 상황이나 유사 상황을 만든다. 그리고 실제 상황이나 유사 상황에서 발생하는 자료를 수집하고, 수집된 자료를 분석하기 위해 잠정적으로 설정한 가설이 참인지 거짓인지 검증한다. 양적 연구의 특성으로는 변인, 연구 설계, 가설, 그리고 통계적 유의성을 들 수 있다(손영곤, 2020). 양적 연구에서는 가설(hypothesis) 검증이 중요한데, 가설 검증이란 추리하고자 하는 어느 모집단의 모수치가 특정한 값을 가질 것이라고 미리 정해 놓고 표본에서 얻은 그에 대응하는 통계치와 모수치 간의 차이가 통계적으로 유의한지의 여부를 확률적으로 판단하는 과정을 뜻한다. 즉, 표본에서 얻은 경험적 자료를 바탕으로 모집단에 대한 가설이 맞는지 혹은 틀리는지 통계적 유의 수준을 판단하는 분석방법이 가설검증이다.

참고문헌

남정민, 유현경, 김수진, 이슬기, 이성호(2023). **연구의 기초부터 고급통계방법론까지**. 서울: 사람과경영.

손영곤(2020). 메타분석의 이해와 활용. 정원준, 김대욱, 윤호영, 이형민, 박진우, 김동성, 손영곤, 전홍식, 천용석, 정유미, 박종구. 빅데이터의 분석방법과 활용(한국광고학회 광고지성총서9)(pp. 145-175). 서울: 학지사.

295 연결망 분석 Network Analysis

연결망 분석이란 사회연결망 분석, 소셜 네트워크 분석, 사회네트워크 분석 등 다양한 용어로 쓰이고 있으나, 일반적으로 개인과 개인 또는 집단과 집단, 개체와 개체와의 연관 관계를 분석함으로써 개체의 속성에 따른 연결망을 시각적으로 보여 주는 기법이다(한지아, 정덕훈, 2016). 연결망 분석에서 핵심적인 개념은 노드(Node)와 링크(Link)라는 요소다. 사회적 연결망은 노드와 링크라는 기본요소에 방향성과 가중치 등으로 구성되며, 연결망 분석은 노드 간의 상호작용 관계인 사람 또는 사물 간의 관계를 네트워크 관점에서 시각적으로 표현하는 기법이다. 여기에서 사람 또는 사물 같은 개체는 사회 연결망에서 노드로 표현되며, 개체 간의 이전, 의사소통, 파워(power) 관계, 친족 연결 같은 연결적 특성은 개체 간의 링크로 표현된다. 사회연결망 분석은 중심성(centrality), 파당(clique), 밀도(density), 구조적 틈새(structural hole) 같은 여러 분석 지표를 활용하며, 이를 통해 전체 네트워크의 구조적 특성을 파악할 수 있다. 일반적으로는 중심성 지표로 설명한다. 중심성은 특정 분야가 다른 분야들과 상호연계되는 최단 거리의 경로인데, 이는 네트워크에서 중심에 위치하는 상대적 정도를 나타내며 연결중심성, 근접중심성, 매개중심성을 포함한다. 보다 구체적으로 살펴보면, 연결중심성이란 노드가 네트워크 내에서 얼마나 많은 연결을 가지는지 측정하는 지표이며, 근접중심성은 한 노드가 다른 노드들과 얼마나 근접하게 연결돼 있는지 측정하는 지표로 해당 노드가 전체 네트워크에서 얼마나 중앙에 있는지를 나타내며 근접중심성은 다른 노드들과의 인접성 혹은 거리로 측정한다. 매개중심성은 노드간 상호연계 관계를 구축하는 데 있어서 특정 분야의 중계자(intermediary) 역할을 나타낸다(김창림, 윤한성, 2020).

참고문헌

김창림, 윤한성(2020). 사회연결망분석을 활용한 속성기반 데이터의 군집분석: 구성원의 성격 특성 데이터를 대상으로. **산업혁신연구**, 36(2), 93-110.

한지아, 정덕훈(2016). 재난 위험신고 빅데이터를 활용한 사회연결망 분석. **한국빅데이터학회지**, 1(2), 45-63.

296 질적 연구 Qualitative Research

질적 연구는 정보 제공자의 진술을 분석함으로써 인간이 경험하는 현상의 의미를 밝히는 귀납적이고 기술적인 연구방법으로, 그동안 현상과 경험을 분석하는 과학적 방법론으로 평가받고 독자적인 연구 성과를 축적해 왔다. 서베이를 비롯한 양적 연구에서는 일반화 가능성을 추구하지만, 질적 연구에서는 일반화 가능성을 추구하지 않고 발견과 통찰을 중시한다. 대체로 양적 연구가 빈도의 중요성(importance of frequency)에 관한 연구라면, 질적 연구는 중요성의 빈도(frequency of importance)에 관한 연구다. 주관적, 귀납적, 해석적 접근방법인 질적 연구에서는 정보 제공자(informant)의 행동과 언어적 표현에 내포된 의미를 파악하는 것이 중요하기 때문에, 양적 연구와는 달리 전체성과 역사성 및 과정이 강조되며, 표집 방법도 양적 연구와는 다르다(조용환, 박순용, 염지숙, 서근원, 강대중, 서덕희, 2022). 양적 연구의 관점에서 보면 샘플 수가 너무 작다며 표집 과정을 문제 삼을 수도 있으나, 질적 연구에서는 더 이상 새로운 출현 주제가 없는 포화상태에 이른다면 정보제공자의 수는 단지 3명이라 할지라도 문제가 되지 않는다. 질적 연구에서는 몇 명을 대상으로 자료를 수집했느냐보다 주어진 정보에서 연구를 발전시키는 이론적 민감성(theoretical sensitivity)을 발견하는 통찰력이 더 중요하다.

질적 연구에서는 현상이나 사실을 분석할 수 있는 도구의 적용과 선택이 중요한데, 정보 제공자의 관점에서 대상을 이해함으로써 현장에서 수집된 자료를 해석해 이론을 정립한다(Patton, 2002). 그리고 질적 연구에서 수집한 자료는 양적 연구에서 수집한 자료와는 다른 기준에 따라 신뢰성과 타당성을 평가하는데, 해석의 신뢰성(credibility), 적합성(fittingness), 감사가능성(auditability), 그리고 확인가능성(confirmability)이 평가 준거들이다(Kirk & Miller, 1986). 또한 연구에 참여하지 않은 질적 연구 전문가에게 발견 사항을 보여 주고 해석의 타당성을 평가받는 연구자 간 보고(peer debriefing)는 물론 연구에 참여한 정보 제공자에게 분석 결과를 보내 자신의 의견과 일치하는지 확인받는 정보 제공자 확인(member checks) 등의 과정을 거쳐야 연구의 진실성을 담보할 수 있다(Lincoln & Guba, 1985; Patton, 2002). 따라서 신뢰성과 타당성을 확보하는 과정을 서술하지 않고 연구자의 주관적인 해석만을 나열한 질적 연구 결과물은 좋은 논문이나 보고서라고 할 수 없다.

참고문헌

조용환, 박순용, 염지숙, 서근원, 강대중, 서덕희(2022). **질적 연구 전통별 접근**(한국교육인류학회 방법론총서1). 서울: 학지사.

Kirk, J., & Miller, M. L. (1986). *Reliability and Validity in Qualitative Research*. Newbury Park, CA: Sage.

Lincoln, Y. S., & Guba, E. G. (1985). *Naturalistic Inquiry*. Beverly Hills, CA: Sage.

Patton, M. Q. (2002). *Qualitative Research and Evaluation Methods* (3rd ed.). Newbury Park, CA: Sage.

297 초점집단면접 Focus Group Interview (FGI)

초점집단면접(FGI)은 보통 7~10명의 정보 제공자(참여자)를 한 장소에 모아 놓고 사회자가 면접을 주도하며 대담 형식으로 의견을 청취하는 조사 방법이며, 집단 심층면접의 성격이 있기 때문에 집단토의(Group Discussion)나 집단면접(Group Interview)이라고 부르기도 한다. 보통 동질적 특성을 지닌 참여자를 한 집단에 모아 구성하지만 반드시 동질적 집단을 구성할 필요는 없으며, 연구자의 필요에 따라 이질적인 사람을 모아 집단을 구성하기도 한다. 보통 한 집단을 7명으로 구성하며, 조사 내용이 많고 적음에 따라 6명에서 10명까지도 가능하다. 11명 이상은 깊이 있는 논의가 어려워질 수 있으므로 피하는 것이 좋다. 정보 제공자로부터 다양하고 심층적인 의견을 청취할 수 있고 새로운 사실을 발견할 수 있어, 질적 연구방법 중에서 초점집단면접이 널리 활용되고 있다. 비교적 적은 비용으로 단기간에 조사를 실시할 수 있다는 것도 장점이다(Stewart & Shamdasani, 2014/2018). 초점집단면접에서는 사회자의 역할이 매우 중요하다. 참석자가 긴장감을 풀고 열린 마음에서 자유롭게 의견을 제시할 수 있도록 가벼운 대화나 이야기로 분위기를 조성한 후 본격적인 심층면접에 들어간다. 사회자는 사전에 준비한 질문 가이드라인을 참고해 질문을 하지만, 진행하는 도중에 필요하다면 새로운 질문을 추가할 수도 있고 불필요하다고 판단되는 질문은 과감히 제외할 수도 있다.

초점집단면접은 일반 회의실에서 진행해도 되지만, 반투명 유리(one-way mirror)가 설치된 공간이 있다면 그곳에서 실시하는 것이 좋다. 면접에 참여하지 않는 다른 사람도 지켜볼 수 있기 때문이다. 사회자의 진행에 따라 정해진 주제에 대해 정보 제공자(참여자)들이 이야기를 나누면 연구자는 그들의 발언 내용에서 정보나 아이디어를 수집한다. 초점집단면접은 구조화된 설문지를 사용하지 않는다는 점에서 양적 조사와 구별되고, 사회자와 정보 제공자(참여자) 간에 일대일로 질의와 응답을 주고받지 않고 여러 명이 참여해 자유롭게 의견을 나눈다는 점에서 개별 심층면접과도 구별된다(김병희, 안종배, 김지혜, 2012). 특정 주제에 대해 서로 의견을 나누다 보면, 다른 사람의 의견을 듣고 새로운 생각이 떠올라 정보 제공자는 자신의 생각을 발전시키기도 한다. 발상의 연쇄 작용이 이루어지는 것인데 이른바 눈덩이 효과(snowball effect)가 나타날 수 있다. 초점집단면접은 어디까지나 질적 연구방법의 하나이므로 면접 결과를 일반화해서는 안 되며, 소수 의견이라도 무시하지 않고 존중해야 한다. 아이디어를 발견하고 동기를 찾는 데에 초점집단면접의 목적이 있기 때문에 소수의 의견일지라도 경우에 따라서 충분한 가치가 있게 마련이다.

참고문헌

김병희, 안종배, 김지혜(2012). 초점집단면접(FGI)으로 알아 본 스마트미디어 광고 콘텐츠 제작산업 육성방안. **광고PR실학연구**, 5(2), 60-87.

Stewart, D. W., & Shamdasani, P. N. (2018). **포커스 그룹 연구 방법론: 이론과 실제** (*Focus Groups: Theory and Prantice*). (강종구, 김영표, 정광조, 최

종근 역). 서울: 학지사. (원저는 2014년에 출판).

298 파아웃 방법 FAROUT Method

파아웃 방법은 정보를 분석할 때 필요한 전략적 분석 기법이다(Fleisher & Bensoussan, 2002/2003). 이 방법은 분석 결과가 인지적이며 의사결정권자에게 도움이 되려면 몇 가지 공통된 특징을 가질 필요가 있다는 전제에 토대를 두고 있다. PR 캠페인 전략에 필요한 쟁점 분석 등에서 자주 활용되는 이 방법은 6가지의 기준 분석 척도로 문제를 분석하며 이에 부합되지 못하면 의사결정자들이 분석 결과에 대해 만족하지 못한다고 전제한다. 6가지 분석 척도(기준)의 앞 글자를 따서 파아웃(FAROUT) 방법이라고 한다. 6가지 분석 척도를 보다 구체적으로 설명하면 다음과 같다.

첫째, 미래지향성(Future orientation)으로, 해당 문제가 미래에도 존재할 가능성이 매우 낮을 경우에 1점부터 시작해서 해당 문제가 미래에도 지속될 가능성이 매우 높을 경우에는 5점으로, 5점 척도로 측정한다. 둘째, 정확성(Accuracy)으로, 문제 파악에 활용된 연구방법이 정확한 진단에 적게 기여했을 경우에는 1점으로, 문제 파악에 활용된 연구방법이 정확한 진단에 많이 기여했을 경우에는 5점으로, 5점 척도로 측정한다. 셋째, 자원효율성(Resource efficiency)으로, 해당 문제를 해결하는 데 많은 양의 자원(인력, 예산, 시설 등)이 필요할 경우에는 1점으로, 해당 문제를 해결하는 데 적은 양의 자원(인력, 예산, 시설 등)이 필요할 경우에는 5점으로, 5점 척도로 측정한다. 이는 자료 수집 비용이 결과물의 가치보다 적게 들어가야 한다는 것을 의미한다. 넷째, 객관성(Objectivity)으로, 조직의 편향성 때문에 PR 담당자가 해당 문제의 가치를 잘못 평가할 가능성이 높은 경우에는 1점으로, 조직의 편향성 때문에 PR 담당자가 해당 문제의 가치를 옳게 평가할 가능성이 높을 때는 5점으로, 5점 척도로 측정한다. 가설의 편향성과 집단적 사고에 주의해야 한다는 것을 의미한다. 다섯째, 유용성(Usefulness)으로, 해당 문제의 해결이 조직의 철학과 사명 및 커뮤니케이션 원칙과 일치할 가능성이 낮을 때는 1점으로, 해당 문제의 해결이 조직의 철학과 사명 및 커뮤니케이션 원칙과 일치할 가능성이 높을 때는 5점으로, 5점 척도로 측정한다. 문제 해결에 필요한 분석 결과를 도출하려는 취지다. 여섯째, 시의적절성(Timeliness)이다. 효율적으로 문제를 해결하는 데 많은 시간이 필요한 경우에는 1점으로, 효율적으로 문제를 해결하는 데 적은 시간으로도 충분한 경우에는 5점으로, 5점 척도로 측정한다.

참고문헌

Fleisher, C. S., & Bensoussan, B. E. (2003). **전략 경쟁 분석** (*Business Competitive Analysis*). (강영철, 김은경, 소자영 외 공역). 서울: 3MECCA. (원저는 2002년에 출판).

299 파일럿 조사 Pilot Survey

파일럿 조사는 본 조사에 앞서 실시하는 소규모의 예비 조사로 탐색 조사라고도 한다. 연구 설계의 타당성과 신뢰성을 검토하고 문제점을 사전에 발견하기 위해 실시하는 파일럿 조사는 연구 질문, 설문 문항, 자료 수집 방법을 검증하고 조정하는 기능을 한다(윤소현, 임영명, 2023). 사전 조사(pre-test)가 조사 방법이나 질문표에 대한 적부를 알아보기 위한 조사라면, 파일럿 조사는 조사의 전반적인 영역 전체를 검토한다는 점에서 차이가 있다. 파일럿 조사는 기본적으로 가설검증이 주요 목적이 아니기 때문에 표본의 크기를 계산하지 않지만, 12명에서 30명 정도를 비롯해 연구 참여자의 모집 수월성이나 연구 설계의 실현 가능성을 판단해서 적당한 표본 크기를 결정하면 된다(In, 2017). 파일럿 조사를 하려면 먼저 본 조사에 사용할 설문지 초안을 작성해야 한다. 설문 문항은 명확하고 이해하기 쉬워야 하며, 응답자가 쉽게 답변할 수 있도록 구성해야 한다. 그리고 본 조사 대상과 유사한 특성을 가진 소규모 표본을 선정해야 하며, 표본은 본 조사의 대상 집단을 대표할 수 있어야 한다. 그다음에 선정된 소규모 표본을 대상으로 설문을 실시한다. 설문 방법은 본 조사와 동일하게 진행하되 실제 상황을 최대한 반영하도록 신경 써야 한다. 파일럿 조사는 본 조사의 성공에 필요한 필요 조건이므로, 연구 설계, 설문 문항, 자료 수집 방법을 사전에 검증하고 최적화함으로써 본 조사의 신뢰성과 타당성을 높이고 시간과 비용을 절감할 수 있다. 따라서 파일럿 조사는 모든 연구 프로젝트에서 중요한 준비 단계로 고려할 필요가 있다.

파일럿 조사를 통해 수집된 자료를 분석하고 응답자의 피드백을 수집하는 과정에서 설문 문항의 모호성, 응답 시간, 응답률 등을 평가하고, 조사 결과를 바탕으로 설문지와 연구 설계를 수정할 수도 있다. 필요할 경우에는 문항을 재구성하거나 조사 방법을 조정해 본 조사의 신뢰성과 타당성을 높일 방법을 궁리해야 한다. 파일럿 조사는 연구 설계의 타당성과 신뢰성을 검증하는 중요한 기능을 하기 때문에 연구자는 본 조사에서 발생할 수 있는 문제점을 사전에 발견하고 필요한 조치를 취해야 한다. 또한 연구자는 설문 항목의 명확성과 이해도를 평가하고 응답자들이 설문 항목을 어떻게 해석하는지를 확인해 항목의 최적화를 시도해야 한다. 나아가 자료 수집 방법의 적절성을 평가하고, 응답률을 높이기 위한 방법도 모색해야 하는데, 이런 과정을 거치면 본 조사에서 보다 효율적으로 자료 수집을 할 수 있다.

참고문헌

윤소현, 임영명(2023). 고령자의 건강한 라이프스타일 형성을 위한 중재 전략 적용 파일럿(Pilot) 연구. **한국노년학**, 43(4), 615-627.

In, J. (2017). Introduction of a Pilot Study. *Korean Journal of Anesthesiology*, 70(6), 601-605.

300 혼합연구방법 Mixed Methods Research

혼합연구방법은 양적(quantitative) 연구방법과 질적(qualitative) 연구방법을 결합해 적용하는 연구방법이다. 이 연구방법은 각 방법의 강점을 활용해 복잡한 연구 문제를 보다 포괄적이고 심층적으로 이해하는 것을 목표로 한다. 혼합연구방법을 적용해 연구를 수행하면, 정량적 자료와 정성적 자료를 다양하게 수집하고 그 결과를 다각도로 분석함으로써 연구 결과의 신뢰성과 타당성을 높일 수 있다(Creswell, 2014/2017). 혼합연구방법의 기대 효과는 양적 자료의 객관성과 일반화 가능성은 물론 질적 자료에서 발견한 통찰력을 결합해 연구 문제를 다각적으로 규명하고(김병희, 2013), 다양한 관점에서 연구 문제를 검토해 연구 결과의 신뢰성과 타당성을 높일 수 있다는 점이다. 또한, 단일 방법으로는 해결할 수 없는 복잡한 연구 문제를 해결하는데 도움이 된다는 점도 혼합연구방법의 기대 효과다(DeJaeghere, 2024).

혼합연구방법에는 세 가지가 있다. 첫째, 양적 연구와 질적 연구를 동시에 실시해 자료를 수집하고 분석하는 동시적 방법(Simultaneous Methods)이 있다. 예를 들어, 설문조사와 심층면접을 동시에 진행해 각각 다른 자료를 같은 연구에서 통합시켜 분석한다. 둘째, 한 가지 방법으로 자료를 수집해 분석한 결과를 바탕으로 다른 방법을 적용하는 순차적 방법(Sequential Methods)이 있다. 예를 들어, 질적 연구를 통해 얻은 출현 주제나 통찰력을 바탕으로 양적 연구를 설계해 추가적인 맥락을 분석하는 연구방법이다. 셋째, 하나의 연구 설계 내에서 양적 방법과 질적 방법을 동시에 수행하는 내재적 방법(Embedded Methods)이 있다. 예를 들어, 대규모 설문조사에 참여한 일부 참여자를 대상으로 추가 인터뷰를 실시해 그 결과를 포함시켜 분석하는 방법이다. 양적 연구의 강점과 질적 연구의 강점을 결합해 연구 문제를 보다 포괄적이고 심층적으로 규명할 수 있는 혼합연구방법은 결국 연구의 신뢰성과 타당성을 높이고 연구 문제에 대한 포괄적인 결과를 도출할 수 있는 강력한 연구방법이다.

참고문헌

김병희(2013). 광고의 새로운 정의와 범위: 혼합연구방법의 적용. **광고학연구**, 24(2), 225-254.

Creswell, J. W. (2017). **알기 쉬운 혼합연구방법** (*A Concise Introduction to Mixed Method Research*). (김동렬 역). 서울: 학지사. (원저는 2014년에 출판).

DeJaeghere, J. G. (2024). *Reflexive Mixed Methods Research in Comparative and International Education: Context, Complexity, and Transdisciplinarity*. Routledge.

저자 소개

김병희(Kim Byounghee)

서원대학교 광고홍보학과 교수다. 서울대학교를 졸업하고 한양대학교 광고홍보학과에서 광고학 박사를 받았다. 한국광고학회 제24대 회장, 한국PR학회 제15대 회장, 정부광고자문위원회 초대 위원장, 서울브랜드위원회 제4대 위원장으로 봉사했다. 『디지털 시대의 카피라이팅 신론: 챗GPT를 활용한 광고카피 쓰기』(학지사비즈, 2024)를 비롯한 다수의 저서를 출간했으며, 「디지털 시대의 광고산업 생태계를 고려한 광고의 새로운 정의」(2024)를 비롯한 다수의 논문을 국내외 주요 학술지에 발표했다. 한국갤럽학술상 대상(2011), 제1회 제일기획학술상 저술 부문 대상(2012), 교육부 · 한국연구재단의 우수 연구자 50인(2017) 등을 수상했다.

이메일　kimthomas@hanmail.net

김현정(Kim Hyunjeong)

서원대학교 광고홍보학과 교수다. 한양대학교에서 영문학 석사 및 광고홍보학 박사를 받았다. 한국무역보험공사 홍보실 차장, 국립재난안전연구원 책임연구원, 국립정신건강센터 PR 전문가를 역임했다. 주요 저서 및 논문으로는 『디지털 시대의 PR학신론』(공저, 학지사, 2021), 『소셜미디어 시대의 PR』(공저, 커뮤니케이션북스, 2015) 등이 있고 「재난 과정에 관련된 국내 언론의 재난 보도 양상」(2024), 「ESG경영 활동 효과가 조직 커뮤니케이션의 균형성과 기업 준법성에 대한 공중의 인식에 미치는 영향」(2023) 등 수십 편의 논문을 발표했다. 산업자원부 장관표창(정책홍보 기여공로, 2005), 한국PR학회 우수논문상(2013), 한국헬스커뮤니케이션학회 우수논문상(2018)을 수상한 바 있다.

이메일　khjsw0338@gmail.com

이유나(Rhee Yunna)

한국외국어대학교 미디어커뮤니케이션학부 교수다. 이화여자대학교를 졸업하고 University of Maryland, College Park에서 커뮤니케이션학 박사를 받았다. 제28대 한국PR협회장, 제20대 한국PR학회장, 한국PR대상 운영위원회 위원장, 글로벌미디어커뮤니케이션대학원장, 정치행정언론대학원장, 한국외대 국제교류처장, 홍보실장을 역임했다. 주요 저서 및 논문으로는 『ESG X 커뮤니케이션』(학지사비즈, 2023)을 비롯한 다수의 공저를 출간했으며, 「정부 SNS 소통의 전략적 관리를 위한 이용동기 척도 개발」(2023)을 비롯한 다수의 논문을 국내외 주요 학술지에 발표했다. 그 밖에 한국관광공사 사장 표창(2022), 동원교육상(2020) 등을 수상한 바 있다.

이메일 yunna.rhee@gmail.com

정현주(Jeong Hyeonju)

가톨릭관동대학교 광고홍보학과 교수다. California State University, Fullerton에서 PR전공 석사 학위를 받고 성균관대학교 신문방송학과에서 언론학 박사(광고홍보전공)를 받았다. 주요 저서 및 논문으로는 『디지털 시대의 PR학신론』(공저, 학지사, 2021) 저술에 참여했으며, 「정책수용도 및 정책기관 인식에 미치는 정책PR콘텐츠 효과 연구: 정책관여도와 공익성 인지의 조절효과를 중심으로」(2023)를 비롯한 다수의 논문을 국내외 주요 학술지에 발표했다. 제6회 한국PR학회 학술상(2018), 한국광고PR실학회 MIT 논문상(2016, 2020), 제10회 한국PR학회 학술상(우수 심사자상), 제1회 한국OOH광고학회 최우수 논문상(2023), 제43회 스승의 날 기념 교육부장관 표창장(2024) 등을 수상했다.

이메일 dally12kr@naver.com

최홍림(Choi Honglim)

선문대학교 미디어커뮤니케이션학부 교수다. 미국 아이오와대학교에서 PR전공으로 박사 학위를 받았다. 전공 분야는 PR 윤리, 기업의 사회책임 캠페인, 정책 PR, 기업/공공 캠페인, 위기관리 관련 과목 강의와 연구 활동을 하고 있다. 한국광고홍보학회 제18대 회장을 지냈으며, 다수의 정부 부처 및 공공 기관의 커뮤니케이션 자문을 하고 있다. 교수 임용 전에는 PR 회사 프레인앤리의 선임컨설턴트로서 기업 PR과 공공 캠페인 업무를 담당했다. 저서로는 『디지털 시대의 PR학신론』(공저, 학지사, 2021), 『반갑다 광고와 PR』(서울경제경영, 2019), 『디지털 사회와 PR 윤리』(커뮤니케이션북스, 2018) 등이 있으며, 다수의 연구논문을 국내외 학술지에 발표했다. 그 밖에 보건복지부장관상(2019)과 국토교통부장관상(2022)을 수상했다.

이메일　CHL1214@gmail.com

디지털 시대의 PR 용어 300

300 PR Keywords in the Digital Age

2025년 1월 5일 1판 1쇄 인쇄
2025년 1월 15일 1판 1쇄 발행

지은이 • 김병희 · 김현정 · 이유나 · 정현주 · 최홍림
펴낸이 • 김진환
펴낸곳 • 학지사비즈
04031 서울특별시 마포구 양화로 15길 20 마인드월드빌딩
대표전화 • 02-330-5114 팩스 • 02-324-2345
등록번호 • 제313-2006-000265호

홈페이지 • http://www.hakjisa.co.kr
인스타그램 • https://www.instagram.com/hakjisabook

ISBN 979-11-93667-11-8 93320

정가 17,000원